LA
VIDA
TRANSFORMADA

DESCUBRA COMO VIVIR DE
ADENTRO HACIA AFUERA

John R. Carter

LA
VIDA
DESCUBRA COMO VIVIR DE
ADENTRO HACIA AFUERA
TRANSFORMADA

John R. Carter

La Vida Transformada
Registro de la propiedad literaria 2014 por John R. Carter
Publicado por Harrison House Publishers
Tulsa, OK 74145
ISBN 13: 978-1-68031-054-2

DEDICACIÓN

Para Robert y Mary Carter,

Por vivir vidas transformadas delante de mí.

Por enseñarme que amar a Jesús significa amar Su iglesia.

Por ser un ejemplo de integridad cristiana la cual

pasaré el resto de mi vida aspirando a alcanzar.

Ustedes siempre serán mis héroes.

RESPALDOS

"Una de las dificultades más grandes confrontadas por todas las personas en nuestra cultura es *cómo conectar*. En un mundo distraído, interrumpido, y rápidamente en transformación, ¿cómo podemos conectar de manera significativa unos con otros, con nosotros mismos, y con Dios? Por eso *La Vida Transformada* por John Carter es tan importante. Es un mapa en el que experimentamos lo que la Biblia enseña acerca de la transformación personal. Nosotros nunca transformaremos nuestra cultura si primero no cambiamos nosotros mismos, y este es un manual para cambiar de manera bíblica. *La Vida Transformada* le ayudará a comprender las prioridades de Dios para vivir y tener un impacto poderoso sobre su futuro".

Phil Cooke, Ph.D.
Cinematógrafo, Consultor de Medios, y el Autor de *Una Cosa Grande:*
Descubriendo
lo que Usted Nació para Hacer

"John Carter ha observado las bases de la vida del creyente de manera fresca y ha desarrollado una herramienta para guiar a las personas hacia una transformación bíblica verdadera. Este libro es una gran herramienta para el auto-desarrollo o para el uso en formato de clase, para dirigir a una persona a la vida transformada que Cristo ofrece. Ninguna vida puede sobrepasar el potencial de su base. Este libro permite a las personas colocar una base que pueda apoyar a una vida sobresaliente".

Mike Cavanaugh
Presidente de Elim Bible Institute, y Vise-Presidente de Elim Fellowship

"En este libro, *La Vida Transformada*, John Carter simplemente, pero profundamente, ha captado la escencia de los secretos de como caminar con Dios. ¡Este es un libro que se debe leer! Los ricos tesoros encontrados dentro de sus escrituras pueden ser resumidos en una oración contenida en las introducciones del libro: ¡"Es saber lo que usted puede cambiar, y tener la habilidad y el valor de manejar la dirección de cambio, que determina si vencerá sus circunstancias o llegará a ser una víctima de ellas!"

Reverendo Tim O'Leary

"¡Una obra maestral de discípulado! A travez de su libro, *La Vida Transformada*, el Pastor John Carter nos muestra cómo intencional y prácticamente hacer el último mandamiento de Jésus nuestra máxima prioridad. Esta herramienta poderosa es bíblica, inspiradora y gratificantemente transferible. Líderes, este curso agregará valor tremendo a la cultura de su ministerio".

Pastor Joshua Finley
Pastor Principal de Elim Gospel Church, Lima, NY

"En este libro, *La Vida Transformada*, John Carter ofrece tanto. Este libro es un guía de estudio en doctrina, una ayuda para aprender cómo reconocer una iglesia buena, y un mapa para ayudarle a descubrir, identificar, y desarrollar sus dones con revelación en cómo utilizarlos efectivamente —todo esto y tanto más. Honestamente, yo nunca he visto un libro de este tipo, tan bien redactado y más completamente desarrollado. John Carter ha combinado su conocimiento teológico y dones espirituales para producir un libro tan completo en alcance que demostrará ser útil a nuevos creyentes y a viejos miembros de la iglesia también. ¡Asombroso!"

Rick Renner
Maestro, Autor, y Pastor Principal de Moscow Good News Church, Moscow, Russia

"Fue una gran alegría revisar esta obra del Pastor John Carter, *La Vida Transformada*. Tres palabras vinieron a mi mente mientras revisaba esta obra: inteligente, espiritual, y práctico. Mientras John lleva a los lectores por verdades bíblicas y nuevas revelaciones, lo hace de una manera muy inteligente. Ayuda al lector a pensar sobre las Escrituras. En segundo lugar, el trabajo es espiritual. Su trabajo honra la integridad de las Escrituras y la dignidad de Dios. Reconoce los aspectos sobrenaturales de la vida cristiana y la obra de Dios en nuestras vidas. En tercer lugar, este trabajo es práctico. Mientras John cubre muy bien asuntos teológicos, él siempre trae al lector a una sólida, aplicación práctica de su propias vidas. Creo que los pastores estarán muy ansiosos de poner esta gran herramienta en las manos de creyentes para ayudar a educar y establecerlos en las cosas de Dios. Creo que encontrarán uso amplio entre las iglesias que valoran la autoridad de las Escrituras y el desarrollo de creyentes".

Tony Cooke
Maestro Biblico y Autor de *Grace: The ADN de Dios* y *Cualificado: Sirviendo a Dios con integridad y terminando tu camino con Honor*

"En *La Vida Transformada*, John Carter llega a ser un interlocutor —guía— ambos retando y animando al lector a ir más profundo en las verdades de Dios y en vivir una vida en Dios. Creo que mientras usted lo lee, encontrará respuestas a preguntas que usted posiblemente nunca ha preguntado, y reconocimiento de verdades que buscó pero nunca expresó. *La Vida Transformada* es un libro que sumamente recomiendo".

Reverend Sharon Stromley
Christian Musical Artist of Sounds from Heaven

"En su libro, *La Vida Transformada*, John Carter contesta la pregunta antiquísima, ¿y ahora qué? ¡Dentro de sus páginas, cada creyente, aún nuevo en Cristo o un líder experimentado, encontrará su propósito en el cuerpo de Cristo! ¡No más dudas! Este libro es de suma importancia en aprendizaje —docto en su enfoque, y aun así, es relatable en su aplicación. Gracias, John. ¡Está obra hacía falta por mucho tiempo!"

Garylee Syphard
Pastor Principal de The Country Church, Molalla, OR

"Por más de veinte años, John Carter ha sido nuestro pastor. Por sobre dos décadas, las verdades y los principios que nos enseñó de la Palabra de Dios, han llegado a ser este libro, *La Vida Transformada*. Hemos enseñado estos principios que lo inspiraron y ahora vemos vidas transformadas, como las nuestras, como producto de ellos. ¡Créannos cuando decimos que se puede construir una iglesia en ellos; y eso es lo que precisamente estamos haciendo!"

Joe and Dawn Coudriet
Pastores de Southern Tier Family Life Chruch, Binghamton, New York

"Desde que yo conocí a John hacen más de veinte años, he estado impresionado con su pasión y talento, ayudando a los seguidores de Cristo a crecer en la fe y en su vida diaria. Yo personalmente no sé de nadie mejor para crear recursos que capaciten sistemáticamente a creyentes para el servicio en la iglesia. *La Vida Transformada* es prueba de esto. Si usted lo utiliza para estudio personal o estudio de grupo, de todo corazón recomiendo este valioso recurso".

Kirby Andersen
Director de Dry Gulch USA, Tulsa, OK

"*La Vida Transformada* no es sólo una gran lectura, pero también un manual espiritual para el creyente. Si está ansioso de crecer en su relación con Dios, entonces yo seriamente recomiendo que utilice *La Vida Transformada* para navegar en su viaje. Ya sea nuevo en Cristo o un cristiano experimentado, se beneficiará de este libro por el resto de su vida".

Lee Wilson
Director de Ministerios a Estudiantes para Abundant Life Christian Center, Syracuse, NY

CONTENIDOS

PRÓLOGO POR DR. A.R. BERNARD

En un mundo de café instantáneo y todo preparado en microondas, el deseo de "desarrollo espiritual instantáneo" ha infectado a la iglesia de Jesucristo. Muchos cristianos estan erróneamente dirigidos por varias enseñanzas que prometen poder inmediato, éxito y prosperidad sin el proceso de formación espiritual que lleva a la madurez espiritual.

Ellos buscan experiencias sobrenaturales, milagrosos puntos de reflexión y soluciones instantáneas a sus problemas, cuando el gozo real y la victoria que permanecen, no llegan así.

Lanzando su ministerio desde nuestra iglesia, (The Christian Cultural Center, New York) El Centro Cultural Cristiano, en 1990, yo he observado a John y a su esposa, Lisa edificar su iglesia en niveles y etapas, aprendiendo a adaptar y a ajustarse a los cambios y demandas del dessarrollo. Hoy, no sólo tienen un ministerio exitoso, sino también una iglesia saludable - dessarrollada para permanecer.

En La Vida Transformada, John Carter traza un enfoque sistemático para el crecimiento espiritual y el desarrollo desde una perspectiva Evangélica / Protestante. Esta perspectiva tan sumamente necesaria, se enfatiza en la edificación para una verdadera vida cristiana espiritual.

Él empieza estableciendo al Espíritu Santo como la única fuente de nuestra fe cristiana y regla de conducta. Nos llama a una experiencia de conversión personal expresada en una forma de vida digna de honor a una relación con Cristo.

John Carter acentúa la labor transformadora de Cristo en su encarnación, vida, muerte y resurrección, la que proporciona al creyente, el mismo poder que se transforma en la vida cotidiana.

Finalmente, él dirige su diseño dado por Dios para servir y obtener su propósito. La información compartida por John en este libro no es de teoría, sino de experiencia.

El resultado es, un embajador muy bien preparado en Cristo, viviendo una vida cristiana muy equilibriada, llevando las buenas noticias de la gracia de Dios y por último, descubriendo su propia misión personal en Cristo.

¡Prepárese para un gran "cambio en su vida" a través de las páginas de este libro!

Dr. A. R. Bernard
Pastor de Christian Cultural Center, New York City, NY

PRÓLOGO POR RICK RENNER

He conocido a John Carter durante más de dos décadas y no puedo recordar un momento en que él no haya estado considerando ideas para el libro que usted tiene en sus manos en este momento. Este libro estuvo en su corazón durante años. Finalmente, después de que estas verdades se incubaron en su interior durante tan largo período, su mente y su espíritu dieron a luz esta magnífica obra, la cual, en mi concepto, es lo mejor que he leído que las iglesias pueden utilizar tanto para los creyentes nuevos como para los más maduros que quieren repasar los fundamentos de su fe.

Este es un libro acerca de la fe –lo que creemos y por qué lo creemos, y lo cubre casi todo– el arrepentimiento, el bautismo en agua, la llenura del Espíritu Santo, descubrir y aprender a usar los dones personales de cada uno, etc. John nos instruye incluso en asuntos prácticos tales como el sometimiento al pastor y cómo cambiar de iglesia; todos los principios esenciales para el "buen comportamiento en la iglesia". John es profeta, pastor y maestro, y utilizó todos estos dones al escribir *La Vida Transformada*.

"Este es el libro que yo hubiera deseado escribir" –le comenté a mi esposa después de haberlo leído de principio a fin tan pronto lo recibí. Su sencillez y claridad en la forma en que está estructurado y su contenido doctrinal son sencillamente magníficos. Supe que este era el libro que por largo tiempo había buscado para obsequiarle a cada miembro de mi congregación en Moscú, para estar seguro de que todos compartimos la misma doctrina.

Pero para que mi congregación pudiera leerlo era necesario que pasara primero por el extenso proceso de traducción al idioma ruso y luego por el de revisión y verificación de su exactitud y fidelidad lingüística y doctrinal, y luego desarrollar una clase para que los miembros de la iglesia, libro en mano, abocaran el estudio de su contenido. La tarea era inmensa, pero con sinceridad le digo que tan pronto leí el libro sentí la presión del Espíritu Santo sobre mí para que encontrara la manera de que cada uno de los miembros comprometidos de mi iglesia pudiera leer y digerir las verdades que sus páginas contiene.

El resultado de esas consideraciones fue el inicio de un curso que el equipo ministerial de la Iglesia de las Buenas Nuevas, de Moscú, llamó *La Vida Transformada,* el mismo nombre del libro de John Carter. Al momento de escribir estas líneas, más de 1.000 personas en mi congregación han tomado y completado el curso teniendo el libro y sus Biblias como herramientas básicas de la instrucción.

Le cuento todo esto como una manera de enfatizar mi creencia de que todo pastor debería considerar la posibilidad de poner este libro en las manos de los miembros de su iglesia. Pienso también que sin importar si es un creyente nuevo o antiguo, está diseñado también para usted, para fortalecer su fe y para darle la seguridad de que está arraigado en sana doctrina. Este es el tipo de tesoro impreso que cada vez se hace más difícil encontrar en estos tiempos finales de la Era de la Iglesia.

Para mí es un privilegio escribir este prólogo. Y usted obtendrá un resultado eterno si lo lee y permite que sus verdades penetren y saturen su corazón y su alma. Le aseguro que si su objetivo máximo en esta vida es ser transformado a la imagen de Cristo, este libro es una valiosa herramienta que le ayudará a lograrlo.

En Jesús
Rick Renner

PREFACIO

A ntes de construir una casa, es esencial que los que participan en el proceso de construcción, junto con la familia que vaya a ocupar el hogar, estén de acuerdo en varias cosas. Primero, los constructores y los propietarios se sientan típicamente y discuten el diseño del hogar, dónde será ubicado y quizá, más importante aún, cómo será construido. Si los propietarios esperan una casa de ladrillo estilo colonial, de dos pisos con suelos de madera y aire acondicionado central, pero los constructores planifican una hacienda de un nivel, con ventiladores de techo económicos y alfombra, podemos asegurar que será una experiencia desagradable. Para construir algo exitosamente, debe haber un acuerdo sobre el resultado final. Así que, un arquitecto es contratado.

El papel del arquitecto es el de desarrollar planes detallados que reflejen la visión de los propietarios, y a la misma vez, dirigir las acciones de los constructores. Los planos especifican medidas, materiales y métodos. Una vez un acuerdo es alcanzado, el plan del arquitecto une tanto la visión del propietario, como las acciones del constructor a un estándar visible y objetivo. Si hay una pregunta, desacuerdo o confusión, los planos son consultados. *(Podemos consultar a Dios)*

De la misma manera, para construir exitosamente una vida cristiana vibrante, nosotros debemos establecer un estándar de autoridad. ¿Cuál es la fuente de información sobre la que podemos construir nuestras vidas cristianas? Si reclamamos ser seguidores de Jesucristo, ¿cuál será nuestra fuente para comprender su vida y enseñanzas? Sin establecer un estándar de autoridad, cada persona crearía su propio sendero, ignorando las partes incómodas de las enseñanzas de Jesús, finalmente construyendo su propia fe (que probablemente será muy diferente a la fe de su prójimo).

¿Es ésto lo que Jesús pensó cuando dejó la tierra con las palabras finales en Mateo 28:19-20a, "Por tanto, vayan y hagan discípulos de todas las naciones, bautizándolos en el nombre del Padre y del Hijo y del Espíritu Santo, enseñándoles a obedecer todo lo que les he mandado a ustedes"? Estas palabras no describen una religión "hazlo-tu-mismo" ("do-it-yourself") de preferencia personal, sino un proceso prescrito y organizado para infundir con cuidado las verdades correctas y auténticas que Jesús enseñó sistemáticamente en cada creyente. Él comisionó a los discípulos a ser minuciosos, exactos y consistentes. La única manera de lograr esto es preservando de alguna manera objetiva, las verdades que Él propuso; que los discípulos pasaran a creyentes de cada generación.

La Vida Transformada es un libro acerca del proceso utilizado por Dios para transformar personas heridas, perdidas y quebrantadas (como usted y como yo), en sus propios hijos. El libro ha sido diseñado para ser utilizado como herramienta interactiva para el crecimiento personal. Cada uno de los diez capítulos está dividido en cuatro días de lectura, seguido por preguntas y ejercicios, diseñados para ayudar a intergrar y resumir lo que aprendan. Las lecturas son escritas consecutivamente para que estudiantes individuales puedan utilizar el libro como un devocional para comenzar su experiencia de cuarenta días de transformación personal.

Este libro también fue diseñado para el uso de grupos pequeños, estudios en salones de clases y para el uso como herramienta primaria de discipulado en iglesias locales. Cuando se usa de esta manera, es recomendable que cada estudiante/miembro de grupo reciba una copia de *La Vida Transformada* y estudie un capítulo por semana por diez semanas. Las lecturas, preguntas y ejercicios deben ser hechos por cada estudiante semanalmente. Entonces, los líderes de grupos, maestros o los facilitadores, deben tener una reunión semanal para repasar y discutir la materia con los estudiantes, recibir instrucción y compartir sus respuestas a los ejercicios y preguntas. Esta es una excelente manera de dessarrollar comunidad y fomentar aprendizaje sistemático.

De cualquier manera que este libro sea utilizado, *La Vida Transformada* esta diseñado principalmente para llevar al lector en un viaje. Ha sido mi pasión al escribir, crear una herramienta que permita a individuos, grupos e iglesias a experimentar la verdadera transformación que Jesús prometió a los que le siguen.

Si usted no es actualmente un seguidor de Jesucristo, este libro le ayudará a comprender la historia cristiana y considerar el viaje de transformación que Jesús prometió. Si es un creyente experimentado, este libro le ayudará a desarrollar un entendimiento lógico de su fe y retarle a vivir la vida que usted ha sido diseñado para vivir. Si es nuevo en la exploración de verdades espirituales y quiere aprender cómo la Biblia y las enseñanzas de Jesús le pueden ayudar a experimentar un cambio positivo personal, *La Vida Transformada* es un excelente lugar para comenzar.

INTRODUCCIÓN

Todo cambia. El cambio es el único aspecto de la vida que nos sucede a todos. Con el pasar del tiempo, este hecho es evidente en todo lo que vemos. La misma tierra cambia constantemente, reaccionando contra las fuerzas de energías que se mueven constantemente sobre ella. Nuestros cuerpos cambian cada día sin captar nuestra atención. Nosotros no podemos ver los cambios que suceden dentro de unos días o semanas, pero con el tiempo, los cambios se acumulan hasta que un día, nosotros nos miramos en el espejo y nos damos cuenta de que nos vemos muy diferentes ahora de cómo erramos hace sólo un año atrás. Se ha dicho que lo único con lo que podemos contar en este mundo, es que nada permanece igual. La verdadera pregunta es: ¿Cómo navega uno por todos los cambios para llegar a ser una mejor persona, para ser transformado sinceramente, en la persona que Dios nos ha diseñado a ser?

El proceso de transformación requiere de nuestra participación. De hecho, muchas cosas en la vida no mejorarán a menos que tomemos acción voluntaria. Es saber lo que usted puede cambiar, y tener las habilidades y el valor para manejar la dirección de cambio que determina si vencerá sus circunstancias o llegará a ser una víctima de ellas.

El cambio positivo es muy difícil de lograr. Tendemos a ser firmes en la manera en que pensamos, nos comportamos y relacionamos con otros, y somos a menudo resistentes a las clases de desafíos que traen verdaderos cambios. Para producir un cambio verdadero en nuestras vidas, hábitos, relaciones, finanzas, salud, y/o nuestro carácter, requerimos de una fuerza que es igual a, o más, que la fuerza de la duda, temor, escepticismo y de la mediocridad que erosiona constantemente las orillas de nuestras ambiciones espirituales y el deseo personal para la excelencia. Nuestro cuerpo carnal y nuestro ambiente nos pueden influenciar negativamente. Necesitamos un poder interno que sea más que cada excusa, adversario y fuerza externa que obra en contra de nuestra transformación.

El príncipe rana

Hay una fábula de niños clásica que ha sido gustada por siglos en todas partes del mundo. Es la historia del "príncipe rana". Mientras existen diferentes versiones de la fábula, la historia implica una misteriosa rana que ha sido maldecida a vivir su vida en una charca que rodea el palacio de un gran rey. Un día, la hija del rey descubre y ofrece su amistad a la rana. En la historia, un beso sencillo de la hija del rey rompe la maldición, transformando la rana en un príncipe guapo que entonces vive felizmente, desde ese momento en adelante como un miembro de la familia real.

Esta historia ha resonado en generaciones de lectores porque es en esencia una historia de esperanza y transformación. Enseña que las cosas no son siempre como parecen; las maldiciones pueden ser rotas e incluso la más sucias de las criaturas puede lograr una vida rica y significativa por el poder transformativo del amor.

La historia cristiana es en esencia lo mismo. También implica a un Rey, sus hijos y una terrible maldición. Engañados por una serpiente mentirosa, los hijos del Gran Rey caen bajo una maldición terrible que los transforma en versiones débiles, rotas y corruptas de sus formas anteriores. Huyendo de la presencia de su Padre-Rey, ellos hacen su nuevo hogar en las zonas pantanosas. La maldición los convierte en criaturas temerosas, egoístas y dañinas que viven bajo el dominio de la serpiente mentirosa que los influye con su propia naturaleza torcida. La serpiente les enseña el odio por su Rey anterior y el odio al uno por el otro. Habiendo olvidado sus verdaderas identidades, ellos llegan a procrear generaciones de niños —ranas torcidas y maldecidas como ellos mismos.

Este Rey sin embargo, no está satisfecho con dejar a sus hijos bajo el dominio mentiroso de la serpiente malvada. Él los ama a pesar de lo que se han convertido. Un día el Rey envía a su único Hijo a las zonas pantanosas, se disfrazó como criatura maldecida. El Hijo les enseña acerca de su verdadero Padre, su verdadero hogar en un palacio y les ofrece la oportunidad de ser transformados de nuevo en hijos e hijas del Rey. Enfurecida, la serpiente malvada mata el Hijo del Rey, desatando sin querer un poder más profundo que rompe la maldición y abre la puerta de escape. Cuando el Hijo del Rey regresa de la muerte, Él les ofrece esta puerta a todos los que estén dispuestos a recibirlo. El amor del Hijo rompe la maldición y transforma instantáneamente a ranas dispuestas en elegantes y hermosos hijos—restaurándolos a su diseño original.

La historia cristiana sin embargo no termina exactamente como la vieja fábula. La transformación duradera, requiere un poco más que un beso. Las generaciones bajo el control de la serpiente, viviendo en el lodo y croando de noche, había cambiado poderosamente la imagen misma de los hijos. Los corazones habían sido cambiados por el amor del Padre, pero ellos todavía pensaban como ranas, actuaban como ranas y tenían un apetito por la vida pantanosa.

De noche, cuando las otras ranas continuaban en los pantanos, los nuevos hijos del Rey salían por la ventana del palacio, corrían hacia la charca, y caían en las conductas que habían conocido. El cambio verdadero había ocurrido en sus vidas, pero el cambio en su forma de pensar y en su conducta sólo ocurriría con el tiempo. Tomaría un proceso de transformación.

Con agradecimiento, podemos decir que, nuestro Rey está comprometido con este proceso.

CAPÍTULO UNO

LA PALABRA DE DIOS

La Palabra de Dios

DIA 1: ¡DIOS ESCRIBIÓ UN LIBRO!

La Biblia: nuestro lugar de inicio

Todo en la vida tiene un principio —un punto de comienzo. En este libro estudiaremos verdades espirituales. Aprenderemos que Dios es verdadero y que Él tiene un plan maravilloso para nuestras vidas. Pero primero tenemos que encontrar un punto de inicio. Al aprender acerca de alguien tan importante como Dios, es importante escoger el lugar correcto para empezar nuestro viaje.

¿Dónde podemos ir a obtener información correcta sobre Dios y Sus propósitos? Si asumimos que hay un Dios que nos creó, entonces, ¿no tendria sentido que Él desearia que aprendieramos sobre Él? Existe un lugar donde podemos ir para obtener este conocimiento? Si hay tal lugar, entonces debe ser accesible, confiable, consistente, e inmutable. Tendría que contener verdades que trabajen para cualquiera persona, viviendo en cualquier lugar, sin perder relevancia del tiempo.

En el Cristianismo, nosotros creemos que todo lo que necesitamos saber sobre Dios y Su plan para nosotros se encuentra en las páginas de la Biblia. De hecho, llamamos la Biblia, "La Palabra de Dios". *Una palabra* es un contenido de pensamientos, ideas, esperanzas, instrucciones y expectativas. Cada uno de nosotros comunicamos nuestros deseos y sentimientos a través de nuestras palabras. De la misma manera, La Palabra de Dios —La Biblia— es el mensaje de Dios a nosotros. La Biblia contiene los pensamientos, planes y por supuesto, las expectativas de Dios. Por esta razón la Biblia es nuestro punto de inicio en nuestro estudio de verdades espirituales.

> *La Biblia contiene los pensamientos, planes y por supuesto, las expectativas de Dios. Por esta razón la Biblia es nuestro punto de inicio en nuestro estudio de verdades espirituales.*

Dios eligió un libro

Cuando Dios decidió revelarse a la raza humana, Él pudo haber elegido un sinnúmero de maneras para comunicarnos sobre su persona y sus intenciones para con nosotros. Él pudo haber elegido enviar a sus ángeles poderosos en carruajes de fuego para proclamar y demostrar su amor de manera sobrenatural. Dios pudo haber utilizado un método inesperado y espectacular para hacerse conocer a cada hombre y mujer creado por Él, a quienes Él decidió amar. *Pero Dios eligió un libro.*

De todas las formas que Él pudo utilizar para expresarse a la raza humana, Él eligió hacerlo de forma escrita. ¡Ya que Dios decidio utilizar un libro para comunicarse con nosotros, es escencial para nosotros aprender sobre este libro, para así lograr recibir su mensaje! En este capítulo, aprenderemos sobre la Biblia y por qué es la fuente de nuestra fe y nuestra guia en la vida cristiana. Veremos como Dios nos dio la Biblia, por qué la consideramos digna de confianza y más aún, cómo podemos sacarle provecho al mensaje —cada dia.

¿Por qué un libro?

- El Señor deseó revelarse de manera tangible. La Biblia es un libro físico al que podemos examinar fisicamente para entender verdades espirituales.

- Para evitar conceptos equivocados acerca de Dios, Dios colocó Su mensaje al mundo por escrito, para que pueda ser comprendido claramente y pueda ser traducido a muchos idiomas. Cuando alguien reclama algo acerca de Dios que es nuevo, su libro puede ser consultado para asegurarse de que es correcto. La Biblia nos mantiene fuera del riesgo de creencias y pensamientos erróneos.

- La Biblia dice que Dios tiene libros en el cielo (Salmo 40:7; Daniel 7:10; Apocalipsis 20:12). Esto significa que Dios mismo es el autor; la Biblia es el resultado de Dios hablándonos sobre Él.

Términos para la Biblia:

La Biblia
Viene de *ta biblia* y significa "los libros".[1]

---

1. *Webster's Collegiate Dictionary*, s.v. "biblia".

Escritura(s)
Viene del Griego *graphe* y significa "aquello que es escrito" o "las escrituras santas".

La Palabra, La Palabra de Dios
La forma en la que el cristiano se refiere a la Biblia, porque creemos que es la voz de Dios en forma escrita.

Cómo Dios nos dio la Biblia

"Pero antes que nada deben entender esto: Ninguna profecía de la Escritura es de interpretación privada, porque la profecía nunca estuvo bajo el control de la voluntad humana, sino que los santos hombres de Dios hablaron bajo el control del Espíritu Santo" (2 Pedro 1:20-21).

"Toda la Escritura es inspirada por Dios, y útil para enseñar, para redargüir, para corregir, para instruir en justicia, a fin de que el hombre de Dios sea perfecto, enteramente preparado para toda buena obra" (2 Timoteo 3:16-17).

La Biblia nos detalla claramente cómo Dios le dio existencia a su libro. La Biblia nos dice que hombres escribieron como fueron inspirados por el Espíritu Santo. A veces personas ridiculizan la Biblia diciendo que la Biblia es sólo un libro escrito por hombres. Mientras es cierto que Dios utilizó a personas para recolectar sus palabras, Dios estaba obrando de una manera especial en sus corazones y mentes para registrar sus pensamientos sin error. Llamamos este proceso la *inspiración verbal* (hablado) *plenaria* (cada palabra) de la Escritura. *La inspiración verbal plenaria* — significa que las palabras en la Biblia contienen el mensaje completo hablado por Dios que fue escrito por las personas que Él había escogido.

> *Porque la fuente de las Escrituras es Dios mismo, la Biblia habla con una autoridad divina que une los corazones de todos los verdaderos seguidores de Jesús.*
>
> *LA BIBLIA ES UNA Autoridad DIVINA*

Dios llamó a hombres, uno por uno, a las cimas de montañas, a desiertos solitarios, a los ríos de grandes ciudades, mientras dormian sobre sus camas. Habló con ellos, y les dirigió anotar lo que Él les dijo. Y así lo hicieron (Éxodo 17:4; Deuteronomio 27:8; Isaías 8:1; Jeremías 30:2).

Juntas, las escrituras de estas personas santas llegaron a ser la Biblia: el libro más significativo del mundo. Ya que la Biblia es un libro que da dirección a todas las preguntas y desafíos básicos de la vida en la tierra, los cristianos consideran sus enseñanzas ser la única fuente autoritaria para la fe y una guía segura para vivir la vida diaria. Porque la fuente de las Escrituras es Dios mismo, la Biblia habla con una autoridad divina que une los corazones de todos los verdaderos seguidores de Jesús.

ORIGENES Y CERTEZA

La Biblia testifica de su propio origen divino y certeza

Los 39 libros del Antiguo Testamento fueron utilizados por Jesús y los apóstoles como sus escrituras. Jesús citó el Antiguo Testamento muchas veces y a menudo reconoció los autores humanos al atribuir simultáneamente sus palabras a Dios mismo (Marcos 12:24, 26). Porque el Antiguo Testamento habló de un Mesías que sería el Hijo de Dios, los primeros seguidores de Jesús lo reconocieron como el cumplimiento de la profecía del Antiguo Testamento.

> "Y Felipe halló a Natanael y le dijo: 'Hemos *hallado a aquél de quien escribió Moisés en la ley, y también los profetas:* a Jesús, el hijo de José, de Nazaret'" (Juan 1:45).

Jesús enseñó que el Antiguo Testamento contenía tanta información sobre Él y que si las personas lo estudiaran, lo reconocerían como el Mesías prometido. En algún punto en su camino con Jesús, usted puede hacer un estudio de estas profecías.

> "Si ustedes le creyeran a Moisés, me creerían a mí, *porque él escribió acerca de mí.* Pero si no creen a sus escritos, ¿cómo van a creer a mis palabras? (Juan 5:46-47).

Jesús simplemente, declaró que la Biblia fue la historia verdadera escrita acerca de acontecimientos y lugares verdaderos. Hoy, es popular pensar que porque la Biblia es un libro antiguo con historias asombrosas de acontecimientos sobrenaturales, las cosas registradas en ella no son literalmente verdaderas. Algunas personas, por ejemplo, reclaman que Adán y Eva nunca existieron, que Moisés no escribió la Ley, que Jericó nunca existió, y que Jonás fue sólo una "historia de un pez" y no puede ser tomada literalmente. Sin embargo, los judíos de los tiempos de Jesús nunca lo consideraron menos que historia verdadera. Jesús atribuyó a todos los primeros cinco libros de la Biblia, también referidos como el Pentateuco, a Moisés (Mateo 8:4). ¡Dijo que Isaías escribío el libro entero de Isaías, que David y Salomón fueron personas verdaderas, y que Jonás realmente pasó tres días y tres noches en el estómago de un gran pez (Mateo 12:40)! De hecho, Jesús declaró que ni una letra ni una tilde de la ley desaparecerán hasta que todo se haya cumplido (Mateo 5:18). Eso es un argumento fuerte para tomar la Biblia seriamente.

Pedro llamó las cartas de Pablo Escrituras (2 Pedro 3:15), indicando que todos los primeros cristianos reconocieron que las cartas del Nuevo Testamento contenían la misma unción y autoridad que esos en el Antiguo Testamento. Esto significa que los creyentes del primer siglo consideraron esas cartas, los Evangelios y el resto del Nuevo Testamento tal como fueron escritos; de la misma manera que ellos consideraron el cuerpo de la Escritura del Antiguo Testamento.

El último libro del Nuevo Testamento fue escrito por el último apóstol sobreviviente escogido por Jesús —el apóstol Juan. Con casi 100 años de edad, Jesús se le apareció a Juan mientras estuvo en exilio en la isla de Patmos. Su visión de Jesús y los acontecimientos que ocurrirían en el tiempo del fin completaron la revelación de la Palabra de Dios. Al fin del primer siglo, las Escrituras del Nuevo Testamento fueron completadas.

El milagro de la Biblia

Entre 1946 y 1956, los Manuscritos del Mar Muerto fueron descubiertos en una serie de doce cuevas en la Cisjordania del Mar Muerto cerca de Jerusalén. Estos rollos contenían cientos de antiguas copias de las Escrituras y comentarios sobre la Biblia desde antes del tiempo de Jesús. Uno de los documentos más importantes descubiertos, fue un rollo intacto del libro de Isaías. En aquel tiempo, muchos críticos de la Biblia reclamaron que Isaías no pudo haber sido escrito cientos de años antes de Cristo ya que profetizó muchas cosas acerca de Jesús con tal certeza. Reclamaron que Isaías tenía que haber sido cambiado con el paso de los años ya que había sido copiado tantas veces. ¡Sin embargo, cuando la copia de Isaías del Mar Muerto fue colocada junto a las copias de Isaías que tenemos, eran virtualmente idénticas! Palabra por palabra, la copia de Isaías de los Manuscritos del Mar Muerto decían lo mismo que las copias de años más tarde. ¡Dios es fiel en cumplir su palabra!

Uno de los hechos más notables acerca de la Biblia es su certeza. Hoy tenemos miles de antiguas copias de las Escrituras en muchos idiomas que han sido preservados en varios lugares en todo el mundo. Cuando todas estas copias son colocadas juntas, son virtualmente idénticas. Un 95% de los manuscritos de la Biblia son idénticos en todos los aspectos. El cinco por ciento que varía, es el resultado de diferencias menores en el orden de palabras, omisiones, y variaciones fácilmente identificadas, hechas durante el proceso tedioso de copiar su contenido a mano. Sin embargo, porque tenemos tantas copias antiguas, podemos descubrir y corregir estos pequeños cambios. Más importante aún, el pequeño porcentaje de variación que tenemos en los manuscritos no tiene impacto en la comprensión del texto y no cambia su significado. No hay ningún otro libro antiguo con un registro tan notable de certeza y consistencia.

LAS DOS NATURALEZAS DE LA PALABRA DE DIOS

Para que pueda ocurrir comunicación entre dos personas, debe haber tanto un mensaje como un medio de comunicarlo. El mensaje es el *contenido*; el medio es el *contenedor*. La Palabra de Dios sigue este patrón. Hay dos aspectos claros de la Biblia que deben ser considerados si vamos a apreciarlos por completo. El primero es el físico —el contenedor— y el segundo es el espiritual —el contenido.

El aspecto físico de la palabra es el libro escrito. Como ya mencionamos, Dios habló su Palabra a hombres verdaderos que entonces transcribieron su mensaje. Hoy tenemos ese mensaje en forma de un libro escrito que podemos leer y podemos volver a leer cuantas veces deseemos.

El aspecto espiritual de la Palabra es el mensaje propuesto por su Orador. Este mensaje viviente y poderoso contiene el corazón, la voluntad y la intención del orador. Jesús nos dijo que sus palabras son espíritu y vida (Juan 6:63); Su propio corazón hacia toda la humanidad es revelado a través de estas marcas en papel.

Necesitamos lo físico para poder recibir lo espiritual. Es sólo cuando pensamos y reflexionamos en el mensaje, que conectamos realmente con el Autor. Por esta razón *empezamos a estudiar la Palabra de Dios con el entendimiento de la naturaleza física de la Biblia*. Debemos revisar el libro para que podamos abrir el recipiente y recibir el mensaje que Dios colocó dentro. Comprendiendo el libro de por sí —las letras que forman palabras, las oraciones, los capítulos y las formas de literatura— podemos descubrir el mensaje que Dios ha colocado dentro de ellos. Dentro de los próximos días, nosotros revisaremos las dimensiones físicas y espirituales de la Palabra de Dios.

DIA 1 EJERCICIOS

1. Imagínese que tiene a un niño de quien usted será separado. Lo único que puede dejarle, son cartas. Como padre humano, ¿qué clase de cartas querrá escribir? ¿Qué ideas importantes querrá dejar para su descendencia? Escriba una nota en el espacio proporcionado abajo.

Cartas de mi persona y mi decendencia para que pueda conocer quién es, de donde vino, quienes eran sus antipasados y cualquier información que pudiera ayudarlo en su futuro a buscar su familia.

2. Por inspiración verbal plenaria, Dios es el autor de la Biblia a través de los bolígrafos de los hombres. Se requiere fe para aceptar las palabras de la Biblia como un registro de los pensamientos de Dios hacia nosotros —un registro sin error. ¿Cuál es la definición de *inspiración verbal plenaria*? _Pg 37_

que las palabras en la Biblia contienen el mensaje completo hablado por Dios que fue escrito por las personas que Él había escogido.

3. A mediados de los 1800's, hubieron aquellos que consideraron las historias como mitos o cuentos de hadas que realmente sucedieron. Entre ellos se incluye el cuento de Homero de la ciudad de Troya así como las ciudades bíblicas de Ur y Jericó. A mediados de los 1870's, un hombre llamado Heinrich Schliemann decidió buscar Troya, según las claves en el libro de Homero, *La Ilíada*. Fue considerado un tonto por personas, por utilizar un libro de niños como un mapa. ¡Pero con el tiempo él lo encontró! Esto estimuló a otros a hacer lo mismo, utilizando la Biblia. Desde entonces, varias ciudades en cuentos de fábulas han sido descubiertas —Ur y Jericó entre ellas. Entendiendo que la Biblia es la historia verdadera, ¿qué historias

de la Biblia son tan asombrosas que la mayoría de los incrédulos pensarían que son cuentos de hadas?

Creo yo, La Historia De la creacion
Adan y Eva, La Resurreccion
La se Jesus, lo sufrido, su muerte
y resurrección. La Del PAN y los Peces
El Pez que se tragó a Jonas

4. Según la lectura, ¿de qué fuente viene la autoridad de la Biblia?

De UNA AUTORIDAD DIVINA (Divine
Authority
Cual esa autoridad Divina
es Dios mismo

5. ¿Cuales son las dos naturalezas de la Palabra de Dios?

1. Espiritual

2. Física

DIA 2: LA NATURALEZA FISICA DE LA PALABRA

El discurso ocurre por un proceso físico. El aire se mueve sobre cuerdas vocales, generando ondas de sonidos que son liberadas por nuestras bocas. Los sonidos son llevados al oído humano, que capta las vibraciones que el cerebro descifra. Este proceso físico describe los *medios* por el cual el mensaje del orador es transmitido.

Sin embargo, el aspecto más importante del proceso de comunicación es el *mismo mensaje*. Muchas personas estudian la Biblia solamente desde un punto de vista natural, y nunca reciben el poder del mensaje que Dios ha puesto dentro de la Biblia. Tratan la Biblia como cualquier otro libro, pero ellos no someten sus propios corazones al poder de Dios mismo. Leen la Biblia según sus capacidades naturales de razonamiento, así que sus conclusiones no son basadas en revelación o fe. Al hacer esto, ellos pierden los mensajes que Dios habla a través de sus páginas.

> *La Biblia es una colección de 66 escrituras, compuesta por 44 autores diferentes, sobre un período de aproximadamente 1.600 años. Cada una de estas escrituras es llamada un "libro".*

La Biblia es un libro y por lo tanto debemos estudiar la naturaleza del libro que contiene los pensamientos de Dios. La Biblia es una colección de 66 escrituras, compuesta por 44 autores diferentes, sobre un período de aproximadamente 1.600 años. Cada una de estas escrituras es llamada un "libro". Muchos de los libros en la Biblia son largos, y contienen las historias que cubren períodos de tiempo largos. Otros son las colecciones de poesía o profecía. Mientras, otros son cartas individuales que son escritas para instruir a los hijos de Dios en cómo vivir la vida cristiana. Una de las claves para aprender la Biblia, es comprender correctamente sus divisiones. Dios nos instruye a "interpretar debidamente la Palabra de verdad" (2 Timoteo 2:15). La Biblia está dividida en dos secciones principales: el Antiguo Testamento que consiste en 39 libros, y el Nuevo Testamento que consiste en 27 libros.

> "Procura con diligencia presentarte a Dios aprobado, como obrero que no tiene de qué avergonzarse, que usa bien la palabra de verdad" (2 Timoteo 2:15 RVR60).

El Antiguo Testamento

La primera sección de la Biblia es el Antiguo Testamento. *Testamento* significa "pacto" o "promesa". El Antiguo Testamento es un registro de la obra de Dios en la creación, la entrada del pecado al mundo y el plan de Dios para redimir a su creación, una vez que estos habían caído. El Antiguo Testamento contiene la promesa de Dios de redimir al mundo del pecado enviando a un Salvador. Este cubre el período de tiempo desde la creación del mundo hasta el tiempo del regreso de Israel del cautiverio en Babilonia.

> *"Estas palabras las escribió en el libro de la ley de Dios*; luego tomó una gran piedra, la puso debajo de la encina que estaba junto al santuario del Señor" (Josué 24:26).

> "La reina Ester, hija de Abijaíl, junto con Mardoqueo el judío, escribieron con plena autoridad para confirmar esta segunda carta con respecto a los días de Purim....El decreto de Ester confirmó estas normas con respecto a Purim, y quedó registrado por escrito" (Ester 9:29, 32).

El Antiguo Testamento relata principalmente la historia del trato de Dios con su pueblo escogido, Israel. Dios levantó a esta nación especial para demostrar su amor por humanos pecaminosos, para recibir y enseñar su ley sagrada, y para crear una familia humana entre quienes su Hijo pudiera nacer. Estos libros fueron escritos en hebreo, el indioma antiguo de la nación judía, con pequeñas porciones escritas en arameo.

El Nuevo Testamento

El Nuevo Testamento es el registro histórico de cómo Dios mismo entró a este mundo en la persona de su Hijo, Jesucristo. Él es la figura central de la historia humana, y la revelación singular más significativa que Dios nos ha dado. Jesucristo es la Palabra *viva* de Dios y es la personificación humana de la Palabra *escrita*, la Biblia. El evangelio de Juan proclama esto cuando dice en Juan 1:1, "En el principio era el Verbo, *logos*, que es el griego para "palabra". Más adelante en el verso 14 dice, "y el Verbo fue hecho carne y habitó entre nosotros," con respecto a Jesús.

> "Dios, que muchas veces y de distintas maneras habló en otros tiempos a *nuestros padres por medio de los profetas*, en estos días finales *nos ha hablado por medio del Hijo*, a quien constituyó heredero de todo, y mediante el cual hizo el universo" (Hebreos 1:1-2).

"Les anunciamos al que existe desde el principio, a quien hemos visto y oído. Lo vimos con nuestros propios ojos y lo tocamos con nuestras propias manos. Él es la *Palabra de vida*. Él, quien es la vida misma, nos fue revelado, y nosotros lo vimos; y ahora testificamos y anunciamos a ustedes que él es la vida eterna. Estaba con el Padre, y luego nos fue revelado" (1 Juan 1:1-2 NTV).

El Nuevo Testamento relata la historia de la vida de Jesús, sus enseñanzas, los milagros, su muerte y su resurrección. Incluso, da la historia de la iglesia que fundó, y cómo trajo su mensaje al mundo entero. El Nuevo Testamento culmina con un libro de profecía que revela lo que sucederá en la tierra durante los últimos días y cómo Dios confrontará y derrotará cada forma maligna y restaurará la paz del universo.

El Nuevo Testamento consiste en 27 libros escritos por ocho autores sobre un período de aproximadamente 50 años. La mayor parte del Nuevo Testamento es escrita por testigos oculares de Jesús, durante su vida o después de su resurrección, que relatan el impacto de Cristo en el mundo y la fundación de su iglesia.

Empieza con las historias del Hijo de Dios, Jesucristo, entrando a nuestro mundo y un registro de sus enseñanzas, muerte, y resurrección. Estos son conocidos como los Evangelios. Los Evangelios son seguidos por el libro de los Hechos, la historia de la iglesia que Jesús fundó, y cómo creció. La otra mitad del Nuevo Testamento es una serie de cartas escritas a seguidores de Jesús que fueron miembros activos en iglesias locales a través del Imperio Romano durante el primer siglo. Estas cartas son escrituras cruciales en la Biblia porque nos ayudan a aplicar el significado de las enseñanzas de Cristo en los Evangelios. También traen más profundidad de comprensión a las promesas que Dios hizo en el Antiguo Testamento de enviar a un Salvador. El último libro en el Nuevo Testamento, el Apocalipsis, es un libro de profecía y contiene mensajes poderosos dirigidos a las iglesias cristianas a través de los siglos, al igual que predicciones y advertencias acerca de los acontecimientos que traerán a Jesucristo de regreso a la tierra en los últimos días.

El Nuevo Testamento fue originalmente escrito en griego porque fue el idioma principal hablado por todo el mundo. El idioma griego fue una herramienta valiosa que fue utilizada para difundir el mensaje de Jesús rápida y efectivamente.

Los primeros seguidores de Jesús enseñaron el evangelio utilizando el Antiguo Testamento. Esto es importante porque nos muestra que la enseñanza de Jesús es encontrada por todo el Antiguo Testamento. Los primeros cristianos predicaron exitosamente acerca de Jesucristo utilizando sólo el Antiguo Testamento. Esto es posible porque el Antiguo Testamento es el Nuevo Testamento *oculto*, donde el Nuevo Testamento es el Antiguo Testamento *revelado*. Fue sólo después de varias décadas, que las cartas del Nuevo Testamento y los Evangelios fueron registrados y disponibles para el uso de los cristianos.

El primer libro del Nuevo Testamento escrito fue la carta de Santiago. Después, Pablo escribió muchas cartas a las iglesias que recibían sus cartas, no como la palabra de hombre, sino como la Palabra de Dios. Más tarde, Pablo dijo específicamente que Dios le había dado la tarea especial de completar, o culminar la Palabra de Dios. Es decir, él supo que lo que escribía fue especialmente ungido por el Espíritu Santo como divina Escritura.

> "Por eso también nosotros siempre damos gracias a Dios de que, cuando ustedes recibieron la palabra de Dios que nosotros les predicamos, *no la recibieron como mera palabra humana sino como lo que es, como la palabra de Dios*, la cual actúa en ustedes los creyentes" (1 Tesalonicenses 2:13).

> "De la cual soy hecho ministro, según la dispensación de Dios que me fué dada en orden a vosotros, *para que cumpla la palabra de Dios*" (Colosenses 1:25 RVA).

Junto a estas cartas apostólicas, consideradas como Escrituras, las primeras biografías de testigos oculares de la vida de Jesús, fueron registradas tan temprano como el 60 d.c. Estos Evangelios fueron las historias de primera mano escritas por los que habían caminado con Jesús (Lucas 1:1-2).

> "Tengan en cuenta que la paciencia de nuestro Señor es para salvación, tal y como nuestro amado *hermano Pablo, según la sabiduría que le ha sido dada, les ha escrito en casi todas sus cartas*, donde habla de estas cosas, aun cuando entre ellas hay algunas que son difíciles de entender y que los ignorantes e inconstantes tuercen, como hacen también con las otras Escrituras, para su propia perdición" (2 Pedro 3:15-16).

> "Jesús hizo muchas otras señales en presencia de sus discípulos, las cuales no están escritas en este libro. *Pero éstas se han escrito para que ustedes crean que Jesús es el Cristo*, el Hijo de Dios, y para que al creer, tengan vida en su nombre" (Juan 20:30-31).

"Muchas personas han intentado escribir un relato de los hechos que se han cumplido entre nosotros. Se valieron de los informes que circulan entre nosotros dados por testigos oculares, los primeros discípulos. Después de investigar todo con esmero desde el principio, yo también decidí escribir un relato cuidadoso para ti, muy honorable Teófilo, para que puedas estar seguro de la veracidad de todo lo que te han enseñado" (Lucas 1:1-4 NTV).

Aprendiendo los libros de la Biblia

Al memorizar los libros de la Biblia, es útil aprenderlos trabajando con una sección a la vez. Muchas personas se agobian al principio con la idea de memorizar tales nombres poco familiar. Pero realmente la inmensa mayoría de los estudiantes descubren que es mucho más fácil de lo que se imaginaron, especialmente cuando hacen una sección a la vez. El beneficio de esta disciplina durará toda su vida, y le ayudará mucho a localizar pasajes de Escrituras cuando son mencionados en la iglesia o cuando le esté enseñando a otros. ¡Recuerde, mientras más sepa de los aspectos naturales de la Biblia, más fácil será descubrir el mensaje espiritual que contiene! Los libros de la Biblia han sido detallados en páginas 30-31 para su conveniencia.

DIA 2 EJERCICIOS

1. Hay muchos métodos de cómo aprender los libros de la Biblia. Aquí están unos cuantos:

   - Escríbalos y léalos por completo. Borre uno cada vez que usted termine la lista hasta que no quede ninguno. Manténgase en práctica hasta que usted los sepa todos.

   - Hojée su Biblia diariamente, leyendo los nombres de los libros segun va hojeando.

   - Intente ver a qué velocidad usted puede localizar una Escritura. ¡Consiga una lista variada, mezcle la lista, y comience!

   - Memorice los libros en secciones (refiérase a páginas 30-31).

2. Una de las claves para aprender la Biblia es:

   Comprender correctamente sus divisiones

3. ¡Los profetas "menores" no fueron en menores! Pensamos en "menores" como menos, pero eso no es lo que significa cuando hablamos de los profetas menores. Son denominados menores sólo porque sus libros son más cortos; ellos no son menos importantes. Ya que son doce, ellos también son conocidos como el "Libro de los Doce". Haz una lista del Libro de los Doce aquí. (¡Escribir es recordar!)

   1. _Oseas_
   2. _Amos_
   3. _Joel_
   4. _Abdias_
   5. _Jonas_
   6. _Miqueas_
   7. _Nahum_
   8. _Malaquias_
   9. _Habacuc_
   10. _Sofonias_
   11. _Hageo_
   12. _Zacarias_

4. ¿De cuántos libros consiste la Biblia? _66_ ¿Cuántos hay en el Antiguo Testamento? _39_ ¿Cuántos hay en el Nuevo Testamento? _27_

5. ¿Cuál es la historia central del Antiguo Testamento? PACTO PROMESA EL TRATO CON SU PUEBLO (DIOS) ISRAEL O sea relata principalmente la historia del trato con su pueblo escogido que es Israel.

6. ¿Cuál es la historia central del Nuevo Testamento?

El Registro historico como Dios mismo entro a este mundo como hijo Jesucristo en la persona de su hijo.

Jesucristo es la Palabra viva de Dios y la personificación humana de la palabra escrita, La Biblia.

En el principio era el VERBO (logos) que es el griego pasa (PALABRA) JN 1:1 y 1:14

En el principio era el Verbo — y El Verbo se hizo CARNE y habito entre nosotros. (Jesus)

Antiguo Testamento

1. Cinco libros de la ley
(Creación - 1800 a.c.)
  Génesis
  Éxodo
  Levítico
  Números
  Deuteronomio

2. Doce libros de historia
(1800-412 a.c.)
  Josué
  Jueces
  Rut
  1 y 2 Samuel
  1 y 2 Reyes
  1 y 2 Crónicas
  Esdras
  Nehemías
  Ester

3. Cinco libros de sabiduria
(Escrito entre 101-930 a.c. menos
Job, que fue escrito antes del tiempo
de Moisés alrededor de 2000 a.c.)
  Job
  Salmos
  Proverbios
  Eclesiastés
  Cantares

4. Cinco profetas mayores
(Escrito entre 740-545 a.c.)
  Isaías
  Jeremías
  Lamentaciones
  Ezequiel
  Daniel

5. Doce profetas secundarios
(Escrito entre 840-410 a.c.)
  Oseas
  Joel
  Amós
  Abdías
  Jonás
  Miqueas
  Nahúm
  Habacuc
  Sofonías
  Hageo
  Zacarías
  Malaquías

Nuevo Testamento

1. Los evangelios
(Biografías de testigo oculares de Jesucristo)
  Mateo
  Marcos
  Lucas
  Juan

2. Historia
(Cómo Dios estableció su Iglesia)
  Hechos

3. Epístolas de Pablo
(Cartas de Mensajes de Pablo a las Iglesias locales)
  Romanos
  1 y 2 Corintios
  Gálatas
  Efesios
  Filipenses
  Colosenses
  1 y 2 Tesalonicenses
  1 y 2 Timoteo
  Tito
  Filemón

4. Epístolas generales
(Mensajes a cristianos por varios Apóstoles)
  Hebreos
  Santiago
  1 y 2 Pedro
  1, 2 y 3 Juan
  Judas

5. Profecía
(La profecía de los ultimos dias de Juan)
  La revelación de Jesucristo

DIA 3: LA NATURALEZA ESPIRITUAL DE LA PALABRA DE DIOS

Viva y poderosa

Es muy útil saber cómo la Biblia fue compilada. Debemos recordar que la Palabra de Dios es mucho más que un libro lleno de palabras como cualquier otro libro. Está vivo con el Espíritu de Dios y lleno de Su poder. Cuando nos acercamos a la Biblia con fe, Dios habla a través de sus palabras para darnos instrucción, dirección, y ánimo para vivir nuestra vida diaria. La Biblia dice que toda la Biblia fue dada por la inspiración directa de Dios y es provechoso para la enseñanza, corrección, instrucción espiritual, y para instrucción en cómo vivir rectamente.

> "Porque la palabra de Dios es viva y eficaz, y más cortante que cualquier espada de dos filos; y penetra hasta partir el alma y el espíritu, las coyunturas y los tuétanos, y discierne los pensamientos y las intenciones del corazón" (Hebreos 4:12 RVR60).

La Palabra de Dios es *ungida por el Espíritu Santo*

Las palabras de la Biblia fueron inspiradas por el Espíritu Santo, y por lo tanto llevan su unción. Jesús declaró que sus palabras eran espíritu y vida (Juan 6:63).

La Palabra de Dios esta *llena de poder*

Las palabras del Señor llevan completa autoridad y el poder de Aquel que las habló. Dios utilizó sus palabras para crear al mundo (Juan 1:1-3) y continúa sosteniendo toda la creación por el poder de su Palabra. Esto significa que cuando creemos la Palabra de Dios, tiene el poder de transformar nuestras vidas y nuestras circunstancias (Hebreos 11:1; 1:3).

Eterna

Porque vino de Dios mismo, la Biblia tiene una naturaleza eterna. Es ambos permanente y no cambia. Jesús enseñó que las Escrituras nunca pasarán (Mateo 5:18; 24:35).

La Palabra de Dios es *permanente*

No puede ser alterada ni nadie puede añadirle.

"No me olvidaré de mi pacto, ni me retractaré de lo que he prometido" (Salmos 89:34).

La Palabra de Dios es *pertinente*

Aunque es un libro antiguo, sus verdades son siempre frescas y significativas a cada generación. Mientras muchas de las referencias culturales e históricas en la Biblia requieren estudio adicional para apreciarlas completamente, las verdades contenidas en la Biblia aplican a todos los humanos a través del tiempo.

"¡El Señor es bueno! ¡Su misericordia es eterna! ¡Su verdad permanece para siempre!" (Salmos 100:5)

"*Para siempre*, oh Jehová, *permenece tu palabra* en los cielos. Por *generación y generación* es tu verdad: Tú afirmaste la tierra y persevera" (Salmos 119:89-90 RVA).

Debemos recordar que la Palabra de Dios es mucho más que un libro lleno de palabras como cualquier otro libro. Está vivo con el Espíritu de Dios y lleno de Su poder.

La Palabra de Dios es *completa*

No hay necesidad de ningún otro libro sagrado ni escrituras para comprender todo lo que debemos saber acerca de Dios. Él nos ha dado una revelación llena de Él mismo y de Su plan de salvación. No hay ningunas otras escrituras fuera de la Biblia que igualen su autoridad o que añadan a su contenido. Hay libros que nos ayudan en nuestro caminar con el Señor, pero ninguno lleva la autoridad de las Escrituras o jamás podría tomar su lugar.

"Pero persiste tú en lo que has aprendido y te persuadiste, sabiendo de quién has aprendido, y que desde la niñez has sabido las Sagradas Escrituras, las cuales te pueden hacer sabio para la salvación por la fe que es en Cristo Jesús. Toda la Escritura es inspirada por Dios y es útil para enseñar, para redargüir, para corregir, para instruir en justicia, a fin de que el hombre de Dios sea perfecto, enteramente preparado para toda buena obra" (2 Timoteo 3:14-17 RVR60).

La Palabra de Dios es *confiable*

Podemos contar con su certeza y esperar que Dios actúe sobre Sus promesas cada vez.

> "Porque: Toda carne es como hierba, y toda la gloria del hombre es como flor de la hierba. La hierba se seca, y la flor se cae; mas la palabra del Señor permanece para siempre. Y esta es la palabra que por el evangelio os ha sido anunciada" (1 Pedro 1:24-25 RVR60).

Efectiva

Con Dios mismo respaldando Su Palabra, siempre produce el efecto que fue enviado a lograr. El profeta Isaías dijo que la Palabra de Dios siempre produce lo que Él desea.

> "Lo mismo sucede con mi palabra. La envío y siempre produce fruto; logrará todo lo que yo quiero, y prosperará en todos los lugares donde yo la envíe" (Isaías 55:11 NTV).

Dondequiera que la Biblia es enseñada, predicada, orada, y hablada tiene un efecto.

Los efectos inmediatos de la Palabra de Dios

La Palabra siempre tiene un efecto inmediato en aquellos que la oyen. Produce consuelo, convicción, ánimo, fe, y fuerza en los corazones de los que la reciben. También afecta en aquellos que no la reciben. La Palabra puede endurecer, enojar, juzgar, y repeler a aquellos que resisten su verdad. Debemos comprender que nadie permanece igual al oir la Palabra. Responderán, ya sea con fe o rechazo. Por esta razón es que la Palabra de Dios causa tanta controversia en la tierra. Causa un revuelo inmediato dondequiera que sea enviada.

Los efectos a largo plazo de la Palabra de Dios

Porque la Palabra de Dios es viva, tiene un impacto sostenido en las personas y los lugares que toca. La Palabra de Dios crece en sus efectos con el tiempo. Mientras más aplicamos la Palabra a nuestras vidas, más grande es el crecimiento en poder e influencia. Cuando Pablo fue a la ciudad de Éfeso, él empezó a enseñar la Palabra de día y de noche a sólo unos pocos hombres espiritualmente, hambrientos (Hechos 19:1-6). Después de poco tiempo el Espíritu Santo comenzó a realizar milagros extraordinarios de sanidad y liberación del poder demoníaco. Tantas personas fueron impactadas a través del curso de dos años que la ciudad entera y región aledaña comenzaron a llenarse de nuevos cristianos. ¡Y tantas vidas fueron cambiadas, que la industria primaria de producción de ídolos que habia en Éfeso fue impactada ya que la gente dejó de venerar a otros dioses! Hechos 19:20 nos dice por qué esto sucedió: "Así crecía y prevalecía poderosamente la palabra del Señor". Nunca subestime los efectos a largo plazo de la Palabra de Dios.

Dios vela sobre Su Palabra

Una de las verdades más importantes que nosotros podemos saber de la Biblia es que Dios mismo respalda cada palabra (Jeremías 1:12). El profeta Jeremías dijo que Dios cuida su Palabra para ponerla por obra. Esto significa que Dios se ha obligado a hacer lo que dijo en la Biblia. Esta verdad solamente le debe dar a cada creyente un motivo fuerte para aprender la Biblia y reclamar sus promesas. Él no se ha obligado actuar sobre nada más que Su Palabra escrita. El Señor desea grandemente hacer lo que prometió y espera por personas que pondrán Su Palabra a obrar en sus vidas.

DIA 3 EJERCICIOS

1. ¿Cuáles son los cuatro atributos eternos de la Palabra de Dios?

   1. _____

   2. _____

   3. _____

   4. _____

2. ¿Cuáles son los efectos inmediatos de la Palabra de Dios?

   Consuelo, Animo, Fe

   convicción, Fuerza

3. ¿Cuáles son algunos efectos a largo plazo de la Palabra de Dios?

_____

_____

4. El capítulo más largo en la Biblia es Salmos 119 (176 versos). Cada verso celebra los beneficios de la Palabra de Dios. Seleccione tres versos de este capítulo y liste el beneficio que cada uno resalta.

   1. _____

   2. _____

   3. _____

5. Nuestros problemas encuentran su ayuda en la Palabra de Dios. Dentro de sus páginas, Dios proporciona palabras de ayuda y ánimo que tienen la capacidad de ser sembradas y crecer en los corazones. Anote los versos abajo que son respuestas de Dios a los problemas siguientes que encaramos.

- Ansiedad o preocupación (Filipenses 4:6-7)

Que no nos preocupemos, pidemos A Dios porque el nos conoce y demos gracias, La paz De Dios guardara de nosotros corazones y pensamientos.

- Temor (Salmos 57:1-3)

_____

_____

- Necesidad financiera (Filipenses 4:19)

_____

_____

- Inseguridad (Colosenses 3:1-3)

_____

_____

- Enfermedad (Isaías 53:5 o Salmos 103:3)

_____

_____

DIA 4: CÓMO BENEFICIARSE DE LA PALABRA

Comprenda la unidad de Dios y Su Palabra

Todo lo que Dios hace en la tierra y en nuestras vidas, Él lo hace por el agente de Su Palabra (Hebreos 1:1-4).

Dios es uno con Su Palabra

Porque la Biblia viene del corazón de Dios, Dios y Su Palabra son uno. La actitud y respeto que demostramos a la Palabra de Dios es una reflexión de nuestra actitud hacia Dios mismo. Usted no puede tener una actitud casual hacia la Palabra de Dios y clamar respetar a Dios. Cómo tratas la Palabra de Dios es cómo tratas a Dios.

> "*El que me rechaza, y no recibe mis palabras*, tiene quien lo juzgue, y es la palabra que he hablado; ella lo juzgará en el día final. Porque yo no he hablado por mi propia cuenta; el Padre, que me envió, me dio también el mandamiento de lo que debo decir y de lo que debo hablar. Y sé que su mandamiento es vida eterna. Por lo tanto, lo que yo hablo, lo hablo como el Padre me lo ha dicho" (Juan 12:48-50).

> "El que no me ama, no obedece mis palabras; y la palabra que han oído no es mía, sino del Padre que me envió" (Juan 14:24).

> "Porque si alguno se avergüenza de mí y de mis palabras, el Hijo del Hombre se avergonzará de él cuando venga en su gloria, y en la gloria del Padre y de los santos ángeles" (Lucas 9:26).

Debemos pasar la prueba que Adán falló en el jardín

Cuando Dios creó a Adán y Eva, Él estableció Su relación con ellos a través de Su Palabra (Génesis 3:1-5). Les dio promesas y los bendijo con todo lo que era bueno. Él también les advirtió acerca de lo que sucedería si tocaban el árbol que Él le prohibio. Les dio Su palabra en eso. Cuando Satanás entró al jardín, él intentó inmediatamente lograr que Eva dudara la Palabra de Dios. ¿"Dijo Dios que usted se moriría? Usted no se morirá," dijo. Fue la decisión de Eva y Adán de desatender la Palabra de Dios, que los separó de Dios.

Nuestra prueba cada día es, si creeremos y actuaremos en Su Palabra. Si deseamos complacer y honrar a Dios, debemos obedecer y honrar Su Palabra.

> *La Palabra es alimento espiritual. Así como nuestros cuerpos naturales requieren alimento para vivir y crecer, así también nuestro ser espiritual necesita de la Palabra de Dios para crecer y alcanzar su potencial.*

Siembre la semilla de la Palabra en su vida

Jesús enseñó que la Palabra de Dios es sembrada como una semilla (Marcos 4:14). Las semillas deben ser sembradas en el terreno correcto y se le debe dar tiempo para que germine y crezca. Cada vez que nosotros recibimos la Palabra de Dios, estamos sembrando una semilla en nuestros corazones. Todo lo que Dios hace comienza como una semilla, y crece hasta ser una experiencia.

> "[El Reino de Dios] Puede compararse con el grano de mostaza, que al sembrarlo en la tierra es la más pequeña de todas las semillas, pero que después de sembrada crece hasta convertirse en la más grande de todas las plantas, y echa ramas tan grandes que aun las aves pueden poner su nido bajo su sombra". (Marcos 4:31-32).

Toda la cosecha esta presente en la semilla

Una semilla contiene dentro de si misma el cianotipo completo de ADN de su futuro potencial. El árbol de roble maduro está presente en la bellota antes de ser sembrado.

La semilla está inactiva hasta ser sembrada

Ha sido descubierto que semillas de casi dos mil años de edad han podido producir vida cuando apropiadamente sembradas en terreno moderno. Esto demuestra que una semilla no puede reproducir hasta que sea apropiadamente sembrada.

Mientras que la Biblia se mantenga en nuestros estantes o centros de mesa, no producirá nada en nuestras vidas. A menudo, cuando oímos la Palabra por primera vez, puede parecer como si sus promesas son lejanas e imposibles. Nuestras circunstancias naturales y sentimientos no nos dan ninguna evidencia que lo que la Biblia nos dice es cierto. Sin embargo, mientras meditamos sobre la Palabra y la confesamos con nuestras bocas, la semilla comienza a cambiar. Ella comienza a echar raíces dentro de nuestros corazones, y con el tiempo produce resultados.

La Palabra debe ser mezclada con fe

Leyendo y escuchando la Palabra solamente no nos beneficiará si nosotros no creemos y actuamos sobre ella. La Biblia dice que la Palabra que fue predicada a Israel en el desierto no les benefició porque ellos no la mezclaron con fe (Hebreos 4:1-3).

La semilla reproduce después de su propia clase

Dios puso en movimiento en Génesis la ley de siembra y cosecha. Ordenó que toda cosa viva —humano, planta, y animal— contenga semilla dentro de sí mismo que reproduzca según su propia especie. Dentro de cada semilla, no sólo existe el poder de reproducir una copia de sí misma, pero ademas las fuerzas de multiplicación. Dentro de un grano de maíz hay cientos de granos de maíz. Dentro de Adán estaba la semilla para reproducir no solo un humano, pero toda la raza humana. Así mismo es con la Palabra de Dios. Contiene la semilla de Dios y tiene el poder de reproducir las promesas de Dios y bendiciones en nuestras vidas, nuestras familias, y nuestro mundo.

> "Y así la tierra produjo hierba verde, hierba que da semilla según su naturaleza, árboles que dan fruto según su género, y cuya semilla está en ellos. Y vio Dios que era bueno" (Génesis 1:12 RVR).

> "Mientras la tierra permanezca, no cesarán la sementera y la siega, el frío y el calor, el verano y el invierno, el día y la noche" (Génesis 8:22).

Nos convertimos en hijos de Dios al recibir la semilla de la Palabra de Dios

Cuando oímos y creemos las buenas nuevas de Jesucristo, la semilla misma de Dios es sembrada dentro de nosotros por el Espíritu Santo. Esta semilla comienza un cambio que nos libertará del poder del pecado y dará a luz la propia naturaleza de Dios en nosotros.

> "Pues han nacido de nuevo, no de una simiente corruptible, sino de una que es incorruptible, es decir, mediante la palabra de Dios que vive y permanece" (1 Pedro 1:23).

> "Mediante su divino poder, Dios nos ha dado todo lo que necesitamos para llevar una vida de rectitud. Todo esto lo recibimos al llegar a conocer a aquel que nos llamó por medio de su maravillosa gloria y excelencia; y debido a su gloria y excelencia, nos ha dado grandes y preciosas promesas. Estas promesas hacen posible que ustedes participen de la naturaleza

divina y escapen de la corrupción del mundo, causada por los deseos humanos" (2 Pedro 1:3-4 NTV).

Siete maneras de beneficiarse de la Palabra de Dios

La Palabra es alimento espiritual. Así como nuestros cuerpos naturales requieren alimento para vivir y crecer, así nuestro ser espiritual requiere la Palabra de Dios para crecer y alcanzar su potencial. Jesús dijo que el hombre no vive de pan solamente (alimento natural), sino de toda palabra que sale de la boca de Dios (Mateo 4:4). La única manera de madurar es alimentándose de la Palabra de Dios y actuar sobre ella en su vida.

"Busquen, como los niños recién nacidos, la leche espiritual no adulterada, *para que por medio de ella crezcan*" (1 Pedro 2:2).

Aquí están siete maneras de hacer la Palabra de Dios parte de su vida:

1. Lea la Biblia diariamente

Obtenga un plan diario para leer la Biblia que le ayude a navegar las varias secciones de las Escrituras, para que así pueda leer la Biblia entera en un año. Las lecturas deben incluir ambos pasajes del Viejo y Nuevo Testamento, para que aprenda de la Biblia completa. Cuando comienze a leer, empiece orando y pediéndole al Espíritu Santo que le enseñe las verdades, que Dios tiene para usted en ese día. Escoja una hora y lugar donde usted puede dedicar por lo menos veinte minutos de lectura reflexiva e ininterrumpida. Ponga sus teléfonos, los dispositivos electrónicos, y todas las distracciones naturales en espera y haga todo cuanto pueda por crear un lugar pacífico y callado para aprender. Subraye las palabras y los pasajes bíblicos que hablen a su corazón. Mantenga una libreta para anotar sus pensamientos y las inspiraciones de su lectura, asi como las impresiones que usted reciba del Espíritu Santo. Este ritual diario sencillo hará mucho en construir la Palabra de Dios en su corazón.

2. Comprométase a ser miembro de una iglesia local que se dedique a enseñar la Biblia

Los cristianos de la Iglesia primitiva no tenían acceso a su propia Biblia. Se reunían varias veces por semana con otros creyentes y escuchaban las enseñanzas y predicaciones de la Palabra de los pastores, profetas, y evangelistas que Dios había puesto sobre ellos en la iglesia local. El libro de los Hebreos nos dice que debemos reunirnos regularmente para recibir las enseñanzas de la Palabra. Pablo enseñó que Dios puso a ministros en iglesias locales con el propósito de causar que los creyentes crezcan hasta alcanzar madurez. Dios diseñó a cada cristiano para que asista a una iglesia local donde puedan recibir instrucción en la Palabra de Dios. Los creyentes que ignoran esta enseñanza Bíblica quedan abiertos al engaño personal y el asalto espiritual del Diablo.

> "Y él mismo constituyó a unos, apóstoles; a otros, profetas; a otros, evangelistas; a otros, pastores y maestros, a fin de perfeccionar a los santos para la obra del ministerio, para la edificación del cuerpo de Cristo…para que ya no seamos niños fluctuantes, arrastrados para todos lados por todo viento de doctrina, por los engaños de aquellos que emplean con astucia artimañas engañosas" (Efesios 4:11-12, 14).

Una buena iglesia local no sólo dará mensajes prácticos inspiradores o leerá algunos pasajes de la Escritura cada semana. Encuentre una iglesia que ponga la Biblia y su enseñanza como su prioridad más alta. Usted no puede alcanzar su potencial en Cristo leyendo la Biblia a solas. Cada creyente necesita reunirse semanalmente y recibir la Palabra hablada en una gran iglesia local.

> "Pero les rogamos hermanos, que reconozcan (honren) a los que con diligencia trabajan entre ustedes, y los dirigen en el Señor y los instruyen (amonestan), y que los tengan en muy alta estima con amor, por causa de su trabajo" (1 Tesalonicenses 5:12-13a NBLH).

> "Acuérdense de sus guías que les hablaron la palabra de Dios, y considerando el resultado de su conducta, imiten su fe" (Hebreos 13:7 NBL).

3. Medite en la Palabra de Dios y comprométala a su corazón

A través de la Biblia somos animados a poner la Palabra de Dios en nuestras mentes, y meditar sobre sus verdades. Cuando hacemos esto, la Palabra de Dios entra en nuestros corazones y produce resultados poderosos.

Fortalece nuestra fe. Mientras nos alimentamos de la Palabra, nuestra fe crece en aquella área que estudiemos. Si estudiamos la Palabra sobre la gracia, nuestra fe en la gracia de Dios aumentará. Si estudiamos la Biblia sobre el tema del perdón, nuestra fe crecerá para perdonar a otros. Lo mismo es cierto para cualquier tema de la Biblia, incluyendo la salvación, la sanidad, la liberación, la guianza, el matrimonio, la prosperidad, etc. (Romanos 10:17).

Dios ilumina nuestro camino y nos guía a través de la Palabra. Cuando ponemos la Palabra en nuestro corazón, el Espíritu Santo tiene algo con qué trabajar cuando habla con nosotros. La mayor parte del tiempo, Dios guía a sus hijos hablándoles a través de pasajes de la Biblia. Mientras más de la Biblia usted tiene en el corazón, más "vocabulario celestial" Dios tiene disponible para hablar a su mente (Salmos 119:105).

La Palabra que está en nuestros corazones nos capacita para ministrar a otros. Si nosotros no sabemos la Biblia, somos ineficaces en traer ayuda duradera a las vidas de otras personas. Cada día Dios nos da oportunidades de ayudar a otros en oración o consejo. Si aprendemos las promesas de la Biblia, las podemos compartir con otros y ver el poder de Dios operar para cambiar sus vidas.

> "La única carta de recomendación que necesitamos son ustedes mismos. Sus vidas son una carta escrita en nuestro corazón; todos pueden leerla y reconocer el buen trabajo que hicimos entre ustedes. Es evidente que son una carta de Cristo que muestra el resultado de nuestro ministerio entre ustedes. Esta «carta» no está escrita con pluma y tinta, sino con el Espíritu del Dios viviente. No está tallada en tablas de piedra, sino en corazones humanos (2 Corintios 3:2-3 NTV).

4. Confiese la Palabra de Dios

Hay algo poderoso cuando hablamos la Palabra en voz alta. Cuando declaramos la Palabra, estamos desatando su poder en nuestra atmósfera y circunstancias. Dios creó el universo hablando. Él no tiró un libro al vacío para crear la luz, la tierra, el sol y los planetas, los animales, o al hombre. Él las habló y existieron. Nosotros hemos sido hechos a Su imagen y somos las únicas criaturas que han sido dadas el poder de hablar. Dios le dio a la humanidad el mismo poder que Él uso para crear todas las cosas, y luego nos dijo que habláramos Su Palabra. Cuando enfrentamos un problema o necesitamos que nuestras circunstancias cambien, debemos encontrar promesas bíblicas que apliquen a nuestra necesidad y entonces declarar la Palabra con nuestras bocas a las cosas que deben cambiar. Hay muchos ejemplos de esto en la Biblia. Hablar la Palabra de Dios desata el poder de la palabra escrita y crea nuevas realidades en nuestro mundo.

> "Estudia constantemente este libro de instrucción. Medita en él de día y de noche para asegurarte de obedecer todo lo que allí está escrito. Sólo entonces prosperarás y te irá bien en todo lo que hagas" (Josué 1:8 NTV).

5. Actúe sobre la Palabra para recibir sus beneficios

Santiago 1:22 dice que nosotros debemos ser hacedores de la Palabra y no sólo oidores. Cuando sólo aceptamos la Escritura, pero nunca actuamos sobre ella, llegamos a ser como personas que siempre comen, pero nunca se ejercitan. Nos llenamos de comida espiritual y pronto nos sentimos satisfechos y perezosos. Dios quiere que seamos más que "comelónes de Palabra". El quiere que seamos "guerreros de Palabra" —atletas en buen estado espiritual que siempre se esfuerzan para aplicar lo que aprenden. Una buena regla de oro es esta: Siempre actúa inmediatamente para aplicar la palabra que estás aprendiendo. Cuando actúa sobre la Palabra, desata su poder y Dios comienza a moverse en su vida (Josué 1:8; Mateo 7:26).

6. Dé a la Palabra primer lugar en nuestras vidas

La Palabra debe llegar a ser su mayor prioridad. Usted no puede reclamar tener una gran relación con Dios, pero tener una relación casual con Su Palabra. Tenemos que permitir que tome la posición más alta de honor en nuestros corazones y hogares. En vista de que Dios y Su Palabra son uno, el lugar que usted le da a la Palabra es el lugar que usted le da a Dios. Cómo usted trata uno es cómo trata al otro. Al darle a la Palabra el primer lugar en su vida, usted le da a Dios el primer lugar y Él le bendecirá (Salmos 119:1; 112:1). Haga de la lectura bíblica parte de su hogar y matrimonio. Hágase del hábito de leer las Escrituras a sus niños al explicar su disciplina. La Biblia debe estar en el centro de su vida y hogar.

7. Pídale a Dios que le abra las Escrituras a su corazón

El Espíritu Santo ha ungido la Biblia para que cada vez que nosotros la leamos, Dios hable a través de ella a nuestros corazones. Mientras usted quizá no pueda comprender todo lo que lee cuando estudie las Escrituras, busque las partes que tienen sentido para usted. Pídale al Señor que le ilumine a ver lo que El dice en cada pasaje. Entonces aplique esas verdades a su vida. Dios está siempre presente cuando Su Palabra es leída, hablada, o se actúa sobre ella. El vela por Su Palabra para cumplirla (Jeremías 1:12). Este libro esta diseñado para ayudarle a entender al Señor al aprender lo que Él ha dicho acerca de Él mismo en Su Libro —La Santa Palabra de Dios. ¡Abra su Biblia y desate el gran poder de Dios en su vida!

Cuerpo fuerte, mente fuerte, espíritu débil

¡Es posible desarrollar su mente y cuerpo e ignorar su espíritu! Muchas personas dedican mucho tiempo y atención alimentando sus mentes con la televisión, el entretenimiento, los videojuegos, música secular, navegando la red cibernética, la interconexión social, y medios seculares. Pero dan muy poco tiempo o atención a alimentar sus espíritus con la Palabra de Dios.

Otros pasan horas largas en dietas estrictas y rutinas de ejercicios. Desarollan sus cuerpos y sus figuras. Sin embargo, sus cuerpos espirituales son débiles y demacrados. Pueden correr muchas millas, pero no pueden orar más de cinco minutos a la vez.

Muchas personas pasan horas largas desarrollando sus mentes académicamente. Van a la universidad, leen libros y aumentan su conocimento en muchos temas, pero a menudo ignoran sus propios espíritus. Pueden tener un conocimiento fuerte de la política o acontecimientos mundiales, pero saben muy poco de Dios o Su plan para sus vidas. Debemos alimentarnos de la Palabra consistentemente si deseamos crecer fuertes espiritualmente.

¡El estudio de la Palabra de Dios es la responsabilidad de cada cristiano!

Los primeros cristianos se reunían semanalmente para adorar, recibir bautismos y participar en la Cena del Señor, y oír las Escrituras leídas y enseñadas (1 Timoteo 4:13). Los pastores y los ancianos de estas iglesias atesoraban estas copias de la Palabra de Dios, y la única manera de recibir la Palabra de Dios era confraternizando para así escucharla. ¡Que bendición es tener hoy el registro exacto y completo de estas palabras santas en varias traducciones en casi cada hogar! Necesitamos atesorar nuestras Biblias y hacer un esfuerzo por estudiar y leerlas con la ayuda del Espíritu Santo.

> "Desde la niñez, se te han enseñado las sagradas Escrituras, las cuales te han dado la sabiduría para recibir la salvación que viene por confiar en Cristo Jesús. Toda la Escritura es inspirada por Dios y es útil para enseñarnos lo que es verdad y para hacernos ver lo que está mal en nuestra vida. Nos corrige cuando estamos equivocados y nos enseña a hacer lo correcto. Dios la usa para preparar y capacitar a su pueblo para que haga toda buena obra" (2 Timoteo 3:15-17 NTV).

> "Tales cosas se escribieron hace tiempo en las Escrituras para que nos sirvan de enseñanza. Y *las Escrituras* nos dan esperanza y ánimo mientras esperamos con paciencia hasta que se cumplan las promesas de Dios" (Romanos 15:4).

"Procura con diligencia presentarte a Dios aprobado, como obrero que no tiene de qué avergonzarse, que usa bien la palabra de verdad" (2 Timoteo 2:15 RVR).

CLAVES PARA ENTENDER LA PALABRA

Al estudiar la Biblia, hay unos cuantos principios sencillos que podemos seguir. Estos principios nos ayudarán a abrir nuestros corazones y mentes a la Biblia.

La Biblia es revelación progresiva

La Biblia fue escrita en niveles de verdad. Así como un niño se mueve a través de estudios primarios gana progresivamente más conocimiento, que es construido sobre la información anteriormente aprendida; la Biblia construye gradualmente sobre sí misma desde el Viejo hasta el Nuevo Testamento. El conocimiento más profundo y preciso de Dios es encontrado en las epístolas del Nuevo Testamento, escritas a la iglesia. Estas epístolas arrojan luz a los mensajes de Jesús en los cuatro Evangelios. Todo el Nuevo Testamento arroja luz al Viejo Testamento. Nosotros llamamos esto revelación progresiva.

> *El Antiguo Testamento es el Nuevo Testamento ocultado, donde el Nuevo Testamento es el Antiguo Testamento revelado.*

Jesús les dijo a Sus discípulos al final de Su vida que aún después de tres años y medio de enseñanza, las verdades más profundas serían reveladas cuando el Espíritu de verdad fuera derramado. Esto significaba que las verdades en la Biblia serían iluminadas aún más por la luz y la revelación del Espíritu Santo. Jesús dijo que el Espíritu Santo prometido nos dirigiría a toda verdad (Juan 16:13). Él traería una revelación más profunda a las enseñanzas de Jesús en los Evangelios, y las Epístolas del Nuevo Testamento reflejarían ese entendimiento.

Considera la audiencia

Cuando leemos la Biblia debemos preguntarnos, "¿A quién está dirigida?" *Mientras toda la Escritura es escrita para usted, no todo es escrito a usted.* Hay tres audiencias primarias a quienes las Escrituras le hablan (1 Corintios 10:32):

1. Los judíos
2. Los gentiles (o el mundo)
3. La iglesia de Dios

El tercer grupo está compuesto de miembros del primer y segundo grupo que han venido a creer en Jesucristo para su salvación. Al acercarse a la Biblia, nosotros debemos comenzar con las partes que son escritas directamente *para* la iglesia —El Nuevo Testamento y las Epístolas a las iglesias.

Desarrolle un plan de lectura

Al intentar aprender la Biblia, muchas personas comienzan con un método semejante a jugar un juego de dardos con una venda puesta. Cierran sus ojos, permiten que la Biblia se abra y señalan algo con el dedo, esperando que Dios les hable. Mientras que Dios es bueno y aun así le hablará a esas personas, la mejor forma de aprender la Biblia es con un plan de lectura Bíblica. Otra excelente manera de aprender la Biblia es tomar un libro a la vez y estudiarlo, leyéndolo varias veces en un buen estudio Bíblico. Un estudio Biblico presentará cada libro de la Biblia y le enseñará el escenario histórico en el cual fue escrito. Esta información le da una revelación de la gente del libro a la que fue originalmente escrita. (Visite www.heartlight.org para un plan de estudio biblico).

Unase a una iglesia local que enfatice una enseñanza fuerte de la Biblia

Todo creyente necesita un pastor y una familia espiritual donde pueda ser enseñado la Palabra de Dios y descubrir sus verdades. Una buena iglesia también ofrecerá estudios Bíblicos en los que pueda ir más profundo en su conocimiento de Dios y Su Palabra. La iglesia local es el regalo de Dios a cada uno de nosotros y está diseñada para ayudarnos a aprender las Escrituras y descubrir cómo aplicarla a nuestras vidas. Una vez que establecemos que la Biblia es el lugar que Dios ha escogido para revelar Su verdad a nosotros, podemos empezar nuestra jornada de descubrimiento.

Comience un devocional diario

Aparte media hora para leer diariamente su Biblia. Esto puede requerir levantarse más temprano o permanecer despierto más tarde, pero como y cuando sea que pueda, planifíquelo. Comience con el evangelio de Juan y los Salmos.

Lea una sección de Juan y los Salmos. Ponga marcadores en su Biblia para que pueda encontrar fácilmente su lugar otra vez mañana.

Empiece este hábito con oración. Tome unos minutos para glorificar a Dios y pedirle por Su guianza y entendimiento mientras lee Su Palabra.

Mientras esté leyendo, apunte cualquier oración corta que recite o cualquier verso que resalte dentro de usted en un diario. Los diarios están disponibles muy económicamente en tiendas de descuentos o podría utilizar una libreta sencilla u hojas de una carpeta. ¡Usted lo podría poner en su computadora o en un "blog"! Utilice el método que mejor funcione para usted. También incluya cualquier pensamiento que tenga sobre lo que esté leyendo. Continúe utilizando su diario cada día.

Tome unos minutos después de leer Salmo 1 para permitir que el Señor llene su mente con una imagen de ese salmo. Piense creativamente sobre lo que un "árbol plantado junto a corrientes de agua" se asemeja.

DIA 4 EJERCICIOS

1. ¿Su actitud hacia la Palabra de Dios es indicio de qué?

_____

_____

2. Lea Hebreos 4:1-3. ¿Con qué debe la Palabra ser mezclada para que le sea de beneficio?

_____

_____

_____

3. Termine esta oración: Esto fue posible porque el _____ _____ es el Nuevo Testamento _____, donde el _____ _____ es el Antiguo Testamento _____.

4. ¿Cuales son las tres audiencias primarias a quien la Escritura le habla?

   1. _____

   2. _____

   3. _____

5. Cada creyente necesita un _____ y una _____ _____ donde pueden ser enseñados la Palabra de Dios y descubrir sus verdades.

CAPÍTULO DOS

LA NATURALEZA DE DIOS

La naturaleza de Dios

DIA 1: LO QUE PENSAMOS ACERCA DE DIOS ES IMPORTANTE

Dios no esta escondido de usted. De hecho, Él desea que lo conozca (Juan 17:3). Él no sólo quiere que sepa de Él, Él desea que lo conozca *personalmente*. Dios desea tener una relación personal e intima con usted. Deténgase y piense sobre esa última oración. ¿Qué significa para usted saber que el Creador del universo quiere compartir Su corazón con usted? ¿Qué dice eso acerca de Dios? Quizá aún más significante, ¿qué dice eso acerca de usted?

Quizás la enseñanza más extraordinaria y asombrosa de la fe cristiana, no sea la supremacía de Dios, sino el amor que dirije Su deseo de ser conocido por Su creación. Numerosas religiones enseñan que hay una deidad o fuerza suprema y todopoderosa que es la fuente de todas las cosas. Pero sólo en la fe cristiana vemos que este ser todopoderoso es también una persona amorosa, relacional y conocible.

En Su Palabra, el Señor ha hablado acerca de Su propia naturaleza. La Escritura es a menudo como un diario en que Dios ha registrado Sus pensamientos más intimos, deseos, propósitos, y sentimientos. De todas las cosas que podríamos aprender estudiando la Biblia, nada es más importante que aprender acerca del que la escribió.

> *Una de las características más notables de la Biblia es cuánto Dios dice acerca de Él mismo de tal manera que no deja incertidumbre acerca de Su naturaleza, personalidad, atributos, y Sus propósitos para nuestra vidas.*

Ideas comunes acerca de Dios

Es una creencia común hoy que mientras todas las religiones parecen ser diferentes, enseñan realmente las mismas verdades, y que cada uno de estos caminos nos llevan al mismo Dios. Esta declaración puede sonar atractiva, pero en realidad nada podría estar más lejos de la verdad. En la superficie, muchas religiones parecen enseñar las mismas cosas, pero en realidad son muy diferentes. En realidad, mientras la mayoría de las religiones tienen similitudes cosméticas, una examinación cuídadosa revelará rápidamente que son significativamente diferentes en su perspectiva de la realidad, de Dios y el camino correcto para conocerle a Él.

Mientras la mayoría de las religiones tienen verdades comunes que son compartidas por todos, es totalmente incorrecto decir que todas las religiones enseñan básicamente la misma cosa. Vivimos en un mundo que tiene muchas ideas conflictivas acerca de Dios. Mientras algunas personas ven a Dios como una fuerza impersonal que llena el universo[2], otros veneran múltiples dioses —cada uno con habilidades y limitaciones específicas.[3]

En muchas partes del mundo, hay personas que creen que dioses viven en los árboles, en las piedras, y en los animales, y veneran la naturaleza como divina.[4] Algunas fés enseñan que cada uno de nosotros es un dios en desarrollo,[5] mientras que otros dicen que una vez fuimos dioses que de alguna manera nos perdimos en este mundo y que hemos olvidado nuestra identidad verdadera.[6] Algunas personas creen que Dios vive automáticamente dentro de todos y que el infierno no existe.[7] Otros enseñan que muy pocas personas llegaran al cielo.[8] Un número creciente de personas hoy reclaman que Dios no existe en lo absoluto.[9]

Como puede ver, estas ideas acerca de Dios no pueden estar todas en lo correcto, porque estas ideas son fundamentalmente *contradictorias*. Dios existe, o no existe. Él es el único Dios verdadero, o Él es uno de muchos dioses. Una de las leyes fundamentales del universo es la ley de la no contradicción. En otras palabras, dos cosas opuestas no pueden ser ciertas acerca de la misma cosa al mismo tiempo. Por ejemplo, mientras puede ser tanto día como noche al mismo tiempo en diferentes regiones del mundo, no puede ser ambos día y noche al mismo tiempo en el mismo lugar en el mundo.

Entonces, *debemos tomar una decisión acerca* de qué reclamos son ciertos. Como cristianos, nosotros tomamos nuestras decisiones acerca de la naturaleza

---

2. Panteísmo, Pen-en-teísmo, Platón, Budismo, Taoísmo.
3. Politeísmo, el Paganismo, Hinduismo, Wicca, Voo Doo.
4. Animismo, religiones Nativas Tribales.
5. Mormonismo, Satanismo.
6. Cienciología.
7. Universalismo, Unitarismo.
8. Testigos de Jehová y Fundamentalismo Extremo.
9. Ateísmo.

de Dios y el plan para nuestra vida estudiando lo que Él ha revelado acerca de Él mismo en la Biblia

> *La manera que usted piensa acerca de Dios hace toda la diferencia del mundo en cuanto a cómo vivirá su vida.*

Por qué nosotros necesitamos conocer al Dios de la Biblia

La Biblia, en ambos Viejo y Nuevo Testamentos, presentan una comprensión coherente y clara de Dios. Una de las características más notables de la Biblia es cuánto Dios dice acerca de Él mismo de tal manera que no deja incertidumbre acerca de Su naturaleza, personalidad, atributos, y acerca de sus propósitos para nuestra vidas.

Es de vital importancia para nosotros saber lo que la Biblia dice acerca de Dios, para que no seamos engañados por los muchos errores populares y falsas doctrinas que puedan causar engaño espiritual.

1. Debemos resguardarnos contra el error

Jesús y los apóstoles nos advirtieron de estar en guardia contra ideas falsas acerca de Dios. De hecho, la mayor parte del Nuevo Testamento fue escrita para corregir falsos conceptos de Dios que estaban siendo enseñados en las iglesias.

> "Ten cuidado de los falsos profetas que vienen disfrazados de ovejas inofensivas pero en realidad son lobos feroces…. No todo el que me llama: "¡Señor, Señor!" entrará en el reino del cielo. Sólo entrarán aquellos que verdaderamente hacen la voluntad de mi Padre que está en el cielo" (Mateo 7:15, 21).

> "Pues se levantarán falsos mesías y falsos profetas y realizarán grandes señales y milagros para engañar, de ser posible, aun a los elegidos de Dios" (Mateo 24:24).

> "Queridos amigos, no les crean a todos los que afirman hablar de parte del Espíritu. Pónganlos a prueba para averiguar si el espíritu que tienen realmente proviene de Dios, porque hay muchos falsos profetas en el mundo" (1 Juan 4:1).

2. No todos los caminos nos llevan al mismo Dios

Jesús nunca se presentó a Sí mismo ni Sus enseñanzas como una opción espiritual entre muchas. Él nunca indicó que los que no creyeran en Su mensaje estaban sino en nada más que peligro mortal inminente de perderse eternamente (Lucas 3:5; Juan 3:36; 8:24). Él nunca habló como si aquellos en otras fés estaban siguiendo un camino de igualdad válida. Él nunca dio consuelo a los que le seguían diciéndoles que sus parientes no creyentes encontrarían vida eterna aparte de aceptarlo a Él. Él dijo cosas poderosas y radicales acerca de Él mismo y de Dios que están en marcado contraste a los puntos de vista de Dios enseñados por otras religiones del mundo —en ambos, en Su tiempo y en el nuestro. Él dijo:

> "Jesús le contestó: —'Yo soy el camino, la verdad y la vida; nadie puede ir al Padre *si no es por medio de mí*'" (Juan 14:6).

> "El que cree en el Hijo tiene vida eterna, pero *el que se niega a creer en* el Hijo *no verá la vida, sino que la ira de Dios recae sobre él*" (Juan 3:36).

> "El que en Él cree, no es condenado; pero *el que no cree, ya ha sido condenado*, porque no ha creído en el nombre del unigénito Hijo de Dios" (Juan 3:18).

Por eso, lo que usted cree acerca de Dios tiene consecuencias eternas.

3. A quién adoras determinará cómo vives

Se ha dicho muchas veces que sus pensamientos hacia Dios reflejan quien realmente es usted. Nosotros no podremos elevarnos sobre el Dios al que adoramos. Tendemos a convertirnos en personas que admiramos y respetamos. Esto es verdaderamente cierto cuando se trata de cosas que "idolatramos" —ya sea un artista del cine, un jugador de baloncesto o músicos. Pensamientos negativos acerca de Dios nos pueden llevar a ya sea tener un estilo de vida casual, impío o a una esclavitud religiosa rígida y temerosa. Cómo usted y yo vemos a Dios determinará cómo nos relacionaremos con Él. Afectará cómo oramos, cómo vivimos, y determina si pasaremos la eternidad con o sin Él. Nada podría ser más importante para nosotros de aprender.

EL CREADOR Y SU CREACIÓN

La Biblia enseña que Dios creó dos reinos diferentes y criaturas para poblarlos: el reino espiritual, y el reino físico. Es esencial que entendamos estos dos reinos porque la Biblia nos dice que como humanos, nosotros fuimos diseñados para ocupar ambos reinos: físico y espiritual.

> *Nosotros somos las únicas criaturas que Dios ha hecho que tienen ambas dimensiones materiales y espirituales al mismo tiempo.*

"Porque, por medio de él, Dios creó todo lo que existe en los lugares celestiales y en la tierra. Hizo las cosas que podemos ver y las que no podemos ver, tales como tronos, reinos, gobernantes y autoridades del mundo invisible. Todo fue creado por medio de él y para él" (Colosenses 1:16 NTV).

EL MUNDO ESPIRITUAL

El cielo

La Biblia nos enseña que el mundo espiritual es una dimensión invisible que existió antes de nuestro mundo físico. El mundo espiritual existe actualmente junto con nuestro mundo físico y es muy similar al lienzo sobre cual nuestro mundo físico es pintado. El primer lugar creado por Dios fue el cielo. Es el lugar de morada de Dios, y de todos los espíritus que están en armonía con Él.

El cielo es un lugar verdadero, y fue el diseño que Dios utilizó para hacer el mundo físico. Esto significa que las cosas en la tierra son muy similares a las cosas en el cielo. La Biblia dice que hay ciudades, hogares, calles, árboles, ríos, mares, criaturas, ángeles, y humanos en el cielo. Hay también un gran templo y un trono sobre cual Dios se sienta como Rey de todas las cosas (Salmos 11:4; 103:19; Isaías 6:1; Hebreos 8:1-5; 11-7, 10, 16; Apocalipsis 21:2).

"Para que en el nombre de Jesús se doble toda rodilla de los que están en los cielos, y en la tierra, y debajo de la tierra" (Filipenses 2:10).

El reino espiritual en la tierra

Hay también una dimensión espiritual en la tierra que existe y observa nuestro mundo visible. Este reino está lleno de seres invisibles, que están en armonía con Dios así como aquellos que estan en rebelión en contra de Él. El enemigo de Dios, Satanás, es un ángel que dirigio una gran rebelión contra Dios en el pasado antiguo y ha sido confinado a una dimensión espiritual en la tierra por el momento. Tiene multitudes de seres espirituales llamados "demonios" que lo siguen en su rebelión y están bajo su poder hoy. Juntos, estos espíritus procuran corromper la tierra e influenciar a que los humanos se resistan a Dios y Su autoridad (Efesios 2:2; Daniel 10:11-21). Aun asi, Satanás mismo es un ser creado. Esto significa que él es en ninguna manera igual a Dios. Como ser creado él es una criatura —finita y limitada— que a la larga está sujeta a la autoridad de Dios mismo (Ezequiel 28:13-35).

Es importante saber que el reino espiritual en la tierra también esta lleno de seres buenos, ángeles, que son los sirvientes de Dios. Estos seres fueron creados para servir Dios y la raza humana influyendo humanos a obedecer y seguir a Dios. Están en un estado constante de conflicto con el reino demoníaco, pero son más grande en poder y número que las fuerzas del mal (2 Reyes 6:15-17; Hebreos 12:22).

El reino espiritual debajo de la tierra

Por último la Biblia habla de una dimensión espiritual "debajo de la tierra" llamada hades o el "infierno". Esta es una prisión para los espíritus de humanos que se han muerto sin recibir la gracia salvadora de Dios en su vida. El infierno es un lugar real del que Dios nos quiere salvar. Originalmente, Dios creó el infierno como una prisión para los ángeles rebeldes y su líder, Satanás. Este lugar atroz también incluye una prisión para los espíritus de humanos que se mueren sin darse cuenta de la gracia salvadora de Dios en sus vidas.

> *El cielo es un lugar verdadero, y fue el modelo que Dios utilizó para hacer el mundo físico. Esto significa que las cosas en la tierra son muy semejantes a las cosas en el cielo.*

EL MUNDO FISICO

Ya hemos visto claramente que Dios creó un mundo espiritual primero, y luego un universo físico. El universo visible es una maravilla para contemplar y demostrar la inmensa variedad y creatividad de nuestro Dios.

La Biblia dice que lo que se puede saber de Dios puede ser aprendido estudiando lo que Él ha creado. La misma creación es una estampa de la firma del Creador. Nos dice que tenemos un Hacedor que es asombrosamente detallado, imaginativo, y amante de la belleza (Salmos 19:1-6; Romanos 1:19-20).

Ciencia y creación

La ciencia es el estudio de la creación de Dios. Los primeros científicos modernos fueron personas que creían en Dios y buscaban estudiar Su creación para entenderlo a Él. De hecho, el método científico mismo fue desarrollado como una manera de descubrir apropiadamente las leyes que Dios creó para gobernar Su universo. Hoy día, la ciencia moderna se ha divorciado en gran parte del Creador colocando los procesos del universo físico sobre Aquel que los inventó.

Sería el equivalente a estudiar una hermosa pintura para comprender a su artista, pero de algun modo, perdiéndose en la pintura. Esos examinando la pintura llegan a estar tan enamorados de ella que comienzan a imaginarse que la pintura se produjo por su propia voluntad. Eventualmente los estudiantes de arte excluyen al artista y tratan a la pieza de arte como si ella misma fuera su creador.

Pablo dijo, "Afirmaban ser sabios pero se convirtieron en completos necios. Y, en lugar de adorar al Dios inmortal y glorioso, rindieron culto a ídolos que ellos mismos se hicieron con forma de simples mortales, de aves, de animales de cuatro patas y de reptiles…Cambiaron la verdad acerca de Dios por una mentira. Y así rindieron culto y sirvieron a las cosas que Dios creó pero no al Creador mismo, ¡quien es digno de eterna alabanza! Amén" (Romanos 1:22-23, 25 NTV).

Materialismo y creación

Nunca debemos olvidarnos que Dios es el Autor y Dueño de todo. El materialismo es el resultado de confundir las cosas que Dios creó con Dios mismo. Nosotros a menudo vivimos como si fuéramos dueños de nuestros hogares, autos, ropa, y carreras. La gente busca celosa y competitivamente ganar dinero y cosas para impresionar a otros (Salmos 50:10; Hageo 2:8).

Tal conducta es una forma de idolatría y es profundamente ofensiva a Dios. Él nos hizo, nos puso en Su tierra, nos permite respirar Su aire, construir hogares con Sus cosas, y manejar vehículos hechos de materiales de Su creación. Hasta nuestros cuerpos le pertenecen a Dios (1 Corintios 6:20). En realidad nosotros no poseemos nada, pero somos los "mayordomos" temporeros de todo en la vida. Algún día daremos cuenta por lo que hemos hecho con Su creación.

EL CREADOR ES INDEPENDIENTE DE LA CREACIÓN

Dios es trascendente

Cuando decimos que Dios es *trascendente* significa que Él es completamente *independiente de y sobre* todo lo que Él ha creado. Esto es una verdad importante para nosotros comprender porque muchos conceptos acerca de Dios han invadido nuestra cultura que tienen sus raíces en la filosofía pagana. Decir que Dios es trascendente simplemente significa que el artista no es la obra de arte. El constructor no es el edificio. El escritor no es el libro. El conductor no es el auto.

Conceptos paganos sobre Dios y la creación

Hay varias ideas que no son cristianas o bíblicas acerca de Dios que nunca debemos confundir con la enseñanza de la Biblia sobre la trascendencia de Dios.

Panteísmo

Pan es la palabra del latín que significa "todo". Los panteístas creen que Dios ES el universo. Los panteístas tienden ver a Dios como una fuerza que todo lo abarca, que conecta el universo físico. Como los átomos que conforman todas las cosas materiales, Dios es la fuerza-viviente que va a través y conecta todo. Este punto de vista es semejante al concepto de "la fuerza" en una película popular —teniendo tanto una "luz" como un lado "oscuro". El panteísmo además incorpora la idea que todas las religiones son diferentes formas de seguir al mismo Dios, y toda vida está en un continuo proceso de nacimiento, muerte, y renacimiento. El budismo e hinduismo incorporan esta filosofía que no es cristiana.

Animismo

Hay formas diferentes de esta creencia que van desde folklore indio nativo, hasta conceptos africanos y hindúes de la naturaleza. En este punto de vista, Dios es la naturaleza, o esta dentro de la naturaleza, de tal manera que lo que usted haga a la naturaleza, se lo hace a Dios. Si corta un árbol, corta a Dios mismo. Dios está en las rocas, los animales, las flores, etc. Este concepto es popularizado en muchas películas modernas en la que la naturaleza es elevada a un estatus divino. Los egipcios adoraban al sol. Los antiguos caldeos adoraban a la luna. Mientras Dios nos enseña a respetar Su creación, Él nunca debe ser confundido con Su creación. Si el mundo entero fuera destruido, ni un aspecto de Dios sería reducido o perdido.

Deísmo

Muchos de los fundadores de los Estados Unidos compartieron esta filosofía lo cual no es cristiana. Los deístas creen que Dios es un Creador distante y desconectado. En este punto de vista, un Ser Supremo formó el universo, lo puso en marcha, y luego lo dejó sólo para que evolucione o se desintegre por sí mismo. Mientras Deístas lo atribuyen correctamente a un ser divino todopoderoso, ellos asumen incorrectamente, que Él ha escogido desligarse de lo que Él creó, dejandonos para que nos valiéramos por nosotros mismos.

Politeísmo

Este antiguo punto de vista mantiene que hay muchos dioses, con grados variables de poder y diferentes personalidades, quienes estan primariamente interesados en sí mismos. Estas deidades interactúan unas con las otras y con humanos, muy parecido a una telenovela —algunos siendo benévolos, otros siendo malos. Los politeístas de la antigüedad utilizaron cuentos de los dioses para explicar el fenómeno del mundo material, y buscaban apaciguar a los dioses por medio de varias formas de adoración, y sacrificios. Los politeístas modernos, como mormones, enseñan que el Dios de nuestra tierra fue una vez hombre, que se convirtió en Dios tras seguir las leyes del mormonismo. Enseñan que a través de un cumplimiento estricto de las leyes mormónicas, cada persona, algún día, puede llegar a ser un dios y gobernar su propio mundo.[10] Hinduismo mantiene que hay más de tres millones de dioses y diosas diferentes que viven en el mundo espiritual y controlan los eventos en la tierra. Ambos puntos de vista son incompatibles con el concepto bíblico de Dios.

Dios cuida personalmente de Su creación

Dios esta presente dentro de, e íntimamente involucrado con, Su creación. Mientras que Dios no debe ser confundido con la creación que Él ha hecho, Él no está desinteresado ni distanciado de ella. Al contrario, Dios esta íntimamente involucrado con Su creación, y ama al universo y las criaturas que Él ha hecho. El salmista dijo "¿Cuando considero Su cielos, el trabajo de Sus dedos, la luna y las estrellas que Usted ha ordenado, qué es hombre que Usted lo tiene presente a él, y... lo visita?" (Salmos 8:3-4).

---

10. Vea la Doctrina de Joseph Smith y Pactos 132:20 de la versión 1976.

La creación ha caido temporalmente en cautiverio

Es importante, mientras estudiamos a Dios como Creador, que también reconozcamos que Él creó la tierra y delegó su cuidado a la humanidad. En Génesis 1:26 Dios dijo, "Hagamos al hombre a nuestra imagen…[y] que domine sobre…toda la tierra". Al darles dominio a los humanos sobre la tierra, Él no renunció a Su propiedad o al derecho de gobernar sobre todas las cosas, sino que hizo a la humanidad para que gobernara bajo Su autoridad como mayordomos y guardianes. En esta manera, al hombre le fue dado un arrendamiento para vivir en la tierra, desarrollar su potencial y disfrutar de su belleza.

Sin embargo el hombre rompió su relación dependiente con Dios y se sometió al enemigo de Dios, Satanás (Romanos 8:20). Al cometer este acto de traición, Satanás ganó dominio sobre la raza humana y acceso al mundo. La Escritura dice que este evento puso a la creación en cautiverio, y se corrompió por el pecado y la muerte. La tierra se convirtió en un lugar peligroso cuando la ley del pecado y la muerte se extendieron al resto de la creación.

Es importante recordar que tan hermoso como este mundo parece ser, es una sombra de su estado anterior. Con la entrada de Satanás a la experiencia humana, hombres y mujeres abrieron la puerta a cada forma de maldad: El hambre, la pobreza, la enfermedad, desastres naturales, guerra, odio, la avaricia, y la injusticia son todas manifestaciones de la maldad que entraron a la creación como resultado de la irresponsabilidad humana. Nosotros no podemos culpar a Dios por estas cosas. El creó todas las cosas buenas. Aun así, Él también creó la humanidad con la libertad de utilizar o abusar de Su creación. Los problemas de este mundo no pueden ser colocados sobre Dios: Es el hombre quien al final es responsable delante de Dios por la condición caída de este mundo.

DIA 1 EJERCICIOS

1. En la superficie, muchas religiones parecen enseñar las _____ cosas, pero en la realidad son muy _____.

2. ¿Qué es el materialismo?

_____

_____

3. ¿Qué significa trascendente?

_____

_____

4. Denomine un concepto pagano acerca de Dios y por qué es diferente de la visión cristiana.

_____

_____

_____

_____

5. ¿Qué referencia de Escritura apoya que Dios dio al hombre posesión de la Tierra?

_____

_____

6. Las ideas tienen consecuencias. Una de las ideas predominantes de hoy es que debemos estar "abiertos" a todo. No estamos permitidos decir que algo está mal o es pecaminoso; si lo hacemos, somos críticos e intolerantes de otros. Jesús no estuvo abierto a todo; en cambio El tuvo ideas claras y estándares absolutos. El creó y amó a todas las personas pero vino a traer cambio sano

a su vidas. Tome un momento para considerar cómo ha cambiado como resultado de conocer a Jesús. Anote algunos de esos cambios aquí.

_____

_____

_____

_____

DIA 2: LOS ATRIBUTOS UNIVERSALES DE DIOS

Los atributos de Dios son cualidades personales que Él posee. Estos son aspectos de Su ser que son esenciales que nosotros conozcamos. Les podríamos llamar las características que hacen a Dios quien es. Si estuviéramos describiendo los atributos de un caballo, nosotros usaríamos palabras como animal mamífero de pezuña, cuadrúpedo, vegetariano, fuerte, rápido, etc. Estas características nos ayudan identificar al caballo de otros animales al describir sus atributos físicos. Hay tres dimensiones que describen los atributos de Dios: universal, primario y personal.

DIOS ES UN SER TRINO

Los cristianos creen en un Dios todopoderoso que es manifestado en tres personas distintas —Padre, Hijo y Espíritu Santo. Nosotros llamamos esta comunidad de personas *la Santa Trinidad* y nos referimos a ellos colectivamente como *la Deidad*. Este es quizás el misterio más maravilloso que Dios revela acerca de Él mismo. Dios es un ser compuesto de tres personas. Estas tres personas son individuos inconfundibles que están inseparablemente conectados uno al otro como un ser completo. La comprensión correcta de esta revelación es absolutamente escencial para la vida cristiana (Mateo 3:16-17; 28:18-19; 1 Juan 5:7; 1 Pedro 1:2).

La unidad de Dios

Es importante recordar que aunque podamos saber, dirigir, y adorar a cada persona de la Deidad diferentemente, nosotros nunca debemos pensar que adoramos a tres "dioses" diferentes. El Padre, el Hijo y el Espíritu Santo comparten igualmente toda calidad divina y trabajan en perfecta unión el uno con el otro. Servimos a Un Dios que dentro de Sí mismo es una comunidad de tres personas.

La Trinidad de Dios

Hay varias ilustraciones que nos pueden ayudar a entender la naturaleza del Dios Trino. Un cuerpo humano está compuesto de muchas partes diferentes. Cada parte tiene un propósito y un lugar en el cuerpo que ninguna otra parte puede ocupar. Sin embargo, nosotros no decimos que hay muchos "humanos" en el cuerpo, aunque cada parte sea completamente "humana".

El corazón bombea sangre y está ubicado en el pecho; el cerebro, ubicado en la cabeza, controla el pensamiento y todos los otros sistemas del cuerpo. El estómago digiere y distribuye nutrición por todo el cuerpo y está ubicado en el área torácica. Cada parte tiene una función única y es interdependiente de la otra. Aun así, si uno tomara una célula de cada órgano y examinara su ADN, al nivel celular su ADN contiene los planos químicos para todo el cuerpo. Es decir, el plano del ADN para el cerebro está presente en el corazón. La composición total del corazón está escrita en cada célula del cerebro. El plano para el cuerpo entero está presente dentro de *cada célula* del cuerpo. Este plano es tan completo que si tuviéramos la tecnología para hacerlo, se podría clonar una copia completa del cuerpo de la información codificada en una célula tomada de la planta de su pie o un pelo en su almohada.

Un huevo tiene tres partes distintas —el cascaron, la clara, y la yema. Cada parte todavía es llamada "huevo". Mas, cuando separado, nosotros no decimos que hay tres huevos. El agua tiene tres estados —sólido, líquido, y gaseoso. Cada estado es diferente del otro y funcionan extraordinariamente.

En un día de primavera, una parte de un lago puede permanecer congelado por el invierno, el centro puede salpicar con el saltar de peces, y el sol mañanero puede revelar vapor subiendo lentamente de la superficie. No son tres lagos que observamos, sino tres diferentes aspectos de un solo lago. Cada parte del lago —agua, vapor y hielo— son compuestos de la misma cosa, H_2O, aunque cada uno tenga atributos extraordinarios. En la misma manera, las tres personas de la Deidad comparten todas las cualidades y las características de Dios igualmente, mientras que a la misma vez poseen papeles y funciones diferente. Estos roles destacan a las tres personas de Un Verdadero Dios. Las siguientes son algunas de las cosas que la Biblia dice acerca de cada miembro de la Trinidad.

La naturaleza de Dios el Padre

Cuando la Biblia habla de Dios, se refiere típicamente al Padre. Es Él quien planificó, ordenó y estableció todas las cosas en la creación. Como Padre, es Él quien envió al Hijo y al Espíritu a redimir la humanidad, y es la unica Fuente de todas las cosas y el Unico a quien toda la gloria y honor son dados (1 Corintios 8:6 NTV). Él anduvo una vez sobre la tierra con los primeros padres humanos, Adán y Eva (Génesis 3:8). Desde su caída al pecado, el Padre esta sentado sobre el trono de Su majestad en el cielo. Él algún día establecerá Su trono en la tierra y vivirá visiblemente de nuevo con Sus pueblo (Apocalipsis 21:3), pero sólo después de que Satanás y el pecado hayan sido removidos completamente y Su plan de salvación sea llevado a cabo completamente.

La naturaleza de Dios el Hijo

"En el principio ya existía el Verbo (la Palabra), y el Verbo estaba con Dios, y el Verbo era Dios. El estaba (existía) en el principio con Dios. Todas las cosas fueron hechas por medio de El, y sin El nada de lo que ha sido hecho, fue hecho" (Juan 1:1-3 NBLH).

La segunda Persona de la Trinidad es la figura central de la fe cristiana y el Señor de toda la creación. Su nombre es Jesús. Él fue conocido en la eternidad pasada como la Palabra Viva (Juan 1:1; 1 Juan 1:1-2). La Biblia nos enseña que a través de Él, el Padre hizo el universo y todo lo que hay en él. Él es el que logra y ejecuta lo que el Padre ha planificado. Él fue escogido a tomar naturaleza humana y redimirnos de la maldición del pecado. Él lleva a cabo el trabajo de salvación que el Padre ha planificado, y es el único camino por el que podemos entrar en una relación con el Padre. El Hijo apareció en la tierra en varias formas en el Antiguo Testamento, pero anduvo visiblemente sobre la tierra cuando fue hecho hombre. Hoy, Jesús esta sentado a la diestra del Padre sobre un trono en el cielo, hasta que sea enviado una vez más por el Padre a regresar a la tierra por Su iglesia.

"En estos días finales nos ha hablado por medio del Hijo, a quien constituyó heredero de todo, y mediante el cual hizo el universo. Él es el resplandor de la gloria de Dios. Es la imagen misma de lo que Dios es. Él es quien sustenta todas las cosas con la palabra de su poder. Después de llevar a cabo la purificación de nuestros pecados por medio de sí mismo, se sentó a la derecha de la Majestad, en las alturas" (Hebreos 1:2-3).

La naturaleza de Dios el Espíritu Santo

La tercera persona de Dios revela y manifiesta lo que el Padre ha planificado, y el Hijo ha logrado y comprado, en nuestro favor. El es el miembro de la Trinidad que está activo sobre la tierra hoy, habiendo sido enviado por el Padre y el Hijo después de la resurrección de Jesús (Juan 15:26). Él atrae pecadores a Jesús a través de la predicacion del evangelio, y cambia los corazones de aquellos que creen en Jesús. Él da nueva vida a creyentes en Cristo (Tito 3:5), luego distribuye dones espirituales y poder a cada miembro del cuerpo de Cristo para que ellos quizás sirvan a Dios a través de la obra de la iglesia (1 Corintios 12:4-9; Hebreos 2:4). Su presencia además refrena la fuerza de las tinieblas que operan en el mundo para que la iglesia pueda cumplir su misión hasta el regreso de Jesús (1 Pedro 1:2; 2 Corintios 13:14; 1 Corintios 3:16-17).

DIOS ES SOBERANO

El término *soberanía* significa poder supremo y el derecho de gobernar. Cuando decimos que Dios es soberano decimos que Él tiene poder y control absoluto sobre todo en el cielo y en la tierra. Esto significa que nada se escapa de su conocimiento o sucede fuera de Su voluntad. Ni una sóla molécula en toda la creación es capaz de rebelarse en contra de Dios, excepto con Su permiso. Él es el Rey absoluto del cielo y la tierra y Su reino soberano es hecho posible por tres características que Él posee:

Dios puede hacer cualquier cosa

Dios tiene el poder de hacer cualquier cosa que Él elija. No hay fuerza, energía, ni ser, que sea más grande que Dios. Esto es conocido como *omnipotencia*. Viene de dos palabras del latín: *omnius*, que significa "en todas las cosas, en todo lugar, en toda forma"; y la palabra *potent*, que significa "tener poder". La Biblia nos enseña que Dios tiene ambas, la *autoridad* para hacer cualquier cosa que Él desee y la *capacidad* de llevarlo a cabo. Nada puede resistir Su poder y nadie puede desafiar o disminuir Su autoridad. Todo el poder en el universo viene de Dios de alguna manera. Dios es capaz de ejercitar Su poder sin perder nada de Él. Él nunca se agota, ni se cansa, ni tiene necesidad de recargarse (Isaías 40:28).

Esto es un atributo que pertenece exclusivamente a Dios como el Rey Soberano de todas las cosas. Su poder es lo que creó y sostiene todo en el universo (Hebreos 1:3). La escritura dice que nada es demasiado difícil para Él (Génesis 18:14; Job 42:2). Él tiene el poder de hacer lo que Él ha planificado y nada es imposible para Él (Lucas 1:37; Isaías 46:10-11).

> "¡Señor, Señor! Tú, con tu gran poder y con tu brazo extendido, hiciste el cielo y la tierra. No hay para ti nada que sea difícil" (Jeremías 32:17).

La Biblia indica que hay algunas cosas que Dios no puede hacer. Sus limitaciones están basadas en Su carácter —no una deficiencia en su capacidad. Por ejemplo, la Palabra dice que es imposible para Dios mentir (Tito 1:2). Esto significa que lo que Dios ha dicho en Su Palabra es cierto y Él esta obligado a cumplirlo. Hacer lo contrario sería mentir —algo que Él es incapaz de hacer. Además, Él no puede negarse a sí mismo. En 2 Timoteo 2:13 dice, "Si somos infieles, Él permanece fiel; Él no puede negarse así mismo". Esto significa que una vez que Él ha salvado a alguien, Él los une a Su familia permanentemente. Para luego negarles la salvación sería negarse a sí mismo, independientemente de la fortaleza o debilidad de su fe. ¡Debe bendecirnos el saber cuán comprometido

Él está a Su Palabra y Su pueblo! La Biblia se refiere a Dios a menudo como el Dios Todopoderoso justamente por esta razón.

Dios está en todas partes

Usted no se puede esconder de Dios. No hay lugar que se escape a Su ojo vigilante o mano poderosa. Esta verdad se le conoce como la *omnipresencia de Dios* (*omni*, significando "todo o por todas partes"). Cuando decimos que Dios es omnipresente, significa que no hay lugar en tiempo y espacio donde Dios no esté personalmente presente y consciente. Esta característica de Dios fluye desde Su naturaleza todopoderosa. Su omnipotencia *permite* Su omnipresencia. Porque Dios puede hacer cualquier cosa, Él es capaz de estar en todas partes.

> "'¿Acaso soy Yo un Dios sólo de cerca,' declara el SEÑOR, 'y no un Dios de lejos?' ¿Podrá alguien esconderse en escondites de modo que Yo no lo vea?' declara el SEÑOR. ¿No lleno Yo los cielos y la tierra?' declara el SEÑOR" (Jeremías 23:23-24 NBLH).

Los antiguos se referían a Dios a veces como el "el ojo que todo lo ve". Las Escrituras dicen, "No hay nada en toda la creación que esté oculto a Dios. Todo está desnudo y expuesto ante sus ojos; y es a Él a quien rendimos cuentas" (Hebreos 4:13 NTV). En Salmos 139:7-10, el Rey David dijo, "¿A dónde me iré de Tu Espíritu? ¿Y a dónde huiré de Tu presencia? Si subiere a los cielos, allí estás Tú; Y si en el Seol hiciere mi estrado, he aquí, allí tú estás. Si tomare las alas del alba y habitare en el extremo del mar, aun allí me guiará tu mano, y me asirá tu diestra" (RVR60). Sí, Dios está presente aún en el mismo infierno.

La omnipresencia de Dios no sólo significa que está presente en todo lugar en el espacio físico, pero también en el tiempo. Ya que Dios habita en la eternidad, Él esta presente en ambos a la misma vez. Él está presente con Adán en el jardín del Edén, con Jesús en la cruz, con cada uno de nosotros en estos momentos y con nosotros dentro de 10,000 años —todo al mismo momento (Salmos 90:1-2; Judas 25; Isaías 44:6). ¿Cuán asombroso es eso?

Dios lo sabe todo

Esto también es llamado *omnisciencia* (*omni*, que significa "todo," y *ciencia*, que significa "conocimiento"). Porque Dios esta en todo lugar observando todo —pasado, presente y futuro— Él lo sabe todo. Este es uno de los atributos que le pertenece exclusivamente a Dios. Satanás está limitado en poder y sólo puede estar en un lugar a la vez. Satanás no puede ver o saber el futuro, excepto cuando ya Dios lo ha predicho. Este conocimiento de Dios cubre detalles que son insignificantes, al igual que asuntos de gran importancia.

La escritura dice que ni un gorrión se cae del cielo sin Su conocimiento. Él conoce a cada persona por su nombre y el número de cabellos en nuestras cabezas (Mateo 10:29, 30). Él no tan sólo conoce hechos acerca de nuestro pasado, presente y futuro, pero Él conoce nuestros corazones así como nuestras almas. Él ve cada motivo, observa todo pensamiento y está consciente de los secretos más oscuros de nuestros corazones.

¿COMO PUEDE UN DIOS QUE TODO LO SABE PERMITIR LA MALDAD?

Es a veces abrumador pensar en el hecho que Dios conoce el futuro así como nosotros conocemos nuestro propio pasado. Mucha gente tropieza con esta verdad acerca de Dios porque concluyen que si Dios conoce todo lo que sucederá, incluso cada mala acción, Él es cruel en no utilizar Su poder para prevenir de que sucedan. Otros sienten que si Dios sabe lo que ellos escogerán, entonces ellos no pueden ser verdaderamente libres y concluyen que la vida es nada más que un espectáculo de marionetas organizado por un maestro titiritero que controla todo lo que sucede en el escenario.

Mientras que nuestras mentes limitadas no puedan posiblemente comprender las implicaciones de la omnisciencia, es una equivocación concluir que porque Dios conoce todo y tiene el poder de hacer cualquier cosa, Él es entonces responsable por las ocurrencias del mal en el mundo. Dios ha escogido permitir verdadera libertad para Sus criaturas. Esto significa que aunque Dios sabe lo que haremos, Él no es la causa de los actos que nosotros libremente escogemos por nuestra propia voluntad. La mayoría de las personas defenderían profundamente el hecho de tener libre albedrío. En los Estados Unidos, la libertad y libertad de actuar son derechos que son celebrados y defendidos.

> *Cuando Dios decidió crear Sus hijos libres, Él les dio la habilidad de amarlo o rechazarlo. Mientras el don de libertad viene de Dios, la decisión de hacer maldad es la responsabilidad de aquellos que la escogen.*

Nosotros no podemos tener las dos cosas. Dios podría crear seres verdaderamente libres, o Él podría crear robots o títeres preprogramados.

La libertad es la habilidad de escoger entre opuestos. Si a uno le es dado la opción entre tener dos manzanas, luego la opción es realmente controlada realmente por la falta de opciones. Pero si a uno le es dado la opción entre una manzana y una araña venenosa, entonces la decisión y sus resultados son la responsabilidad de aquel que elije.

De la misma manera, para Dios crear seres que son verdaderamente libres, ellos tendrían que poseer una libertad moral verdadera. Libertad moral requiere que Sus hijos tengan que ser libres, ya sea para escoger o rechazarlo a Él. Por eso cuando Dios decidió crear a Sus hijos libres, Él les dio la habilidad de amarlo o rechazarlo. Mientras que el don de libertad viene de Dios, la decisión de hacer maldad es la responsabilidad de aquellos que la escogen.

Necesitamos encontrar consuelo en el hecho que nuestro Dios es soberano y tiene control del universo y su dirección. Aunque ha escogido crear un universo donde Sus criaturas experimenten verdadera libertad para escoger y actuar, nada puede suceder que le sorprenda, que lo confunda, o que por último fracase en fluir en todos Sus planes y propósitos globales.

DIA 2 EJERCICIOS

1. ¿A qué se refieren los términos "atributos de Dios"?

_____

_____

2. ¿Cuál es la definición de Deidad?

_____

_____

_____

3. ¿Qué significa la palabra *soberanía*?

_____

_____

4. Dios tiene ambas la _____ para hacer cualquier cosa
   que Él desee y la _____ para llevarlo a cabo.

5. Omnipotencia significa: _____
   Omnipresencia significa: _____
   Omnisciencia significa: _____

6. Nombre los dos atributos universales mayores de Dios de la lectura y describa
   brevemente lo que cada una significa.

   1. _____

   2. _____

DIA 3: LOS ATRIBUTOS PRIMARIOS DE DIOS

D ios es un ser que está en una clase en la que pertenece sólo Él. Al identificar los atributos primarios de Dios, se nos es dada una lista selectiva de las cualidades que nos permiten conocerle.

DIOS ES UNA PERSONA

Mientras esta verdad acerca de Dios puede parecer obvia, es importante recordar que varias de las religiones principales en el mundo, incluyendo a muchos en el movimiento de la Nueva Era, describen a Dios como una energía cósmica, una inteligencia impersonal, o la "gran fuerza de la vida" que conecta todas las cosas. Estos puntos de vista sobre "Dios" están centrados en la antigua filosofía pagana Oriental. Estas filosofías describen lo divino, como un poder universal que contiene dentro de sí mismo el bien y el mal, la luz y las tinieblas, la alegría y el dolor. En una ficción popular la "fuerza" es la que llena el universo, la "energía madre" que fluye a través de todos los seres vivos por igual, o la "gran mente" en la que todos debemos ser absorbidos.

Sin embargo, el verdadero Dios es una Persona viva. Él piensa, siente, y experimenta emoción en su forma más verdadera (Salmos 37:13; Isaías 62:5; Juan 11:35). Él se regocija, llora, ríe, consuela, corrige, castiga y planifica. Como Ser infinito, Él es la última realidad sosteniendo al universo en la palma de Su mano. Como un Ser personal, Él nos conoce a cada uno individualmente, y cuida de nosotros íntimamente (Salmos 139:14-18). La fe cristiana es única en revelar a un Dios que no sólo nos conoce, pero que también nos invita a conocerlo (Jeremías 29:11-13; 24:7; Juan 16:27). Una cosa es conocer acerca de Dios; otra muy distinta es tener una relación personal con Él. Ninguna otra religión en el mundo hace este reclamo único.[11]

> "Yo soy el buen pastor. Yo conozco a mis ovejas, y ellas me conocen a mí, así como el Padre me conoce a mí, y yo conozco al Padre; y yo pongo mi vida por las ovejas" (Juan 10:14-15).

---

11. Islam enseña una singular, deidad todopoderosa y creadora que es personalmente insondable. En esta comprensión, la deidad desea sumisión, y no una relación personal.

DIOS ES UNICO

No hay nadie como Dios (incomparable)

Dios es excepcional en que Él es el único Ser Supremo en todo el universo. Debemos creer primero que el Dios de la Biblia es el único Dios verdadero.

> "Yo soy el Señor, y nadie más. No hay Dios fuera de mí. Yo te vestiré para la batalla, aunque tú no me conoces, para que desde la salida del sol hasta el ocaso todos sepan que yo soy el Señor, y que aparte de mí no hay otro Dios" (Isaías 45:5-6).

> "No hay más Dios que yo, Dios justo y Salvador. ¡No hay otro fuera de mí! Pongan sus ojos en mí todos los términos de la tierra, y reciban salvación, porque yo soy Dios, y no hay más" (Isaías 45:21b-22).

No hay ningún otro Dios (excepcional)

Las primeras palabras que fueron escritas en la Biblia fueron *escritas por Dios* mismo en tabletas de piedra. Estos fueron los Diez Mandamientos dados a Moisés. Aunque aparecen en el segundo libro de la Biblia, ellos fueron escritos antes que cualquier otra escritura. Y las primeras palabras que Dios escribió en esa tabla fueron acerca de Él. Dijo:

> "No tengas ningún otro dios aparte de mí" (Éxodo 20:3 NTV).

Dios es extraordinario en que no es tan sólo el más grande de todos los dioses, Él es el *único* Dios. Es posible que haya muchas deidades diferentes veneradas por las personas de la tierra, pero hay sólo un *auténtico* Dios. El Señor requiere que creamos no sólo en Su existencia y supremacía, pero también que todo otro dios es falso. No es suficiente creer en el Dios de la Biblia mientras permitimos que otras personas tengan igualmente dioses legítimos que no son bíblicos. Dios nos ordena a admitir que sólo Él es Dios y que todas las otras concepciones de dios son falsas. Es completamente justo y correcto para el Señor requerir esto, especialmente ya que Él nos hizo y nos ha revelado Su verdadera identidad. Es correcto que Él demande toda nuestra atención en adorarlo.

> "Ciertamente, Señor, los reyes de Asiria destruyeron todos los países y sus comarcas, y echaron al fuego los dioses de ellos, dioses que en realidad no eran dioses sino hechuras humanas de madera y piedra; ¡por eso los destruyeron! Señor y Dios nuestro, líbranos ahora de caer en sus manos, para que todos los reinos de la tierra sepan que sólo tú eres el Señor" (Isaías 37:18-20).

DIOS ES ETERNO

Fuera del tiempo

Cuando pensamos en Dios como un ser eterno, a menudo pensamos en una línea de tiempo. Imaginamos que Dios se extiende de atrás hacia adelante en el tiempo. Porque vivimos dentro del tiempo, nos imaginamos que Dios es muy viejo, y que vivirá por siempre. Estas ideas no describen a Dios apropiadamente. La eternidad no es un período de tiempo, sino un lugar. Es el lugar donde vive Dios —completamente fuera del tiempo como lo conocemos. La Biblia dice,

> "Porque así ha dicho el Alto y Sublime, el *que habita la eternidad*, y cuyo nombre es santo: "Yo habito en las alturas, en santidad'" (Isaías 57:15a).

> "Esto lo dice el Señor. Lo ha dado a conocer desde los tiempos antiguos" (Hechos 15:18).

La eternidad es un estado de ser que lo ocupa sólo Dios completamente. Toda otra criatura en el cielo y la tierra experimenta el tiempo como una *secuencia de eventos*. Pero Dios existe fuera del tiempo y por eso está por encima del tiempo. De hecho, la Biblia dice que Dios creó el tiempo (Tito 1:2; 2 Timoteo 1:9), lo que significa es que hay un lugar que existe fuera del tiempo. La Biblia dice que el tiempo tuvo un principio y tendrá un final. Pero antes de que el tiempo comenzara, y después que el tiempo termine, Dios existe en lo que se podría llamar el "eterno presente". Entonces, Dios no es un ser envejecido, sino un ser sin tiempo que es el Creador del tiempo y de todo que experimenta tiempo en el universo material.

> "En la esperanza de la vida eterna, la cual Dios, que no miente, prometió desde *antes del principio de los siglos*" (Tito 1:2).

> "Quien nos salvó y nos llamó con llamamiento santo, no conforme a nuestras obras, sino según el propósito suyo y la gracia que nos fue dada en Cristo Jesús *antes de los tiempos de los siglos*" (2 Timoteo 1:9).

> "El ángel que…levantó su mano hacia el cielo y juró por el que vive por los siglos de los siglos, que creó el cielo y las cosas que están en él, y la tierra y las cosas que están en ella… que *el tiempo no sería más*" (Apocalipsis 10:5-6 RVR).

Sin principio o final

No hace falta decir que Dios es eterno, y que Él no tiene principio. Este concepto es particularmente alucinante de pensar. Como criaturas del tiempo, no sabemos de nada que no tenga un comienzo y un final. Todo lo que vemos tuvo un principio, experimenta envejecimiento, y eventualmente muere, se deteriora, o es destruido y desaparece. Pero no Dios. Nunca ha habido un momento en el que Él no estuvo. Nadie creó a Dios. Él no llegó a ser Dios accidentalmente. Él siempre ha sido.

De la misma manera, Dios siempre será. Él nunca dejará de ser. Aún después de mucho tiempo de que esta creación material y el tiempo hayan sido absorbidos en la eternidad, Dios permanecerá. El apóstol Juan tuvo una visión del cielo y vio ángeles que rodean el trono de Dios, "Y ellos no descansan día ni noche, diciendo: ¡"Santo, santo, santo, el Señor Dios Todopoderoso, que fue y es y es de venir"! (Apocalipsis 4:8). Esta verdad maravillosa nos debe dar gran consuelo. Él es lo único constante, la única realidad. Todo lo demás comienza, crece, cambia, muere, y pasa a la memoria. Pero nuestro Dios es permanente y la "Roca eterna" sobre la cual todo lo demás es construido, y de quien todas las cosas se mantienen unidas.

> "Señor, tú has sido nuestro refugio de una generación a otra generación. Antes de que nacieran los montes y de que formaras la tierra y el mundo; desde los tiempos primeros y hasta los tiempos postreros, ¡tú eres Dios!" (Salmos 90:1-2).

> "Que toda la gloria sea para Él, quien es el único Dios, nuestro Salvador por medio de Jesucristo nuestro Señor. ¡Toda la gloria, la majestad, el poder y la autoridad le pertenecen a Él desde antes de todos los tiempos, en el presente y por toda la eternidad! Amén" (Judas 1:25 NTV).

> "Yo soy el Alfa y la Omega, el Primero y el Último, el Principio y el Fin (Apocalipsis 22:13).

Inmutable

> "Tú fundaste la tierra desde el principio, y con tus propias manos formaste los cielos. Un día, ellos serán destruidos; envejecerán, como vestidos usados, y Tú los cambiarás por otros; ¡Pero Tú permanecerás! *Tú seguirás siendo el mismo, y tus años nunca tendrán fin!*" (Salmos 102:25-27).

Otro aspecto muy importante de la naturaleza eterna de Dios es que Él no cambia. Dios es siempre el mismo. Él no llega a ser más inteligente, o aumenta en conocimiento. Él no llega a ser más poderoso ni aumenta en fuerza. Él no se está convirtiendo en quien Él no haya sido siempre. Esta simple verdad es extremadamente importante. Podemos estar confiados en la Palabra de Dios porque no cambia. La mayoría de las religiones del mundo evolucionan según cambian las culturas. Los dioses de Grecia, Roma, Babilonia, y Egipto cambiaban su forma de pensar y hasta sus personalidades. La gente hoy día quiere que los cristianos cambien su punto de vista de Dios. Ellos quieren que ciertos aspectos de Su personalidad "evolucionen" junto con la cultura humana.

Pero el Dios de la Biblia es siempre el mismo. Puede cambiar la manera en que trata con humanos, y tiene una variedad de maneras maravillosa que interactúa con nosotros, pero *Él no cambia*. Lo que Él ama, Él siempre ha amado. Lo que desprecia y llama maldad, siempre será maldad. Como humanos, estamos constantemente tratando de reinventar a Dios en alguien que aprobará lo que sea que querramos hacer en el momento. Tratamos de hacer a Dios a nuestra imagen. Pero la Biblia declara que hemos de conformarnos a Su imagen.

"Yo soy el SEÑOR y no cambio" (Malaquías 3:6a NTV).

"Todo lo que es bueno y perfecto desciende a nosotros de parte de Dios nuestro Padre, quien creó todas las luces de los cielos. Él nunca cambia ni varía como una sombra en movimiento" (Santiago 1:17 NTV).

"Jesucristo es el mismo ayer, hoy, y por los siglos" (Hebreos 13:8).

Porque Dios no evoluciona y cambia, podemos saber que es confiable y seguro. Su naturaleza inmutable no significa que Dios es rígido e insensible a los constantes cambios y movimientos en nuestras vidas. Él no es un observador lejano e indiferente, como una estatua de pie sobre nuestro mundo. De hecho, lo contrario es cierto. Él siempre está obrando y actuando en nuestro mundo para atraer nuestros corazones poco fiables y cambio de afecciones de vuelta a su amor confiable y valores eternos.

DIOS ES CREATIVO

Mientras que Dios es eterno e inmutable, Él es al mismo tiempo infinitamente creativo y personal. Uno de los atributos más maravillosos de Dios es Su creatividad. Lo primero que aprendemos acerca de Dios en Génesis es que Él es un ser creativo. La inmensa variedad en la creación puede ser observada arriba en el universo, en la tierra alrededor de nosotros, y en la más diminuta de las criaturas debajo de nuestros pies. Mientras que Él no cambia personalmente, Él está continuamente trabajando creativamente. ¡Esto mantiene tanto a Dios como a nuestro mundo de ser cualquier cosa, menos aburrida!

El creador de todas las cosas

La Biblia nos dice que Dios hizo todas las cosas que existen en el tiempo y espacio —desde las estrellas y galaxias más lejanas, hasta la tierra y a todo lo que hay en ella. Creó todo de la nada. No hubo materia preexistente que Dios utilizara en Su creación. Cuando pensamos en un artista o constructor que crea algo, entendemos que su "creación" fue formada de materiales ya existentes. Realmente, lo que hacemos es más parecido al "ensamblado" que a la creación. Todo lo que el hombre hace, lo hace de cosas que ya existen.

> "Por la fe entendemos que todo el universo fue formado por orden de Dios, de modo que lo que ahora vemos no vino de cosas visibles" (Hebreos 11:3 NTV).

> "¡Que alaben al Señor el sol y la luna! Que alaben al Señor las estrellas refulgentes! ¡Que alaben al Señor los cielos de los cielos, y las aguas que están sobre los cielos! ¡Alabado sea el nombre del Señor! El Señor dio una orden, y todo fue creado" (Salmos 148:3-5).

Utilizando Su voz y Su imaginación, Dios llamó todo a la existencia. Como Fabricante de todo, Él es también Propietario de todas las cosas. Mientras muchas de Sus creaciones no lo reconocen a Él como su Creador, ni siguen Sus maneras, viene un día en que todo en la creación reconocerá y se someterá a su Creador (Efesios 1:10, Colosenses 1:16).

> " Y por medio de él reconciliar consigo todas las cosas, tanto las que están en la tierra como las que están en los cielos, haciendo la paz mediante la sangre de su cruz (Colosenses 1:20).

> "Tú eres digno, oh Señor nuestro Dios, de recibir gloria y honor y poder. Pues tú creaste todas las cosas, y existen porque tú las creaste según tu voluntad (Apocalipsis 4:11 NTV).

DIA 3 EJERCICIOS

1. El Señor nos requiere creer no sólo en Su _____
   y _____, pero también que cada otro dios es
   _____.

2. Cuando pensamos en Dios siendo eterno, nosotros a menudo pensamos
   en un calendario. Describa cuál es el significado de la eternidad según las
   lecturas de hoy.

   _____

   _____

   _____

3. Porque Dios no evoluciona ni cambia, podemos saber que es _____
   y _____.

4. ¿Qué es lo primero que aprendemos acerca de Dios en Génesis?

   _____

   _____

5. "Porque desde la creación del mundo, Sus atributos invisibles, Su eterno
   poder y divinidad, se han visto con toda claridad, siendo entendidos por
   medio de lo creado, de manera que ellos no tienen excusa" (Romanos 1:20
   NBHL). Piense en este verso. ¿Qué tipo de cosas que usted puede ver en la
   creación alrededor suyo que le recuerden del poder de Dios y naturaleza
   divina? Anótelos aquí.

   _____

   _____

   _____

   _____

DIA 4: LOS ATRIBUTOS PERSONALES DE DIOS

L os atributos *primarios* de Dios se tratan de las características que lo definen. Sus atributos *personales* son cualidades de Su personalidad y la manera en que Él interactúa con nosotros como Sus hijos. Es como la diferencia entre describir las características de un ser humano, y definir la personalidad y el carácter de una persona en particular.

El carácter de Dios

Conocer a Dios significa conocer su personalidad y carácter . El maestro profético bíblico Tim O'Leary ha enseñado acerca del carácter de Dios por todos los Estados Unidos y en muchas otras partes del mundo por más de cuarenta años. Una de las cosas que Tim O'Leary repite casi cada vez que enseña es: "Si sabes quién es Él, sabrás lo que Él hace. Y si sabes lo que Él hace, sabrás quién es Él". Lo que Tim está comunicando es que las acciones de Dios son una manifestación de Su naturaleza. Si usted quiere saber quién es Dios, tiene que estudiar Sus acciones en la Palabra de Dios. Por el contrario, si usted realmente lo conoce a Él y ha adoptado Su carácter, comprenderá por qué Él hace lo que hace y por qué, Él actúa como lo hace, de varias maneras en la tierra.

> *Porque Dios es una persona, Él tiene una personalidad. Él puede ser conocido y amado. Dios desea relación, intimidad, y una conexión amorosa con Su creación, particularmente los hombres y mujeres que Él ha formado en Su imagen y semejanza.*

DIOS ES AMOR

De todas las declaraciones que la Biblia hace acerca de Dios, la que es más preciosa a considerar es que Él es amor. Dios no meramente posee amor; Él es realmente la escencia de amor puro. Alguna gente cree que Dios creó la raza humana porque Él se sentía solo y necesitaba a alguien con quien Él pudiera expresar Su amor. Pero esta idea está incompleta. El amor requiere una conexión del corazón y debe ocurrir entre dos diferentes personas. ¿Esto significa que Dios estuvo sin amor antes de crear a los ángeles y a la raza humana? Si ese fuera el caso, entonces Dios no podría ser eterno o completo dentro de Sí mismo. Pero la Escritura revela que el Señor es autosuficiente y no tiene necesidad de nada —incluyendo amor.

Porque Dios es una comunidad de personas en la Santa Trinidad, Él tiene amor perfecto dentro de Su propio ser. La Biblia dice que el Padre ama al Hijo y el Hijo ama al Padre. Esto es uno de los argumentos más fuertes para la Trinidad. El amor verdadero requiere relación. En la Trinidad hay una relación perfecta, y por lo tanto, amor perfecto. Dios no creó al hombre por necesidad. Él creó al hombre porque deseaba compartir Su amor en un círculo en expansión de relación con Su creación. Dios no necesitaba amarnos; más bien, Él eligió compartir Su amor con nosotros. Este amor es lo que movió al Padre a crear a Su familia, la iglesia, desde la fundación del mundo. Fue el amor lo que movió a Jesús a ir a la cruz por nuestros pecados. Es el amor lo que motiva al Espíritu Santo a morar dentro de nosotros, asegurándonos por la eternidad al Padre, y trabajando cada día para santificar y purificar nuestras vidas para la gloria del Padre y Jesús.

DIOS ES RELACIONAL Y CONOCIBLE

Porque Dios es una persona, Él tiene una personalidad. Él puede ser conocido y puede ser amado. Dios desea relación, intimidad, y conexión amorosa con Su creación, particularmente los hombres y mujeres que Él ha formado a Su imagen y semejanza. ¡Así como un padre bueno desea amar, proteger, jugar, y disfrutar de sus hijos, nuestro Padre celestial procura disfrutar de conexión personal e íntima con nosotros!

Él tiene emoción en forma perfecta. Él siente alegría, entusiasmo, pasión, risa, al igual que anhelo, desilusión, e incluso tristeza. La Biblia también dice que Dios tiene la capacidad de "sentir" celos, odio, enojo y venganza. Naturalmente, estas emociones negativas son asociadas a menudo con el pecado, pero en nuestro Padre maravilloso, estos sentimientos personales están en su forma perfecta *y absolutamente pura*. La emoción en nuestras vidas es a menudo torcida y difícil —causando conflicto en nuestras relaciones y dentro de nosotros mismos. Sin embargo, en Dios, Su emoción está en una manifestación pura y perfecta — nunca violando Su amor o justicia. La emoción de Dios es completa, balanceada, y dentro del control total de Su probidad. Jesucristo, el Hijo de Dios, es el único que ha vivido una vida humana con cada una de estas emociones divinas en perfecta manifestación. Es el único ejemplo verdadero de emoción en forma pura, y procurar conocerlo mejor ayudará a cada uno de nosotros a traer balance a nuestras vidas emocionales, a menudo inestables.

> "¡Tu Dios se recreará contigo como se recrea el esposo con la esposa!" (Isaías 62:5b)

"El Señor está en medio de ti, y te salvará con su poder; por ti se regocijará y se alegrará; por amor guardará silencio, y con cánticos se regocijará por ti" (Sofonías 3:17).

DIOS ES BUENO

"El Señor tu Dios te hará prosperar en todo lo que hagas con tus manos, y multiplicará el fruto de tu vientre, el fruto de tu bestia, y el fruto de tu tierra. Sí, el Señor *volverá a solazarse contigo* para bien, tal y como se solazó con tus padres" (Deuteronomio 30:9).

Una de las declaraciones más a menudo repetidas en la Biblia es, "El Señor es bueno" (Jeremías 33:11). La bondad de Dios se refiere a Su naturaleza generosa y amable hacia personas, especialmente, Sus propios hijos. El hecho que Dios es bueno es una de las verdades más importantes y esenciales que nosotros podemos saber de Él. Los dioses paganos del mundo son típicamente inconstantes, caprichosos, y a menudo ruines. Pero el Dios de las Escrituras anhela ser amable y generoso a las personas que lo buscan (Hebreos 11:6). Él no es cruel, y Su bondad está disponible a todos (Salmos 145:9).

Hay maneras en las que Dios demuestra Su bondad al mundo. Primero, la Biblia habla de la *bondad universal de Dios*. Esto es revelado en las maneras que Dios se muestra a Sí mismo como Cuidador y Proveedor para toda Su creación. Él da luz del sol, lluvia, y la belleza natural a todos. Jesús dijo que el Padre hace que la lluvia que caiga sobre las cosechas del justo así como del impío. Él mantiene las fuerzas de la naturaleza operando en temporadas y ciclos que le permite a la vida humana sobrevivir y florecer. Les provee de dones naturales y sabiduría a hombres y mujeres que no lo conocen, y les permite tomar decisiones libres para vivir, prosperar, casarse, criar familias y utilizar sus habilidades para beneficiar a otros. Él permite que todos disfruten de la belleza de Su planeta. Desea perdonar a pecadores, y es por Su bondad que nos dirige al arrepentimiento y fe (Romanos 2:4).

Sin embargo, hay otra manera en la que Dios demuestra Su naturaleza buena. Ésta es conocida como la *bondad de pacto de Dios*. Nuestro Padre celestial ha hecho promesas especiales para demostrar Su bondad en una manera especial a Sus propios hijos que han entrado en pacto con Él a través de Jesucristo. Un *pacto* es un acuerdo hecho entre dos partes para proveer, proteger, y para realizar servicios el uno por el otro. Los pactos también unen las deudas, enemigos, y cargas de las dos partes. Cuando recibimos a Jesucristo como nuestro Salvador, nosotros entramos en un pacto legal con Dios mismo. En este nuevo pacto, Dios promete mostrar Su bondad especial hacia nosotros como Sus propios hijos e hijas. Este nuevo pacto es un contrato de unión espiritual a través del cual Dios se ha obligado a Sí mismo a demostrar Su amor hacia nosotros mostrándonos un favor especial, provisión, protección, y promesas futuras.

Como padre de tres hijos, nuestro hogar siempre ha sido un ambiente de bienvenida para los amigos de nuestros hijos. Algunos de estos jóvenes pasan hasta días en nuestro hogar. Los alimentamos, les permitimos disfrutar de nuestra piscina, acampar en nuestro salón de recreación y los llevamos a la iglesia. Fuimos buenos con ellos. Sin embargo, ellos no experimentaron la misma clase de bondad que reservamos para nuestros propios hijos. Sólo nuestros hijos recibieron los beneficios de tener su propia habitación, libre acceso a nuestra despensa de comida, nuestro apellido, a nuestro amor paternal, disciplina, cuidado médico, educación, y los muchos otros beneficios de ser un miembro de nuestra familia. De la misma manera, nosotros debemos reconocer que mientras Dios es a menudo bueno con todas las personas —aun a aquellos que niegan que Su existencia— Él tiene una bondad especial que ha reservado para Sus propios hijos.

La Biblia enseña que Él desea dar regalos deseables y perfectos a sus niños (Santiago 1:17). Su bondad respalda Su plan de cuidar a Su gente y demostrar Su generosidad a nosotros en las edades que han de llegar (Efesios 2:7). La bondad de Dios es la razón que Él desea contestar nuestras oraciones, curar nuestros cuerpos y corazones heridos, y prosperar nuestras relaciones y finanzas (Lucas 12:31-32; Salmos 42:8; Hechos 10:38).

Cuando Dios no parece ser bueno

Cuando la vida se pone difícil y sufrimos cosas que no comprendemos, es común para nosotros dudar de la bondad de Dios. Algunas veces atribuimos nuestro sufrimiento a Él, y asumimos que de algún modo Él siente placer de nuestro dolor. Pero no es la intención del Señor causarnos daño a través de nuestro dolor. Gran parte del dolor en nuestras vidas es autoinfligido. En otras ocasiones, nuestro sufrimiento es el resultado de las decisiones de otros, la obra del Diablo, o de los peligros de vivir en un mundo caído. Algo de dolor es necesario para nosotros crecer y para aprender el bien del mal. Tenemos que distinguir entre lo que Dios *envía* y lo que Dios *usa* en nuestras vidas. Mientras que Dios no envía todo dolor que experimentamos, Él siempre tiene un propósito para utilizarlo *para nuestro beneficio*. Es en estos momentos en los que necesitamos recordar que nuestro Dios es bueno, y Su misericordia permanece para siempre (1 Cronicas 16:34).

Necesitamos desarrollar una fe fuerte en la bondad de Dios.

"¡Prueben ustedes mismos la bondad del Señor! ¡Dichoso aquél que en él confía!" (Salmos 34:8).

"¡El Señor es bueno! ¡Su misericordia es eterna! ¡Su verdad permanece para siempre!" (Salmos 100:5).

"Hubiera yo desmayado, si no creyese que tengo de ver la bondad de Jehová En la tierra de los vivientes" (Salmos 27:13).

¡Cuán grande es tu bondad, la cual reservas para los que en ti confían! ¡Delante de todos la manifiestas a los que en ti buscan refugio! (Salmos 31:19).

DIOS ES SANTO

Dios es un Dios *santo*. Esto significa que Él es sin ningún defecto moral y es perfecto en todos los aspectos. El Señor no meramente posee santidad. Él es la escencia de la santidad misma. Todo lo que es correcto, que es puro, que es limpio y sin mancha, encuentra su origen en Dios. La Biblia describe la santidad de Dios como luz inaccesible (1 Timoteo 6:16).

"¿Quién como tú, Señor, entre los dioses? ¿Quién como tú, santo y magnífico, que realizas maravillosas hazañas y llevas a cabo sorprendentes prodigios?" (Éxodo 15:11).

"Porque así ha dicho el Alto y Sublime, el que habita la eternidad, y cuyo nombre es santo: "Yo habito en las alturas, en santidad, pero también doy vida a los de espíritu humilde y quebrantado, y a los quebrantados de corazón" (Isaías 57:15).

"¡Exaltemos al Señor, nuestro Dios! ¡Postrémonos ante su santo monte! ¡El Señor, nuestro Dios, es santo!" (Salmos 99:9).

Alrededor de Su trono hay ángeles que claman continuamente "Santo, santo, santo es el Señor Dios Todopoderoso". Este atributo de Dios es absolutamente esencial a la comprensión que implica al Señor y Sus acciones. Su pureza es tan absoluta y tan poderosa, que un ser imperfecto no puede acercarse a Dios y mirarlo directamente sin ser consumido y ser destruido instantáneamente.

Lea este pasaje lentamente y cuidadosamente. Imagínese que es el Profeta Isaías. De repente es transportado a la habitación del trono del Dios Todopoderoso. Permita que esta escena llene su corazón y mente.

"En el año que murió el rey Uzías, yo vi al Señor sentado sobre un trono alto y sublime. El borde de su manto cubría el templo. Dos serafines permanecían por encima de él, y cada uno de ellos tenía seis alas; con dos se cubrían el rostro, con dos se cubrían los pies, y con dos volaban. Uno de ellos clamaba al otro y le decía: "¡Santo, santo, santo, es el Señor de los ejércitos! ¡Toda la tierra está llena de su gloria!" La voz del que clamaba hizo que el umbral de las puertas se estremeciera, y el templo se llenó de humo. Entonces dije yo: "¡Ay de mí! ¡Soy hombre muerto! ¡Mis ojos han visto al Rey, el Señor de los ejércitos, aun cuando soy un hombre de labios impuros y habito en medio de un pueblo de labios también impuros!" (Isaías 6:1-5).

Quizás más que cualquier otro de Sus atributos, la santidad de Dios es lo que causa al hombre sentir ambos un sentido de atracción y repulsión. Es Su santidad que nos causa temerle. En el jardín de Edén, al momento que Adán y Eva cayeron en pecado, inmediatamente sintieron su desnudez y se ocultaron de la presencia de Dios. Fue Su santidad —Su pureza— lo que ellos evitaban. Cuando Isaías vio al Señor, él estuvo instantáneamente consciente de su impureza.

La santidad de Dios es también hermosa. La Escritura nos llama a venerar a Dios en "la belleza de la santidad" (Salmos 29:2). Cuando presentimos Su presencia, es Su santidad que nos llama hacia Él. Al darnos cuenta de nuestras propias impurezas, nosotros somos llamados al Unico que nos puede cambiar y restaurar. Sólo Él puede hacer esto.

Agradecidamente, Dios no es meramente puro, Él es además un purificador. Él desea compartir Su santidad con las criaturas que ha creado, y se delita en remover nuestro pecado. Así como limpió a Isaías con el fuego del altar delante de Su trono, Dios anhela limpiar a la gente de sus pecados. Su hermosa luz ahuyenta las sombras en nuestras almas y nos atrae en Su órbita una y otra vez.

DIA 4 EJERCICIOS

1. ¿Por qué diría usted que es vital para nuestra fe que nuestro Dios sea personal?

_____

_____

_____

2. Cuando recibimos a Jesús como nuestro Salvador, nosotros entramos en un pacto. ¿Qué es un pacto?

_____

_____

_____

3. Hay Escrituras en todas partes de la Biblia que atestigua a la bondad de Dios. ¿Por qué piensa usted que es tan importante que creamos que Dios es bueno? ¿Qué sucede si pensamos que Dios es capaz de hacer mal?

_____

_____

_____

4. ¿Cuáles son algunas causas de dolor en su vida?

_____

_____

_____

5. ____ _____ _____ _____ es lo que causa al hombre sentir ambos un sentido de atracción y repulsión hacia Dios. ¿Por qué?

_____

_____

6. Vale la pena repetir —lo que piensa de Dios le afecta en cada faceta de su vida. Y encontramos en la Biblia que nuestro Dios nos ama y desea una relación personal cercana con cada uno de nosotros. Él quiere ser parte de todo lo que hacemos. Él ofrece amor incondicional, libertad verdadera, y una vida de la más alta realización personal en Su plan perfecto para nosotros. Él ha hecho la obra; sólo tenemos que confiar en Él. Escriba una oración corta de agradecimiento aquí.

_____

_____

_____

_____

_____

_____

CAPÍTULO TRES

EL DON DE JUSTICIA

CAPÍTULO TRES
El don de justicia

DIA 1: DISEÑO ORIGINAL DE DIOS

Usted y yo tenemos un gran problema. Usted probablemente, ya ha descubierto hasta ahora que hay una gran brecha entre nosotros y Dios —se llama santidad. Dios es santo y nosotros no. Por eso es que el mensaje primordial de la fe cristiana es uno de redención y restauración. El término *redención* significa recobrar posesión de algo a cambio de un pago o saldar una deuda. Cualquier historia que envuelva un mensaje de redención también implica que algo terrible ha sucedido, haciendo la redención necesaria en primer lugar. Usted no busca cosas que son encontradas. Usted no vuelve a comprar algo que nunca estuvo perdido. Usted no puede salvar a alguien que no esté en peligro de una gran lesión o muerte.

Por esta razón es que los cristianos dan las buenas nuevas de Jesucristo discutiendo primeramente la trágica historia que requirió Su venida al mundo. La Biblia nos dice que Dios hizo el universo y todo que está en él y lo llamó "bueno". Pero algo le sucedió al universo —y a nuestro pequeño planeta en particular.

A distancia, este mundo es un lugar muy hermoso. Pero cuanto más nos acercamos a la Tierra, más pronto sus defectos comienzan a surgir. Vemos ciudades llenas de niños malnutridos; grandes llanos en aldeas, de madres empobrecidas y bebés hambrientos; descomposición de comunidades urbanas llenas de violencia y abuso de drogas; el humo que sube de naciones devastadas por la guerra; hospitales llenas de víctimas sufriendo de enfermedad. Todas estas imágenes espantosas pueden ser vistas todos los días alrededor de la tierra.

No se requiere ser un genio para descifrar que aunque este mundo demuestre la majestad de nuestro Creador, algo ha ido terriblemente mal. La belleza está estropeada, las vistas de la tierra están cicatrizadas. Parece que algo ha sido desatado sobre este planeta que de otra manera sería magnífico. Algo lo está corrompiendo. Hay una batalla en curso —una larga batalla visible entre la bondad que esperamos y el mal que vemos. Los científicos físicos tienen un término para esta fuerza corrompida. Ellos le llaman *entropía*, que es el término científico para el "decaimiento". Sin embargo, este principio es mucho más que un proceso natural o un concepto científico. La Biblia nos dice que hay una fuerza espiritual muy verdadera que está devorando las orillas de nuestro mundo y a todos los que viven aquí. Nos enseña que la presencia física de la muerte, enfermedad, hambre, y la maldad humana encuentran su fuente en una fuerza espiritual muy real llamada *pecado.*

> *El pecado no es sólo una idea religiosa ni filosófica. Es una enfermedad moral que constantemente obra para corromper los corazones e infectar nuestro mundo.*

El problema de la maldad es tan grande y su influencia corrompida ha saturado tan completamente nuestro mundo que Dios fue a las últimas longitudes y pagó el precio más alto para removerlo. La fe cristiana es la historia de lo que le sucedió a nuestro mundo, a nosotros, y lo que Dios ha hecho para revertir el progreso de la maldad y restaurarnos a Él mismo. Es una historia de redención.

HAGAMOS AL HOMBRE A NUESTRA IMAGEN

La humanidad: El logro supremo de la creación de Dios

"¿qué son los simples mortales para que pienses en ellos, los seres humanos para que de ellos te ocupes? Sin embargo, los hiciste un poco menor que Dios y los coronaste de gloria y honor. Los pusiste a cargo de todo lo que creaste, y sometiste todas las cosas bajo su autoridad" (Salmos 8:4-6 NTV).

Hay una ley espiritual que es evidente a través de toda la Biblia y es una clave importante para entender el propósito de cualquier cosa en existencia. Se le llama *la ley de diseño original.* Esta ley enseña que con el fin de comprender el propósito de algo, uno tiene que primero regresar y descubrir su diseño original. El libro de Génesis es a veces llamado el libro de principios y nos da información espiritual importante sobre lo que Dios quería para Su creación, para nuestro mundo.

En el primer capítulo de Génesis, encontramos que Dios ha preparado cuidadosamente la tierra para cosas vivas. La historia construye a un clímax mientras describe las actividades de Dios en un suceso de seis días. El mayor logro de Su creación fue reservado para el día final. ¡Guardó lo mejor para último! En el sexto día, Él hizo al hombre.

Siete dones que separan a la humanidad del resto de la creación

Hay siete características importantes que separan al hombre de todo otro ser o cosa que Dios ha creado. Comprenderlas es esencial para descubrir nuestro propósito en la tierra y el plan de Dios para nuestro futuro.

> *Mientras que el hombre es una criatura que está por debajo de Dios en todos los aspectos, en nuestra forma humana Dios nos ha dejado una impresión de Él mismo.*

1. El don de llevar la imagen

El acto final de la creación física de Dios fue la formación del hombre y la mujer. Los humanos son el mayor logro de Dios. La Escritura nos dice que Dios hizo el cuerpo del hombre del polvo de la tierra, pero respiró un espíritu en el cuerpo que Él había formado. Esto significa que el hombre es ambos, una criatura física y espiritual. El hombre es además la única criatura de la que Dios dijo;

> "Hagamos a los seres humanos a nuestra imagen, para que sean como nosotros....Así que Dios creó a los seres humanos a su propia imagen" (Génesis 1:26-27a NTV).

Esto es una declaración asombrosa porque nos dice que los humanos son la imagen o el reflejo de Dios mismo. Podemos comprender realmente la naturaleza de Dios mirándonos a nosotros mismos. Dios tiene una forma espiritual que es similar a la forma humana. Dios es espíritu (Juan 4:24) y el hombre es un ser espiritual viviendo en un cuerpo material. Dios es inteligente, apasionado, y emocional, así como nosotros. ¡Tiene emociones, deseos, amor, y creatividad! Mientras que el hombre es una criatura que está por debajo de Dios en todos los aspectos, en nuestra forma humana Dios ha dejado una impresión de Él mismo.

2. El don de la palabra

A nosotros solos entre las criaturas de Dios se nos ha sido dado el poder de hablar. Esto es otra marca de llevar la imagen. Los ángeles de Dios sólo son permitidos a hablar lo que Él ha ordenado. Los animales se comunican a través de varios medios de vista, sonido e instinto. Sólo a la raza humana se le ha sido dada la capacidad de expresar deseos, sueños, y oraciones en forma de palabras inteligentes.

3. El don del matrimonio

Dios es un ser relacional. Cuando Dios formó al primer hombre, Adán, él era inicialmente un ser soltero. Dios entonces dividió al hombre formando dos géneros distintos e iguales, y los llamó juntos para el propósito de una relación.

> "Y Dios creó al hombre a su imagen. Lo creó a imagen de Dios. Hombre y mujer los creó. Y los bendijo Dios con estas palabras: '¡Reprodúzcanse, multiplíquense, y llenen la tierra! ¡Domínenla! '" (Génesis 1:27-28a).

> "Después, el SEÑOR Dios dijo, 'No es bueno que el hombre esté solo. Haré una ayuda ideal para él'...Entonces el SEÑOR Dios hizo que el hombre cayera en un profundo sueño. Mientras el hombre dormía, el SEÑOR Dios le sacó una de sus costillas y cerró la abertura. Entonces el SEÑOR Dios hizo de la costilla a una mujer, y la presentó al hombre. '¡Al fin!' —exclamó el hombre—. '¡Esta es hueso de mis huesos y carne de mi carne! Ella será llamada "mujer" porque fue tomada del hombre. Esto explica por qué el hombre deja a su padre y a su madre, y se une a su esposa, y los dos se convierten en uno solo" (Génesis 2:18, 21-24 NTV).

La primera relación humana entre dos seres de géneros diferentes fue llamada matrimonio, y es la base de la familia y el fundamento de la sociedad humana. En la relación matrimonial, nosotros descubrimos un reflejo completo de la imagen de nuestro Creador. Dios es por lo tanto un ser que abarca las fuerzas totales de cada género —masculino y femenino. Por esta razon el matrimonio es una unión sagrada. Demuestra la imagen total de Dios de una manera que ninguna otra relación puede. En el matrimonio también descubrimos el regalo maravilloso y energía creativa de la unión sexual. Nuestros seres sexuales fueron diseñados por Dios para el placer único del matrimonio humano.

Esta es también la razón por la que el enemigo de Dios, Satanás hace tal esfuerzo para destruir, disminuir, distorsionar y redefinir el pacto del matrimonio. Ninguna otra relación demuestra el amor de Dios para con nosotros como la relación del pacto matrimonial.

¡Dios se deleita sobre el matrimonio! Es llamado "el santuario de Jehová que El amó" (Malaquías 2:11). La escritura enseña que todos los creyentes deben tener una visión alta y honrosa del matrimonio, como demuestra únicamente la imagen de Dios y Su relación con Su gente (Efesios 5:31-32).

> "Honren el matrimonio, y los casados manténganse fieles el
> uno al otro" (Hebreos 13:4a NTV).

4. El don de dominio

Dios hizo humanos tanto para gobernar como para ser mayordomos sobre todo lo que Él creó. Este dominio significa que hemos sido dados ambas, autoridad sobre la tierra y sus criaturas, así como la responsabilidad de cuidar de ellos. La tierra es un regalo precioso que cada cristiano debe disfrutar y preservar. Al cuidar de la tierra y sus criaturas, demostramos nuestro amor por Dios y la apreciación por las obras de Sus manos (Salmos 8; Salmos 115:16).

> "Y los bendijo Dios con estas palabras: '¡Reprodúzcanse,
> multiplíquense, y llenen la tierra! ¡Domínenla! ¡Sean los señores
> de los peces del mar, de las aves de los cielos, y de todos los seres
> que reptan sobre la tierra!'" (Génesis 1:28).

> "Los cielos pertenecen al SEÑOR, pero Él ha dado la tierra a
> toda la humanidad" (Salmos 115:16 NTV).

Mientras los humanos tienen una responsabilidad de cuidar de la creación de Dios, nosotros debemos recordar que somos únicos en la creación. La naturaleza no es nuestra "madre," y el hombre es mucho más que un animal glorificado.

Hoy hay un gran esfuerzo de enturbiar las línea entre la jerarquía de Dios, establecida en la naturaleza. La filosofía secular y evolutiva ve a los humanos como un poco más que animales con cerebros super desarrollados que se encuentran en la cima de la cadena alimenticia. Algunas religiones enseñan que el hombre y los animales son ambos personas que simplemente aparecen en formas diferentes.[12] Estos conceptos paganos disminuyen la dignidad y la singularidad de los seres humanos y a menudo crea una base para justificar conductas que Dios llama mal. Después de todo, si somos sólo animales inteligentes, entonces nosotros podemos tomar nuestras señales de conducta del reino animal. El genocidio a menudo ha sido justificado

---

12. Hinduismo es un ejemplo de esta idea. Hinduismo enseña que toda vida es unidad, y que la diferencia entre humanos y otras formas de vida es distinciones en grado, no esencia.

como la "supervivencia del más apto". La conducta sexual es poco más que satisfacer un instinto animal. La Biblia advierte acerca de lo que sucede cuando servimos a la creación y olvidamos al Creador. Dice:

"Pues, desde la creación del mundo, todos han visto los cielos y la tierra. Por medio de todo lo que Dios hizo, ellos pueden ver a simple vista las cualidades invisibles de Dios: su poder eterno y su naturaleza divina. Así que no tienen ninguna excusa para no conocer a Dios. Es cierto, ellos conocieron a Dios pero no quisieron adorarlo como Dios ni darle gracias. En cambio, comenzaron a inventar ideas necias sobre Dios. Como resultado, la mente les quedó en oscuridad y confusión. Afirmaban ser sabios pero se convirtieron en completos necios. Y, en lugar de adorar al Dios inmortal y glorioso, rindieron culto a ídolos que ellos mismos se hicieron con forma de simples mortales, de aves, de animales de cuatro patas y de reptiles. Entonces Dios los abandonó para que hicieran todas las cosas vergonzosas que deseaban en su corazón. Como resultado, usaron sus cuerpos para hacerse cosas viles y degradantes entre sí. Cambiaron la verdad acerca de Dios por una mentira. Y así rindieron culto y sirvieron a las cosas que Dios creó pero no al Creador mismo, ¡quien es digno de eterna alabanza! Amén" (Romanos 1:20-25 NTV).

5. El don del trabajo y descanso

Desde los versos de apertura de la Biblia, nosotros aprendemos una cosa muy importante acerca de Dios: Él es un ser dedicado al trabajo y a la productividad. La Biblia describe el trabajo del Señor como uno que toma lugar a través de un período de seis días. Esto fue seguido por un séptimo día en el cuál Él cesó todo el trabajo —Él descansó y reflexionó. Naturalmente, Dios no descansó porque estaba cansado. Su poder es inagotable. Más bien, Él estaba estableciendo un patrón para la vida humana y la productividad saludable. Cuando Él hizo al hombre, Él le dio la orden especial de "dominar", "trabajar", y "mantener" la tierra (Génesis 1:26, 2:15). Ninguna otra criatura tiene la capacidad o el llamado para cultivar, construir, y manejar la tierra.

El trabajo humano no es una maldición o una necesidad pesada que se debe evitar. Cuando los humanos trabajan, están cultivando el potencial que Dios ha puesto en la tierra, y cumpliendo su propósito creativo para desarrollar ese potencial escondido.

Por esta razón, los cristianos colocan un valor alto en cada clase de trabajo honesto. Ya sea que nuestro trabajo físico o mental, manual o ejecutivo, agrícola o académico, de manufactura o ventas, todo el trabajo que desarrolla y permite el potencial humano es provechoso y sagrado (Colosenses 3:23; 2 Corintios 3:10-12).

De la misma manera, Dios nos ordena descansar. Debemos tomar un día cada semana para dejar de enfocarnos en la productividad externa y pasar tiempo en el tranquilo disfrute de todo lo que Dios ha provisto. Nosotros debemos tomar este tiempo para reunirnos con otros creyentes y adorar a nuestro Creador, pasar tiempo con nuestras familias y amigos, y disfrutar del fruto de nuestras labores.

6. El don de justicia

La característica más maravillosa y significativa de la raza humana es que somos los únicos seres en el universo diseñados específicamente para tener una relación inteligente, íntima y personal con Dios. Él nos diseñó para una relación con Él mismo. La escritura dice que Adán anduvo con Dios (Génesis 3:8). Ningún otro animal o planta compartieron el privilegio único de ser llamado a caminar con Dios en compañerismo.

Adán y Eva disfrutaron de la justicia perfecta. *La Justicia* puede ser definida como el derecho de estar delante de la presencia de Dios sin ningún sentimiento de culpa o temor de juicio. La justicia, simplemente, es estar en justa posición con Dios. Sin justicia completa, habría sido imposible para los primeros humanos conocer a Dios, mucho menos tener una relación íntima con Él. Este regalo impresionante fue también el más delicado. Fue sobre esta base de justa posición con Dios que Adán y Eva pudieron disfrutar de todos los otros dones que Dios les había dado. Todo lo que tomó fue un acto de desobediencia —un acto egoísta de traición—para destruir la armonía perfecta que nuestros primeros padres disfrutaron.

7. El don peligroso del albedrío libre

La última característica importante que Dios dio a la humanidad fue una capacidad clara y libre de pensar, razonar, y elegir. Nos dio una voluntad individual. El reino animal opera principalmente por instinto. Sus conductas son motivadas por impulsos biológicos y la condición ambiental en comparación con decisiones razonadas. Sólo los humanos poseen la capacidad de ponderar las consecuencias morales de sus elecciones, imaginan y sueñan lo que puede ser y eligen actuar opuesto a esos sentimientos e impulsos. Al darle a cada ser humano una voluntad clara, Dios le dio a la gente un don muy peligroso. Libertad verdadera significa que cada individuo tiene la capacidad de escoger por sí mismos, independiente de la voluntad del otro. Esto significa que al darnos libre albedrío, Dios nos dio el poder de escoger, ya sea a seguirlo, o apartarse de Él, a amar o a odiarlo, servirle o servirnos a nosotros mismos.

La libertad humana requiere responsabilidad. Hoy en el mundo, apreciamos nuestras libertades. La idea de la libertad fue el concepto fundamental sobre el cual nuestra nación nació. Como norteamericanos, nosotros celebramos y demostramos nuestros derechos, y hemos pagado históricamente un gran precio por luchar por las libertades de otras naciones. Libertad sin responsabilidad resultará en anarquía y caos. Mientras mas libertad usted posea, mucho más autocontrol usted debe mostrar. Los primeros humanos fueron dados este regalo de libertad. En permitir la libertad a Sus criaturas, Dios también permitió la posibilidad del mal y la necesidad para la redención

DIA 1 EJERCICIOS

1. La larga batalla antigua que vemos en el mundo hoy es, ¿entre qué?

_____

_____

2. ¿Cuál es el mensaje primario de la fe cristiana?

_____

_____

_____

3. ¿Qué es la ley de diseño original?

_____

_____

_____

_____

4. ¿Qué significa libertad verdadera?

_____

_____

_____

_____

5. Explique cómo poder trabajar es un don de Dios.

_____

_____

_____

DIA 2: LOS EFECTOS DE LA CAÍDA DEL HOMBRE

La caída del hombre

Aunque la humanidad fue creada sin defecto, le fue dada la libertad de continuar en su relación de confianza con Dios o no caminar con Él. Cuando Dios colocó Adán y a Eva en el Edén, Él les dio sólo un mandamiento. Fue una prueba de fe. Les dijo que no comieran del árbol que abriría la puerta al conocimiento del bien y el mal. El Señor fue muy claro en Sus instrucciones: "En el día que ustedes coman de ello ustedes moriran sin duda" (Génesis 2:17).

Usted pensaría que la advertencia de Dios habría sido suficiente para mantener a los primeros humanos de abrir la puerta al mal. La triste verdad sin embargo, es que abrieron esa puerta, pero no sin ayuda de una serpiente parlante.

Entra Satanás

La realidad y el rol de Satanás en las Escrituras son claros y completos. Mientras que él sólo aparece por nombre cinco veces en el Antiguo Testamento, su influencia y operación son evidentes de principio a fin. Una vez que Jesús se presenta en la escena en el Nuevo Testamento, la existencia de Satanás y su propósito de corromper la creación de Dios es detallado vívidamente. La única figura más regular y literalmente mencionada en el Nuevo Testamento es Dios mismo. Pablo, Pedro, Santiago, Juan y Judas hablan de Satanás como el enemigo de Dios y Su iglesia. Hoy es popular minimizar y alegorizar al Diablo como un personaje secundario o como una metáfora para el mal humano. Pero si la Escritura es para ser tomada en serio en lo absoluto, el lugar de Satanás en nuestro mundo es un hecho innegable con que debemos contender.

El origen de Satanás

La Biblia revela que Satanás fue una vez un ángel glorioso y exaltado llamado Lucifer. Mientras muy poco es revelado en la Escritura acerca del tiempo antes de la creación de Adán y Eva, sabemos que los ángeles santos de Dios una vez recorrieron el universo. A ellos también les fue dada cierta medida de libre albedrío y fueron probados. Lucifer quedó embelesado por su propia belleza, se puso celoso de Dios, y utilizó su libertad para dirigir una rebelión en contra Dios (Isaías 14:12-17; Ezequiel 28:11-19; Apocalipsis 12:7-9).

El castigo de Satanás

Naturalmente, Dios trató severamente con Lucifer. Jesús dijo que Él fue testigo ocular de la rebelión de Lucifer y su caída (Lucas 10:18). Dios lanzó a Satanás y a los ángeles que lo siguieron fuera del cielo, desterrándolos a la tierra antigua. Lucifer llegó a conocerse como Satanás, o "adversario," y ha sido jurado como el enemigo de Dios.

Encerrado en el caos oscuro de su prisión espiritual, él sólo podía mirar con asombro cómo Dios comenzó a reformar los elementos de la tierra y a crear del polvo a su primer hombre y mujer. Imagínese como debió haber sido para esta criatura, una vez gloriosa, ver como Dios formó criaturas del polvo en Su propia imagen, respiró en ellos Su propia naturaleza y comenzó a amarlos como Sus propios hijos. No es de extrañar que este ser poderoso, rencoroso y caído inmediatamente procuraría destruir la relación que Dios disfrutó con estas criaturas humildes hechas de polvo —una relación que Satanás mismo había perdido.

El plan de Satanás

La única manera que Satanás y su ejército de espíritus caídos podrían tomar su venganza contra Dios seria atacando estos hijos recien formados de Dios. Él sabía que la única manera que podría ganar autoridad en esta tierra sería privar a los propios gobernantes: Adán y Eva. Él también sabía por experiencia propia que para hacer esto, él tendria que seducirlos a traicionar la confianza de Dios, rompiendo el mandamiento de Dios. El Señor, en Su sabiduría, permitió esta prueba del amor de Adán. Él les permitió a los primeros humanos libertad verdadera al permitirles actuar en contra de Su voluntad. En el transcurso de tiempo, Satanás entró el jardín en forma de una serpiente y engañó a nuestros padres humanos (Génesis 3:1-8). Luego, rompieron voluntariamente su relación con Dios comiendo del árbol que el Señor les habia prohibido. Esta traición tuvo consecuencias monumentales para la raza humana y nuestro pequeño planeta (Romanos 5:12).

El poder de Satanás

A través de este acto de egoísmo humano, Satanás ganó entrada a nuestro mundo y dominio sobre la raza humana (2 Corintios 4:4; Efesios 2:2). El poder de Satanás en este mundo es verdadero, y la Escritura enseña que él tiene el derecho de probar, atacar, afligir, y engañar a hombres y mujeres caídos. Esto fue, sin embargo, sólo el principio de los tristes resultados de la caída de Adán.

> *Mientras Dios utiliza todo en nuestra experiencia (incluyendo nuestro sufrimiento) para dirigirnos a la verdad, Él no es responsable de la presencia del mal en este mundo.*

LAS CONSECUENCIAS DE LA CAÍDA: LA PERDIDA DE JUSTICIA

Los resultados de la caída de Adán fueron inmediatos y devastadores. Su buena posición y confraternidad con el Padre fueron rotas instantáneamente. Por la experiencia de Adán nosotros aprendemos la verdadera lección del peligro del pecado. Dios aborrece y advierte en contra del pecado por lo que nos hace a nosotros y nuestra capacidad de amar. El pecado destruye nuestra capacidad de relacionarnos con Dios, y últimamente unos con otros.

1. Muerte espiritual

Como Dios lo había predicho, el pecado inundó instantáneamente a los seres espirituales con tinieblas. El mal y el egoísmo reemplazaron la justicia y el amor. Y se produjo la muerte espiritual. Cuando hablamos de la muerte espiritual, no sugerimos que los seres espirituales dejaron de existir. La muerte espiritual es la desconexión de la fuente de la vida: Dios. Como una llamada telefonica caída, la comunicación y la conexión de Adán y Eva con el Padre fue cortada; y en su lugar llego aislamiento espiritual y el aumento impulsivo del egoísmo.

2. Culpabilidad y temor

La gloria de Dios que una vez cubrió a Adán y Eva fue perdida. Ahora sintieron su exposición desnuda a un mundo que ya no responde a su autoridad. La culpa y el temor inundaron a sus seres mientras procuraron esconderse de la presencia de Dios (Génesis 3:7-8).

3. Las inútiles obras humanas

El terror y vergüenza llenaron sus corazones una vez inocentes mientras trataron desesperadamente de cubrir su propia desnudez. En esto, vemos las raíces de toda la religión humana: un intento inútil de arreglar lo que ha sido roto. Hay algo en cada humano que nos dice que somos defectuosos, rotos y en necesidad de redención. Las religiones del mundo son varios ejemplos de la humanidad caída creando nuevos métodos para aliviar el problema de culpabilidad y maldad humana. Budismo procura enfrentar el mal negando la existencia del ser.[13] El Islamismo prescribe una adhesión rígida a un código de leyes y sumisión exigentes a una deidad que nunca puede ser conocida como "padre".[14] Aún religiones "cristianas" pueden caer en la trampa de pensar que los humanos pueden arreglar sus problemas de pecado a través de una combinación de la gracia de Dios y sus propias buenas obras y esfuerzos.

Las Escrituras, sin embargo, enseñan claramente que nuestro pecado es tan grande y nuestra ceguera tan completa que nada que podamos hacer remediará la corrupción en nuestros corazones (Isaías 59:9-13). El problema es que un hombre caído no puede levantarse solo —cualquier intento que hagamos para tratar de arreglarnos será corrompido por nuestro propio quebranto.

4. La pérdida de autoridad

En vez de poseer dominio espiritual sobre la tierra, la humanidad se convirtió en sirvientes del pecado. El engaño del pecado es tal que mientras promete complacer y satisfacer, sólo sirve para esclavizar y dominar nuestras naturalezas. La tierra se convirtió en un lugar difícil de vivir mientras la puerta abierta del pecado infectó al reino animal y la creación ya no rindió su recompensa con facilidad (Génesis 3:17).

5. El dominio de la tinieblas

A lo que sea que usted se somete, se convierte en su jefe – bueno o malo. Al rendirse al engaño de Satanás, Adán entregó su mayordomía al adversario de Dios. Satanás ahora tiene el derecho de inundar nuestro planeta con su propia infusión de maldad. Las Escrituras enseñan que el mundo entero esta ahora bajo el control e influencia de Satanás (1 Juan 5:19; 2 Corintios 4:4). Cuando Jesús se encontró a Satanás, él tentó al Señor prometiéndole la autoridad robada de Adán (Lucas 4:5-7). Pablo llamó a Satanás el "príncipe de los poderes del aire" (Efesios 2:2; Colosenses 1:13). Tres veces Jesús llamó a Satanás el "gobernante de este mundo" (Juan 12:31; 14:30; 16:11). La escritura enseña que cuando un hombre o mujer viene a Cristo, ellos son libertados de la autoridad o dominio de las tinieblas (Colosenses 1:13; 1 Pedro 2:9; Hechos 26:18).

Con la pérdida del amor vino la entrada del pecado, el egoísmo, y la mortalidad humana. La pestilencia, la enfermedad, la enfermedad mental, y la muerte

---

13. La filosofía budista tiene un objetivo: la aniquilación del conocimiento individual por absorción en la gran impersonal fuerza universal o energía universal.

14. Uno de los principios primarios de Islam es que Dios no tiene hijos. Esto incluye a humanos. Es extraño y ofensivo a musulmanes cada vez que ellos oyen de cristianos que hablan de Dios como "Padre".

nacieron. Con la pérdida de justicia vino la pobreza, la guerra, el hambre, la violencia, y los desastres naturales que llenarían la experiencia humana. Estos nunca fueron partes del diseño original de Dios para nosotros. No podemos culpar a Dios por nuestra condición humana.

Mucha gente alberga injustamente resentimiento hacia Dios, creyendo que Él es el autor de su sufrimiento. Al confundir lo que Dios ha *permitido* con lo que Él ha *realizado*, resisten a Dios y Su amor. Mientras Dios utiliza todo en nuestra experiencia (incluyendo nuestro sufrimiento) para dirigirnos a la verdad. Él no es responsable de la presencia del mal en este mundo.

Nosotros le abrimos la puerta al Diablo al abrirle la puerta al pecado. Al buscar la razón de la maldad, no tenemos que mirar más allá de nosotros mismos.

LA CORRUPCIÓN DE LA RAZA HUMANA

Hay varios hechos con respecto a nuestra condición caída que debemos entender para apreciar completamente lo que Dios ha hecho para redimirnos a si mismo. Hasta que cada uno de nosotros comprenda nuestro verdadero problema, no buscaremos la respuesta correcta.

Nacido malo

> "Cuando Adán pecó, el pecado entró en el mundo. El pecado de
> Adán introdujo la muerte, de modo que la muerte se extendió a
> todos, porque todos pecaron" (Romanos 5:12 NTV).

Una de las enseñanzas impopulares de la fe cristiana es la enseñanza del pecado original. El término *pecado original* simplemente significa que todo pecado y sufrimiento tiene sus raíces en Adán y Eva y como resultado, hemos heredado su corrupción. Es muy común oír hoy a gurús de autoayuda y entrenadores pop-religiosos decir cosas como, "Tu eres una buena persona. Todos somos hijos de Dios. La razón por la que el mal existe es porque somos ignorantes de nuestra luz divina interna". Pero si la Palabra de Dios es correcta, nada podría estar más lejos de la verdad.

Ambos el Antiguo y Nuevo Testamentos hablan clara y frecuentemente sobre el tema de la naturaleza de la humanidad caída y malvada. Nadie está exento del pecado. Nacemos quebrados, y con los años nos convertimos cada vez más egoístas y malvados. El Profeta Jeremías dijo que el corazón humano ha llegado a ser desesperadamente malvado más que cualquier otra cosa (Jeremías 9; 11; 18; 16:12, 17:1; 18:12). Isaías escribió explícitamente acerca de la corrupción total de cada hombre. Él nos llama "muertos en lugares desolados" (Isaías 59:10). David dijo,

> "No hay nadie que haga el bien. Desde el cielo, observa el Señor a la humanidad, para ver si hay alguien con sabiduría, que busque a Dios. Pero todos se han desviado; todos a una se han corrompido. No hay nadie que haga el bien; ¡ni siquiera hay uno solo!" (Salmos 14:1b-3).

Esto no significa que somos incapaces de realizar actos positivos y buenos. Más bien, implica que aún en nuestros mejores días, nuestras intenciones buenas no son suficientes para remover completamente la sombra de nuestros deseos egoístas y de maldad. Nadie hace lo bueno perfectamente. A todo nuestro alrededor vemos la triste evidencia de esta verdad. Los escándalos, la corrupción y quebrantos humanos estropean los registros de filántropos, humanitarios, políticos, celebridades, atletas, y de los evangelistas por igual. Apenas un día pasa en el que otro humano que consideramos irreprochable es revelado como un ser quebrantado en alguna manera. Sin embargo, esto no debe sorprendernos. ¿Por qué? Porque cada uno de nosotros ha sido infligido con la misma enfermedad —como el apóstol Pablo enseñó,

> "Pues todos hemos pecado; nadie puede alcanzar la meta gloriosa establecida por Dios" (Romanos 3:23 NTV).

Incapaz de buscar y encontrar a Dios solos

Otra triste realidad de nuestra condición humana caída es que mientras cada uno de nosotros sabe que hay algo pecaminoso en nosotros, si se nos deja a nosotros mismos, nunca buscaremos exitosamente ni encontraremos la respuesta. Es común en círculos cristianos hoy referirse a las personas que no son cristianas como "buscadores". Pero la Escritura enseña que en realidad humanos caídos huyen de Dios.

Como Adán, nuestro pecado causa que nos ocultemos de Dios. Si no fuese por Su intervención clemente, todos evitaríamos a Dios como una plaga. Nuestra búsqueda es una manera de salir de la oscuridad. Pero nuestra ceguera nos mantiene a tientas por hojas de higo. Nuestra búsqueda de cubrir nuestra desnudez nos lleva a las drogas, sexo inmoral, alcohol, materialismo, relaciones poco saludables, búsqueda de poder, auto superación, buenas obras y obras religiosas humanas. Sin embargo, ninguno de éstos nos llevará de nuevo a una buena relación con Dios.

"No saben dónde encontrar paz o qué significa ser justo y bueno. Han trazado caminos torcidos y quienes los siguen no conocen un momento de paz. Por eso no hay justicia entre nosotros y no sabemos nada acerca de vivir con rectitud. Buscamos luz, pero sólo encontramos oscuridad; buscamos cielos radiantes, pero caminamos en tinieblas. Andamos a tientas, como los ciegos junto a una pared, palpando para encontrar el camino, como la gente que no tiene ojos. Hasta en lo más radiante del mediodía, tropezamos como si estuviera oscuro. Entre los vivos, somos como los muertos….Buscamos la justicia, pero nunca llega; buscamos el rescate, pero está muy lejos de nosotros. Pues nuestros pecados se han acumulado ante Dios y testifican en contra de nosotros. Así es, sabemos muy bien lo pecadores que somos. Sabemos que nos hemos rebelado contra el SEÑOR y también lo hemos negado; le hemos dado la espalda a nuestro Dios. Sabemos que hemos sido injustos y opresores, preparando con cuidado nuestras mentiras engañosas. Nuestros tribunales se oponen a los justos, y no se encuentra justicia por ninguna parte. La verdad tropieza por las calles y la honradez ha sido declarada ilegal. Sí, la verdad ha desaparecido y se ataca a todo el que abandona la maldad. El SEÑOR miró y le desagradó descubrir que no había justicia" (Isaías 59:8-10, 11b-15 NTV).

Avanzando hacia la separación eterna de Dios

A nadie le gusta pensar en el infierno. Mientras muchos de nosotros deseamos que nuestros enemigos vayan allí, la mayoría de las personas racionales harían cualquier cosa por evitarlo. La doctrina bíblica del infierno es muy impopular. No es un misterio el por qué no nos gusta esta idea. Simplemente no está en nuestro mejor interés que el infierno exista. Pero negándonos a creer en algo, no hace que desaparezca. Yo puedo negar la existencia de Suramérica, e incluso enseñarle otros a creer lo mismo, pero eso no cambia el hecho que está allí. En 1879, surgió una filosofía religiosa cristiana falsa llamada Ciencia Cristiana. Enseñaba que la maldad, Satanás y la enfermedad eran ilusiones y que al simplemente negar su existencia desaparecerían. Muchos creyeron que por la mera fuerza de negación, la maldad podría ser desterrada del mundo. Pero cuando miramos al siglo XX, vemos los cien años más sangrientos en la historia humana.

Los ateos niegan la existencia de Dios. Pero eso no lo hará desaparecer. Dios es verdadero. Además, todos lo sabemos en nuestros corazones. Dios es santo y sin pecado. Nosotros estamos quebrantados y llenos de pecado. Algún día, todos seremos juzgados y rendiremos cuentas por nuestro pecado. El lugar en donde por ultimo daremos cuenta y se hará por el pecado humano una prisión espiritual es llamada el infierno. La Biblia enseña que por el gran crimen de traición humana contra nuestro Creador, todos somos destinados a esta prisión y a la separación eterna de Dios. Algunas personas minimizan con poca seriedad la idea del infierno abrazándolo como la máxima casa de fiesta. Pero la Palabra de Dios dice que el infierno será todo menos una fiesta.

Nadie puede saber exactamente cómo son los "fuegos" del infierno. Pero sabemos que no serán agradables. El tormento más grande del infierno será el conocimiento consciente de que uno esté separado del amor eterno de Dios. El infierno es un lugar de soledad increíble, porque es allí, en la oscuridad eterna, que cada pecador sentirá el peso completo de su pecado sin la presencia de amigos, familia, o de Dios para aliviarlos.

Dios no creó el infierno originalmente para los humanos. Lo preparó para Satanás y su ejército demoníaco. Mientras Dios es perfectamente justo en enviar a cada uno de nosotros a esta prisión y castigarnos de acuerdo a nuestros pecados individuales, El escogió establecer un camino para nosotros regresar a Su amor. Dios tuvo un plan para restaurar a la humanidad caída a una buena relación con Él mismo. Para lograr esto, Dios tendría que hacer algo con respecto a nuestro pecado, encontrando a un hombre que pudiera recobrar a la raza humana que Adán había perdido.

> "Cuando miré, no había nadie; cuando pregunté acerca de estas cosas, no hubo un solo consejero; cuando pregunté, nadie me dio respuesta" (Isaías 41:28).

DIA 2 EJERCICIOS

1. Cierto o falso: Satanás es una figura alegórica utilizada en la Biblia para ilustrar conceptos espirituales. _____

2. ¿Qué tipo de creación es Satanás?

_____

3. Si fueras a dar testimonio a alguien acerca de Jesús, y ellos te respondieran que un Dios amoroso nunca permitiría tal sufrimiento en el mundo, ¿cómo respondería usted a esto?

_____

_____

4. ¿Qué es pecado original?

_____

_____

5. ¿Somos capaces de encontrar a Dios por nuestra cuenta? ¿Por qué o por qué no?

_____

_____

6. Otra idea impopular de hoy es la confesión del pecado. Yo no me refiero a ir a un sacerdote, pero simplemente confesar nuestros pecados a Dios. Mientras admitimos nuestros pecados y pedimos la ayuda de Dios, desatamos el poder del Espíritu Santo en esas áreas. (El pecado cometido contra otra persona debe ser confesado a ellos también —para que la sanidad y el perdón puedan fluir a través de esa relación). Escriba 1 Juan 1:9 aquí. ¡Jesús es fiel y justo; Él es nuestra virtud!

_____

_____

DIA 3: RESTAURANDO LA RELACIÓN

EL PLAN DE DIOS PARA RESTAURAR LA JUSTICIA

Tan pronto el hombre cayó, Dios prometió enviar a un Redentor. En Génesis 3:15, Dios declaró guerra a Satanás y a su ejército demoníaco. Dijo,

> "Haré que tú y la mujer sean enemigas, lo mismo que tu descendencia y su descendencia. Su descendencia te aplastará la cabeza, y tú le morderás el talón" (Génesis 3:15 DHH).

La batalla comenzó. En esta profecía en particular, aprendemos que Dios trabajaría a través de los descendientes de Adán y Eva para dar a luz a un nuevo guerrero. También aprendemos que el Redentor vendría a través de un descendiente femenino de Eva. Este Redentor sería profundamente herido por la batalla con Satanás (Su pie sería herido); pero al final Él le aplastaría la cabeza a la serpiente.

Al Profeta Isaías, observando la atroz condición de la raza humana, le fue dado una imagen del plan de Dios. El Señor tenía la intensión de redimir o volver a comprar a los descendientes de Adán, al igual que restaurar la tierra de todo lo que había perdido. Esto es lo que los cristianos expresamos cuando hablamos de salvación. Dios hizo un camino para redimir la humanidad del pecado y sus consecuencias eternas.

> "Bien pueden ver que la mano del Señor no está impedida para salvar, ni sus oídos se han agravado para no oír. Son las iniquidades de ustedes las que han creado una división entre ustedes y su Dios. Son sus pecados los que le han llevado a volverles la espalda para no escucharlos. Entonces vendrá el Redentor a Sión; vendrá a todos los de Jacob que se arrepientan de su maldad —Palabra del Señor" (Isaías 59:1-2, 20).

La necesidad para un segundo Adán

> "Buscó a alguien, y se asombró al ver que nadie intervenía. Entonces intervino su brazo para salvar, y para establecer su justicia" (Isaías 59:16).

El plan de Dios para restaurar la justicia del hombre requería de un representante humano perfecto. Al no haber humano sin contaminación del pecado, se necesitaba un segundo Adán. Si usted y yo fuéramos a ser salvados de la pena del pecado, necesitaríamos un sustituto perfecto para pagar nuestra penalidad por nosotros. Esta verdad es difícil de aceptar para muchos. Mas, la Escritura es clara, que así como Adán representó toda la raza humana en el pecado, sólo se necesitaba un representante que representara a toda la raza humana en la redención.

> *El Antiguo Testamento revela cuán imperfectos somos todos nosotros y cuán incapaces somos de   restaurar nuestra buena relación con Dios a través de nuestros propios esfuerzos.*

El mundo occidental esta compuesto de naciones con democracias representativas. Elegimos individuos que nos representen colectivamente ya sea en gobierno local, estatal y federal. Una vez un representante es seleccionado, la ley le da a este individuo el derecho de hablar por el distrito electoral entero por un periodo de tiempo designado. Estos representantes llevan la *vox humana*, que es un término Latino para la "voz humana" o "la voz de la gente". En el mundo antiguo, las naciones a menudo enviaban a un solo guerrero a luchar a favor del pueblo. Enfrentando a su adversario en el campo de batalla, las esperanzas y los temores de un país entero descansaban en la victoria o la derrota de su representante. Esto es ilustrado en la Escritura cuando Israel y los Filisteos pelearon uno contra el otro a través de sus campeones —David y Goliat. Cuando David mató a Goliat, todas las naciones filisteas aceptaron su derrota. Hoy, vemos esta idea ensombrecida en competencias atléticas entre equipos nacionales que representan a las ciudades. Cuando Nueva York juega con Boston en el juego norteamericano del béisbol, ciudades enteras de millones de habitantes consideran la victoria de su equipo o la pérdida como la suya.

Adán fue nuestro representante. Él representaba a nuestro equipo. Cuando él perdió, todos nosotros perdimos. Necesitábamos un nuevo guerrero —un representante humano que no caería a la obra de Satanás ni tropezaría bajo el peso de la batalla. Por lo tanto la respuesta de Dios fue levantar a un segundo Adán para enfrentar a Satanás y pagar el precio por todos nosotros. La promesa de Dios a Adán y Eva en el jardín fue que algún día Él enviaría a Su *Mesías* para hacer frente a ambos, el pecado y Satanás. La palabra *Mesías* significa "el ungido" y es traducido a la palabra en español "Cristo". El Antiguo Testamento es la historia de cómo Dios levantó a una familia humana, la nación de Israel, por la cuál enviaría a Su Cristo al mundo (1 Corintios 15:45).

La familia del pacto de Dios —Israel

En Génesis 12, Dios hizo un acuerdo especial con un hombre llamado Abraham. Le prometió a él que bendeciría y multiplicaría a sus descendientes para que por ellos, todas las familias de la tierra fueran bendecidas (Génesis 12:1-6). Abraham y sus descendientes crecieron hasta ser una nación poderosa, tal y como Dios había prometido. Después de emigrar al antiguo Egipto, la familia de Abraham creció a ser más de un millón de personas y cayeron en la esclavitud bajo los latigazos de sus amos egipcios. Dios levantó a un redentor de entre sus rangos —un hombre llamado Moisés. Moisés enfrentó el poder malvado de Egipto y por una serie de acontecimientos milagrosos, dirigió a la nación entera de Israel fuera de la esclavitud, a través del Mar Rojo y hacia el Desierto Arábigo para encontrar a Dios en el Monte Sinaí. Fue allí que Dios les dió a Su pueblo la Ley y les enseñó cómo hacer expiación de sangre por sus pecados mientras esperaban a Su Mesías prometido.

LA PROVISION DE DIOS PARA EL PECADO BAJO EL ANTIGUO PACTO

La ley espiritual de la expiación de sangre

Para restaurar la justicia del hombre y traernos de nuevo a una confraternidad con Dios, el problema de nuestro pecado tenía que ser tratado. Dios es santo y justo. Su ley demanda que el pecado sea removido, debe ser castigado, o expiado. La palabra *expiación* significa restaurar una relación removiendo una barrera. La expiación puede ser entendida al mirar cada parte de la palabra: ex–pia–ción. Es el proceso por el cual Dios trae a los humanos de nuevo a la unidad perfecta con Él mismo. La escritura dice que la paga del pecado es muerte. El derramamiento de sangre es lo único que puede quitar el pecado humano.

> "Según la ley, casi todo es purificado con sangre; pues sin derramamiento de sangre no hay perdón" (Hebreos 9:22).
>
> "Porque la paga del pecado es muerte" (Romanos 6:23a).

El propósito de la ley

Por esta razón Dios instituyó un proceso elaborado de adoración a través de rituales de sacrificios y ofrendas para Israel. Al derramar sangre de animales, el Señor demostraba a Su pueblo que el pecado debe ser pagado por la sangre. Dios también les enseñaba que poniendo su fe en un substituto, o en un animal expiatorio, sus pecados podrían ser cubiertos hasta que el Mesías prometido viniera a llevárselos permanentemente.

Algunas personas piensan que el antiguo pacto fue un primer intento fallido de Dios para redimirnos. La Ley sin embargo, no fue dada para restaurar la justicia perdida del hombre, sino para revelarle al hombre su pecaminosidad. Fue la primera etapa del plan brillante de Dios para la salvación. Dios dio la ley del antiguo pacto por varias razones:

1. **Para cubrir los pecados de Israel temporalmente hasta que un sacrificio permanente y apropiado pudiera ser ofrecido (Hebreos 10:4; 9:15-18)**

2. **Para revelarnos nuestra pecaminosidad**
   "Entonces, ¿para qué se entregó la ley? Fue añadida a la promesa para mostrarle a la gente sus pecados, pero la intención era que la ley durara sólo hasta la llegada del Hijo prometido" (Gálatas 3:19 NTV).

3. **Para controlar el crecimiento del pecado y frenar la maldad en la sociedad**
   "Pero antes de que viniera la fe, estábamos confinados bajo la ley, encerrados para aquella fe que iba a ser revelada" (Gálatas 3:23).

4. **Para enseñarnos que necesitamos a un Salvador**
   "De manera que la ley ha sido nuestro tutor, para llevarnos a Cristo" (Gálatas 3:24).

5. **Para ilustrar el plan redentor de Dios**
   Dios ama el utilizar fotos e imágenes para hablar. Jesús utilizó parábolas imaginativas e imágenes a través de Su enseñanza. La ley del antiguo pacto está llena de ceremonias, rituales y patrones de adoración que hermosamente enseñan el plan redentor de Dios y nos señalan hacia el trabajo de Jesucristo.

La insuficiencia del fariseísmo

Lejos de fracasar en su propósito, la ley funcionó tal y como Dios lo propuso. Ante todo dando un código estricto de conducta santa y requiriendo un cumplimiento exacto; el Señor les estaba mostrando a la raza humana cuán quebrantados somos realmente. Un niño es generalmente muy orgulloso de su propio trabajo artístico hasta que es comparado con uno de un niño mayor que él y más desarrollado. Todos nos juzgamos a nosotros mismos como suficientemente decentes hasta que somos comparados a la perfección absoluta. De esta manera, la Ley de Dios fue una vara de medida que reveló a la raza humana cuán torcidas nuestras vidas se han convertido. A pesar de los mejores intentos de Israel de mantener la Ley de Dios, el Antiguo Testamento es la historia de sus repetidos fracasos. De esta manera, el Antiguo Testamento revela cuán imperfectos somos todos nosotros y cuán incapaces somos de restaurar nuestra buena relación con Dios a través de nuestros mejores esfuerzos.

COMO EL ANTIGUO TESTAMENTO NOS PREPARO PARA SU HIJO

Con la prescripción de una obra de sacrificio por cada infracción y mandamiento roto, la adoración de Israel estaba llena de ofrendas de sangre incesantes. Cada sacrificio y muerte de un animal inocente ilustraba continuamente el dolor y sufrimiento que fue requerido para pagar por el pecado humano. Había un sacrificio particular que prefiguró perfectamente el plan de Dios para un futuro substituto final.

El Día de Expiación (Yom Kipur)

El día más alto y más santo del calendario judío siempre ha sido *Yom Kipur*, o el Día de Expiación. En este día, un hombre, conocido como el sumo sacerdote, fue ordenado a hacer un sacrificio anual para expiar los pecados del pueblo. En un sentido muy verdadero, el sumo sacerdote era un representativo substituto de toda la nación judía. Levítico 16 describe este ritual minuciosamente. Implicaba la ofrenda de dos machos cabríos.

El macho cabrío del pueblo

El primer macho cabrío era matado como un sustituto en lugar del pueblo. Su sangre era tomada por el sumo sacerdote en el santuario sagrado, donde se mantenía el arca del pacto de Dios. Esta arca era un cofre dorado especial y hermoso sobre el cual la presencia de Dios residía. Sólo el sumo sacerdote era permitido entrar a este lugar sagrado y sólo en el Día de Expiación. Una vez adentro, el sumo sacerdote rociaría la sangre del macho cabrío del pueblo sobre la tapa del arca, conocido como el propiciatorio, para satisfacer la justicia de Dios por su pecado y asegurar Su perdón y misericordia por otro año.

Macho cabrío del Señor que desaparece (Azazel)

El segundo macho cabrío era llamado Azazel (macho cabrío del Señor que desaparece). Era la parte de "cargar el pecado" de la ofrenda y fue conocido como el macho cabrío del Señor. Era presentado vivo al sumo sacerdote. Colocando las manos sobre su cabeza, él confesaba los pecados de Israel, y transfería simbólicamente sus transgresiones al animal. Luego éste era enviado al desierto, donde la ira de Dios caería sobre el macho cabrío. De esta manera, Azazel se llevaría los pecados de Israel lejos, abriendo así la puerta por otro año de la bendición de Dios.

Este ritual sagrado ilustraba perfectamente el plan futuro de redención de Dios. Hablaba de la necesidad de un sacrificio perfecto, representando ambos partidos en la relación rota de Dios y el hombre. Este sacrificio sería proporcionado por Dios mismo en la persona de Su único Hijo, Jesucristo.

JESÚS: NUESTRA JUSTICIA

"Pero cuando se cumplió el tiempo señalado, Dios envió a su Hijo, que nació de una mujer y sujeto a la ley, para que redimiera a los que estaban sujetos a la ley, a fin de que recibiéramos la adopción de hijos" (Gálatas 4:4-5).

Una de las distinciones maravillosas de la fe cristiana, que la distingue de toda otra religión y fe en la tierra, es la *doctrina de la encarnación*. El cristianismo es la única fe en la que Dios llega a ser uno de nosotros con el propósito de redimirnos. Esta notable verdad exhibe la asombrosa profundidad del amor de Dios por nosotros y el extremo que Él ha ido para traernos de nuevo a nuestra relación con Él.

CUANDO DIOS SE HIZO HOMBRE

Cientos de años antes que Jesús naciera, el Profeta Isaías proclamó, "Percibe, la virgen estará con niño, y tendra un Hijo, y ellos llamarán Su nombre Emanuel," que es traducido, 'Dios con nosotros' (Mateo 1:23). Jesús fue nada menos que Dios en forma humana. El milagro por el cual Dios se hizo hombre es llamado la *encarnación*, que literalmente significa Dios "en la carne". Jesús fue más que un profeta, un maestro moral o un ángel divino. Él fue la unión completa de Dios y hombre en una forma perfecta. Es importante comprender que este milagro no disminuyó ni la humanidad de Jesús o su divinidad. Él no era 50% Dios y 50% humano. Él era y es, 100% Dios y 100% hombre en una Persona.

Jesús es Dios

La naturaleza divina de Jesús es algo que nosotros no debemos fallar en aferrar. Jesús declaró Su deidad o Divinidad muchas veces en Sus enseñanzas. El apóstol Pablo indicó que "Porque en él habita corporalmente toda la plenitud de la Deidad". (Colosenses 2:9), y "Pues a Dios, en toda su plenitud, le agradó vivir en Cristo" (Colosenses 1:19 NTV). Quizás uno de los ejemplos más poderosos de Jesús revelando Su naturaleza divina ocurrio en una conversación que tuvo con Su discípulo Felipe:

"Felipe le dijo: "Señor, muéstranos el Padre. Con eso nos basta.' Jesús le dijo, 'Hace ya tanto tiempo que estoy con ustedes, ¿y tú, Felipe, no me has conocido? El que me ha visto a mí, ha visto al Padre; ¿cómo entonces dices: "Muéstranos al Padre"? ¿No crees que yo estoy en el Padre, y que el Padre está en mí?..." (Juan 14:8-10a).

Para redimirnos y restaurar la raza humana a una buena relación con Dios, Jesús no podría ser nada menos que Dios el Hijo. Sólo Su justicia infinita sería suficiente para vencer la maldad de la raza humana.

Jesús es un hombre

"La ley de Moisés no podía salvarnos, porque nuestra naturaleza pecaminosa es débil. Así que Dios hizo lo que la ley no podía hacer. Él envió a su propio Hijo en un cuerpo como el que nosotros los pecadores tenemos; y en ese cuerpo, Dios declaró el fin del dominio que el pecado tenía sobre nosotros mediante la entrega de su Hijo como sacrificio por nuestros pecados" (Romanos 8:3 NTV).

Como el segundo Adán, Jesús necesitaba ser completo en Su naturaleza humana. Por concepción divina en el vientre de una joven virgen judía llamada María, el Señor nació en la experiencia humana total. La Biblia enseña que la forma física de Jesús fue verdadera en todos los aspectos. Él poseía un cuerpo humano, mente y espíritu. Note esta lista de experiencias humanas que el Nuevo Testamento revela acerca de la naturaleza humana de Jesús.

- Tuvo un nacimiento humano, y creció física e intelectualmente como un humano (Gálatas 4:4; Lucas 2:52).
- Él estuvo hambriento y comió alimento verdadero (Lucas 4:2; 5:30). Estuvo sediento y tomó (Juan 19:28; 4:7).
- Se cansó y durmió (Juan 4:6; Marcos 4:38).
- Tuvo emociones humanas como alegría, compasión, tristeza, ira, aflicción y asombro (Lucas 10:21; 7:9; Mateo 26:37-38; Marcos 3:5).
- Sintió angustia profunda, ansiedad, temor, y rechazo (Mateo 27:46; Lucas 22:44; Marcos 8:12; Juan 13:21; 11:33).
- Él sintió dolor, experimentó la agonía de tortura física, sangró y murió una muerte humana (Mateo 27:26-50; Lucas 22:44; 24:26).
- Fue tentado con cada clase de pecado y categoría de tentación. Esta es una de las verdades más importantes de la humanidad de Jesús. Si Jesús sólo apareció

para ser humano, entonces Él no habría tenido la completa experiencia de tentación. El no podría relacionarse completamente con nuestras luchas diarias en la vida. Pero la asombrosa enseñanza de la Biblia es que Jesús tuvo una experiencia humana completa —incluyendo la experiencia de profunda tentación, persistente, ardiente y demoníacamente— inspirada (Lucas 4:2; Marcos 1:13).

> "Por lo tanto, era necesario que en todo sentido Él se hiciera semejante a nosotros, sus hermanos, para que fuera nuestro Sumo Sacerdote fiel y misericordioso, delante de Dios. Entonces podría ofrecer un sacrificio que quitaría los pecados del pueblo. Debido a que Él mismo ha pasado por sufrimientos y pruebas, puede ayudarnos cuando pasamos por pruebas" (Hebreos 2:17-18 NTV).

JESÚS ES EL REPRESENTANTE PERFECTO

Al elegir traer a Jesús al mundo a través de una joven virgen, Dios cumplió la profecía en Génesis 3:15 que la semilla de una mujer aplastaría la cabeza de la serpiente (Satanás). Porque el Padre colocó sobrenaturalmente a Su Hijo como una semilla en el vientre de Maria, Jesús llevó la naturaleza y la justicia completa de Su divinidad. De esta manera, Jesús es el Hijo de Dios.

Es importante recordar que el Hijo de Dios no comenzó en el vientre de María. Él fue siempre uno con el Padre en la eternidad. Cientos de años antes de Su nacimiento en Belén, el Profeta David preguntó "¿Quién subió al cielo, y descendió?...¿Quién afirmó todos los términos de la tierra? ¿Cuál es su nombre, y el nombre de su hijo, si sabes? (Proverbios 30:4 RVR60; Vea también Salmos 2:7-12). Juan dijo, "En el principio la Palabra ya existió. La Palabra estuvo con Dios, y la Palabra era Dios...Entonces la Palabra llegó a ser humano e hizo su hogar entre nosotros...Entonces la Palabra se hizo hombre y vino a vivir entre nosotros. ... Y hemos visto su gloria, la gloria del único Hijo del Padre" (Juan 1:1, 14 NTV). Jesús añadió naturaleza humana a Su naturaleza divina. Cómo Dios logró esto es un misterio, pero la Biblia nos dice unas cuantas cosas acerca de este milagro:

> "Aunque era Dios, no consideró que el ser igual a Dios fuera algo a lo cual aferrarse. En cambio, renunció a sus privilegios divinos; adoptó la humilde posición de un esclavo y nació como un ser humano....apareció en forma de hombre" (Filipenses 2:6-8a NTV).

Cuando Jesús tomó un cuerpo humano, Él dejó a un lado algunos de los privilegios de ser Dios. Dejó de su propia voluntad y no tuvo acceso a algunos de Sus poderes divinos como un hombre sobre la tierra. Es por esto que tuvo que crecer en conocimiento y sabiduría. Su naturaleza humana necesitaba crecer, y Su cuerpo experimentar las mismas limitaciones y los impulsos que nuestros cuerpos sienten. Sin dejar de ser Dios. Jesús añadió a sí mismo una naturaleza completamente humana. De esta manera, la Biblia se refiere a Jesús como el Hijo del Hombre.

Jesús es nuestro substituto

Como hemos aprendido, la humanidad necesitaba un sustituto —a un segundo Adán para representarnos ante Dios (1 Corintios 15:45). Jesús fue la elección de Dios como el sustituto perfecto y final. Un sustituto toma el lugar de otro. En Jesús nosotros vemos cada sacrificio del Antiguo Testamento, la sombra, y la promesa cumplida. Jesús vivió una vida humana perfecta y sin defecto. Como un hombre judío, Él hizo por nosotros lo que ningún humano jamás podría hacer.

Jesús es nuestro sumo sacerdote

El libro de los Hebreos dice que Jesús es también nuestro Sumo Sacerdote perfecto (Hebreos 2:17). Israel tenía un sumo sacerdote que haría sacrificios por el pueblo e iría a Dios en su nombre. Jesús es nuestro nuevo y permanente Sumo Sacerdote. Él va a Dios en nuestro nombre y hace expiación por nuestros pecados. Nos representa delante de Dios y vino a la tierra como Su representante por nosotros.

Jesús es nuestro cordero Pascual

Todos los años en la Pascua, todo Israel mataba un cordero sin mancha y esparcía su sangre sobre sus dinteles en forma de una cruz. La sangre del cordero Pascual protegía a Israel de la muerte, enfermedad, y pobreza que se venía sobre los egipcios. Tuvieron que poner su fe en la sangre para ser salvos.

La Biblia enseña que Jesús es "el Cordero inmolado desde la fundación del mundo" (Apocalipsis 13:8). Cuando Juan el Bautista vio a Jesús por primera vez acercándose, clamó, "He aquí el Cordero de Dios, que quita el pecado del mundo" (Juan 1:29). Pablo llama a Jesús nuestra Pascua (1 Corintios 5:7). Cuando Jesús se murió en la cruz, lo hizo en el día de la fiesta judía de Pascua. Él fue el sacrificio final de Pascua. Su sangre cubre a todo el que pone su fe en ella. Nos protege de la ira de Dios y la obra de Satanás.

Jesús es nuestra Azazel (víctima propiciatoria)
Así como una victima propiciatoria fue enviado en el desierto en el Día de Expiación a llevar lejos los pecados de Israel, Jesús tomó nuestros pecados y los se llevó. La Biblia dice que en la cruz, el Padre colocó sobre Jesús los pecados del mundo entero, y luego castigó a Jesús en nuestro lugar como nuestra victima propiciatoria.

Es importante saber que Jesús no sólo llevó la pena por nuestros pecados, pero vino a ser el pecado mismo. Jesús absorbió los pecados del mundo y "llegó a ser pecado" con nuestros pecados (2 Corintios 5:21). La escritura dice que Dios "cargó en Él el pecado de todos nosotros" (Isaías 53:6).

Después de morir, Su espíritu descendió al Hades o al abismo (Hechos 2:27; Romanos 10:7; 1 Pedro 3:18-19). Él llevó nuestros pecados al infierno —el último lugar de juicio. Después de sufrir, Jesús les predicó a aquellos que habían estado esperando al Mesías —todos los santos del Antiguo Testamento, que fueron mantenidos en un lugar especial de consuelo, esperando por el día que pudieran ser hechos justos y llevados al cielo (1 Pedro 4:6; Efesios 4:8-9).

¡Cuando Jesús fue resucitado de la muerte, fue llevado de ese lugar de prisión y juicio y dejó nuestros pecados atrás! (Isaías 53:8). Esto significa que para los creyentes en Jesucristo, nuestros pecados ya han sido llevados al infierno, juzgados, y dejados allí para siempre. ¡Podemos regocijarnos al saber que como cristianos nunca iremos al infierno porque Jesús ya fue allí —con nuestro pecados— y sufrió en nuestro lugar!

> "E indiscutiblemente, grande es el misterio de la piedad: Dios fue manifestado en carne, justificado en el Espíritu, visto de los ángeles, predicado a los gentiles, creído en el mundo, recibido arriba en gloria" (1 Timoteo 3:16 RVR60).

DIA 3 EJERCICIOS

1. ¿Cuál es el significado de la palabra *expiación*?

_____

_____

2. La Ley separó y protegió al pueblo de Israel. Nombre dos propósitos más de la Ley mencionados en la lectura de hoy.

1. _____

2. _____

3. Jesús es el representante perfecto de la raza humana. Mencione los dos roles que Él cumplió en nuestro beneficio.

1. _____

2. _____

4. ¿Qué es la encarnación?

_____

_____

_____

_____

5. Jesús fue (círcule uno)
   a. 50% Dios y 50% hombre.
   b. 100% Dios y 50% hombre.
   c. 100% Dios y 100% hombre.

DIA 4: CAMINANDO EN JUSTICIA

Recibir el don de justicia

Dios hizo todo lo posible por redimir a la humanidad caída de sus pecados. Puso Su propia "piel en el juego", enviando a Su único Hijo a vivir la vida que nosotros no pudimos vivir y morir la muerte que debimos haber muerto. Dios pudo haber demandado cualquier cosa que Él deseara por el increíble don de la vida eterna y el perdón completo de pecados. Pero el Padre escogió proveer el sacrificio para que nuestros pecados fueran removidos de nosotros. ¡Él escogió pagar el precio Él mismo (Romanos 6:23)! Él quiere dar libremente este don del perdón y justicia restaurada, sin costo para nosotros. De hecho, la única condición que Él ha puesto para recibir Su don de justicia es que no tratemos de ganar, comprar, ni ser digno por nosotros mismos. Él simplemente quiere que creamos que Su Hijo lo hizo todo por nosotros y aceptar a Jesús como nuestro Salvador y Señor (Efesios 2:8).

> *Fe es la mano que se extiende y recibe el don que Dios ha ofrecido. No se gana el don, pero simplemente se acepta.*

Pero esto es el problema para muchas personas. Como humanos, nos resistimos en confiar en Dios para proveernos. Hay algo dentro de nosotros que quiere ganar nuestra propia justicia. Queremos al menos algún crédito para exaltación espiritual. No queremos ser dependientes de la provisión de Dios solamente. Pero esto no es aceptable para Dios. Tratar de añadir a la obra perfecta de Su Hijo Jesús es el insulto final. Implica que la obra de Jesús como nuestro sustituto no fue suficiente. Esta tendencia humana de tratar de establecer nuestra propia justicia delante de Dios es el mayor y singular obstáculo para recibir el don gratuito de la justicia de Dios.

> "Pues la paga que deja el pecado es la muerte, pero el regalo que Dios da es la vida eterna por medio de Cristo Jesús nuestro Señor" (Romanos 6:23 NTV).

> "Pero ahora, aparte de la ley, se ha manifestado la justicia de Dios, y de ello dan testimonio la ley y los profetas. La justicia de Dios, por medio de la fe en Jesucristo, es para todos los que creen en él" (Romanos 3:21-22a).

"Pero ahora, tal como se prometió tiempo atrás en los escritos de Moisés y de los profetas, Dios nos ha mostrado cómo podemos ser justos ante él sin cumplir con las exigencias de la ley. Dios nos hace justos a sus ojos cuando ponemos nuestra fe en Jesucristo. Y eso es verdad para todo el que cree, sea quien fuere" (Romanos 3:21-22 NTV).

El arrepentimiento de obras muertas

La Biblia enseña que todos nuestros esfuerzos humanos de arreglarnos a nosotros mismos y nuestros pecados son insultos para Dios. No hay nada que hombres o mujeres puedan hacer para cambiarse a ellos mismos por su propia fuerza. La Biblia dice que cuando los humanos tratan de lograr una buena posición delante de Dios, ellos fracasan cada vez.

"Porque no la buscaba a partir de la fe, sino a partir de las obras de la ley; y tropezaron en la piedra de tropiezo" (Romanos 9:32).

"Pecamos constantemente; ¿cómo es posible que personas como nosotros se salven? Estamos todos infectados por el pecado y somos impuros. Cuando mostramos nuestros actos de justicia, no son más que trapos sucios" (Isaías 64:5b-6a NTV).

"Ya que nadie será justificado delante de Dios por hacer las cosas que la ley exige" (Romanos 3:20a).

"Sin embargo, sabemos que nadie es reconocido como justo por cumplir la ley sino gracias a la fe en Jesucristo. Por esto, también nosotros hemos creído en Jesucristo, para que Dios nos reconozca como justos, gracias a esa fe y no por cumplir la ley. Porque nadie será reconocido como justo por cumplir la ley" (Gálatas 2:16 DHH).

La Biblia enseña que hasta que nos arrepintamos realmente de nuestros propios esfuerzos religiosos, vacíos, e inútiles de guardarnos, nosotros no podemos venir a Dios por fe (Hebreos 6:1).

Trabajar por un regalo insulta al que regala

Hay algunas ramas de la fe cristiana que enseña que somos salvos por lo que Jesús ha hecho en la cruz *y* por nuestras buenas obras. En otras palabras, ellos dicen que tenemos que ganar el don de justicia. Pero esto es un error terrible, y no le agrada a Dios.

Imagínese a un niño en la mañana de Navidad corriendo a la habitación familiar para reunirse con su familia alrededor del árbol. Bajo el árbol hay hermosos paquetes con etiquetas con diferentes nombres sobre cada uno de ellos. ¡El padre empieza a repartir los regalos y por último llama el nombre del pequeño niño ansioso, "Tomás, esto es para ti"! Tomás alcanza hasta el regalo y comienza a tocar el hermoso paquete, sólo para sacar su mano preocupadamente. Inmediatamente, éste se levanta, se va de carreras a la cocina y comienza a lavar los platos, trabajando intensamente. El padre se levanta curiosamente y sigue a su hijo a la cocina. "Tomás, ¿qué haces? ¿No quieres recibir tus demás regalos?" El niño pausa, mira hacia arriba y dice, "Papá, yo realmente deseo esos regalos. Por eso estoy trabajando por ellos. En poco tiempo tendré la cocina limpia y comenzaré a lavar la ropa sucia". "¡Pero hijo", declara el padre incrédulo, "¡Yo no te doy estos regalos por tu bondad o tu trabajo; te los doy porque te amo! Trabajé por el dinero para comprarte estos presentes. ¡No quiero que intentes ganártelos! ¡Ya yo lo hice!

Nuestra obra: el creer

En una ocasión unos hombres vinieron a Jesús para preguntarle cómo podían complacer a Dios. Jesús dijo: "Ésta es la obra de Dios: que crean en aquel que él ha enviado" (Juan 6:29b).

Tener fe en la obra terminada de la cruz de Jesús es la manera en la que recibimos el regalo gratuito de la justicia de Dios.

La justicia recibida sólamente por fe

Al apóstol Pablo le fue dado la tarea de proclamar un mensaje central a la recién formada iglesia. Cualquier persona puede estar en buena posición con Dios poniendo su confianza total en Jesucristo. Escribiendo a la Iglesia de Efeso Pablo dijo, "Ciertamente la gracia de Dios los ha salvado por medio de la fe. Ésta no nació de ustedes, sino que es un don de Dios; ni es resultado de las obras, para que nadie se vanaglorie" (Efesios 2:8-9).

Esta revelación de salvación por fe es solamente repetida continuamente en el Nuevo Testamento. Cuando venimos a Dios a base de nuestro propio fariseísmo y buenas obras, estamos parados en suelo defectuoso. Pero cuando nos acercamos a Dios el Padre por fe en Su propio Hijo, Dios nos acepta completamente. La fe es la mano que se extiende y recibe el don que Dios ha ofrecido. No se gana el don, simplemente se acepta.

El gran intercambio

Cuando una persona pone su fe en el evangelio —las buenas nuevas de la muerte y resurrección de Jesús por nuestros pecados— un milagro verdadero y permanente sucede en el corazón humano. En el momento que una persona cree en la obra completa de Jesucristo y confiesa Su señorío sobre su vida, su condición espiritual cambia instantáneamente. Todo su pecado —pasado, presente y futuro— es transferido a la cruz de Jesucristo, nuestro Azazel (víctima propiciatoria). Dios considera la muerte de Su Hijo el pago completo por nuestros pecados; y nuestra culpabilidad ante Dios es removida.

Al mismo tiempo, Dios transfiere la perfecta justicia de Jesús a usted. La plenitud de todo lo que Cristo ganó en Su vida de obediencia perfecta a Dios llega a ser suyo. Esta transferencia de la justicia de Cristo ocurre en dos maneras distintas:

1. Legalmente justo

Cuando somos salvos, Dios nos declara justos. Dios es un juez. El momento que un hombre, mujer o niño cree en Jesús, Dios los declara justos, y transfiere la posición perfecta de Cristo ante Dios a su cuenta. Es semejante a un nuevo inmigrante que jura ciudadanía. En el momento que ellos prometen su lealtad a su nuevo país, el juez los declara ciudadanos completos, con todos los derechos y privilegios que vienen consigo. La constitución de ese país resume los derechos y los privilegios, las protecciones del ejército militar y la policía, beneficios de servicios sociales —la plenitud de las oportunidades de su nuevo país es transferida instantáneamente a su cuenta. De la misma manera, cuando una persona recibe a Cristo, todos los beneficios que la sangre de Cristo ha comprado —todas las protecciones contra los reclamos de Satanás y sus fuerzas y completa posición legal con Dios como Padre— se convierte en la posesión del creyente.

2. Internamente justo

En segundo lugar, Dios nos hace justos poniendo Su nombre en nuestros corazones. La justicia verdadera de Cristo es infundida y es vinculada en el espíritu del creyente. Esto significa que un cristiano no solamente lleva la justicia de Cristo como una licencia o pasaporte. Su justicia es transferida a la naturaleza esencial del creyente. Pablo dijo esto:

> "Al que no cometió ningún pecado, por nosotros Dios lo hizo pecado, para que en Él nosotros fuéramos hechos justicia de Dios" (2 Corintios 5:21).

El don de justicia es permanente

Una de las verdades más maravillosas e importantes acerca del obsequio gratuito de la justicia de Dios es que cambia la posición del creyente ante Dios *para siempre*. Nuestro derecho ante Dios no sólo es instantáneo y completo, es además permanente. Si nuestra salvación descansa en cualquier manera sobre nuestra buena conducta, antes o después de que recibimos a Cristo, entonces nuestra salvación se encuentra en parte sobre nuestras buenas obras. Una vez nacemos de nuevo, hemos sido perfeccionados para siempre en los ojos de Dios.

> "Pues mediante esa única ofrenda, él perfeccionó para siempre a los que está haciendo santos" (Hebreos 10:14 NTV).

Nosotros ya hemos visto que nuestras buenas obras no pueden ser la base de nuestra relación con Dios. Debe ser solo la justicia de Cristo en la que pongamos nuestra fe. Cualquier doctrina cristiana que enseñe que nuestra salvación es mantenida por las obras es, en esencia, una doctrina de salvación por obras. Esto conducirá al creyente de vuelta a una nueva forma de esclavitud religiosa.

Continuando por gracia

La gracia es el favor de Dios no ganado e ilimitado. Cuando nos convertimos en hijos de Dios, no solo recibimos el don de la justicia de Cristo, pero algo llamado *la abundancia de la gracia*. Esta medida rebosante especial del favor de Dios nos permite continuar nuestra buena relación con Dios. Cuando tropezamos y pecamos como cristianos, la gracia abundante de Dios está en pie lista para limpiar, restaurar y mantenernos en ese estado maravilloso de justicia ante Dios.

> "Y el resultado del regalo del favor inmerecido de Dios es muy diferente de la consecuencia del pecado de ese primer hombre. Pues el pecado de Adán llevó a la condenación, pero el regalo de Dios nos lleva a ser declarados justos a los ojos de Dios, a pesar de que somos culpables de muchos pecados. Pues el pecado de un solo hombre, Adán, hizo que la muerte reinara sobre muchos; pero aún más grande es la gracia maravillosa de Dios y el regalo de su justicia, porque todos los que lo reciben vivirán en victoria sobre el pecado y la muerte por medio de un solo hombre, Jesucristo (Romanos 5:16-17 NTV).

Preservados por la gracia

Nuestra relación continua con Dios está enraizada en la justicia de Cristo. Aunque todos continuamos cayendo mientras aprendemos a caminar con Dios, nuestra relación con Él como nuestro Padre es permanente. Cuando usted fue salvo, vino a ser completamente justo en su naturaleza espiritual. Usted nunca la perderá y ni puede añadirle. Usted no puede ser más justo que Jesucristo. Su justicia es gratuita y totalmente dada a cada creyente por toda la eternidad. Nuestra fe debe estar solamente en Cristo y en Su obra terminada.

Purificación progresiva

La Biblia dice que hay consecuencias por nuestro pecado. Aceptar la justicia de Dios no significa que a Dios no le interese nuestra conducta como cristianos. Pablo le preguntó a los romanos después de enseñarles acerca de la justicia, "Entonces, ¿qué diremos? ¿Seguiremos pecando, para que la gracia abunde? ¡De ninguna manera! Porque los que hemos muerto al pecado, ¿cómo podemos seguir viviendo en él?" (Romanos 6:1). Pero la calidad de nuestra vida en la tierra y en el cielo será decidida por cómo aplicamos la obra de Cristo a nuestra vida diaria. Cuando un creyente peca, afecta su confraternidad con Dios. Aunque la relación del creyente con Dios esté segura, nuestra confraternidad con Dios es impactada profundamente por el pecado sin confesar. La maravillosa noticia es que cuando pecamos como cristianos, hay una manera de ser limpiado inmediatamente. La Biblia dice, "Si confesamos nuestros pecados, Él es fiel y justo para perdonarnos los pecados y para limpiarnos de toda maldad" (1Juan 1:9 NTV).

En capítulos posteriores, revisaremos cómo un creyente puede vencer el pecado en su vida personal mientras lleve siempre la certeza que su posición ante Dios en justicia está seguro.

LA OBRA DE LA JUSTICIA

Por último, examinemos los efectos maravillosos del don de la justicia de Dios en la vida del creyente.

Paz con Dios

Romanos 5:1 dice que "Justificados, pues por la fe, tenemos paz para con Dios por medio de nuestro Señor Jesucristo". La primera evidencia de que una persona ha recibido la salvación de Dios es un sentido profundo, duradero y genuino de paz. Un calor, un resplandor, una sensación de conexión interna con Dios llena el corazón que confía en Cristo. Cuando una persona es salva, Dios ya no es el Juez a quien enfrentarán en la eternidad, sino a un Padre amoroso que los recibe y está a su favor por siempre. Esto crea una paz maravillosa que pasa todo entendimiento. El sentimiento de culpa y temor que ha plagado al incrédulo su vida entera se derrite.

Confianza

Isaías dijo, "La justicia hará posible la paz; la justicia redundará en reposo y seguridad para siempre" (Isaías 32:17). La buena relación con Dios hace al creyente confiado en la presencia de Dios y Satanás. La justicia nos restaura el dominio que Satanás le robó de Adán. Por eso es que la Escritura dice, "… reinarán en vida… los que reciben la abundancia de la gracia y del don de la justicia" (Romanos 5:17 RVR60). El creyente no necesita temerle a Satanás o cualquier enemigo terrenal. La justicia de Dios nos cualifica para disfrutar de nuestra herencia total sobre la tierra.

Acceso directo al Padre

La justicia significa que podemos tener acceso a la misma presencia de Dios en adoración, oración y en petición. Pablo dijo que por Cristo y nuestra fe en Él, podemos acercarnos valiente y confiadamente a la presencia de Dios (Efesios 3:12). El cielo nunca está cerrado para el creyente. Dios está listo para escuchar y contestar nuestras oraciones.

Muchos cristianos dejan de comprender que el Dios del universo es su propio Padre y de que son dignos a acercarse a Él y recibir lo que necesitan y desean. Muchos cristianos oran como si Dios estuviera distante, irritable y a punto de golpearlos con un rayo. Esta conducta es un resultado de la instrucción religiosa y no la enseñanza del Nuevo Testamento.

Nosotros no nos acercamos a Dios como mendigos que esperan un bocado, o como esclavos pidiendole a su maestro un favor. Nos acercamos a Dios como nada menos que hijos e hijas de un Rey. Venimos valientemente ante Su trono, recitando Sus propias promesas y esperando recibir Su favor y bendición. Nuestra confianza no está en nuestras propias obras ni esfuerzos, pero en el regalo de Su justicia que hemos recibido en Cristo.

> "Por tanto, acerquémonos confiadamente al trono de la gracia, para alcanzar misericordia y hallar gracia para cuando necesitemos ayuda" (Hebreos 4:16).

Autoridad para recibir nuestra herencia

Un efecto final, pero maravilloso, de la justicia en nuestra vida es que como creyentes tenemos un derecho a la herencia completa de nuestro Padre. Pablo enseñó eso, "En Él también nosotros hemos obtenido una herencia" (Efesios 1:11). Jesús es nuestro Señor y nuestro hermano mayor. Las Escrituras enseñan que nos ha calificado para recibir la herencia de los santos (Colosenses 1:12). Esta herencia incluye autoridad sobre Satanás y demonios (Marcos 16:17), sanidad de la enfermedad y la dolencia (Marcos 16:18; Mateo 8:17; Santiago 5:14-15), liberación de la pobreza y necesidad material (2 Corintios 8:9; 9:11) y el derecho de ser dirijido en la vida por el Espíritu Santo (Romanos 8:14).

> "Para que les abras los ojos y se conviertan de las tinieblas a la luz, y del poder de Satanás al poder de Dios; para que por la fe en mí, reciban el perdón de sus pecados y la herencia de los que han sido santificados" (Hechos 26:18).

Estableciendo una conciencia de justicia

Esta maravillosa enseñanza de la justicia ha sido descuidada por la iglesia. Por siglos, estas verdades asombrosas han sido ignoradas por tradiciones religiosas que han enfatizado nuestra humanidad pecaminosa en vez de nuestra relación con Dios. Muchas iglesias enseñan a los creyentes a ser conscientes del pecado antes de ser conscientes de la justicia. Es importante aprender la diferencia entre el bien y el mal, y señalar los peligros del pecado, pero si nos enfocamos en eso, producirá esclavitud.

Muchos cristianos viven y se mueren sin realmente disfrutar de los beneficios de tener una relación con Dios. Son ignorantes a ello, así que el enemigo los mantiene plagados con culpa sobre los pecados de su pasado y así paralizando su vida de oración. Su adoración y alabanza en la iglesia y en el hogar son estorbadas por un profundo sentido de indignidad. Hay un poco más que Satanás tiene que hacer para mantener a este creyente de ser efectivo. Recordándole sus pecados y lucha diaria, el enemigo captura la mente del creyente y su fe disminuye.

¡Pero es una mentira —y una con la que debemos luchar! Los creyentes deben establecer firmemente que a pesar de sus pecados pasados y luchas temporeras con la carne, Dios los ha declarado justos sobre la base del sacrificio perfecto de Jesús. Estamos sin pecado y santos ante Dios, lavados en la sangre de Su propio Hijo (Apocalipsis 1:5b). La Biblia enseña que debemos llegar a ser hábiles en la enseñanza de la justicia o nosotros permaneceremos en infancia espiritual (Hebreos 5:13). Aquí hay unos pasos para establecer la justicia en su manera de pensar:

1. No confíe de sus sentimientos

Nuestros sentimientos no son un buen indicador de nuestra condición espiritual. No siempre se puede confiar en ellos para comunicarnos la verdad. Las emociones están basadas en circunstancias y acontecimientos externos que cambian diariamente, a veces a cada hora. En contraste, nuestra relación con Dios está basada en hechos espirituales y concretos de la Biblia. No importa lo que digan sus sentimientos, véase a sí mismo como un niño libre de culpa y perdonado del Rey.

2. Afirme constantemente y confiese su justicia

Cuando hablamos lo que la Palabra de Dios dice acerca de nosotros, desatamos su poder en nuestras vidas. Escriba versos de Biblia que declaren su relación con Dios y háblelos en voz alta a usted mismo diariamente.

- Soy la justicia de Dios en Jesucristo (2 Corintios 5:21).
- Soy santo y sin culpa ante Él (Efesios 1:4).
- ¿Si Dios es para mí, quién contra mí? (Romanos 8:31).
- He recibido la gracia abundante de Dios y el regalo de la justicia. Por lo tanto reinaré como un rey en mi vida, por mi Señor Jesucristo (Romanos 5:17).
- He sido hecho justo por fe, por lo tanto tengo la paz con Dios por mi Señor Jesucristo (Romanos 5:1).
- Dios ha perdonado todos mis pecados (Colosenses 2:13).
- Yo por lo tanto vengo confiadamente antes el trono de Su gracia, y yo obtendré misericordia y gracia para ayuda con lo que yo necesito (Hebreos 4:16).

Justicia versus religión

La religión humana siempre mira nuestro propio cuerpo carnal y grita, "¡Hacer! ¡Hacer! ¡Hacer!" Pero el regalo de justicia de Dios ve la cruz de Cristo y grita, "¡Hecho! ¡Hecho! ¡Hecho!" En Efesios capítulo 2, Pablo escribe la historia de cada persona que viene a Jesucristo y tiene restaurada su justicia perdida. Es una historia que captura nuestra caída al pecado, nuestra esclavitud bajo el dominio cruel de Satanás, y la maravillosa obra que Dios hizo para restaurarnos a favor con Él. Por favor lea cuidadosamente, en oración y luego pase unos momentos adorando a Dios abiertamente.

"Antes ustedes estaban muertos a causa de su desobediencia y sus muchos pecados. Vivían en pecado, igual que el resto de la gente, obedeciendo al diablo —el líder de los poderes del mundo invisible—, quien es el espíritu que actúa en el corazón de los que se niegan a obedecer a Dios. Todos vivíamos así en el pasado, siguiendo los deseos de nuestras pasiones y la inclinación de nuestra naturaleza pecaminosa. Por nuestra propia naturaleza, éramos objeto del enojo de Dios igual que todos los demás. Pero Dios es tan rico en misericordia y nos amó tanto que, a pesar de que estábamos muertos por causa de nuestros pecados, nos dio vida cuando levantó a Cristo de los muertos. (¡Es sólo por la gracia de Dios que ustedes han sido salvados!) Pues nos levantó de los muertos junto con Cristo y nos sentó con él en los lugares celestiales, porque estamos unidos a Cristo Jesús. De modo que, en los tiempos futuros, Dios puede ponernos como ejemplos de la increíble riqueza de la gracia y la bondad que nos tuvo, como se ve en todo lo que ha hecho por nosotros, que estamos unidos a Cristo Jesús. Dios los salvó por su gracia cuando creyeron. Ustedes no tienen ningún mérito en eso; es un regalo de Dios. La salvación no es un premio por las cosas buenas que hayamos hecho, así que ninguno de nosotros puede jactarse de ser salvo. Pues somos la obra maestra de Dios. Él nos creó de nuevo en Cristo Jesús, a fin de que hagamos las cosas buenas que preparó para nosotros tiempo atrás" (Efesios 2:1-10 NTV).

DIA 4 EJERCICIOS

1. ¿Cuál es el impedimento más grande para recibir el don gratuito de la justicia de Dios?

_____

_____

2. La Biblia enseña que nuestros esfuerzos humanos de arreglarnos a nosotros mismos y nuestros pecados son _____ para Dios. ¿Por qué?

_____

_____

_____

3. ¿Cómo recibimos nosotros el don gratuito de la justicia?

_____

_____

4. ¿De qué dos maneras somos hechos justos ante Dios?

1. _____

2. _____

5. ¿Qué más recibimos junto a la justicia de Cristo cuándo nos convertimos en hijos de Dios?

_____

_____

6. Nombre los dos resultados de la obra de la justicia en la vida del creyente.

1. _____

2. _____

7. Mientras crecemos como cristianos, es esencial que apliquemos la Palabra de Dios a nuestra vida. Su verdad es necesaria para nosotros vivir en nuestro legado. Escoja dos versos utilizados en esta sección y escríbalos en su diario y abajo. Léalo esta semana, díganlos en voz alta, y declare su verdad sobre su vida. ¡La fe viene por el oír, así que dígalos en voz alta!

_____

_____

_____

_____

_____

_____

CAPÍTULO CUATRO

LA NUEVA CREACIÓN

CAPÍTULO CUATRO
La Nueva Creación

DIA 1: TRASPLANTE DE CORAZON

En el último capítulo, aprendimos que cuando una persona cree en Cristo, ellos reciben el regalo maravilloso de justicia —una posición eterna y completa de derecho con Dios. Pero, ¿*cómo* es exactamente que Dios coloca Su don de justicia perfecta dentro del corazón de una persona que todavía lucha con el pecado? ¿Cómo algo tan santo puede residir en una persona pecadora sin llegar a ser corrompido por el pecador? ¿Cómo "vive" Cristo en mi corazón si mi corazón es perverso? (Jeremías 17:9).

El milagro de la fe cristiana

La mayoría de las personas hoy día piensan que ser cristiano implica unirse a una iglesia o a un grupo religioso y tratar de vivir la vida siguiendo las enseñanzas de Jesús. Nosotros a menudo hablamos de "tomar la decisión por Cristo" y cantar canciones que declaren que hemos decidido seguir a Jesús.

Sin embargo, ser cristiano es mucho más que la membrecía en una organización religiosa, siguiendo un código moral o aún tomando la decisión de creer en Cristo y la Biblia. Cuando una persona es salva, Dios hace mucho más que hacer una entrada en un libro celestial. Todas estas cosas pueden ocurrir, pero ninguna de ellas explica lo que sucede realmente a una persona cuando recibe a Jesús como su Señor. Todas las religiones más grandes del mundo enseñan que para abrazar su sendero particular implica un poco más que escoger adoptar un conjunto de creencias y un código de conductas. El verdadero cristianismo, sin embargo, hace un reclamo mucho más radical.

La Biblia enseña que cuando una persona es salvada, experimenta una transformación completa y total de su espíritu humano. La naturaleza central del creyente es poderosamente, penetrantemente, y permanentemente cambiada. La fe cristiana, entonces, es construida no sobre un código conductista, pero sobre un milagro verdadero que ocurre en el corazón humano. El apóstol Pablo dijo, "De modo que si alguno está en Cristo, *ya es una nueva creación*; atrás ha quedado lo viejo: ¡ahora ya todo es nuevo!" (2 Corintios 5:17).

En este capítulo aprenderemos acerca del milagro más grande que recibiremos de Dios —el milagro de ser nacidos de nuevo.

> *Dios no sólo prometió enviar al Mesías para salvarnos, Él prometió cambiarnos —quitar de nuestro ser el viejo corazón pecador y crear uno nuevo que pudiera contener Su propia presencia.*

La promesa de un corazón nuevo

Al profeta Ezequiel le fue dado una visión de un día cuando Dios haría una obra sobrenatural en los mismos corazones de su pueblo. Él profetizó, " Entonces los rociaré con agua pura y quedarán limpios. Lavaré su inmundicia y dejarán de rendir culto a ídolos. *Les daré un corazón nuevo y pondré un espíritu nuevo dentro de ustedes.* Les quitaré ese terco corazón de piedra y les *daré un corazón tierno y receptivo. Pondré mi Espíritu en ustedes* para que sigan mis decretos y se aseguren de obedecer mis ordenanzas "(Ezequiel 36:25-27 NTV). ¡Cientos de años antes que Jesús naciera, Dios compartió un plan secreto de no sólo salvarnos del pecado, pero de cambiarnos a *santos*!

Al profeta Jeremías le fue dado un discernimiento semejante. Él dijo, "Vienen días en que haré un nuevo pacto con la casa de Israel... Pondré mi ley *en su mente*, y la escribiré *en su corazón.* Y yo seré su Dios, y ellos serán mi pueblo... todos ellos, desde el más pequeño hasta el más grande, me conocerán- Palabra del Señor" (Jeremías 31:31, 33-34).

Dios no solamente prometió enviar el Mesías para salvarnos, Él prometió *cambiarnos* —quitar de nuestro ser el viejo corazón pecador y crear uno nuevo que pudiera contener Su propia presencia.

Cambiando odres

Cuando Jesús anduvo la tierra, Él enseñó la parábola de los odres. Él dijo que usted no puede poner vino nuevo en odres viejos. Los odres estallarán y ambos serán arruinados (Mateo 9:17). Su significado era claro. El nuevo vino del Espíritu de Dios no puede ser contenido en los odres viejos del corazón humano. El hombre necesitaba un nuevo odre. Dios no podía poner Su don de justicia perfecta y el poder del Espíritu Santo en un vaso humano manchado de pecado.

Para que nosotros podamos llevar su presencia, Él necesitaría cambiarnos —colocar un nuevo contenedor dentro de nosotros que pudiera mantener, proteger y preservar Su regalo de salvación. *Esto es exactamente lo que Dios hace a cada persona que recibe a Jesucristo como su Señor y Salvador* —Él nos hace nuevas creaciones. El Evangelio de Juan declara,

> "Pero a todos los que creyeron en él y lo recibieron, les dio *el derecho de llegar a ser hijos de Dios.* Ellos nacen de nuevo, no mediante un nacimiento físico como resultado de la pasión o de la iniciativa humana, sino por medio de un *nacimiento que proviene de Dios*" (Juan 1:12-13 NTV).

Jesús y Nicodemo: ¡debes nacer de nuevo!

En el capítulo 3 del libro de Juan, Jesús se encontró a un líder judío muy religioso. Este hombre era un Fariseo —un seguidor cuidadoso y dedicado a la Ley del Antiguo Testamento. Él vino a Jesús bajo el amparo de la oscuridad para expresar en secreto su apreciación por Jesús como un maestro divinamente enviado. Jesús inmediatamente identificó lo que Nicodemo realmente necesitaba. Él dijo, "Te digo la verdad, a menos que nazcas de nuevo, no puedes ver el reino de Dios" (Juan 3:3 NTV). Esta declaración confundió grandemente a este hombre orgulloso y religioso. "¿Cómo puede un viejo volver al vientre de su madre y nacer otra vez?" preguntó Nicodemo. Parecía una noción absurda que Nicodemo necesitaría algo para ver el reino de Dios. Después de todo, él era un líder de la única religión verdadera del mundo, Judaísmo. Él siguió la ley de Moisés fielmente. Aquí otra vez, nosotros vemos que nuestras propias obras religiosas no son suficientes para salvarnos de nuestros pecados. Necesitamos nuevos corazones.

Jesús siguió explicando, "Te digo la verdad, nadie puede entrar en el reino de Dios si no nace de agua[15] [nacimiento humano] y del Espíritu [renacimiento espiritual]. El ser humano sólo puede reproducir la vida humana, pero la vida espiritual nace del Espíritu Santo. Así que no te sorprendas cuando digo: "Tienen que nacer de nuevo" (Juan 3:5-7 NTV). Para poder ser salvos y calificar para entrar al reino de Dios, nosotros necesitamos mucho más que buenas obras religiosas. Necesitamos que nuestras naturalezas espirituales sean renacidas. Esto nos da una verdad muy importante: *Para ser cristiano, uno debe nacer de nuevo; y si uno no nace de nuevo, no se puede decir que uno es cristiano.*

Hay aquellos que hoy piensan que los cristianos nacidos de nuevo son un nuevo tipo de cristianos. Hablan como si las "iglesias nacidas de nuevo" fueran los cultos o ramificaciones extrañas de la verdadera cristiandad

---

15. El término "nacido de agua" se refiere al romper el saco amniótico cuando un bebé nace. Los bebés humanos son entregados a este mundo en un "corriente de aguas".

histórica. Nada podría estar más lejos de la verdad. De hecho, según Jesús, los cristianos genuinos *deben* nacer de nuevo. No es un grupo de la iglesia o la denominación que nos identifica como cristianos. Es la morada de Jesús en nuestros corazones lo que nos identifica como Suyos. Este siempre ha sido el caso a través de la era cristiana. Nacer de nuevo no es un fenómeno nacido de algún entendimiento reciente de la Biblia. Los apóstoles, la iglesia primitiva y las personas de Dios desde esos tiempos hasta ahora han sido nacidos de nuevo. *¡Esto significa que todos los cristianos verdaderos nacen de nuevo y a menos que uno nazca de nuevo, él o ella no es un verdadero cristiano!* Repetimos esto porque es vitalmente importante; de hecho, es tan importante que Jesús lo repitió tres veces en Su conversación con Nicodemo esa noche. Examinaremos el milagro del renacimiento espiritual más profundamente en la próxima sección.

DIA 1 EJERCICIOS

1. Según la Biblia, ¿que sucede cuándo una persona es salva?

_____

_____

2. ¿Sobre qué está construida la fe cristiana?

_____

_____

3. Según Ezequiel 36:25-27, ¿qué nos da Dios en lugar de nuestro "terco corazón de piedra"?

_____

_____

4. Para poder llevar la presencia de Dios, ¿qué tuvo que hacer Él?

_____

_____

_____

5. Según Juan 3:5-7, ¿qué debe suceder para que nosotros podamos entrar al reino de los cielos?

_____

_____

DIA 2: LA TRIPLE NATURALEZA DEL HOMBRE

LA NATURALEZA DEL HUMANO

Comprendiendo la triple naturaleza del hombre

Así como Dios es una comunidad de tres personas distintas en un solo ser, el hombre, creado a su imagen, es un ser único compuesto de tres dimensiones distintas. En el Nuevo Testamento, Pablo claramente identifica a estos tres aspectos de la naturaleza humana cuando escribe a los Tesalonicenses. Él oró, "Ahora, que el Dios de paz los haga santos en todos los aspectos, y que todo su *espíritu, alma y cuerpo* se mantenga sin culpa hasta el día que nuestro Señor Jesucristo vuelva" (1 Tesalonicenses 5:23 NTV). En el lenguaje original, cada palabra está separada. Esto indica que el espíritu humano, el alma, y el cuerpo son componentes separados con cada parte llevando características únicas.

Estudiar estas tres partes de nuestro ser nos ayudará a comprender la manera en que la salvación de Dios llega a nuestras vidas y nos transforma con el tiempo. Revisemos cada componente, comenzando desde afuera y moviéndonos hacia adentro.

> *Unas de las luchas más grandes de la vida cristiana surgen de la confusión acerca de las diferencias entre el espíritu, el alma, y el cuerpo.*

El cuerpo

La palabra *cuerpo* viene de la palabra Griega *soma* y se refiere a la parte física de nuestro ser. El Nuevo Testamento además utiliza el término "carne," o *sarx* en el Griego, al hablar del cuerpo y su apetito continuo por el pecado. Hay cuatro verdades importantes que la Biblia enseña acerca de nuestros cuerpos físicos.

1. Su cuerpo es su traje terrenal

Nuestros cuerpos son nuestro "traje terrenal", o la casa material en la que vivimos mientras estamos en la tierra. Es nuestra conexión con el reino físico. Dios formó el cuerpo de la tierra y le dio cinco sentidos con los que navegamos, procesamos e interactuamos con el mundo físico. Nuestros cuerpos nunca fueron diseñados para gobernarnos, sino para ser nuestros sirvientes durante nuestras vidas en la tierra.

Usted *no* es su cuerpo. Su cuerpo no es el "verdadero usted" al igual que la casa en donde vive no es el verdadero usted. Por ejemplo, alguien quizás tire un huevo en la puerta principal de mi casa, pero eso no significa que me han tirado un huevo a mí. Nuestros seres espirituales requieren de un vaso físico para navegar esta vida. Dios diseñó el cuerpo para ser nuestro traje terrenal —el sirviente del espíritu del creyente.

2. Su cuerpo es mortal
A través de la caída de Adán, la corrupción invadió a nuestros seres físicos y los humanos se convirtieron en seres mortales o sujetos a la muerte. Desde el momento que somos nacidos en el mundo, empezamos nuestra larga marcha hacia la muerte física. Aunque Dios misericordiosamente equipó nuestros cuerpos con instintos de supervivencia y defensas inmunes, los efectos del pecado continúan envejeciendo y erosionando nuestros seres físicos. Enfermedades y dolencias atacan nuestros cuerpos y, tarde o temprano, nuestros hogares físicos ya no pueden sostener a nuestros seres espirituales internos. Cada uno de nosotros parte del cuerpo a una muerte física. Debido a esta corrupción, nuestros cuerpos físicos necesitan ser cuidados, descansados, ejercitados, y ser nutridos para maximizar nuestras vidas en la tierra.

3. Nuestros cuerpos están naturalmente inclinados hacia el pecado
Nuestros cuerpos tienen un lado salvaje. De hecho, el cuerpo es la fuente primaria de tentación. Santiago dijo, "¿De dónde vienen las guerras y las peleas entre ustedes? Pues de los malos deseos que siempre están luchando en su interior " (Santiago 4:1 DHH). Pablo dijo, "Porque cuando vivíamos como pecadores…en nuestro cuerpo los malos deseos, y lo único que cosechamos fue la muerte" (Romanos 7:5 DHH).

El nuevo nacimiento no cambia esto inmediatamente. Nuestros cuerpos llevan el apetito para el pecado aún *después de* que somos salvos. "Más bien, revistámonos del Señor Jesucristo, y no busquemos satisfacer los deseos de la carne" (Romanos 13:14). Por lo tanto cada cristiano debe aprender a someter su cuerpo (1 Corintios 9:27). Aunque nuestro cuerpo haya sido infectado por el pecado y contenga una naturaleza que responde a la tentación, puede ser refrenado y controlado por el Espíritu Santo. Hay un propósito divino para el cuerpo, y con la ayuda de Dios, puede ser reentrenado ser utilizado para ser usado para el servicio de Dios (Romanos 6:13; Romanos 12:1).

4. Nuestros cuerpos no son guardados todavía

Mientras que el cristiano puede reentrenar y refrenar el cuerpo físico, este permanecerá mortal. El cuerpo, entonces, no puede ser lo que Pablo se refería cuando dijo "si alguno está en Cristo, *nueva criatura es* " (2 Corintios 5:17 LBLA). Por lo tanto el cuerpo no nace de nuevo.

El alma

La palabra "alma" se traduce de la palabra griega *psuche*, de donde obtenemos la palabra en español de Psiquis y Psicología. Se refiere a la mente, emociones, intelecto, y voluntad humana. El alma humana es el aspecto mental y emocional de nuestra naturaleza. Procesa la información que recibe del cuerpo. Hay varias características importantes del alma humana:

1. Su alma es su UPC, o unidad de procesamiento central

Su alma es el asiento de su mente, las emociones y la voluntad. Es donde procesamos los pensamientos, experimentamos sentimientos y tomamos decisiones. Como tal, su alma humana es como una computadora. Recibe aportación del cuerpo y lo procesa en creencias y acciones. Con su alma, usted contacta los reinos sociales e intelectuales de la vida. El alma humana está formando patrones de pensamiento y sentimiento continuamente —de donde tomamos decisiones. Y, como una computadora, es sólo tan buena como la información que programamos en ella. El alma, entonces, puede ser entrenada o no entrenada. Es una parte altamente cambiable de nuestro ser.

2. El alma es el campo de batalla de la vida cristiana

Hay una guerra por sus pensamiento. Porque el alma se sienta entre el espíritu y el cuerpo, esta constantemente escogiendo cuál lado obedecer. Tanto Dios como Satanás procuran ganar influencia en su vida capturando la atención de su alma. El Nuevo Testamento tiene mucho que decir acerca de nuestras mentes y el rol vital que nuestros pensamientos juegan en vivir una vida cristiana positiva. Por esta razón dedicaremos un capítulo entero para estudiar el alma humana y cl plan dc Dios para rcnovarla a travćs de Su Palabra.

3. Nuestras almas están siendo salvadas

El alma está en un *proceso* de transformación. Santiago dijo, "Acepten con humildad la palabra que Dios les ha sembrado en el corazón, porque tiene el poder de salvar su alma" (Santiago 1:21 NTV). Este pasaje fue escrito a personas que ya eran salvas. Eran nuevas criaturas en Cristo. Mas sus almas (*psique*: las mentes) todavía necesitaban ser "salvadas" (*sozo*: sanar o transformar). Aunque eran cristianos, había un aspecto de su ser que necesitaba transformación adicional. Por lo tanto, no puede ser el alma ni la mente de la persona la que nace de nuevo y hecha una nueva creación. Hay un aspecto final y más profundo del ser humano. Esta es la parte de nosotros que recibe salvación.

El espíritu

El espíritu de una persona es la persona verdadera. Somos un ser-espíritu, poseyendo un alma, y viviendo en un cuerpo físico. Mientras el Antiguo Testamento utiliza a veces los términos *corazón, alma, y el espíritu* intercambiablemente, las escrituras del Nuevo Testamento hacen a la iglesia una distinción clara entre los aspectos mentales y espirituales de nuestro ser. Hay varias cosas importantes que necesitamos saber del espíritu humano para poder apreciar el don de salvación de Dios.

> *El espíritu de una persona es la persona verdadera. Somos un ser-espíritu, poseyendo un alma y viviendo en un cuerpo físico.*

1. Su espíritu no es su alma

No distinguir entre el espíritu y el alma dejará al estudiante de la Biblia sumamente confundido —especialmente al estudiar el Nuevo Testamento. Pablo enseñó que había una distinción importante entre el alma y el espíritu que sólo podrían ser comprendidos por la Palabra de Dios.

> "La palabra de Dios es viva y eficaz, y más cortante que las espadas de dos filos, pues penetra hasta partir el alma y el espíritu" (Hebreos 4:12a).

> "Pues la palabra de Dios es viva y poderosa. Es más cortante que cualquier espada de dos filos; penetra entre el alma y el espíritu" (Hebreos 4:12a NTV).

Si el alma y el espíritu pueden ser divididos, no pueden ser la misma cosa. Sólo apreciando esta importante verdad puede uno comprender completamente el milagro del nuevo nacimiento. No es el alma la que es hecha nueva en la salvación; es el espíritu humano que renace.

2. Su espíritu es el tú eterno

El espíritu humano es la persona eterna adentro. Los animales tienen un cuerpo y alma (mente). Pero sólo a los humanos les ha sido dado un espíritu. Cuando Dios respiró aliento de vida en el cuerpo de Adán, Él colocó una esencia eterna en el centro del ser del hombre. Esto es la parte del hombre que es hecha directamente a la imagen de Dios. Jesús dijo "Dios es [un] Espíritu"

(Juan 4:24). Por lo tanto, si el hombre es hecho a Su imagen, el hombre también debe ser un espíritu. Su espíritu tiene una forma y figura que es semejante a su ser físico, pero es incapaz de decaimiento y *siempre* existirá, ya sea que reciba usted a Cristo *o no.*

> "Bien sabemos que si se deshace nuestra casa terrenal, es decir, esta tienda que es nuestro cuerpo, en los cielos tenemos de Dios un edificio, una casa eterna, la cual no fue hecha por manos humanas. Y por esto también suspiramos y anhelamos ser revestidos de nuestra casa celestial; ya que así se nos encontrará vestidos y no desnudos. Los que estamos en esta tienda, que es nuestro cuerpo, gemimos con angustia; porque no quisiéramos ser desvestidos, sino revestidos, para que lo mortal sea absorbido por la vida. Pero Dios es quien nos hizo para este fin, y quien nos dio su Espíritu en garantía de lo que habremos de recibir. Por eso vivimos siempre confiados, pues sabemos que mientras estemos en el cuerpo, estamos ausentes del Señor" (2 Corintios 5:1-6).

3. Su espíritu es una creación directa de Dios

Cada ser humano tiene un espíritu que fue formado como una creación de Dios. "El Señor, que…*en el interior del hombre forma el espíritu*" (Zacarías 12:1). Cuando un niño es concebido, sus padres humanos proporcionan el material genético para su cuerpo y mente, pero sólo Dios puede crear el espíritu humano. Por esta razon la Escritura enseña que en muerte el cuerpo regresa al polvo de donde vino, pero "el espíritu volverá a Dios, que lo dio" (Eclesiastés 12:7).

> "El espíritu de Dios me ha creado; *el soplo del Todopoderoso me dio vida*" (Job 33:4).

> "Si Dios retirara su espíritu y quitara su aliento, todos los seres vivientes dejarían de existir y la humanidad volvería al polvo" (Job 34:14-15 NTV).

> "Así dice Dios el Señor, el que ha creado los cielos y los despliega, el que extiende la tierra y lo que ella produce; el que infunde su aliento en el pueblo *que la habita y da de su espíritu a quienes la recorren*" (Isaías 42:5).

4. Es nuestro espíritu el que es salvado o nacido de nuevo

Jesús dijo a Nicodemo, "lo que nace del Espíritu, es *[tú] espíritu*" (Juan 3:5-7). Cuando una persona es nacida de nuevo, su cuerpo no cambia substancialmente. Si uno tiene una cabeza calva y una nariz grande antes de ser salvos, es probable que tenga esa misma nariz y línea de pelo después de ser salvo. Asi mismo, el intelecto, patrones de pensamiento y el conocimiento de una persona no cambian súbitamente cuando recibe a Cristo. Si una persona no sabía cómo cortar cabello ni jugar fútbol antes de la salvación, lo más probable es que no poseerá de repente ese conocimiento después de la salvación. El cuerpo y la mente no cambian substancialmente. Sin embargo la Escritura dice que al menos un aspecto de nuestro ser, "atrás ha quedado lo viejo: *ahora ya todo es nuevo*" (2 Corintios 5:17). Entonces la salvación es una obra que ocurre en el *espíritu humano.*

5. Viéndose como un ser espiritual

La escritura enseña que Dios es un ser – espíritu. Hemos aprendido que la humanidad ha sido hecha a la imagen y semejanza de Dios. Por lo tanto, como portadores de Su imagen, *somos en esencia espíritus también.*

Una de las luchas más grandes de la vida cristiana surge de la confusión sobre las diferencias entre el espíritu, el alma y el cuerpo. Cuando la lujuria, tentación o los impulsos pecaminosos surgen, muchos creyentes piensan erróneamente que esos impulsos vienen de su ser interior y verdadero. La Biblia, sin embargo, es muy clara, que es la corrupción del pecado morando en nuestra carne o cuerpos que es la fuente de todo deseo de injusticia. ¡Usted no es su cuerpo!

La muerte física no fragmenta el verdadero tú

Nosotros no nos convertimos en una persona fragmentada cuando dejamos nuestros cuerpos al morir en la muerte física. Esta es una de las evidencias más fuertes del hecho que usted y yo somos antes que nada seres espirituales.

Si usted no fuera una persona en distinción de su cuerpo, entonces cuando muera usted sólo sería una persona parcial, un remanente extraño de lo que una vez fue. Sin embargo, la Escritura enseña que cuando su cuerpo muere, es su *ser completo* el que va, ya sea al cielo o al infierno. Pablo, hablando de su propia muerte, dijo, "Porque para mí el vivir es Cristo, y el *morir es ganancia.* Pero si el *vivir en la carne* resulta para mí en beneficio de la obra…Por ambas cosas me encuentro en un dilema, pues tengo el deseo *de partir y estar con Cristo*, lo cual es muchísimo mejor; pero quedarme en la carne es más necesario por causa de ustedes" (Filipenses 1:21-24).

Si nosotros no fuésemos seres completos y distintos aparte de nuestros cuerpos físicos, Pablo no podría haber dicho que morirse es "ganancia" (Filipense 1:21). No sería "mucho mejor", porque la muerte sería *fracturarnos* de nuestro ser —

una pérdida de algún tipo. Esta verdad debe dar gran ánimo a cada creyente porque independientemente de las tentaciones que suframos en la carne, ellas no se originan dentro de nosotros, si somos nuevas creaturas en Jesucristo.

Las características del espíritu humano

Porque nuestro espíritu no es visible al ojo físico, a menudo es asumido que nuestros cuerpos espirituales son etéreos, como el vapor y sin forma. Sin embargo, la escritura nos dice que el espíritu es el asiento del alma. Posee pensamientos, memoria, personalidad, deseo, y la capacidad de sentir dolor, miedo, amor y culpa. Jesús dijo la historia de un pobre mendigo llamado Lázaro que murió y fue al paraíso mientras que un injusto, hombre rico murió y fue al infierno. Esta enseñanza nos da una idea de las capacidades del espíritu humano después de la muerte física, aún cuando esté separado de Dios.

> "Y su alma fue al lugar de los muertos. Allí, en medio del tormento, vio a Abraham a lo lejos con Lázaro junto a él. El hombre rico gritó: ¡Padre Abraham, ten piedad! Envíame a Lázaro para que moje la punta de su dedo en agua y refresque mi lengua. Estoy en angustia en estas llamas'. Abraham le dijo: 'Hijo, recuerda que tuviste todo lo que quisiste durante tu vida, y Lázaro no tuvo nada. Ahora él está aquí recibiendo consuelo y tú estás en angustia. Además, hay un gran abismo que nos separa. Ninguno de nosotros puede cruzar hasta allí, y ninguno de ustedes puede cruzar hasta aquí'. Entonces el hombre rico dijo: 'Por favor, padre Abraham, al menos envíalo a la casa de mi padre. Tengo cinco hermanos y quiero advertirles que no terminen en este lugar de tormento'" (Lucas 16:23-28 NTV).

De esta historia nosotros aprendemos,

- El espíritu humano existe como una persona verdadera y completa después que haya dejado el cuerpo humano.

- El espíritu humano está alerta y consciente de sí mismo.

- El espíritu humano es semejante en forma al cuerpo humano (una voz, la vista, la lengua, dedos, etc. (Vea versos 23 y 24).

- En nuestra forma espiritual, nosotros conscientemente reconoceremos el uno al otro, inclusive amigos pasados, familia, y conocidos (verso 23).

- El espíritu humano siente ambos, el dolor y el consuelo (versos 24 y 25).

- El espíritu humano tiene memoria de la vida y seres queridos en la tierra (versos 27 y 28).

- El espíritu humano tiene la capacidad emocional para desear, apenar, temer, y para sentir culpa (versos 24 y 27).

- El espíritu humano no vaga por la tierra como algún espíritu perdido, merodeando en cementerios, armarios, o en antiguas viviendas. El espíritu deja la tierra ya sea para consolación o castigo.

Por lo tanto vemos que el hombre es un espíritu eterno, que posee una mente y vive en un cuerpo físico. Ya que el espíritu es el corazón y el núcleo de nuestro ser, es también el lugar donde la naturaleza del pecado encuentra sus raíces. Es el espíritu que debe cambiar si vamos a llegar a ser hijos de Dios.

DIA 2 EJERCICIOS

1. ¡Somos hechos en tres partes como Dios! ¿Cuales son esas tres partes?

    1. _____

    2. _____

    3. _____

2. ¿Qué parte de nosotros recibe el nuevo nacimiento y llega a ser una nueva criatura? _____

3. ¿Qué parte de nosotros es un campo de batalla? _____

4. ¿Qué parte de nosotros tiene que todavía ser salvo durante el inminente regreso del Señor? _____

5. Según Filipenses 1:21-24, ¿qué sucede al creyente al morir?

_____

_____

6. ¿De la historia en Lucas 16, nombre cuatro características del espíritu humano fuera del cuerpo?

    1. _____

    2. _____

    3. _____

    4. _____

DIA 3: EL RENACIMIENTO DEL ESPIRITU HUMANO

E l nuevo nacimiento es el proceso por lo cual Dios logra lo que prometió a través de los Profetas Ezequiel y Jeremías. "Pondré en ellos un corazón y un espíritu nuevo. Les quitaré el corazón de piedra que ahora tienen, y les daré un corazón sensible" (Ezequiel 11:19). En el libro de Hebreos, Dios es llamado "el Padre de *nuestros* espíritus" (Hebreos 12:9 NTV). Hay dos "nacimientos" de los cuales habla la Biblia —el nacimiento natural y el nacimiento espiritual.

> *A través del nuevo nacimiento, Dios remueve literalmente la corrupción del pecado del corazón humano y lo reemplaza con Su propia naturaleza.*

Nacido de la carne

Cada persona ha sido "nacido de la carne" y es por lo tanto un miembro de la familia de Adán. La naturaleza del pecado está presente en cada humano desde la infancia —una naturaleza que nos aleja de Dios y nos separa de Su familia.

1. Hijos de Adán

Nuestro nacimiento natural nos coloca a cada uno "en Adán", y como resultado bajo la maldición de la muerte espiritual.

> "Pues así como *en Adán todos mueren*, también en Cristo todos serán vivificados…. El primer hombre es terrenal, de la tierra; el segundo hombre, que es el Señor, es del cielo. Semejantes al terrenal, *serán también los terrenales…*Y así como hemos *llevado la imagen del hombre terrenal*" (1 Corintios 15:22, 47-49b).

Porque cada uno de nosotros lleva la naturaleza de Adán por nuestro nacimiento natural, todos los humanos necesitan tener un nuevo nacimiento para entrar en el reino de Dios (Juan 3:3).

2. Hijos de Satanás

La triste realidad es que Satanás es el padre del pecado y el líder espiritual de todos que no son nacidos de nuevo. Jesús dijo a los que no creyeron en Él, "Ustedes son de *su padre el diablo* y quieren hacer los deseos de su padre. Él fue un asesino desde el principio, y no se ha mantenido en la verdad porque no hay verdad en él" (Juan 8:44a NBLH). Después, la Biblia dice, "En esto se manifiestan los hijos de Dios, y los *hijos del diablo*: todo aquel que no hace justicia, ni ama a su hermano, tampoco es de Dios" (1 Juan 3:10).

El apóstol Pablo enseñó a los Efesios, "Antes ustedes estaban muertos a causa de su desobediencia y sus muchos pecados… igual que el resto de la gente, obedeciendo al diablo —el líder de los poderes del mundo invisible, *quien es el espíritu que actúa en el corazón de los que se niegan a obedecer a Dios*" (Efesios 2:1-2 NTV).

Las implicaciones de estas declaraciones son claras: Cada persona que no es salva tiene la naturaleza y el espíritu del enemigo de Dios obrando activamente en su vida. Esto no significa que la gente perdida se han convertido en lo más malvada posible, o que cada persona que no es salva sirve al Diablo a sabiendas. Significa simplemente que Satanás tiene acceso *a* y señorío *sobre*, sus naturalezas espirituales.

A través de la naturaleza pecaminosa, Satanás está constantemente atrayendo y corrompiendo el corazón humano para que nunca pueda ser libre del pecado, ni aceptable a Dios.

3. Hijos de ira

Esto es quizás el aspecto más espantoso de nuestra herencia en Adán. Pablo continuó diciendo a los Efesios que antes que recibieran a Cristo, "Seguíamos los deseos de nuestra naturaleza…éramos *por naturaleza objetos de ira*, como los demás" (Efesios 2:3). En Adán, cada uno de nosotros se dirige hacia las últimas consecuencias de nuestro pecado: la ira del Dios Todopoderoso.

Es popular en la cultura de hoy imaginarse que Dios es sólo capáz de amor y recompensa —que de algún modo Él ha perdido las características de la santidad y el juicio que son descritos en el Antiguo Testamento. Nos gusta oír sermones acerca de la misericordia de Dios y la gracia y a menudo nos mantenemos lejos de los mensajes que hablan del juicio de Dios y nuestra necesidad de santidad. Nuestra cultura, sin embargo, no tiene el derecho de despojar a Dios de los aspectos de Su personalidad que nos hacen incómodos.

La escritura habla directamente y consistentemente en ambos el Viejo y Nuevo Testamentos acerca de la ira de Dios con el pecado de la raza humana. El Nuevo Testamento es claro acerca del día de la ira de Dios que se acerca. Juan el Bautista empieza con esto: "A las multitudes que acudían para ser bautizadas, Juan les decía:¡Generación de víboras! ¿Quién les enseñó a huir de la ira venidera?" (Lucas 3:7). Jesús advirtió abiertamente de las consecuencias de rechazarlo: "El que cree en el Hijo tiene vida eterna, pero el que se niega a creer en el Hijo no verá la vida, sino que *la ira de Dios recae sobre él*" (Juan

3:36).[16] Muchas personas hoy imaginan que el infierno es un lugar donde la ira de Satanás es experimentada por pecadores, pero la Biblia enseña que Satanás no está todavía en el infierno. De hecho, la Escritura enseña claramente que en este momento, Satanás vive en la tierra (Juan 14:30; 12:31; 16:11; Efesios 2:2). El infierno fue preparado por Dios. Es Su prisión para espíritus humanos pecadores. Cuando una persona muere sin Cristo, es llevada al infierno, donde experimenta, no la ira de Satanás, sino el ardor de la ira de un Dios santo (Apocalipsis 20:1-3; Mateo 25:41.[17]

¿Qué pasa con los niños?

Cuando empezamos a comprender realmente lo que la Biblia enseña acerca de nuestra naturaleza humana caída, la pregunta surge naturalmente: ¿Qué sucede con los infantes y niños y aquellos que carecen de capacidad mental para comprender y creer el evangelio? La mayoría de los cristianos concuerdan que Dios ha hecho provisión especial para la salvación de infantes, niños, y aquellos que carecen de capacidad mental para comprender y creer el evangelio.

En Romanos 7, el apóstol Pablo enseña que la naturaleza de pecado habita en nuestros cuerpos. Él dice, "En un tiempo, yo vivía sin la ley, pero cuando vino el mandamiento, el pecado cobró vida y yo morí" (Romanos 7:9). La vida y la muerte de la que habla Pablo no son la vida y muerte físicas, sino la vida y la muerte espirituales. Él enseñó que antes de él conocer la ley, él tenía vida espiritual. Al ser criado en una familia judía devota, Pablo sólo podría estar describiendo su vida desde la infancia hasta la adolescencia.

En otras palabras, cuando él fue un niño, estuvo espiritualmente vivo hacia Dios, aunque el pecado habitara en su carne o cuerpo.

Este pasaje le da esperanza a cada padre que ha perdido a un(a) hijo(a). Revela que cuando un niño viene al mundo, su naturaleza espiritual está viva para Dios. El Señor es misericordioso hacia los niños y los que carecen la capacidad de saber y responder a la ley de Dios. Sin embargo, mientras los niños crecen, alcanzan una edad donde comprenden la diferencia entre el bien y el mal. En este momento, el pecado de Adán despierta en la carne y, como todos nosotros, pecan

---

16. Vea también: Romanos 1:18; 2:5; 2:8; 3:5; 5:9; 9:22; Efesios 5:6; Colosenses 3:6; 1 Tesalonisenses 1:10; 2:16; Apocalipsis 6:16-17; 11:18; 14:10, 19; 15:1, 7; 16:1, 19; 19:15.

17. La noción que Satanás vive en el infierno es más que una idea medieval que una enseñanza bíblica. La escritura dice claramente que Satanás es el príncipe de este mundo-él gobierna los poderes del aire-y que los demonios temen el día que serán lanzados al infierno. La escritura nunca coloca a Satanás como un ocupante actual en el infierno, y realmente enseña que estará sobre la tierra hasta un día futuro cuando Dios mismo lo lanzará en el abismo, o al infierno. Eventualmente Satanás será lanzado al lago de fuego.

y experimentan la muerte espiritual. Es en este punto que deben nacer de nuevo y recibir una nueva naturaleza por la fe en Jesucristo.

Nacidos del Espíritu

Por todas estas razones, cada hombre, mujer y niño necesitan un *segundo* nacimiento. Por esta razón Jesús le dijo a Nicodemo, "debes nacer de nuevo". Aún nuestros mejores esfuerzos religiosos no pueden cambiar la condición de nuestros corazones. A través del nuevo nacimiento, Dios literalmente remueve la corrupción del pecado del corazón humano y lo reemplaza con Su propia naturaleza. En vez de permanecer un "hijo de Adán", el creyente ahora renace "en Cristo". Hay varios pasos importantes que ocurren en el nuevo nacimiento.

1. El corazón se despierta

La escritura dice que nuestra naturaleza pecadora nos ciega a nuestra necesidad de Cristo. Pablo declara que estamos muertos en nuestros delitos y pecados. Es sólo a través de la prédica del evangelio que el Espíritu Santo nos despierta de la muerte espiritual y crea dentro de nosotros una realización de nuestra condición pecadora y nos da el anhelo por el amor de Jesús. "A ustedes, él les dio vida cuando aún estaban muertos en sus delitos y pecados" (Efesios 2:1), "No me avergüenzo del evangelio, porque es poder de Dios para la salvación de todo aquel que cree" (Romanos 1:16). El primer paso a ser nacidos de nuevo es oír el evangelio.

2. El corazón cree

La escritura dice, "la fe proviene del oír, y el oír proviene de la palabra de Dios" (Romanos 10:17). Siempre que el mensaje de Cristo es predicado, el Espíritu Santo esta presente permitiendo los corazones duros y pedregosos a creerlo. Hay un trabajo sobrenatural de Dios que atrae a personas caídas a Cristo por el mensaje del evangelio. Jesús dijo, "Ninguno puede venir a mí, si el Padre que me envió no lo trae. Y yo lo resucitaré en el día final" (Juan 6:44). ¡Dios no sólo nos dice que debemos creer (el evangelio), pero también nos da la capacidad de hacerlo! De esta manera nuestra salvación es completamente la obra de Dios. "Ciertamente la gracia de Dios los ha salvado por medio de la fe. Ésta no nació de ustedes, sino que es un don de Dios; ni es resultado de las obras, para que nadie se vanaglorie" (Efesios 2:8-9).

3. El corazón es cambiado

Esto es el gran milagro de la salvación. Le llamamos a esto *regeneración*. Una vez la persona confía en Cristo, el milagro del nuevo nacimiento ocurre. En nuestra sección final, aprenderemos acerca de las cosas sorprendentes que ocurren cuando somos nacidos de nuevo.

DIA 3 EJERCICIOS

1. ¿Qué significa ser "nacido de la carne"?

_____

_____

2. ¿Cuáles son las implicaciones de Efesios 2:1-2?

_____

_____

_____

3. ¿De qué advirtió Jesús eran las consecuencias de rechazarlo a Él?

_____

_____

4. ¿Qué hace el Espíritu Santo en nosotros cuándo oímos predicar el evangelio?

_____

_____

5. ¿Cuál es el primer paso al nacer de nuevo?

_____

_____

6. ¿Por qué NECESITAMOS un segundo nacimiento?

_____

_____

_____

_____

7. ¿Qué le sucede a los corazones cuando nacemos de nuevo?

_____

_____

_____

_____

DIA 4: EL CORAZON TRANSFORMADO

LAS CARACTERISTICAS DEL CORAZON TRANSFORMADO

Muchos cristianos viven y mueren sin nunca haber comprendido ni apreciado la naturaleza de lo que sucedió el día que ellos nacieron de nuevo. Recientemente hablé con una pareja que había estado luchando por pagar sus deudas. Los dos trabajaban muy duro y oraban por un ingreso adicional. Un día, durante la feria estatal local, el hombre andaba por delante de varias exhibiciones en uno de los edificios públicos y noto un puesto que había sido establecido por el estado. Al investigar, descubrió que la estación fue diseñada para ayudar a las personas a descubrir fondos que no han sido reclamados que han sido mantenidos en los libros del estado. Cuando este hombre entró su información, fue estremecido al descubrir que tenía más de mil dólares en reembolsos que no habían sido reclamados por él. Él simplemente llenó una planilla de reclamo y recibió su cheque.

> "Pero a todos los que creyeron en él y lo recibieron, les dió *el derecho* de llegar a ser hijos de Dios. Ellos nacen de nuevo, no mediante un nacimiento físico como resultado de la pasión o de la iniciativa humana, sino *por medio de un nacimiento que proviene de Dios*" (Juan 1:12-13 NTV).

Muy a menudo luchamos por vivir la vida cristiana, completamente ignorantes que Dios ya nos ha dado "todas las cosas que *pertenecen* a la vida y la devocion" (2 Pedro 1:3). Cuando una persona nace de nuevo, un milagro ha tomado lugar en su espíritu humano y reciben instantáneamente una abundancia de dones, gracia, y derechos especiales que pertenecen a los ciudadanos del reino de Dios, pero usted no puede aprovecharse de nada que usted no sabe que tiene. La Biblia es un libro que fue escrito para informarnos de lo que nos pertenece a nosotros en Cristo y para enseñarnos cómo reclamar las bendiciones que Dios ha depositado en las cuentas de cada uno de Sus hijos.

Transformación completa e instantánea

Nacer de nuevo no es un proceso gradual que sucede con el tiempo. Ocurre el momento en que creemos en el evangelio y confesamos a Jesús como nuestro Señor. Dios transfiere en un instante al creyente fuera del reino de la oscuridad y al reino de Su amado Hijo. Usted no se desarrolla gradualmente en un cristiano.

> "Y que también nos ha librado del poder de la oscuridad y nos
> ha trasladado al reino de su amado Hijo" (Colosenses 1:13).

Es posible que haya un proceso largo antes del nuevo nacimiento, en que Dios obre en su vida y atraiga su corazón y mente hacia Cristo. Hay un proceso que toma toda una vida después del nuevo nacimiento en el que el creyente aprende a caminar en su nueva naturaleza. Pero entre ellos, hay un momento único en que la transacción verdadera ocurre. En un momento usted vive bajo el dominio de las tinieblas y en el próximo es hijo de Dios (Colosenses 2:9-10).

NACIDO HIJO VERDADERO DE DIOS

> "Miren cuánto nos ama el Padre, que nos ha concedido ser
> llamados hijos de Dios. Y lo somos. El mundo no nos conoce,
> porque no lo conoció a él" (1 Juan 3:1).

> "Y por cuanto ustedes son hijos, Dios envió a sus corazones el
> Espíritu de su Hijo, el cual clama: '¡Abba, Padre!'" (Gálatas 4:6).

Muchas personas creen que todos son hijos de Dios solo por la virtud de haber nacido en este mundo. Pero como hemos visto, lo opuesto es cierto. El nacimiento natural hace a uno, hijo del pecado. El segundo nacimiento hace a uno, hijo de Dios. Ser hijo de Dios no es una metáfora ni giro de frase tampoco. Uno no es meramente "contado" o "adoptado" como hijo de Dios. La Biblia enseña que cuando una persona nace de nuevo, su naturaleza espiritual entera es regenerada con la vida y la naturaleza de Dios mismo. La fuerza propia de la vida de Dios, Su simiente santa, es sembrada en el corazón humano.

> "En esto se mostró el amor de Dios para con nosotros: en que
> Dios envió al mundo a su Hijo unigénito, para que vivamos por
> él" (1 Juan 4:9).

> *Nacer de nuevo no es un proceso gradual que sucede con el tiempo. Ocurre el momento que creemos en el evangelio y confesamos a Jesús como nuestro Señor.*

NACIDO A SU FAMILIA

Dios deseó una familia. Cuando Él primero formó a Adán y Eva, Su plan fue levantar una familia de hijos e hijas que estuvieran en Su semejanza, y que lo amaran con corazones libres. Cuando una persona es nacida de nuevo, ésta no sólo recibe a Dios como su Padre, sino que es conectada instantáneamente a todo otro hijo de Dios que haya vivido. El apóstol Pablo le llamó a Dios el Padre "de quien recibe su nombre toda familia en los cielos y en la tierra" (Efesios 3:15). Esto significa que tenemos una familia espiritual instantánea compuesta de hijos de Dios de toda raza, nación, tribu, y lengua.

La familia de Dios en la tierra es llamada Su iglesia. Dondequiera que los hijos de Dios viven en la tierra, somos instruidos a reunirnos en iglesias locales para adorar, aprender, dar, crecer, y servir juntos. En los siguientes capítulos, aprenderemos acerca de la iglesia de Dios y cómo podemos beneficiarnos completamente de una relación dinámica con nuestra familia espiritual.

NACIDO A SU SEMEJANZA

Los hijos llevan la imagen y las características físicas de sus padres naturales. Lo mismo puede ser dicho de los hijos de Dios. Llevamos en nuestros espíritus la huella de la propia naturaleza de Dios. Hemos sido creados para ser *como* Dios mismo en carácter.

Completamente justos y santos

Pablo enseñó a los cristianos de Efesios que nuestro nuevo espíritu "ha sido creado según Dios, en la rectitud y santidad verdaderas" (Efesios 4:24). Esta declaración asombrosa nos dice que nuestro espíritu nacido de nuevo es recreado en la propia justicia y santidad de Dios. Mientras que nuestras mentes pueden crecer en nuestro conocimiento de Dios y nuestros cuerpos deben aprender a caminar en la mayor rectitud en nuestras vidas diarias, el espíritu nacido de nuevo es instantáneamente justo y santo. Nunca se hace más justo. Nuestro espíritu no aumenta en la santidad. ¡Cargamos la perfecta justicia y santidad el momento en que nacemos de nuevo! Esta justicia no es nuestra. Como ya hemos aprendido, los corazones son hechos justos con la perfecta justicia de Cristo. Nuestra confianza no está en nuestro desempeño religioso, sino en la obra perfecta de Cristo a nuestro favor.

Llenos del amor divino

La Biblia dice que "el amor de Dios ha sido derramado en nuestros corazones por el Espíritu Santo que nos fue dado" (Romanos 5:5). El atributo más alto de Dios es el amor. En el nuevo nacimiento, la misma naturaleza amorosa de Dios es depositada en nosotros. De hecho, la certeza primaria que tenemos nuestra salvación es el atributo del amor. El atributo más alto de Islam es la obediencia al Corán y la sumisión a Alá. El valor más alto de Budismo es abnegación. Pero el valor más alto de cristianismo es el amor (1 Juan 3:14; 4:7-8).

Receptores de la naturaleza divina

Cuando nacemos otra vez, la huella de Adán es borrada de nuestros corazones y una nueva naturaleza toma su lugar. Pedro dijo que nos hemos convertidos en "partícipes de la naturaleza divina, puesto que han huido de la corrupción que hay en el mundo por causa de los malos deseos" (2 Pedro 1:4). El apóstol Juan enseñó que "tengamos confianza en el día del juicio, pues como Él es, así somos nosotros en este mundo" (1 Juan 4:17). Esta nueva naturaleza desea obedecer a Dios y cumplir Su palabra.

Incluido en esta naturaleza divina es el fruto del Espíritu. Así como un árbol sano da frutos según su naturaleza, nuestro nuevo corazón produce fruto en nuestra vida según la naturaleza de Dios. Este fruto es encontrado en Gálatas 5:22: amor, gozo, paz, paciencia, benignidad, bondad, fe, mansedumbre, templanza. Estos rasgos del carácter divino están presentes en el corazón de cada creyente ahora mismo, y esperan ser desarrollados en nuestras vidas naturales.

NACIDO IMPERECEDERO

El nacimiento natural es una entrada permanente e irreversible a la familia humana. Una vez que un niño es concebido y nacido, ellos siempre llevarán el ADN de sus padres. No hay nada que podemos hacer para cambiar nuestros padres de nacimiento. Llevamos su imagen en nuestros genes. De la misma manera, cuando una persona nace de nuevo, esta es recreada para ser la descendencia espiritual verdadera de Dios. Esto ocurre por el poder del Espíritu Santo y forma parte de plan eterno de Dios, el cual Él determinó antes de la fundación del mundo. Esto significa que el nuevo nacimiento es un cambio radical, poderoso y permanente en el espíritu humano. No puede ser invertido porque Dios mismo ha determinado mantener Sus hijos y terminar la obra que ha empezado en ellos (Filipenses 1:6).

Pedro enseña que hemos nacido de nuevo "no de una simiente perecedera, sino de una simiente imperecedera, por la palabra de Dios que vive y permanece para siempre" (1 Pedro 1:23). El apóstol Juan, hablando del corazón renacido, hace una notable declaración: "Todo aquel que ha nacido de Dios no practica el pecado, porque la simiente de Dios permanece en él, y no puede pecar, porque ha nacido de Dios" (1 Juan 3:9). Juan no supone que los cristianos no pecan. En el primer capítulo de esta misma carta, Juan dice que si nosotros (creyentes) decimos que no tenemos pecado "nos engañamos," y "si confesamos nuestros pecados, Él es fiel y justo para perdonar nuestros pecados" (1 Juan 8-9). Naturalmente, mientras vivamos en nuestros cuerpos mortales, nosotros estamos susceptibles a caer en pecado. Sin embargo, Juan dice que la parte de nosotros que nace de Dios no peca.

Es decir, nuestros espíritus renacidos no son la fuente de tentación y pecado en nuestra vida. Nuestro espíritu nacido de nuevo es el que nos hala hacia la justicia cada vez. La palabra "semilla" en 1 Juan 3:9 es la palabra griega *sperma*. Es la palabra que es traducida directamente en español como la semilla del macho. La semilla de Dios, Su propia naturaleza y vida, ha dado a luz el corazón cristiano. Por lo tanto permanece hijo de Dios por toda la eternidad.

Sellado por el Espíritu Santo

Este concepto de ser un hijo de Dios permanente es posible porque una vez que el Espíritu Santo cambia el corazón, Él lo sella. En Efesios, el apóstol Pablo revela esta verdad maravillosa.

> "También ustedes, luego de haber oído la palabra de verdad, que es el evangelio que los lleva a la salvación, y luego de haber creído en él, fueron sellados con el Espíritu Santo de la promesa, que es la garantía de nuestra herencia hasta la redención de la posesión adquirida, para alabanza de su gloria" (Efesios 1:13-14).

> "No entristezcan al Espíritu Santo de Dios, con el cual ustedes fueron sellados para el día de la redención" (Efesios 4:30).

La palabra griega traducida "sellado" en estos versos es la palabra *sphragizo*. Es una palabra desarrollada de la idea de un rey que sella un documento real con la insignia personal de su anillo. Una vez sellado, el documento no podría ser abierto ni el sello roto por nadie más que el propio rey. Estos sellos también contenían sellos de fecha que indicaban cuándo el documento debía ser abierto y los deseos del rey cumplidos. Utilizando esta palabra especial, Dios nos dice que una vez que nosotros creemos en Cristo y nacemos de nuevo, Dios sella nuestra salvación en nuestros espíritus. Este sello protege nuestra relación eterna con Él hasta el día de nuestra redención final. Por eso es que el creyente puede caer en pecado con su cuerpo y mente, pero nuestros corazones son mantenidos por Su propio poder hasta que Él venga a terminar lo que comenzó en nuestras vidas.

Recibe vida eterna

Jesús dijo que "Las que son mis ovejas, oyen mi voz; y yo las conozco, y ellas me siguen. Y yo les doy vida eterna; y no perecerán jamás, ni nadie las arrebatará de mi mano" (Juan 10:27-28). Luego Jesús dijo, "Yo soy la resurrección y la vida; el que cree en mí…vivirá" (Juan 11:25). La vida eterna es la escencia de la misma vida de Dios entrando a nuestros espíritus. Es llamado eterno por tres razones: su calidad, efectos, y duración.

1. La calidad de la vida eterna

Porque recibimos la misma vida de Dios en el momento que creemos en Cristo, recibimos algo de valor y calidad eterna. Dios es eterno, así que lo que viene de Él lleva la calidad de Su naturaleza eterna.

2. Los efectos de la vida eterna

Una vez que la vida de Dios entra a nuestros corazones, comienza a transformar nuestras vidas. Nada, jamás volverá a ser lo mismo otra vez. Su vida cambia instantáneamente nuestros espíritus y entonces comienza a obrar en nuestras almas, cuerpos, relaciones, vocaciones, y estilo de vida. La vida de Dios bendice todo lo que toca. Afecta nuestros sentimientos, finanzas, y nuestras familias. La mayoría de los creyentes nunca permiten totalmente que la vida divina que está en ellos gobierne sus vidas. Es poderosa y efectiva.

3. La duración de la vida eterna

Como Jesús enseñó, una vez que uno recibe vida eterna, nunca pereceremos. Él fue muy claro que Su vida, una vez impartida a nuestros corazones, garantiza que le perteneceremos a Él y al Padre por toda la eternidad.

Muchos cristianos se erizan en esta idea que nuestra salvación sea permanente. Ellos imaginan que si uno cree que son eternamente hijos de Dios, no habrá razón de continuar viviendo una vida justa. No hay duda que muchos que se aprovechan del don de gracia de Dios y no se comportan bien, buscando el perdón rápido y fácil. Pablo advierte en contra de los que convertirían la gracia de Dios en una licencia para pecar (Judas 1:4).

Hay muchos cristianos buenos que enseñan que la salvación puede ser deshecha por el pecado personal del creyente y luego hecho de nuevo por la fe del creyente. En algunos de estos círculos, el milagro del nuevo nacimiento quizás ocurra muchas veces en la vida de una persona —yendo de perdido a salvo y de aquí para allá— basado en conductas y creencias particulares en la vida de una persona. Dios, sin embargo, no ha basado Su salvación sobre algo tan débil como nuestra conducta. Como hemos aprendido, la salvación es basada sobre la obra de Cristo solamente. Cualquier salvación que debe ser mantenida por obras de virtud personal al final es una salvación basada sobre ellas.

La Escritura contiene muchas advertencias contra el pecado y sus consecuencias. Un sinnúmero de estos versos indican que la salvación podría ser perdida si continuamos en pecado sin interrupción (Hebreos 6:4-6). Pero Dios también tiene un plan que incluye disciplina para Sus hijos que caen en el pecado y trabaja simultáneamente en sus vidas de tal manera que al final serán preservados como hijos de Dios.

> "Queridos amigos, aunque hablamos de este modo, no creemos que esto se aplica a ustedes. Estamos convencidos de que ustedes están destinados para cosas mejores, las cuales vienen con la salvación" (Hebreos 6:9 NTV).

La *verdadera* doctrina de salvación eterna *no enseña que* se puede llegar a ser salvo y luego vivir de la manera que uno quiera sin consecuencia. Nos enseña que si uno es *verdaderamente* salvo y nacido de Dios, ellos ya no están satisfechos con el pecado. *Ellos han sido cambiados.* Ellos *van a querer* vivir para Dios. Cuando el creyente tropieza en el pecado, entristecerá su corazón renacidos.

Si usted ha nacido de nuevo, *el verdadero tú ya no quiere pecar más.* Su carne y su mente todavía sin renovar puede sentir el tirón de la tentación, pero el espíritu regenerado siempre querrá hacer lo que es correcto. Si una persona dice que ha nacido de nuevo, pero continúa practicando el pecado sin ningún sentido de convicción o deseo de cambiar, *su conversión es una fábula.* Ellos no son verdaderamente hijos de Dios, porque aquel que ha nacido de Dios no continúa practicando el pecado. El nuevo nacimiento *verdaderamente* cambia nuestros corazones —poderosa, perfecta y permanentemente.

El error de la doble-naturaleza

Es importante comprender que una vez una persona nace de nuevo, ya no tiene dos naturalezas en su espíritu. La escritura dice que una vez somos salvos, la vieja naturaleza se ha ido y la nueva ha llegado. Ninguna persona puede tener dos naturalezas en su espíritu al mismo tiempo. Uno es hijo del diablo o hijo de Dios. No puede ser ambos (Mateo 12:30; 1 Juan 3:10).

La lucha en la vida cristiana es dentro del espíritu del creyente. Nuestra lucha es entre nuestro hombre interno y nuestro hombre externo. Es una guerra entre el espíritu del creyente nacido de nuevo, hecho a la imagen y semejanza de Dios y la carne del creyente o el cuerpo, que todavía lleva la naturaleza de Adán. Comprender y participar en esta batalla exitosamente será el tema de la próxima sección en este libro. Dios ha colocado nuestra nueva naturaleza en el mismo cuerpo viejo que teníamos antes que fuéramos salvos. La clave para ganar esta batalla es darse cuenta de quiénes somos en Cristo, y confesar confiadamente lo que la Biblia dice acerca de nosotros.

LA PRESENCIA PERMANENTE DE DIOS

La maravillosa verdad final que revisaremos acerca del nuevo nacimiento es que cuando una persona recibe el nuevo nacimiento, la plenitud del Trino Dios viene a vivir dentro de ella. Juan dijo "Hijitos, ustedes son de Dios, y han vencido...porque mayor es el que está en ustedes que el que está en el mundo" (1 Juan 4:4). Pablo enseñó que "El que levantó de los muertos a Cristo Jesús también dará vida a sus cuerpos mortales por medio de su Espíritu que vive en ustedes" (Romanos 8:11b).

En nuestro próximo capítulo, estaremos hablando de la obra del Espíritu Santo en nuestras vidas a través de un don especial conocido como el bautismo del Espíritu Santo. Pero es importante notar que cada cristiano tiene el Espíritu de Dios que vive dentro de ellos. Una de las verdades más asombrosas y maravillosas en el Nuevo Testamento es la revelación que Dios mismo ha venido a hacer Su hogar dentro de nosotros. La morada de la presencia de Dios no es un mero concepto filosófico ni noción religiosa. Es un hecho real y quizás la parte más maravillosa de ser nacidos de nuevo.

Esto nos lleva de vuelta a una antigua profecía de Ezequiel. ¿Recuerda que dijo que venía un día en el cual Dios quitaría el corazón de piedra de nuestra carne y nos daría un nuevo espíritu? "Pondré en ustedes mi espíritu" (Ezequiel 36:27a). Cuando confiamos en Jesucristo, el Padre quita sobrenaturalmente de nosotros el corazón viejo y crea un nuevo corazón en el que pueda derramarse. ¡No hay nada más maravilloso que nacer de nuevo!

El nuevo nacimiento es la obra más grande de Dios en la tierra. Es un milagro de transformación en el que Dios cambia el corazón humano y quita la maldición del pecado y la huella de Adán de nuestro ser. Esta obra sobrenatural pone la fe cristiana aparte de toda otra religión del mundo. La religión humana busca alterar el corazón del hombre a través de códigos de conducta. Creer en Jesucristo cambia nuestros corazones instantáneamente para que Él pueda obrar a través de nosotros y cambiar nuestra conducta.

Confiese valientemente:

- "Soy una nueva creación en Cristo Jesús"
- "La cosas viejas han pasado, todas las cosas son hechas nuevas en mí"
- "He recibido vida eterna, y nunca pereceré"
- "Mayor es Él que está en mí, que él que está en el mundo"
- "Él que ha empezado la buena obra en mi la cumplirá hasta el día de Jesucristo"
- "He sido trasladado fuera del reino de las tinieblas, y transferido al reino de Su amado Hijo"

DIA 4 EJERCICIOS

1. ¿Qué le sucede al creyente en Colosenses 1:13?

_____

_____

2. Cuando una persona nace de nuevo, ¿qué le sucede a toda su naturaleza espiritual?

_____

_____

3. ¿Cómo se le llama a la familia de Dios en la tierra?

_____

4. Según 1 Pedro 1:23, ¿de qué clase de semilla hemos sido nacidos de nuevo?

_____

_____

5. Según Efesios 1:13-14, ¿por cuánto tiempo hemos de estar sellados con el Espíritu Santo?

_____

_____

6. Cuando somos salvos, somos cambiados por dentro. No siempre nos sentiremos diferente, pero el cambio es verdadero. Terminamos nuestra lectura con una lista de afirmaciones para confesar confiandamente. Escoja una de ellas hoy para escribirla aquí. Manténgala frente a usted todo el día y declárela una y otra vez.

_____

_____

CAPÍTULO CINCO

EL DON DEL ESPIRITU SANTO

CAPÍTULO CINCO
El don del Espíritu Santo

DIA 1: LA PERSONA DEL ESPIRITU SANTO

La transformación requiere de poder. Ya sea que hablemos de la transformación física, de la transformación social o de la transformación personal, el cambio genuino requiere de gran poder. Esto es especialmente cierto cuando se trata de experimentar la clase de transformación que Dios desea para nuestras vidas.

Mientras que hay muchas cosas que podemos hacer, la clase de transformación espiritual que necesitamos sólo puede ser lograda por un poder que es mayor que nosotros mismos. La buena noticia es que Dios *ha hecho este poder disponible para nosotros* a través del don del Espíritu Santo. De hecho *todo lo que Dios hace en su vida y en este mundo* se logra a través de la acción directa del Espíritu Santo. El Espíritu de Dios actúa sobre la Palabra de Dios para producir el cambio que Dios desea. Vemos esto en los primeros versos de la Biblia, cómo Dios prepara una tierra en tinieblas y caótica para ser transformada en un hermoso hogar para la vida y la creación.

> "Dios, en el principio, creó los cielos y la tierra. La tierra estaba desordenada y vacía, las tinieblas cubrían la faz del abismo, *y el espíritu de Dios se movía sobre la superficie de las aguas.* Y dijo Dios: '¡Que haya luz!' *Y hubo luz*" (Génesis 1:1-3).

En este pasaje, el Espíritu Santo actuó sobre la Palabra hablada de Dios para traer transformación a la condición oscura de la tierra. Hoy, Dios obra de la misma manera para traer transformación a los lugares rotos en nuestras vidas. Mientras actuamos en fe sobre la Palabra de Dios, el Espíritu Santo opera para permitir el cambio que necesitamos en nuestras vidas.

> *Todo lo que Dios hace en su vida y en este mundo es logrado por la acción directa del Espíritu Santo.*

En este capítulo aprenderemos cómo el Espíritu de Dios obra para llevar a cabo nuestra transformación a través de dos obras diferentes —el nuevo nacimiento y el bautismo del Espíritu Santo.

COMPRENDIENDO AL ESPIRITU SANTO

El Espíritu Santo es nuestro compañero terrenal

Ninguno de nosotros quiere estar sólo. Todos necesitamos conexiones con personas verdaderas para estar emocionalmente saludables y cumplir nuestra misión en este mundo. En el evangelio de Juan, Jesús preparó a Sus discípulos para la transición masiva que estaban a punto de experimentar. Jesús iba a morir y aunque Él sería resucitado de la muerte, Su próxima misión iba a ser llevada a cabo al lado de Su Padre en el cielo. Jesús había pasado tres años amando y dirigiendo estos hombres y mujeres. Él había sido una presencia constante en sus vidas, y ellos no estaban emocional o mentalmente preparados para perder al mejor amigo que ellos jamás habían conocido. Así que Jesús los preparó prometiéndoles que los dejaría en las mejores manos posibles. Jesús dijo,

> "Pero les digo la verdad: les conviene que yo me vaya; porque si no me voy, el Consolador no vendrá a ustedes; pero si me voy, yo se lo enviaré" (Juan 16:7).

> "Les he dicho estas cosas mientras estoy con ustedes. Pero el Espíritu Santo, a quien el Padre enviará en mi nombre, los consolará y les enseñará todas las cosas, y les recordará todo lo que yo les he dicho" (Juan 14:25-26).

> "Aún tengo muchas cosas que decirles, pero ahora no las pueden sobrellevar. Pero cuando venga el Espíritu de verdad, él los guiará a toda la verdad; porque no hablará por su propia cuenta, sino que hablará todo lo que oiga, y les hará saber las cosas que habrán de venir. Él me glorificará, porque tomará de lo mío y se lo hará saber" (Juan 16:12-14).

El Espíritu Santo es una persona

> "Y yo rogaré al Padre, y él les dará otro Consolador, para que esté con ustedes para siempre: es decir, el Espíritu de verdad, al cual el mundo no puede recibir porque no lo ve, ni lo conoce; pero ustedes lo conocen, porque permanece con ustedes, y estará en ustedes" (Juan 14:16-17).

La primera cosa que aprendemos acerca del Espíritu Santo es que Él es una *persona*. Hoy muchas personas se refieren al Espíritu como si Él fuera alguna clase de energía espiritual que existe semejante a las fuerzas físicas de electricidad o magnetismo. Ellos a veces lo describen utilizando la palabra "eso" en declaraciones como, "Verdaderamente sentí al Espíritu en la iglesia hoy. *Eso* fue realmente fuerte". El problema es que ese idioma no logra reconocer al Espíritu Santo como una persona divina. El Espíritu Santo es una *persona espiritual* —como el Padre, Jesús, usted y yo. Jesús se refirió al Espíritu como "Él". Él es la tercera persona de la Divinidad que comparte las cualidades de Jesús y el Padre, mas tiene una misión específica en la tierra y en la vida del creyente. La Biblia enseña:

- El Espíritu Santo prohíbe (Hechos 16:6).
- Puede ser apenado (Efesios 4:30).
- Puede ser resistido, ignorado y se puede pecar en contra Él (Hechos 6:10; 7:51).
- Jesús dijo que habla y oye (Juan 16:13; Hechos 21:11).
- Él tiene una mente (1 Corintios 2:11) y una voluntad (1 Corintios 12:11).
- Nos enseña y nos recuerda de las cosas habladas por Jesús (Juan 14:26).
- Sirve como nuestro guía personal (Juan 16:13).

Todas éstas son características que pertenecen a una persona, no a una energía ni fuerza. Esto es una verdad importante porque nos permite tener una relación con el Espíritu Santo. Usted sólo puede tener una relación con una persona consciente, que piensa y siente. ¡Varios cultos enseñan que el Espíritu de Dios es una fuerza[18] y esta falsa doctrina le roba al creyente de la riqueza de una relación personal con el Espíritu Santo!

El Espíritu Santo es Dios

Como miembro de la Trinidad, el mismo Espíritu Santo es Dios. Él comparte todas las cualidades de Dios junto con el Padre y el Hijo. Esta doctrina es llamada a *la deidad*[19] *del Espíritu Santo*. Su naturaleza divina es revelada en los siguientes hechos:

1. El Espíritu Santo es referido como Dios

Entonces Pedro le dijo 'Ananías, ¿por qué le permitiste a Satanás que entrara en ti *para mentirle al Espíritu Santo* ... No les has mentido a los hombres, *sino a Dios*'" (Hechos 5:3-4).

18. Los Testigos de Jehová.
19. Las calidades que hacen a un Dios.

"¿No saben que ustedes son *templo de Dios*, y *que el Espíritu de Dios habita en ustedes?*" (1 Corintios 3:16).

"Porque *el Señor es el Espíritu*; y donde está el Espíritu del Señor, allí hay libertad" (2 Corintios 3:17).

2. El Espíritu Santo posee las cualidades de Dios

Él es vida (Romanos 8:2), verdad (Juan 16:13), amor (Romanos 15:30), y santidad (Efesios 4:30). Él es eterno (Hebreos 9:14), y omnipresente, o presente en todas partes en tiempo y espacio (Salmos 139:7). Es omnisciente o tiene todo el conocimiento de todas las cosas (1 Corintios 2:11). Él es también omnipotente o todo poderoso; nada es imposible para Él hacer.

3. Él lleva a cabo las obras de Dios

Es nuestro Creador (Génesis 1:2; Job 33:4; Salmos 104:30), Redentor (Isaías 63:10-11; Efesios 4:30; 1 Corintios 12:13), y hace milagros (Hechos 1:8; Gálatas 3:2-5; Hebreos 2:4).

4. El Espíritu Santo es mencionado igualmente en la Trinidad

"Que la gracia del *Señor Jesucristo*, el amor *de Dios*, y la comunión *del Espíritu Santo* sean con todos ustedes. Amén" (2 Corintios 13:14).

"Por tanto, vayan y hagan discípulos en todas las naciones, y bautícenlos en el nombre del *Padre*, y del *Hijo*, y del *Espíritu Santo*" (Mateo 28:19).

"Y el *Espíritu Santo descendió* sobre él en forma de paloma. Entonces vino *una voz del cielo*, que decía: 'Tú eres *mi Hijo amado*, en quien *me complazco*'" (Lucas 3:22).

5. El Espíritu Santo es enviado del Padre y el Hijo

Mientras nuestro Dios es uno en esencia, Él es tres en persona. Hay la igualdad total entre el Padre, el Hijo y el Espíritu Santo, pero hay una sumisión *funcional* entre ellos. Jesús fue enviado para estar con el Padre. El Espíritu Santo es enviado por el Padre y el Hijo. El Espíritu nos atrae a Jesús y Jesús nos trae a una relación directa con el Padre (1 Juan 14:16, 26). La Biblia enseña que la sumisión del Espíritu Santo y Jesús al Padre es un acto de amor entre iguales, sin un orden jerárquico de superioridad (Filipense 2:1-15).

6. El Espíritu Santo es el agente activo de Dios en la tierra hoy

Desde que Jesús regresó al cielo y se sentó a la mano diestra de Dios, Él trabaja continuamente para abogar por Sus hijos ante el Padre. La Escritura enseña que Jesús "*debe permanecer en el cielo* hasta el tiempo de la restauración final de todas las cosas, como Dios lo prometió hace mucho tiempo" (Hechos 3:21 NTV).

Por lo tanto el Espíritu Santo es el miembro de la Trinidad que está presente en la tierra hoy. El Padre y el Hijo trabajan en la tierra a través del ministerio del Espíritu Santo. Esto significa que como creyentes, debemos tener un conocimiento profundo de lo que la Biblia dice acerca del Espíritu Santo y crecer diariamente en nuestra relación con Él.

LOS TRES RIOS DE LA OBRA DE DIOS EN LA TIERRA

Yo fui criado en una hermosa propiedad familiar en un lugar conocido como Tres Ríos (Three Rivers) en el estado de Nueva York central. Es aquí donde los ríos Seneca y Oneida se encuentran, se mezclan, y fluyen juntos a un tercer río —el Oswego. De allí, sus aguas viajan veinte millas al Lago Ontario, luego hacia el Río St. Lawrence, y por último al Océano Atlántico.

Hace siglos, el cruce de estos tres ríos fue uno de los lugares tradicionales de reunión de la Liga Iroquesa. Las Seis Naciones (indígenas) de la Liga Iroquesa convocarían anualmente en esta intersección natural de aguas. Según la leyenda, fue aquí donde estas antiguas facciones opuestas construyeron una paz duradera entre sus tribus aceptando una ley escrita en el wampum. Algunas de las facetas de esta ley serían utilizadas luego por los próceres para crear la Constitución de EEUU.

Mi papa acostumbraba pararse en nuestro muelle y me decía, ¡"John, de Tres Ríos, tu puedes ir a cualquier lugar en el mundo"! Sentí como si nuestro pequeño mágico muelle era la puerta al mundo entero. De esa misma manera, hay tres "ríos" que Dios utiliza para lograr Su obra transformadora en nuestras vidas. Cada uno es esencial a nuestro crecimiento y desarrollo personal.

Este fenómeno natural ilustra los tres ríos, o fuerzas, que Dios utiliza para lograr Su ministerio en la tierra.

1. El río del Espíritu Santo

El primer río es la obra del Espíritu Santo. Jesús dijo, "Del interior del que cree en mí, correrán ríos de agua viva, como dice la Escritura" (Juan 7:38). El Espíritu Santo carga la voluntad, el poder, y la autoridad de Dios en el mundo.

2. El río de la Palabra

El Espíritu de Dios debe trabajar con y a través de la Palabra de Dios. El Espíritu Santo es enviado a imponer y establecer la Palabra de Dios. *Es por esta razón que debemos ser estudiantes de la Biblia.* El Espíritu Santo confirma la Palabra. Si no hay enseñanza bíblica o prédica, el Espíritu no tiene nada con qué trabajar (Isaías 55:9-11; Marcos 16:20).

3. El río de la iglesia local

Por último, ambos, la Palabra de Dios y el Espíritu de Dios requieren un canal por el cual operar —un cuerpo que llevará la voz de Dios y el Espíritu a la gente que lo necesita. Ese tercer río es la iglesia local. La iglesia de Dios es la *asamblea del pueblo de Dios* en una ciudad local, aldea o zona. Dios utiliza esta comunidad espiritual para llevar la obra de Cristo al mundo. Debemos comprender la necesidad de estos tres ríos esenciales del ministerio trabajando juntos con el Espíritu y la Palabra que operan a través de la iglesia local. Cuando comprometemos nuestras vidas a cada uno de estos "ríos", disfrutaremos de la obra del Señor llevada a las "aguas" de este mundo —el mar lleno de una humanidad incrédula por la que Jesús murió para salvar, sanar y libertar.

"Ellos salieron entonces y predicaron por todas partes, y el Señor los ayudaba confirmando la palabra con las señales que la acompañaban. Amén" (Marcos 16:20).

EL DIA 1 EJERCICIOS

1. Llene los blancos: El _____ de Dios actúa sobre la
_____ de Dios para producir el _____
que Dios desea.

2. Relacionado en esta sección, el Espíritu Santo es Dios y no un "objeto o cosa".
Es una persona verdadera, y muy poderosa. Lea Juan 14:16-17. En estos
versos, Jesús llama el Espíritu Santo "el Espíritu de _____".

3. En su lectura, hay siete características que demuestran que el Espíritu Santo
es una persona. Enumere cuatro de ellas aquí.

    1. _____

    2. _____

    3. _____

    4. _____

4. Hay seis hechos que revelan al Espíritu Santo como Dios. ¿Cuales son?

    1. _____

    2. _____

    3. _____

    4. _____

    5. _____

    6. _____

5. ¿Cuáles son los tres ríos del trabajo de Dios en la tierra?

    1. _____

    2. _____

    3. _____

DIA 2: EL OBRA DEL ESPIRITU SANTO

El Espíritu Santo en realidad tiene una descripción de trabajo escrita. Cuando Jesús prometió derramar el Espíritu Santo, Él describió exactamente lo que implicaría Su trabajo en la tierra. Necesitamos estudiar los deberes y responsabilidades asignadas a El por Jesús para que podamos tener una base para creer en Su ministerio en nuestras vidas.

EL OBRA DEL ESPIRITU SANTO EN EL NUEVO NACIMIENTO

Dios comienza Su obra de transformación en nuestras vidas a través del trabajo especial del Espíritu Santo llamado *el nuevo nacimiento*. Nos referimos a los que experimentan esta obra como haber nacido del Espíritu, salvos o nacidos de nuevo.

Acercar al no creyente a Jesús

La primera obra del Espíritu Santo es acercar a cada uno de nosotros a Jesús. Él hace esto trabajando a través de la iglesia que predica y enseña el evangelio de Jesús.

> "También ustedes, luego de haber oído la palabra de verdad, que es el evangelio que los lleva a la salvación, y luego de haber creído en él, fueron sellados con el Espíritu Santo de la promesa" (Efesios 1:13).

Siempre que una persona sea verdaderamente salva, podemos asegurarnos de que el Espíritu Santo está obrando en su vida mucho tiempo antes del día que recibiera a Jesús como su Salvador. Él obra en el mundo para atraer futuros creyentes a un lugar donde puedan oír el mensaje de Jesús. Él trabaja a través de las iglesias locales y de creyentes existentes para que llegue el mensaje de Jesús a aquellos que todavía no han creído.

De esta manera, la obra del Espíritu Santo de traer a pecadores a la salvación es dependiente de la obediencia de los cristianos que operan a través de la iglesia local. Si los cristianos no dan testimonio de Cristo, si los pastores no predican de la obra de Cristo, si las iglesias locales no envían finanzas y misioneros a proclamar a Cristo, entonces el Espíritu Santo no tiene nada con qué trabajar.

Convencer al mundo del error del pecado

Jesús dijo que el Espíritu Santo empezaría Su trabajo convenciendo al el mundo de pecado, justicia y juicio. Cuando el evangelio o las buenas nuevas de Jesucristo son compartidos, el Espíritu Santo va inmediatamente a trabajar en los corazones de hombres y mujeres perdidos o que no son cristianos. Él permite que sus oídos oigan el mensaje y abre sus ojos espirituales para que puedan "ver" la verdad de Jesucristo. Él obra a través del mensaje de Jesús para convencer de error a cada persona de su condición pecaminosa y su desconexión con el Dios que los creó.

Esto no significa que Él obra para condenar al inocente, sino para convencer al culpable de su condición pecaminosa existente. Él hace esto para que el no creyente pueda llegar a Dios para salvación. Antes de que pueda ayudar a una persona en un edificio en llamas, usted debe convencerlo de que en efecto hay un fuego mortal. Es esta incomodidad que insta a la víctima a escapar y llegar a los rescatadores. De la misma manera, el Espíritu Santo primero hace sentir al pecador incómodo y perturba su sentido de seguridad indicando su separación del Dios que lo hizo.

Revelar la necesidad de justicia

Una vez convicto de su pecado, el Espíritu Santo señala inmediatamente al corazón del impío su única esperanza —fe en Jesucristo. Él da cada uno que recibe el evangelio la capacidad de creer que Cristo murió por ellos. Por último, El abre una oportunidad para ellos ser hechos justos por la fe en Cristo y escapar del juicio de Dios sobre su vida. A esto se refería cuando Jesús dijo en Juan 16:8-11:

> "Y cuando él venga, *convencerá al mundo de pecado y de la justicia de Dios y del juicio que viene.* El pecado del mundo consiste en que el mundo se niega a creer en mí. La justicia está disponible, porque voy al Padre, y ustedes no me verán más. El juicio vendrá, porque quien gobierna este mundo ya ha sido juzgado" (NTV).

Cambiar el corazón del no creyente

Cuando una persona cree el evangelio de Jesús de corazón, el Espíritu Santo va inmediatamente a obrar en su espíritu para remover la naturaleza pecaminosa que ha heredado de Adán, y lo reemplazan con Su propia naturaleza y justicia. Como aprendimos en los capítulos tres y cuatro, renacemos espiritualmente, recibimos la presencia permanente del Espíritu Santo, y somos sellados en Cristo para todo el tiempo y la eternidad.

Trasladándonos del dominio de las tiniebla a la luz

Dios está en control completo del mundo. Éste está dividido en dos reinos espirituales diferentes-el reino de la luz y el reino de las tinieblas. Cada persona en la tierra ocupa uno de estos dos reinos espirituales. Hay sólo dos clases de personas en el mundo: el perdido y el encontrado, el salvo y el condenado, el perdonado y el condenado, los hijos de la luz y los hijos de las tinieblas. Esta oscuridad no tiene nada que ver con color, carrera, o estatus social. La oscuridad es la ausencia de luz. Es la oscuridad moral y espiritual que nos compromete a una eternidad fuera del amor de Dios.

Cuando una persona nace de nuevo, es transferida total y permanentemente fuera del dominio de las tinieblas de Satanás y se convierten en hijos eternos de Dios.

Lea estos pasajes con cuidado:

> "Y El les dio vida a ustedes, que estaban muertos en (a causa de) sus delitos y pecados, en los cuales anduvieron en otro tiempo según la corriente (la época) de este mundo, conforme al príncipe de la potestad del aire, el espíritu que ahora opera en los hijos de desobediencia. Entre ellos también todos nosotros en otro tiempo vivíamos en las pasiones de nuestra carne, satisfaciendo los deseos de la carne y de la mente (de los pensamientos), y éramos por naturaleza hijos de ira, lo mismo que los demás" (Efesios 2:1-3 NBLH).

> "Dando gracias al Padre que nos ha capacitado para compartir la herencia de los santos en la Luz" (Colosenses 1:12 NBLH).

> "Para que les abras sus ojos a fin de que se conviertan de las tinieblas a la luz, y del dominio de Satanás a Dios, para que reciban, por la fe en Mí, el perdón de pecados y herencia entre los que han sido santificados" (Hechos 26:18 NBLH).

> "No estén unidos en yugo desigual con los incrédulos, pues ¿qué asociación tienen la justicia y la iniquidad? ¿O qué comunión la luz con las tinieblas?" (2 Corintios 6:14 NBLH).

> "Porque antes ustedes eran tinieblas, pero ahora son luz en el Señor; anden como hijos de luz" (Efesios 5:8 NBLH).

El *reino de luz* de Dios es comprendido de personas que han recibido a Jesucristo como su Salvador y han aceptado la muerte de Jesús y resurrección como el pago íntegro para sus pecados. *El reino de Satanás de la oscuridad es* comprendido de los demas —por que todos los humanos han pecado y no han alcanzado la gloria de Dios (Romanos 3:23). ¡La Biblia dice que cuando somos guardados, conseguimos una transferencia al reino!

"Pues él nos rescató del reino de la oscuridad y nos trasladó al reino de su Hijo amado" (Colosenses 1:13 NTV).

Afortunadamente, el Espíritu Santo tiene un ministerio en ambos reinos de atraer a los hombres de las tinieblas a la luz. Su rol es de traer a todo hombre y mujer a la luz de Jesucristo. Como hemos visto todo esto es logrado por la obra del Espíritu Santo operando a través de la prédica del evangelio por la iglesia local.

> *¡Cuando una persona llega a la fe en Jesús, el Señor respira el Espíritu Santo dentro de ellos, creando una nueva persona espiritual!*

La presencia permanente de Dios

Una vez que una persona nace de nuevo, recibe la presencia plena y moradora del Trino Dios a través de la persona del Espíritu Santo. Cada cristiano verdadero tiene el Espíritu de Dios morando en ellos —es decir, en su espíritu. La tarde de la resurrección de Jesús, Él se le apareció a Sus discípulos. Esto es lo que ocurrió:

"Y mientras les decía esto, les mostró sus manos y su costado. Y los discípulos se regocijaron al ver al Señor. Entonces Jesús les dijo una vez más: 'La paz sea con ustedes. Así como el Padre me envió, también yo los envío a ustedes.' Y habiendo dicho esto, sopló y les dijo: 'Reciban el Espíritu Santo'" (Juan 20:20-2).

Jesús les dio a Sus discípulos la presencia permanente del Espíritu Santo en el día de Su resurrección

El no los hizo esperar. En el original griego, esta imagen es poderosa. Indica que Jesús fue a cada uno de Sus seguidores y respiró de Su propio aliento resucitado en ellos. La palabra traducida "respiró en" es realmente la palabra griega que significa "inflar respirando adentro".

Esto fue realmente Jesús recreando el acto creativo por el cual Dios había creado al primer hombre en Génesis 1 y 2. Él respiró en Adán el aliento de la vida y Adán se convirtío en un alma viviente. ¡A través de este momento, vemos que cuando una persona viene a la fe en Jesús, el Señor respira el Espíritu Santo en ellos, creando a una persona espiritual nueva! Esto representa la primera colocación del Espíritu Santo en la vida del creyente, el nuevo nacimiento.

Él nos unge y nos sella

Después de crear un nuevo espíritu dentro de nosotros y morar permanentemente dentro de nuestros nuevos corazones, El también sella Su presencia y salvación dentro de nosotros, así garantizando personalmente nuestra redención final. Este sello es la obra preciosa de Dios que nos marca como hijos de Dios por todo el tiempo y la eternidad.

Siete beneficios de ser nacido del Espíritu:

1. **Nos da autoridad sobre Satanás y espíritus de maldad (Marcos 16:18).**

2. **Nos da poder sobre el pecado y la carne (Romanos 8:2, 13).**

3. **Nos confirma y nos asegura que somos hijos de Dios (Romanos 8:16).**

4. **Nos guía hacia la voluntad de Dios (Romanos 8:14).**

5. **Nos permite obedecer los mandamientos de Dios.**

> "Los que obedecen los mandamientos de Dios permanecen en comunión con él, y él permanece en comunión con ellos. Y sabemos que él vive en nosotros, porque el Espíritu que nos dio vive en nosotros" (1 Juan 3:24 NTV).

6. **Nos sella en Cristo y garantiza nuestra herencia.**

> "También ustedes, luego de haber oído la palabra de verdad, que es el evangelio que los lleva a la salvación, y luego de haber creído en él, fueron sellados con el Espíritu Santo de la promesa, que es la garantía de nuestra herencia hasta la redención de la posesión adquirida, para alabanza de su gloria" (Efesios 1:13-14).

> "No entristezcan al Espíritu Santo de Dios, con el cual ustedes fueron sellados para el día de la redención" (Efesios 4:30).

7. **Nos da acceso directo al Padre en oración.**

> "Por medio de él, unos y otros tenemos acceso al Padre en un mismo Espíritu" (Efesios 2:18).

DIA 2 EJERCICIOS

1. ¿Cual es la primera obra del Espíritu Santo?

_____

_____

2. Jesús dijo que el Espíritu Santo empezaría Su trabajo convenciendo al mundo de _____, _____, y _____.

3. Según Colosenses 1:13, cuando una persona es salva, es transferida de la _____ a la _____.

4. ¿Qué significan "respiró en" en el griego?

_____

5. ¿Cuáles son los siete beneficios de ser nacidos del Espíritu?

1. _____

2. _____

3. _____

4. _____

5. _____

6. _____

7. _____

6. Romanos dice que el Espíritu Santo nos ayuda cuando oramos. La oración es una parte integral de la vida cristiana. Escriba a Romanos 8:26 abajo.

_____

_____

_____

DIA 3: EL BAUTISMO DEL ESPIRITU SANTO

El Bautismo del Espíritu Santo

Hay una segunda obra del Espíritu Santo en la vida del creyente. Esto es referido por nombres diferentes en las Escrituras. Se le llama:

- El don del Espíritu Santo.
- El bautismo de, o en, el Espíritu Santo.
- Ser "lleno con el Espíritu Santo".
- La promesa del Padre.
- Recibiendo el Espíritu Santo.

Todos estos términos son utilizados en las Escrituras para referirse a esta obra especial del Espíritu Santo en la vida del creyente. Es importante notar que mientras todos los creyentes tienen la presencia permanente del Espíritu en el nuevo nacimiento, no todos los creyentes han recibido este don especial de ser llenos o bautizados con el Espíritu Santo.

En el nuevo nacimiento, el Espíritu Santo crea un nuevo espíritu dentro del creyente y viene a habitar permanentemente dentro de ellos. El bautismo del Espíritu Santo es el *segundo* regalo que Dios ofrece a todos Sus hijos —uno que da poder al creyente para ser de testigo a otros. Este regalo especial no es lo mismo que ser nacidos de nuevo. Es una experiencia distinta en la que el Señor Jesús sumerge al creyente nacido de nuevo en el poder y la vida del Espíritu Santo.

¿Qué es el bautismo en el Espíritu Santo?

Jesús dijo, "Pero cuando venga sobre ustedes el Espíritu Santo recibirán poder, y serán mis testigos ... y hasta lo último de la tierra" (Hechos 1:8). El bautismo en el Espíritu Santo es un regalo que infunde el poder espiritual en la vida del creyente, capacitando a ser testigos efectivos. Este poder es una unción especial que produce una sensibilidad elevada a la presencia del Espíritu, una mayor operación de dones espirituales a través del creyente, y una hambre más profunda por las cosas espirituales y revelación de la Palabra de Dios. Además introduce al creyente a una nueva dimensión de adoración y oración.

> *El bautismo del Espíritu Santo es el segundo regalo que Dios ofrece a todos Sus hijos-uno que da poder al creyente para ser de testimonio a otros.*

¿No soy bautizado en el Espíritu Santo cuándo soy nacido de nuevo?

Hay maneras diferentes que los cristianos ven el bautismo del Espíritu Santo. Algunos creen que cuando una persona nacida de nuevo, también reciben el bautismo en el Espíritu Santo —que son uno y la misma experiencia. Pero hay varias razones por las que esto *no puede ser cierto*.

Mientras que cada cristiano recibe la *presencia permanente del Espíritu Santo* en el momento que creen en Jesucristo, *el bautismo del Espíritu Santo* es un segundo y distinto regalo que es recibido típicamente *después que* uno ha nacido de nuevo. Tenemos tres ejemplos importantes de esto en la Biblia.

1. Los primeros discípulos

Los apóstoles tuvieron dos experiencias separadas con el Espíritu Santo. Jesús se le apareció a Sus discípulos el día que él fue resucitado de la muerte, "Y habiendo dicho esto, sopló (dentro de ellos) y les dijo: 'Reciban el Espíritu Santo'" (Juan 20:22).

El Espíritu Santo *entró en* ellos ese día y ellos nacieron otra vez. Después de muchos días, Jesús ordenó a Sus discípulos "que no se fueran de Jerusalén, sino que les dijo 'esperen la Promesa del Padre, la cual ustedes oyeron de mí. Como saben, Juan bautizó con agua, pero dentro de algunos días ustedes serán bautizados con el Espíritu Santo'" (Hechos 1:4-5).

Diez días después, en el día de Pentecostés, "todos ellos estaban juntos y en el mismo lugar. De repente, un estruendo como de un fuerte viento ....y todos ellos fueron llenos del Espíritu Santo, y comenzaron a hablar en otras lenguas, según el Espíritu los llevaba a expresarse" (Hechos 2:1-2,4).

Estos pasajes demuestran que los primeros discípulos recibieron dos distintas experiencias con el Espíritu Santo. La primera fue el Espíritu que *entró en* ellos haciéndolos hijos de Dios nacidos de nuevo. La segunda fue el Espíritu Santo viniendo *sobre* ellos, capacitandolos para ser testigos.

2. Los Samaritanos

En Hechos 8, Felipe, el evangelista, fue a la ciudad de Samaria y les predicó el evangelio a ellos. Los samaritanos recibieron el evangelio, y fueron bautizados en agua. Jesús enseñó que cuando una persona cree el evangelio y es bautizado en el agua, ellos son salvos (Marcos 16:16). Pero Filipe sabía que ellos también necesitaban el don especial del Espíritu Santo. Entonces llamó a Pedro y a Juan para que venieran a Samaria y les impusieron las manos, y ellos "recibieron el Espiritu Santo, porque el Espíritu aún no había descendido sobre ninguno de ellos, ya que sólo habían sido bautizados en el nombre de Jesús" (Hechos

8:15-16). Cuando los apóstoles impusieron manos sobre ellos, recibieron el don del Espíritu Santo.

Si ser salvo automáticamente incluyera el bautismo en el Espíritu Santo, entonces Felipe no hubiera llamado a Pedro y a Juan a ministrar el don el Espíritu Santo a los cristianos samaritanos.

3. Los Éfesios

En Hechos 19, Pablo encontró a algunos nuevos creyentes en Jesús que habían venido a Cristo por el ministerio de un predicador poderoso llamado Apolo. Pablo les hizo una pregunta que nos confirma que nacer de nuevo no es lo mismo que ser bautizado en el Espíritu Santo. Estos creyentes de Éfeso sabían y hablaban de forma convincente acerca de su fe en Jesús, pero Pablo preguntó, "¿Ustedes recibieron el Espíritu Santo cuando creyeron en el Señor Jesús?" (Hechos 19:2a). Si creer y nacer de nuevo nos diera automáticamente el don del Espíritu Santo, entonces Pablo no habría hecho esta pregunta. Los efesios respondieron, "Nosotros no hemos oído si hay un Espíritu Santo". Aparentemente, Apolo habló de forma convincente acerca de Jesús, pero nunca fue más allá de enseñar a sus conversos acerca del bautismo cristiano o del don del Espíritu Santo.

Pablo pasó a explicar la diferencia entre el bautismo de arrepentimiento de Juan el Bautista, que miraba hacia la cruz y el bautismo cristiano, que es un bautismo de fe en la obra completa de Cristo. Él evidentemente también les enseñó acerca del bautismo del Espíritu Santo. Pablo bautizó a los Efesios en el nombre de Jesús, le impuso las manos y el "Espíritu Santo vino sobre ellos, y empezaron a hablar en lenguas y a profetizar" (Hechos 19:6).

La promesa del Padre a todos los creyentes

En Lucas 24:49, Jesús se le apareció a los discípulos después de su resurrección y les prometió esto: "Ahora enviaré al Espíritu Santo, tal como prometió mi Padre; pero quédense aquí en la ciudad hasta que el Espíritu Santo venga y los llene con poder del cielo" (NTV).

En Hechos 1:4-5, la Biblia dice que Jesús les ordenó a que no salieran de Jerusalén hasta que recibieran "'la promesa del Padre, la cual, les dijo, oísteis de mi. Porque Juan ciertamente bautizó con agua, *mas vosotros seréis bautizados con el Espíritu Santo* dentro de no muchos días'" Noten que el bautismo del Espíritu Santo es llamado la "Promesa del Padre". No fue una opción para algunos, pero un mandamiento de Jesús para todos Sus discípulos. Jesús ascendió al cielo y, sólo diez días después, cumplió Su promesa.

En el día de Pentecostés, 120 creyentes recibieron la promesa: "Todos ellos fueron llenos del Espíritu Santo, y comenzaron a hablar en otras lenguas, según el Espíritu los llevaba a expresarse" (Hechos 2:4). Pedro dijo a las personas que Jesús mismo había subido al cielo, y "como él fue exaltado por la diestra de Dios, recibió del Padre la promesa del Espíritu Santo, y ha derramado esto que ahora están viendo y oyendo" (Hechos 2:33).

¡Por último, Pedro pasó a explicar a las tres mil personas que presenciaron el derramamiento de esta promesa y oyeron que hablaban en otras lenguas, que la experiencia no solo era para esos discípulos escogidos, sino que era algo que Dios quería para cada creyente presente y a través de la era de la iglesia —hasta hoy!

> "Pedro contestó, 'Cada uno de ustedes debe arrepentirse de sus pecados y volver a Dios, y ser bautizado en el nombre de Jesucristo para el perdón de sus pecados. Entonces recibirán el regalo del Espíritu Santo. Esta promesa es para ustedes, para sus hijos e incluso para los gentiles, es decir, para todos los que han sido llamados por el Señor nuestro Dios'" (Hechos 2:38-39 NTV).

Esto significa que la experiencia de ser bautizados en el Espíritu Santo y hablar con otras lenguas no sólo fue un suceso inusual para los primeros discípulos, sino una promesa para todos los cristianos de toda edad.

El bautismo del Espíritu Santo está acompañado por la experiencia de hablar en otras lenguas

Hablar en otras lenguas es una experiencia especial que ocurre siempre que alguien recibe el bautismo en el Espíritu Santo. Muy a menudo, esos que buscan esta experiencia tienen encuentros muy verdaderos y poderosos con el Espíritu Santo que incluye un sentido súbito de la presencia de Dios, sentimientos sobrecogedores con el amor de Dios e impulsos fuertes de expresar acción de gracias y alabanza al Señor. Mientras todas estas experiencias son evidencia de que el Espíritu de Dios se ha venido sobre el creyente, no es hasta que el creyente habla en un idioma que nunca ha aprendido que el creyente puede decir que ha sido bautizado en el Espíritu Santo.

Hablar en lenguas es para cada creyente

En Marcos 16:15-17, Jesús dijo a los discípulos "Vayan por todo el mundo y prediquen el evangelio a toda criatura. *El que crea* y sea bautizado, se salvará...y estas señales acompañarán *a los que crean:* En mi nombre expulsarán demonios, *hablarán nuevas lenguas*".

Jesús enseñó que unas de las manifestaciones externas que muestra que una persona se ha convertido en un creyente del evangelio es que tendrán señales que acompañarán su vida. Podríamos decir que las cinco señales mencionadas en este pasaje eran destinados por Cristo a ser la experiencia normal del cristiano. Es importante reconocer que Jesús no dijo que estas señales seguirían las vidas de los doce apóstoles solamente, sino a *aquellos que creen* el mensaje predicado por los apóstoles. En otras palabras, Jesús quería que cada creyente disfrutara de la autoridad espiritual sobre fuerzas demoníacas (verso 17). Él deseaba que todo creyente impusiera sus manos sobre el enfermo y creer por su recuperación. Él prometió la protección divina de amenazas ambientales (veneno y serpientes) para cada creyente. Y Él dijo que la segunda señal que debía acompañar la nueva vida del cristiano era que "hablaran con nuevas lenguas".

Enseñando que hablar en lenguas fue una señal que acompaña el creer en el evangelio, Jesús lo hizo claro a los discípulos más temprano que fue Su plan para introducir esta nueva clase de oración como una parte normal de la vida de cada cristiano. Puesto que todos los cristianos más temprano hablaron en lenguas, y puesto que fue una prioridad para los apóstoles asegurar que cada nueva iglesia tuviera la experiencia de ser bautizado en el Espíritu Santo y hablar en lenguas, no debe ser chocante ni raro para cristianos hoy dia disfrutar el hablar en lenguas como una parte de su vida cotidiana normal.

El bautismo en el Espíritu Santo es la vida cristiana normal

Muchos cristianos hoy piensan que hablar en lenguas es una experiencia extraña y extravagante que sólo Dios quería como señal para que los nuevos cristianos experimentaran. Pero ellos no obtuvieron esta idea de la Biblia. Dios nunca quiso que ningún cristiano viviera sin este poderoso don.

Durante muchos siglos, la iglesia rechazó la enseñanza de la Escritura y esta promesa. Con el tiempo, algunos cristianos crecieron creyendo que hablar en lenguas era algo que sólo los primeros apóstoles experimentaron —algo que Dios había retirado hace mucho tiempo de la vida cristiana. Aunque pequeños grupos de creyentes a través de las edades habían tenido varios encuentros con este don, no fue hasta el siglo pasado que la gente por todo el mundo comenzó a tomar a Jesús por Su Palabra y el deseo de experimentar este don maravilloso.

Hoy, millones de cristianos alrededor de todo el mundo han experimentado gozosamente por sí mismos el bautismo del Espíritu Santo y hablar en otras lenguas como una parte normal de su vida cristiana. En encuestas globales recientes, de todas las denominaciones cristianas, en estimación conservadora revelan que entre 25 – 33% de todos los cristianos en el mundo hablan en otras lenguas.

DIA 3 EJERCICIOS

1. ¿Cuál es el segundo don que Dios ofrece a todos Sus hijos?

_____

2. ¿Qué tres grupos de personas en la Biblia demostraron que el bautismo del Espíritu Santo es recibido típicamente después de que una persona nace de nuevo?

    1. _____

    2. _____

    3. _____

3. ¿Cuál es la evidencia del bautismo del Espíritu Santo?

_____

_____

4. ¿Que porcentaje de cristianos hoy hablan en otras lenguas por la dirección del Espíritu Santo?

_____

5. Históricamente, siempre ha habido un porcentaje de la iglesia que practicó y creyó en el bautismo del Espíritu Santo. Es una señal de nuestros tiempos que la humanidad quiere inclinarse en sus propias ideas acerca de Dios y no aceptar las palabras de Jesús acerca de Él mismo. Busque Proverbios 3:5-6. ¿Qué le dice esta Escritura acerca de este concepto?

_____

_____

_____

_____

6. El bautismo del Espíritu Santo es una unción especial que produce un aumento en la sensibilidad a la presencia del Espíritu, una operación mayor de los dones espirituales a través del creyente y un hambre más profunda por las cosas espirituales y la visión de la Palabra de Dios. Además introduce al creyente a una nueva dimensión de adoración y oración. Lea esta descripción otra vez. ¿Cuán importante cree usted que es tener esta experiencia?

_____

_____

_____

_____

DIA 4: RECIBIENDO EL DON

Hemos visto que hay una doble obra del Espíritu Santo en la vida del creyente: el nuevo nacimiento y el bautismo en el Espíritu Santo. El nuevo nacimiento nos da la presencia permanente del Espíritu Santo. El bautismo en el Espíritu nos da el poder de ser testigos para Cristo. El nuevo nacimiento nos hace hijos de Dios (Juan 1:12) y el bautismo del Espíritu da poder para alcanzar a otros para Dios (Hechos 1:8). La evidencia de que uno ha nacido de nuevo es una paz interna con Dios (Romanos 5:1) y una manifestación externa en crecimiento del amor de Dios por otros (1 Juan 3:10-14; 4:7-8). La evidencia de uno que ha sido bautizado en el Espíritu Santo es un poder interno de ser un testigo para Cristo, acompañado por un nuevo idioma espiritual de oración y adoración que fluye fuera del corazón, llamado hablar en otras lenguas.

SIETE PROPOSITOS BIBLICOS PARA ORAR EN OTRAS LENGUAS

1. Poder sobrenatural

Jesús dijo que "cuando venga sobre ustedes el Espíritu Santo recibirán poder" (Hechos 1:8) Este poder es la vida y energía especial del Espíritu que le permite al creyente ministrar a otros.

2. La edificación personal (enriquecimiento)

Pablo enseñó, "El que habla en lengua extraña, a sí mismo se edifica" (1 Corintios 14:4 RVR60). La palabra traducida "edifica" significa construir, fortalecer o estimular. Todos necesitamos la fuerza espiritual que viene de pasar tiempo hablando en otras lenguas.

3. Comunicación espiritual directa

Pablo dijo, "Porque, si yo oro en una lengua extraña, es mi espíritu el que ora, pero mi entendimiento [mente] no se beneficia [no comprende]" (1 Corintios 14:14). Cuando oramos en lenguas, nuestro espíritu nacido de nuevo tiene comunicación directa con Dios, sin pasar por nuestra mente y sus muchos impulsos y limitaciones naturales. De esta manera, nuestro espíritu humano puede hablar con Dios en el idioma perfecto. Mientras nuestras mentes no pueden saber lo que comunicamos, con nuestro espíritu podemos asegurarnos de que oramos de acuerdo con la perfecta voluntad de Dios. Esto es una herramienta invaluable en la oración cristiana porque nos permite orar por personas, cosas y circunstancias que van más allá de las capacidades de nuestro conocimiento limitado.

4. La expansión de nuestra veneración y la acción de gracias

La Biblia dice que cuando adoramos a Dios con nuestro espíritu (en otras lenguas) nosotros "damos bien gracias", o alabanza y dar gracias a Dios con excelencia (1 Corintios 14:17).

5. Orando misterios divinos

Pablo enseñó que cuando uno ora en lenguas, "en [o con] el Espíritu, habla misterios" (1 Corintios 14:2). La palabra traducida "misterios" es una palabra que significa el conocimiento o la información que es desconocida al orador. Hay cosas que Dios sabe que nosotros no sabemos. Cuando oramos en lenguas, nosotros damos libertad a ese conocimiento ocultado fuera de nuestro espíritu. A menudo el Espíritu Santo revelará lo que decimos en lenguas a nuestras mentes por pensamientos inspirados, imágenes, y por imágenes internas que nos pueden dirigir aún más en nuestras oraciones según el plan de Dios.

6. Orar en lenguas refresca al creyente

En Isaías, el profeta previo este don y dijo "¡Le hablan a este pueblo en lengua extraña, en lengua de tartamudos!...' Éste es el reposo; hagan reposar a los cansados. Éste es el descanso'" (Isaías 28:11-12). Orar en un idioma celestial causa realmente que nuestras mentes lleguen a un estado de tranquilidad y las preocupaciones se derritan, mientras una conexión instantánea es hecha en nuestro espíritu. ¡Esto crea un sentido de descanso, de la paz, y de rejuvenecimiento espiritual!

7. Ayuda en nuestras oraciones por nosotros y para otros

Pablo dijo que nosotros no siempre oramos como debemos. Pero el Espíritu Santo intercederá por (con y a través) nosotros con gemidos profundos, apasionados y declaraciones (Romanos 8:26). Orar en lenguas es la puerta a los dones del Espíritu Santo. Abre los corazones a otras experiencias sobrenaturales y es una puerta a la vida del poder espiritual y de una vida sobrenatural. Dios NUNCA quiso que estuviéramos sin este don. Por eso es que Pablo dijo, "Doy gracias a Dios de que hablo en lenguas más que todos ustedes". Y "No impidan que se hable en lenguas extrañas".

> "Pues el que habla en lenguas extrañas le habla a Dios, pero
> no a los hombres; y nadie *le* entiende porque, en el Espíritu,
> habla de manera misteriosa" (1 Corintios 14:2).

"Pues, si alguien tiene la capacidad de hablar en lenguas,[a] le hablará sólo a Dios, dado que la gente no podrá entenderle. *Hablará por el poder del Espíritu*, pero todo será un misterio" (1 Corintios 14:2 NTV).

"¡Le hablan a este pueblo en lengua extraña, en lengua de tartamudos! Dios les había dicho: 'Éste es el reposo; hagan reposar a los cansados. Éste es el descanso.' Pero ellos no quisieron oír" (Isaías 28:11-12).

La fe es un acto del corazón respondiendo a Dios al tomar lo que Él ha proporcionado.

EL DON DEL ESPIRITU SANTO RECIBIDO POR FE

Todo lo que recibimos de Dios debe ser recibido por fe. La fe es la mano que alcanza y recibe todas las bendiciones que Dios ofrece.

La fe no mendiga, sino que pide

El don del Espíritu Santo es recibido al pedir con fe sencilla, no por súplicas desesperadas, ni mendigando. Debemos acercarnos a Dios como un Padre generoso que quiere darnos, no como un juez tacaño que requiere que seamos moralmente perfectos o dignos antes de conceder el bautismo del Espíritu Santo sobre nuestras vidas.

"Pues si ustedes, que son malos, saben dar cosas buenas a sus hijos, *¡cuánto más el Padre celestial dará el Espíritu Santo a quienes se lo pidan!*" (Lucas 11:13).

La fe requiere de acción para recibir de nuestra parte

Muchas personas esperan que el Espíritu Santo se apodere de sus bocas o los haga hablar en lenguas. Nada podría ser más inusual a la naturaleza del Espíritu Santo. Él es un ser apacible, pero potente de gran amor. Él nunca nos obliga a hablar. Algunas personas dicen: "Si Dios quiere que tenga esta experiencia, entonces Él me la dará". Pero este enfoque es pasivo. No requiere nada de parte del creyente. Esta actitud sería el equivalente de un incrédulo decirle a Dios: "Si el Señor quiere que yo sea salvo, entonces El tendrá que salvarme". Tal enfoque puede parecer espiritual, pero de hecho es un sustituto perezoso, pasivo y pobre de la fe. La verdadera fe siempre considera la promesa que Dios ha hecho, y toma responsabilidad de creer y recibir. *La Fe es un acto del corazón respondiendo a Dios al tomar* lo que Él ha proporcionado.

La fe envuelve la voluntad

En Pentecostés, los creyentes *hablaron*, mientras el Espíritu Santo *suplió las palabras*. Muy similar a leer un libro en voz alta o repetir algo susurrado al oído, ni el libro ni el que susurra obligan al orador a hablar. El orador escoge repetir lo que es leído o escuchado. De esta manera, hablar en lenguas envuelve una elección consciente de comenzar a hablar en voz alta las palabras o sonidos desconocidos que son suplidos por el Espíritu Santo.

> "Todos ellos fueron llenos (difundidos a través de sus almas) del Espíritu Santo, y comenzaron a hablar en otras lenguas (diferente, extranjeras), *según el Espíritu los llevaba a expresarse [en cada lengua en palabras apropiadas]*" (Hechos 2:4).

EL DON DEL ESPIRITU SANTO REQUIERE ALABANZA VOCALIZADA

Muchas veces cuando oramos por personas para recibir el don del Espíritu Santo, hay cierta vacilación de alabar al Señor en voz alta. Algunas personas no están acostumbradas a expresar abiertamente su adoración al Señor debido a años de instrucción religiosa de internalizar su oración y adoración. Pero, en la Biblia, vemos que el pueblo de Dios siempre es animado a ofrecer su oración, alabanza y adoración en voz alta. Nunca debemos avergonzarnos de alabar al Señor. Salmos 149 y 150 son celebraciones de alabanza y adoración vocalizadas y expresivas. ¡Debemos estar dispuestos a expresar externamente nuestro amor por Dios, porque el don del Espíritu Santo es un don del poder para expresar externamente nuestro testimonio a Jesucristo!

> "Pero recibirán poder cuando el Espíritu Santo descienda sobre ustedes; y serán mis testigos, y le hablarán a la gente acerca de mí en todas partes: en Jerusalén, por toda Judea, en Samaria y hasta los lugares más lejanos de la tierra" (Hechos 1:8 NTV).

El don de lenguas a menudo empieza con palabras que el Espíritu Santo trae a la mente, esas palabras deben ser habladas inmediatamente en fe valiente y en voz alta. Mientras más valiente uno sea para hablar en voz alta, más poderosa es la experiencia de ser bautizado en el Espíritu Santo.

EL DON DEL ESPIRITU SANTO REQUIERE LA RENDICIÓN DE NUESTRA CARNE

A veces tenemos dificultad en despojarnos del control mental de nuestros cuerpos y permitir que nuestros espíritus renacidos se hagan cargo de dirigir nuestras lenguas. La gente es a menudo insegura de sí mismos. Temen a lo que otros pueden pensar de ellos, tienen temor de cometer un error o de sonar extraño a otros. Todas estas preocupaciones se entienden, pero generalmente implican dos cosas que en nuestra carne obstaculizará nuestro caminar con Dios: el temor y el orgullo. La Escritura exhorta que rindamos nuestros cuerpos como instrumentos de justicia a Dios (Romanos 6:13).

1. Temor al hombre

En el mundo actual, muchas personas están más preocupadas por su imagen, reputación, o posición en los ojos de otras personas que hacer lo que su corazón le pueda estar instando a hacer. Es muy común hoy celebrar a personas que se conforman a la idea de un grupo de conducta aceptable. Muchos tienen temor a ser rechazados por otros que se paralizan cuando tratan de caminar según su fe en Dios. La Biblia enseña que el temor del hombre trae una trampa (Proverbios 29:25). Pablo dijo, "Queda claro que no es mi intención ganarme el favor de la gente, sino el de Dios. Si mi objetivo fuera agradar a la gente, no sería un siervo de Cristo" (Galatas 1:10 NTV). Para recibir el don del Espíritu Santo, uno debe estar dispuesto a echar a un lado el temor al hombre y escoger agradar a Dios.

2. Orgullo

El orgullo es el deseo humano de preservar su propia dignidad. Es lo contrario a rendirse. Para recibir de Dios, debemos rendir nuestro orgullo y la necesidad de controlar y estar dispuestos a rendir nuestros cuerpos y bocas en confianza a Dios. Hay algo en la carne que quiere estar en control. Hablar en lenguas es una manera maravillosa de crucificar esta tendencia egoísta y permitir humildemente que nuestros cuerpos sean utilizados para glorificar y magnificar a Dios. No hay nada más liberador que echar a un lado el temor a otros, humillándonos en la vista de Dios y expresar con gozo nuestra oración y alabanza al Señor en nuestro lenguaje inspirado por el Espíritu del Señor.

¡USTED PUEDE RECIBIR EL DON DEL ESPIRITU SANTO AHORA MISMO!

Hay varias maneras que el don del Espíritu Santo puede ser recibido:

1. En grupo de oración o reuniones con otros creyentes

Los primeros cristianos estaban en una reunión de oración juntos cuando "Todos ellos fueron llenos del Espíritu Santo, y comenzaron a hablar en otras lenguas, según el Espíritu los llevaba a expresarse" (Hechos 2:4). En Hechos 10, Pedro fue enviado a predicar a una casa llena de personas cuando el Espíritu Santo fue dado repentinamente.

> "Cuando llegaron a Cesarea, Cornelio ya los estaba esperando y había llamado a sus parientes y amigos más íntimos.... Mientras hablaba con él, Pedro entró y se encontró con que ya se *habían reunidos muchas personas*....Entonces Pedro empezó a hablar, y dijo: 'En verdad comprendo ahora que Dios no hace acepción de personas'....Mientras Pedro les hablaba así, *el Espíritu Santo cayó sobre todos los que lo escuchaban.* [Los judíos circuncidados que habían acompañado a Pedro] estaban atónitos de que también los no judíos recibieran el *don del Espíritu Santo,* pues los *oían hablar en lenguas y magnificar a Dios.* Entonces Pedro dijo: '¿Hay algún impedimento para que no sean bautizadas en agua estas personas, *que también han recibido el Espíritu Santo, como nosotros?*'" (Hechos 10:24, 27, 34, 44-47).

2. Por la imposición de manos

En Samaria y Éfeso, los creyentes recibieron el Espíritu Santo cuando los líderes de Dios impusieron sus manos sobre ellos en oración. Es bíblico pedirles a los líderes espirituales o a otros creyentes que han sido llenos del Espíritu Santo que oren con usted e impongan sus manos sobre usted en fe.

> "Los apóstoles que estaban en Jerusalén se enteraron de que en Samaria se había recibido la palabra de Dios, y enviaron a Pedro y a Juan. Cuando éstos llegaron, *oraron por ellos* para que *recibieran el Espíritu Santo,* porque el Espíritu aún no había descendido sobre ninguno de ellos, ya que sólo habían sido bautizados en el nombre de Jesús. En cuanto *les impusieron las manos, recibieron el Espíritu Santo*" (Hechos 8:14-17).

3. En oración privada a solas con Dios

Muchos creyentes han estudiado las Escrituras sobre el tema del don del Espíritu Santo y le piden a Dios en sus propias oraciones privadas para ser llenos con Su Espíritu. Dios es bueno, amable y está siempre preparado para dar el don de Su bautismo del Espíritu Santo a cualquiera que esté listo para pedir, creer y actuar en fe. El apóstol Pablo recibió el regalo del Espíritu Santo en oración privada con sólo otro creyente que oró con él.

> "Ananías fue y, una vez dentro de la casa, le impuso las manos y le dijo: 'Hermano Saulo, el Señor Jesús, que se te apareció en el camino por donde venías, me ha enviado para que recobres la vista y seas lleno del Espíritu Santo'" (Hechos 9:17).

¿Ha recibido usted el don del Espíritu Santo desde que creyó?

Dios desea que todos Sus hijos disfruten del don especial del bautismo en el Espíritu Santo. Si usted ya ha recibido a Jesucristo como su Señor y Salvador, ya tiene la presencia permanente del Espíritu Santo. Él está en usted y nunca lo dejará ni lo abandonará. Él lo ha sellado en Cristo y le permite ser hijo de Dios y crecer como seguidor de Jesús.

Ahora el Padre tiene otro regalo para usted. Es una experiencia más profunda y más rica con el mismo Espíritu Santo lo salvó y vive en usted hoy. Este regalo es un bautismo espiritual de poder sobrenatural que le permitirá a usted ser un testigo mayor para Dios. Este regalo desatará un nuevo idioma celestial que fluirá directamente de su espíritu. Según abra su boca y hable en este idioma por fe, Dios le llenará con Su presencia de una manera nueva y fresca.

Él está listo. Como ha leído en este capítulo, el Señor ha estado preparando su corazón. El Espíritu de Dios está con usted en este momento mientras lee estas palabras. ¡Usted puede recibir este don especial ahora mismo!

Ore esta oración en voz alta desde su corazón:

Amado Padre celestial en el cielo, hoy te doy gracias por el don de tu Hijo, Jesucristo; te doy gracias por salvarme de mis pecados y lavarme en Tu sangre preciosa. Te doy gracias por hacerme Tu hijo y por darme Tu Espíritu Santo para vivir y morar dentro de mí. Hoy veo que has prometido otro don que quieres que yo tenga —el bautismo del Espíritu Santo.

Padre, yo deseo este regalo. ¡(Tú dijiste en Tu Palabra, que si Te pidiera pan, Tú no me darías una piedra, así que cuánto más nos darás el Espíritu Santo a los que Te piden)! ¡Entonces en este momento yo Te pido, Señor Jesús, que me bautices en Tu Espíritu Santo, llenándome hasta que sobreabunde, así como lo hiciste en el día de Pentecostés —con la evidencia de hablar en otras lenguas! ¡Lléname ahora con Tu Espíritu Santo, en el nombre poderoso de Jesús!

Yo creo que recibo el don del Espíritu Santo y ahora mismo por fe empezaré a orar y hablar en otras lenguas, según Tu Espíritu me dé las palabras. ¡Yo te doy gracias, Padre, por esto ahora mismo, en el nombre de Tu Hijo, Jesucristo!

¡Ahora levante las manos y comience a dar gracias y alabar a Dios en voz alta por este don maravilloso! No se lo pida otra vez, sino que comience con gozo a darle gracias por fe. Después de unos momentos de alabanza, cambie de su idioma natural para darle gracias a Él con el nuevo idioma que está burbujeando dentro de usted en este momento. ¡Abra su boca y comience a hablar con palabras y sonidos que se están formando dentro de usted! ¡Al principio, esto puede ser sólo unas pocas palabras, sonidos inusuales o sílabas, pero háblelos en voz alta en fe!

Según va rindiendo su lengua a estos nuevos sonidos, más vendrán. Continúe adorando en este nuevo idioma maravilloso todo el tiempo que desee.

Algunas cosas para recordar:

- Ahora que usted ha comenzado a hablar en lenguas, puede hacerlo en cualquier momento. Pablo dijo, "Entonces, ¿qué debo hacer? Pues orar con el espíritu [en otras lenguas], pero también con el entendimiento [mi lengua natural]; cantar con el espíritu, pero también con el entendimiento" (1 Corintio 14:15). ¡Usted ahora tiene la oportunidad de orar y adorar con su mente y con su espíritu en otras lenguas!

- Tome la decisión de orar en lenguas por lo menos una vez al día por diez minutos. Mientras más ore en lenguas, menos cohibido será en oración y mayor será el fluir del lenguaje celestial.

- ¡Cuando habla en lenguas por primera vez, si está solo, asegúrese de llamar a alguien que ha sido lleno del Espíritu y comparta lo que Dios ha hecho por usted! ¡Su testimonio fortalecerá el poder del Espíritu en su vida!

- Si esta leyendo *La Vida Transformada* como parte de un estudio biblico en grupo, informe sobre su experiencia al líder del grupo o el maestro. Comparta lo que sucedió cuando usted oró. Si tiene cualquier pregunta, o quisiera la oración para recibir este don, pídale a los presente que oren con usted.

- Cuando vaya a la iglesia, asegúrese de llegar a tiempo para la hora de adoración. Utilice su idioma celestial para adorar a Dios en la iglesia. Asegúrese de que su alabanza fluya junto con lo que Dios esté haciendo en la congregación. El volumen de su alabanza en lenguas debe fluir junto con el volumen general y el espíritu de adoración que viene de la congregación. De esta manera, su experiencia de adoración no es reprimida ni se distrae de la experiencia general de lo que sucede en la congregación. Naturalmente, es mucho más fácil utilizar su idioma de oración en el culto congregacional si la iglesia a la que usted asiste cree en los dones del Espíritu Santo y exhorta a la expresión abierta y demostrativa de la alabanza en la congregación.

- Siempre que utilice su idioma de oración en el culto corporal o en el servicio, asegúrese de que su volumen y expresión de alabanza no sobrepase la alabanza de otros. Si esto ocurre, algunos pueden esperar que dé un mensaje en lenguas a la iglesia entera. Hay un don especial de hablar en varios géneros de lenguas que Dios da a algunos miembros del cuerpo de Cristo. Esto es diferente al idioma privado devocional de oración que cada creyente recibe cuando son bautizados en el Espíritu Santo.

DIA 4 EJERCICIOS

1. ¿Qué significa la palabra "edifica"?

_____

_____

_____

2. ¿Cual es la doble obra del Espíritu Santo en la vida del creyente?

1. _____

2. _____

3. Según Lucas 11:13, ¿cuál es la clave para recibir buenos dones de nuestro Padre?

_____

_____

4. ¿Qué dos cosas en nuestro cuerpo carnal obstaculizarán nuestro caminar con Dios?

1. _____

2. _____

5. ¿De qué tres maneras puede usted recibir el don del Espíritu Santo?

1. _____

2. _____

3. _____

6. Anteriormente en el libro, nosotros leimos Romanos 8:26. Escriba hoy el próximo verso también: Romanos 8:27.

_____

_____

_____

CAPÍTULO SEIS

LA MENTE TRANSFORMADA

La mente transformada

DIA 1: CAMBIANDO NUESTRA FORMA DE PENSAR

Puede venir como sorpresa oír esto, pero casi todos sus problemas están en su cabeza. De hecho, la mayoría de las luchas que enfrentamos en nuestras vidas diariamente son problemas de la *cabeza*. Esto no significa que debe registrarse en el centro psiquiátrico del hospital más cercano. Ni significa que sus problemas son imaginarios o alucinaciones. La razón por la que la mayor parte de nuestros problemas son problemas de la cabeza, es porque la mayoría de los desafíos que enfrentamos son resultado de *la manera en que pensamos*. Tenemos problemas con la manera en que pensamos. Por lo tanto, hasta que no cambiemos la manera en que pensamos *dentro de* nuestras vidas, seremos incapaces de encontrar las respuestas que necesitamos para *cambiar* realmente nuestras vidas.

La vida transformada requiere de un cambio radical. Usted puede cambiar su dirección, cambiar su trabajo, cambiar su vestuario, cambiar a sus amigos, puede aun cambiar su nombre. Sin embargo, su vida no cambiará hasta que cambie su manera de pensar. Convertirse en cristiano comienza el proceso de transformación. Su espíritu se hace nuevo, su destino eterno cambia, su relación con Dios cambia. Sin embargo, aun con todos estos ajustes maravillosos, somos dejados en el mundo, permanecemos en un cuerpo, y estamos pegados con una mente que es casi la misma.

> "Pues como piensa dentro de sí, así es" (Proverbios 23:7a LBLA).

> "Y no adopten las costumbres de este mundo, *sino transfórmense por medio de la renovación de su mente*, para que comprueben cuál es la voluntad de Dios, lo que es bueno, agradable y perfecto" (Romanos 12:2).

> "No imiten las conductas ni las costumbres de este mundo, más bien dejen *que Dios los transforme en personas nuevas al cambiarles la manera de pensar*. Entonces aprenderán a conocer la voluntad de Dios para ustedes, la cual es buena, agradable y perfecta" (Romanos 12:2 NTV).

El misterio de la mente

Vivimos en tiempos sin precedentes. En los últimos veinte años, nuestra generación ha sido testigo de los avances más grandes en nuestra comprensión colectiva de uno de los regalos de Dios —la mente humana. Por siglos, los médicos, psicólogos, filósofos, sociólogos y los biólogos han procurado comprender las propiedades de la mente humana y el contenedor físico que la sostiene —el cerebro.

Se ha hecho mucho trabajo para comprender cómo nuestra experiencia, ambiente y herencia impacta cómo pensamos, nos sentimos y nos comportamos. Mas los misterios más grandes de la mente se quedaron sin resolver. Por ejemplo, ¿cómo es que exactamente una imagen vista por el ojo es almacenada en el suave tejido gris del cerebro para que pueda ser vívidamente recordado, descrito e incluso artísticamente recreado? ¿De dónde realmente viene una idea? ¿Cómo y por qué es que el pensamiento afecta nuestros cuerpos? ¿Por qué es que ciertos tipos de pensamientos persistentes aparecen en nuestros cuerpos físicos —ya sea en salud o enfermedad?

Debido a los adelantos maravillosos en la ciencia y la tecnología, la ciencia de la neurología que va creciendo rápidamente ha comenzado a dar respuestas notables a estas y muchas otras preguntas. Hemos comenzado a ver que nuestros cerebros son órganos que pueden ser desarrollados, entrenados, y pueden ser aumentados. Muy similar a un músculo, el cerebro también puede crecer tanto en fuerza como precisión. Las partes del cerebro que son descuidadas o que permanecen sin usarse comienzan a encogerse y son de difícil acceso. Asombrosamente, apenas estamos aprendiendo que las partes más débiles y menos estimuladas del cerebro pueden ser vigorizadas, recableadas y provocadas a crecer cuando son intencionalmente estimuladas con el tiempo.

¡Esto significa que el cerebro con el que usted nació tiene la capacidad de cambiar —para bien o para mal! También implica que aunque su cerebro ha sido "conectado" para la depresión, negatividad, la adicción, o para la ansiedad, si se le da el estímulo correcto y puesto bajo "tensión" correcta y saludable puede ser recableado, cambiado y renovado.

Esto no es ninguna sorpresa para los cristianos. La Biblia dijo hace mucho tiempo atrás que nuestras mentes podían ser cambiadas. La Palabra de Dios fue dada para ayudarnos a renovar el alambrado de nuestro pensamiento y cambiar nuestras mentes para que podamos transformar nuestras vidas.

Dios nos transforma progresivamente

Una de las verdades más importantes de la fe cristiana es la enseñanza de *cómo* Dios nos transforma de pecadores a santos. Cuando nacemos de nuevo, nos convertimos instantáneamente en hijos de Dios. Algo en nuestros corazones ha cambiado. Más sabemos que tan poderosa como es la transformación espiritual, todavía queda mucho acerca de nosotros desde un punto de vista humano que está lejos de estar completo. Nos gozamos en nuestra nueva relación con Dios, a pesar de que luchamos cada día con deseos persistentes en nuestra carne, sentimientos y mentes que parecen ser contrarios al cambio que nuestros corazones han recibido. La pregunta que a menudo persiste es, "Si soy nacido de nuevo, ¿por qué todavía lucho con mi mente y carne?"

La respuesta a esta pregunta se encuentra en la doctrina bíblica de santificación. *Santificación* simplemente significa, "ser separado para un propósito especial". Se refiere al proceso por el cual algo es limpiado, purificado y preparado para un uso especial. Significa, "hacer santo". La enseñanza de santificación, entonces, es el entendimiento cristiano de cómo Dios nos toma de una vida mundana y comienza a limpiarnos y prepararnos para Sus propósitos.

La Biblia enseña que este proceso ocurre en tres etapas: *presente*, *progresivo* y *prometido*. Estas tres etapas son importantes comprender por qué corresponden a tres aspectos diferentes de nuestra naturaleza humana—*espíritu*, *alma*, y *cuerpo*.

El plan de Dios para nuestra salvación se extiende a todo nuestro ser. En 1 Tesalonicenses 5:23, Pablo oró, "Que el mismo Dios de paz los *santifique* por completo; y que guarde [irreprensible] todo su ser, *espíritu*, *alma* y *cuerpo*, para la venida de nuestro Señor Jesucristo" Así como Dios nos creó como espíritu, alma y cuerpo, su propósito es redimirnos en todas las tres dimensiones de nuestro ser a través de una serie de etapas. Estas etapas corresponden con tres partes de nuestra arquitectura humana mencionada en el verso bíblico antes mencionado.

> *La razón por la que la mayor parte de nuestros problemas son problemas de la cabeza, es porque la mayoría de los desafíos que enfrentamos son resultado de la manera en que pensamos.*

ETAPAS DE LA SALVACIÓN

En un sentido, el creyente ha sido salvo. En otro sentido el creyente está siendo salvo. Y aun en otro sentido más, es perfectamente correcto decir que el creyente tiene que todavía ser salvo. Estas no son ideas contradictorias; más bien explican hermosamente las etapas de salvación que Dios ha diseñado en Su plan de redención.

1. El espíritu nacido de nuevo es salvo

Cuando una persona es nacida de nuevo, ésta recibe instantáneamente el regalo de la vida eterna. El espíritu del creyente es transformado completa e instantáneamente en el momento que uno oye y cree el evangelio. Nos convertimos en nuevas criaturas en Cristo *en nuestros espíritus*. En ese momento, se puede ser dicho que somos *salvos actualmente*.

Como aprendimos en el capítulo cuatro, este nuevo nacimiento es radical, completo y permanente. Mientras que nuestro espíritu puede crecer en conocimiento, gracia, fe y en poder, no llega a ser más perfecto ni justo con el tiempo. En el momento que creemos en Jesús, nos convertimos en los hijos *salvos* de Dios.

> "[Dios] nos dio vida junto con Cristo (la gracia de Dios *los ha salvado*)" (Efesios 2:5).

> "Ciertamente la gracia de Dios *los ha salvado* por medio de la fe. Ésta no nació de ustedes, sino que es un don de Dios" (Efesios 2:8).

> "Les he escrito estas cosas a ustedes, los que creen en el nombre del Hijo de Dios, *para que sepan que tienen vida eterna*" (1 Juan 5:13).

2. El alma del creyente esta siendo salvada

El nuevo nacimiento, sin embargo, no causa la misma transformación en la mente o *alma del creyente*. A menudo utilizamos los términos *alma* y *espíritu* indistintamente, pero en las Epístolas (o cartas) del Nuevo Testamento, Dios hace una clara distinción entre los dos. La palabra *alma* viene de la palabra griega *psuche*, o *psiquis* y es utilizada típicamente para referirse a la mente, las emociones y la voluntad de la naturaleza humana. La palabra griega *psique* es la raíz para nuestra palabra en español de *psicología* y *psiquiatría*, que son las ciencias dedicadas a la comprensión y la sanidad de la mente humana.

El alma comprende la mente humana, el intelecto, la razón, las emociones y la voluntad. Mientras que su espíritu es el "usted" eterno y esencial, el alma humana, o la mente, es el "usted" intelectual y emocional. Usted utiliza su alma para poder pensar, sentir, relacionarse a otros y procesar los datos que usted recibe por los sentidos de su cuerpo físico. Con su espíritu usted toca a Dios; con su cuerpo usted toca la tierra; pero con su alma o mente procesa y decide cómo vivir en este mundo. En este capítulo, utilizaremos la palabra alma y mente indistintamente.

Cuando nacemos de nuevo, nuestras mentes aun contienen las memorias, patrones de pensamientos, los sentimientos y la perspectiva general de nuestra vida precristiana. El alma requiere transformación. Debe ser cambiada para reflejar la condición verdadera que el creyente ha logrado a través de la fe en Cristo. Este proceso de transformación ocurre durante toda la vida del creyente. Al renovar nuestras mentes, transferimos la experiencia genuina de nuestro espíritu a nuestras vidas naturales visibles.

> "Así que quiten de su vida todo lo malo y lo sucio, y acepten con humildad *la palabra que Dios les ha sembrado en el corazón*, porque tiene *el poder para salvar su alma*" (Santiago 1:21 NTV).

> "Y no adopten las costumbres de este mundo, sino transfórmense por medio de la renovación de su mente, para que comprueben cuál es la voluntad de Dios, lo que es bueno, agradable y perfecto" (Romanos 12:2a).

> "Renuévense en el espíritu de su mente" (Efesios 4:23).

3. El cuerpo tiene que ser salvo aun

La Biblia enseña en 2 Corintios 4:7 que nuestra salvación es un "tesoro [contenido] en vasos de barro" (NTV). Los "vasos de barro" a los que Pablo se refiere son nuestros cuerpos físicos. Tenemos este espíritu maravilloso, nuevo y nacido de nuevo en el mismo cuerpo viejo y sin cambios físicos. En el próximo capítulo aprenderemos acerca del plan de Dios para la salvación de nuestros cuerpos, pero por ahora es suficiente que entendamos que es muy claro que el cambio que experimentamos cuando somos salvos, no sucede substancialmente en nuestros cuerpos. Después de la salvación, nuestros cuerpos continúan envejeciendo, debilitando y en última instancia, mueren.

¡Sin embargo, la Biblia promete que viene un día donde el Señor levantará nuestros cuerpos humildes terrenales y los transformará para ser como el cuerpo glorioso de Jesús! En este sentido, nosotros tenemos que ser salvos aún —pero es sólo cuestión de tiempo.

> "Pero nuestra ciudadanía está en los cielos, de donde también esperamos al Salvador, al Señor Jesucristo; *él transformará*

el cuerpo de nuestra humillación, para que sea semejante al cuerpo de su gloria, por el poder con el que puede también sujetar a sí mismo todas las cosas" (Filipenses 3:20-21).

"Y los creyentes también gemimos —aunque tenemos al Espíritu de Dios en nosotros como una muestra anticipada de la gloria futura— porque *anhelamos que nuestro cuerpo sea liberado* del pecado y el sufrimiento. Nosotros también deseamos con una esperanza ferviente que llegue el día en que Dios nos dé todos nuestros derechos como sus hijos adoptivos, *incluido el nuevo cuerpo que nos prometió*" (Romanos 8:23 NTV).

Dividir el Alma y el Espíritu

"La palabra de Dios es viva, eficaz y más cortante que toda espada de dos filos: penetra hasta partir el alma y el espíritu, las coyunturas y los tuétanos, y discierne los pensamientos y las intenciones del corazón" (Hebreos 4:12 RVR).

Sólo la Palabra de Dios nos puede ayudar correctamente a dividir o ver la diferencia entre el alma humana y el espíritu humano. Entender si un pensamiento o impulso viene de su alma humana o espíritu nacido de nuevo, es crítico para crecer en Dios. Por esta razón es que Pablo dijo que es sólo una vez que renovamos nuestras mentes, podemos demostrar cuál es la voluntad de Dios para nuestras vidas.

"Sino transfórmense mediante la renovación de su mente, *para que verifiquen cuál es la voluntad de Dios*" (Romanos 12:2 NBLH).

La razón primaria por la que los creyentes en Jesús no experimentan un cambio que perdura y es progresivo es porque ellos no han cambiado su manera de pensar. Tienen espíritus nuevos, pero las mismas cabezas viejas Recibir a Cristo cambia su corazón, su destino eterno y su relación con Dios; pero hasta que su forma de pensar no cambie, su vida se mantendrá prácticamente sin cambios. Por esta razón es que Pedro nos enseña,

"Busquen, como los niños recién nacidos, la leche espiritual no adulterada, para que por medio de ella crezcan y sean salvos" (1 Pedro 2:2).

DIA 1 EJERCICIOS

Llene los espacios en blancos.

1. El _____ nacido de nuevo *es* salvo.

2. El _____ tiene *que ser salvo aún.*

3. El _____ del creyente *está siendo* salvada.

4. ¿Qué nos ayuda dividir correctamente, o ver, la diferencia entre el alma humana y el espíritu humano?

_____

_____

5. ¿Cuál es la mayor razón por la qué los creyentes en Jesús no experimentan un cambio duradero?

_____

_____

_____

6. La Palabra de Dios tiene el poder de exponer nuestros pensamientos. Trae claridad y nos ayuda y fortalece mientras la leemos. Comprométase a memorizar Romanos 12:1-2. Para ayudar en ese proceso, escribanlo aquí.

_____

_____

_____

_____

_____

_____

DIA 2: COMO FUNCIONA LA MENTE

LA ARQUITECTURA DE LA MENTE

L a mente humana es un regalo maravilloso y fascinante de Dios. Mientras que el cerebro es el órgano físico que alberga y habilita la mente a operar en el cuerpo, es a través de una red llamada el sistema nervioso central que la mente es capáz de hacer sentido del mundo. El sistema nervioso central es una red compleja de comunicación que transmite, recibe e interpreta billones de señales químicas y eléctricas, las cuales fluyen continuamente entre la mente y el mundo físico alrededor de nosotros. El pensar es una función de interpretar estas señales, dándoles significado y en última instancia, la elección de actuar sobre ellos.

Por esta razón, es absolutamente esencial que los "datos" que recibimos sean exactos, apropiados e interpretados correctamente. Cuando tenemos los datos malos, haremos interpretaciones incorrectas y en última instancia, decisiones equivocadas. Por lo tanto, debemos asegurarnos de que recibimos los datos correctos, evitando datos equivocados y desarrollando habilidades de procesar e interpretar lo que nos llevará a las decisiones que son buenas, que complacen a Dios y que le permitan vivir una vida transformada.

> *Mientras que nosotros no podemos prevenir cada pensamiento que surge, somos responsables a escoger cuáles pensamientos permitiremos entretener en nuestras mentes.*

Dios y sus pensamientos

Dios se preocupa por su mente. Él es muy claro cuando dice que nuestros pensamientos son ambos visibles e importantes para Él. Salmos 19:14 dice, "Que las palabras de mi boca y la meditación de mi corazón sean de tu agrado, oh Señor, mi roca y mi redentor" (NTV). Esto significa que Dios ve lo que pensamos en nuestros corazones y mentes. Nuestros pensamientos pueden ser aceptables o inaceptables a Dios. En Hebreos 4:13, la Biblia nos enseña que "todas las cosas quedan al desnudo y descubiertas a los ojos de aquel a quien tenemos que rendir cuentas". Dios no sólo ve nuestros pensamientos, Él nos hará responsables por ellos.

Usted no puede ser responsable por algo sobre lo que usted no tiene control. Muchas personas han adoptado la mentira moderna de "Yo no puedo controlar lo que pienso", o que el Diablo de alguna manera tiene el control sobre nuestros pensamientos. A menudo la gente culpan a otros por cómo piensan, diciendo, "Usted me hizo pensar eso". Pero en realidad, si Satanás u otras personas tuvieran verdaderamente el poder de hacerle a usted o a mí pensar algo, entonces sería muy injusto de parte de Dios hacernos responsables por nuestros pensamientos. Una y otra vez en la Biblia no sólo nos dice qué pensar, sino que nuestra vida de pensamientos es nuestra responsabilidad. Esto significa que podemos poseer nuestras propias mentes, manejar nuestros pensamientos y escoger lo que vamos a ver en la pantalla de nuestras mentes.

Eso no significa que podemos controlar todo pensamiento que llega del mundo alrededor de nosotros, a nuestra mente. Cada día, pensamientos inspirados por otras personas, nuestro ambiente, e incluso espíritus malignos vendrán a tocar a la puerta de su mente. Estos pensamientos provocan muchos sentimientos que buscan echar raíces en nuestras mentes. Si bien no podemos prevenir que pensamientos vengan a la puerta de nuestras mentes, podemos escoger qué pensamientos permitiremos entrar. Ya sea que invitemos a entrar a un pensamiento o no, entretenerlo en la habitación de nuestra mente, o dejarle vivir en un cuarto sobrante en nuestras cabezas, es *totalmente nuestra decisión*. Un hombre sabio dijo una vez, "Los pensamientos vendrán y los pensamientos irán, pero los pensamientos que no se ponen en palabra o acción morirán —sin haber nacido".

Nuestras mentes son como la pantalla de la televisión en su hogar. Usted no puede escoger lo que los organismos de radiodifusión podrán reproducir en un canal determinado, pero sí puede escoger qué canales serán permitidos verse en su hogar. Por eso es que debemos tomar posesión de nuestras mentes y ganar la batalla sobre el "control remoto". Porque lo que usted permite que llene su mente, eventualmente aparecerá en su vida. Proverbios 4:23 dice "Cuida tu corazón [mente] más que otra cosa, porque él es la fuente [experiencias y eventos] de la vida" Muéstreme su mente, y yo le mostraré su futuro. Usted no puede llenar su mente con pensamientos del mundo, entretenimiento impío, lenguaje e imágenes impuras, con reportes negativos de noticias, e imaginaciones llenas de temor, y luego esperar que su vida esté llena de las bendiciones y promesas de Dios.

Los componentes de su mente

1. El intelecto (la "biblioteca" de la mente)
El intelecto tiene la capacidad de ganar el conocimiento y utilizarlo en el pensamiento. Tiene la habilidad de aprender y asociarse.

2. La imaginación (El "ojo" de la mente)
La imaginación tiene la capacidad de crear posibilidades y formar nuevas ideas con la mente, e imaginarlos internamente. Tiene la capacidad de crear imágenes en la mente.

3. La memoria (El "disco duro" de la mente)
La memoria tiene la capacidad de recordar información, experiencias, acontecimientos, sentimientos, y pensamientos experimentados por la mente. Tiene la capacidad de recordar.

4. La emoción (La "voz" de la mente)
Las emociones tienen la capacidad de experimentar pasiones internas en asociación con acontecimientos particulares, memorias, experiencias o pensamientos. Tiene la habilidad de sentir. Las emociones son la voz de nuestros pensamientos. La emoción nos "dice" qué y cómo pensamos. La emoción también puede surgir en respuesta a eventos físicos que ocurren en el cuerpo —cambios hormonales, enfermedad o diversos factores de estrés.

5. La razon / la voluntad (El "juez" de la mente)
La voluntad tiene la capacidad de considerar información, hacer juicios entre opciones opuestas, puntos de vista, o los cursos de dirección, e iniciar acción por la mente o el cuerpo. Tiene la capacidad de elegir.

Usted es lo que usted piensa

> "Porque cuál es su pensamiento en su corazón, tal es él"
> (Proverbios 23:7a RVR).

Lo que nosotros permitamos cautivar en nuestro pensamiento finalmente controlará nuestra vida. La vida que usted experimenta hoy es en gran parte un resultado de sus pensamientos ayer. Mire Proverbios 4:23 otra vez. La Nueva Traducción Viviente lo pone de esta manera, "Sobre todas las cosas cuida tu corazón, *porque éste determina el rumbo de tu vida*" Lo que meditamos continuamente comenzará a programar nuestra razón, sentimientos, y voluntad. Con el tiempo, nosotros subconscientemente tomaremos decisiones de hablar y actuar de maneras que sean consistentes con los pensamientos predominantes en nuestras mentes.

> *Si usted cambia su mente, cambia su vida.*

Simultáneamente, nuestros pensamientos llevan la fuerza de atracción. Mientras desarrollamos patrones de pensamiento, comenzamos a atraer a nuestras vidas experiencias, acontecimientos, personas, y recursos que resuenan con nuestros pensamientos. Este fenómeno es observado consistentemente en casi todas las religiones del mundo, filosofías y observadores sociológicos lo confirman.

Las gran noticia acerca de esta ley de la mente es que si a usted no le gusta la condición de su vida, usted puede cambiarla. Si usted cambia de mente, cambia su vida.

SU MENTE ES SU RESPONSABILIDAD

Como hemos discutido anteriormente, hoy es común para la gente hablar como si ellos no fueran responsables de sus pensamientos, de sus sentimientos, y de sus acciones. Nos despojamos de nuestro derecho de hacer cambio verdadero negando nuestra responsabilidad sobre nuestras propias mentes. Nuestros pensamientos son nuestra responsabilidad, y mientras no podemos detener todo pensamiento que surge, nosotros rendiremos cuenta por lo que permitimos comprometer nuestras mentes.

Tome responsabilidad sobre sus pensamientos y sentimientos

El primer paso para renovar su mente es tomar posesión de sus propios pensamientos. La verdad es que no tenemos autoridad para cambiar cualquier cosa por la que nos negamos a aceptar responsabilidad. Tomando consciencia de qué y cómo piensas es un primer paso importante a desarrollar una nueva mente que refleja los planes y propósitos de Dios. ¿Cuáles son los pensamientos que le limitan y derrotan a que se encuentre regresando repetidamente a ellos durante el día? Cuando usted está solo con sus pensamientos, ¿qué patrón de pensamiento se encuentra usted mentalmente siguiendo? ¿Mantiene usted su vida llena de actividad con poco tiempo para estar sólo porque tiene miedo de sus propios pensamientos, sentimientos y temores? Estas son todas las señales de que en alguna manera usted tiene que recobrar control de sus pensamientos. Empiece diciendo en voz alta la siguiente confesión por fe:

> *En el nombre de Jesucristo, yo tomo responsabilidad de mi propia mente. Tomo autoridad sobre mis pensamientos, sentimientos, meditaciones, e imaginación. Yo poseo los pensamientos y las imágenes que permito ver en la pantalla de mi mente. Satanás no me puede forzar a pensar, sentir, ni meditar en nada que yo me niegue a permitir. Mi mente es un regalo de Dios y yo escojo llenarlo con los pensamientos que me acercaran a la vida que Dios a planeado para mí.*

Evalúe sus pensamientos revisando sus sentimientos

Los sentimientos vienen *del pensamiento.* Una de las mejores maneras de evaluar la condición de su mente es manteniendo un diario de las cosas negativas y temerosas que entran su mente durante el día. Escriba sólo palabras o frases que reflejan cualquier pensamiento o sentimientos que viene naturalmente a su mente. Escribir estas cosas ayuda a *sacarlas* de su mente y detallarlas en papel donde usted las puede evaluar. Algunos días será suficiente. Usted probablemente se asombrará de cuántas veces su mente se desvía hacia el temor, enojo, lujuria, celos y hacia la auto condenación. Esto es el estado natural de la mente humana que no ha sido renovada en Cristo. No permita que este ejercicio le desaliente.

Una vez que tenga un par de días de pensamientos registrados; mire a cada pensamiento o temor y pregúntese cómo podría pensar de forma distinta acerca de la situación. Pregúntese, *¿es este pensamiento válido? ¿Vale rendirle el control de mi mente para pensar así? ¿De qué otras maneras podría ver esto? ¿Pensar en esto cambia algo para lo mejor? ¿Qué sucedería si reemplazara este pensamiento o imagen con algo esperanzador y positivo?* Luego haga una lista rápida de tres a cinco cosas positivas que usted desea en su vida, y cómo podría pensar acerca de ellos. Pregúntese, *¿y qué si paso este tiempo pensando en estas cosas en lugar de las cosas negativas?* Este ejercicio funciona porque le da autoconciencia y le da el poder de tomar control sobre lo que usted permite en el teatro de su mente.

DIA 2 EJERCICIOS

1. ¿Qué Escritura demuestra que nuestros pensamientos son tanto visibles como importantes para Dios?

_____

_____

2. ¿Cuáles son los cinco componentes de la mente, y cómo pueden ser descritos?

1. _____

2. _____

3. _____

4. _____

5. _____

3. Lo que permitimos que cautive nuestros pensamientos eventualmente

_____.

4. ¿Qué significa que nuestros pensamientos llevan la fuerza de atracción?

_____

_____

5. ¿Cuál es el primer paso para renovar su mente?

_____

_____

6. Busque Filipenses 4:8 y escríbalo aquí.

_____

_____

_____

7. Considere lo que este verso significa y cómo aplicarlo a su vida. Pidale a Jesús que le muestre algo que ocupe su mente que deba ser removido de su vida. Si algo viene a su mente inmediatamente, escribalo aquí.

_____

_____

DIA 3: RENOVANDO NUESTRAS MENTES

EL PROCESO DE RENOVAR SU MENTE

Instalando un nuevo sistema operativo

La computadora moderna es una maravilla de progreso humano. Sin embargo, en casi todos los sentidos, la computadora fue concebida, diseñada y producida como una *réplica de la mente humana*. Considere esto: una computadora tiene tres elementos básicos —una pantalla, un UPC (unidad de procesamiento central) y un operador (programador). Para el propósito de esta ilustración, considere estos tres componentes como metáforas de su propio espíritu, alma y cuerpo. La pantalla es su vida natural y física. El operador es el espíritu. El UPC representa el alma o la mente humana.

Antes que conociéramos a Cristo, utilizábamos un viejo sistema operativo. Como estábamos perdidos, programamos toda clase de cosas equivocadas en el UPC —malas palabras, mala conducta, tomamos malos caminos y también teníamos muy malos hábitos de "navegación de la red". Esto llenó nuestra UPC con material impío. Entonces, un día, nacimos de nuevo. En ese día el operador o programador cambió. Un nuevo operador justo y espiritualmente vivo fue colocado detrás de la misma computadora vieja y le fue dicho que produjera nuevas imágenes y resultados en la pantalla. Sin embargo, porque la unidad de procesamiento central ya había sido programada y operada por la persona que *acostumbraba* sentarse allí, todavía produce esas imágenes malas. Cuando trata de "navegar la red" de su mente, los hábitos viejos, los registros y datos históricos del usuario anterior se presentan de nuevo. Los programas viejos todavía corren tras bastidores aun cuando hay nuevas aplicaciones o pensamientos instalados. Los virus y "spyware" del mundo tratan continuamente de entrar y corromper nuestras nuevas aplicaciones. A veces, el sistema entero se estrella y caemos en nuestros viejos patrones viejos de pensamiento, de habla y comportamiento. Gracias a Dios, que nos ha dado un "sistemas de recuperación" especial que siempre reiniciará y restaurará nuestras mentes —oración, confesión de pecado y fe en la Palabra de Dios.

¡La única manera de cambiar consistentemente lo que es desplegado en la pantalla de nuestras vidas es reprogramar nuestras mentes! Los archivos viejos tienen que meticulosamente ser encontrados, borrados y ser reemplazados con nuevos datos. Por un tiempo, mientras mire los resultados en la pantalla, puede ser tentado a pensar que nada ha cambiado. Pero si usted se mantiene en el proceso, borre lo viejo y reemplácelo con nueva información buena, eventualmente la pantalla mostrará lo que el programador desea. Comenzará a ver el reflejo de Jesús en usted.

Esto es realmente una gran parte de lo que es vivir la vida transformada. Debemos dedicarnos a la tarea de borrar los archivos viejos del programador, aplicaciones e historia, y simultáneamente reemplazarlos con nuevos archivos y aplicaciones que reflejan nuestra nueva vida en Cristo. Simplemente porque su pantalla persiste en demostrar programas viejos, no significan que usted no ha cambiado. Solo significa que tiene que renovar su UPC —su mente.

> *Si sus pensamientos están fijos en Dios, Su Palabra, y usted se fía de Él con sus problemas, tendrá la paz interna verdadera.*

La ley de intercambio

La Palabra de Dios no sólo nos dice lo que no debemos pensar. Renovar su mente no es vaciar su mente y utilizar su fuerza de voluntad para mantener pensamientos equivocados fuera. Eso es una tarea casi imposible. El concepto bíblico de renovar su mente implica un principio espiritual que llamamos *la ley de intercambio*. La ley de intercambio enseña que la vida opera en una corriente constante de "comercios" o intercambios. Usted debe intercambiar algo para obtener algo más. Un estudiante le intercambia su tiempo, atención, finanzas y sus esfuerzos a una universidad a cambio del conocimiento que ayudará al estudiante lograr sus metas en la vida y un diploma que corrobore que ha completado el grado trazado. Un hombre soltero intercambia su soltería a cambio de una relación comprometida con su esposa para experimentar las alegrías del matrimonio y familia. Todos tomamos decisiones cada día para intercambiar nuestro pensamiento, tiempo, energías y atención a lugares, personas y cosas. Esas decisiones producen la vida que usted vive actualmente.

La vida que usted vive hoy es en gran parte el resultado de las elecciones que usted ha hecho en el pasado con su tiempo, talentos, dieta, dinero, palabras, amistades y sus pensamientos. Si a usted no le gustan los resultados —en otras palabras, si usted quiere cambiar alguna parte de su vida actual— usted tendrá que hacer diferentes intercambios. Esto podría parecer muy sencillo, pero la clave de cambiar su vida realmente no es más complicada que hacer los cambios correctos. Cuando usted nació de nuevo, usted cambió la condición vieja, negativa y pecadora del corazón por un nuevo corazón que fue suavizado por la gracia, amor y la vida de Jesucristo. Renovar la mente es la manera de Dios extender la vida de Jesús a cada área de su vida y relaciones.

DESARROLLANDO NUEVAS MENTALIDADES

"Puesto que ustedes ya han resucitado con Cristo, busquen las cosas de arriba, donde está Cristo sentado a la derecha de Dios. *Pongan la mira en las cosas del cielo*, y no en las de la tierra" (Colosenses 3:1-2).

"Porque los que siguen los pasos de la carne *fijan su atención* en lo que es de la carne, pero los que son del Espíritu, *la fijan en* lo que es del Espíritu" (Romanos 8:5).

En estos versos, el apóstol Pablo nos dice que intercambiemos nuestra manera terrenal de pensar por una centrada en Cristo. Él nos dice que "fijemos nuestras mentes". Las mentalidades son más que sólo pensamientos o ideas pasajeras. La *mentalidad* es un patrón profundamente atrincherado de pensar que se desarrolla con el tiempo. Son el resultado de pensar en algo en particular repetidas veces en una manera hasta que la perspectiva llega a ser como una segunda naturaleza para nosotros. Las mentalidades son difíciles de cambiar. Esto es bueno si nuestras mentalidades son positivas, útiles y basadas en la Palabra de Dios. Una mentalidad santa proporciona gran paz y fortaleza. Para cambiar las mentalidades equivocadas, debemos cambiar nuestros viejos pensamientos por pensamientos nuevos. Tenemos que alimentar los corazones y las mentes en la verdad de la Palabra de Dios y mantener esas imágenes correctas en nuestras mentes hasta que reemplacen nuestras viejas mentalidades. Pablo continúa instruyendo al creyente sobre qué clases de pensamientos o conductas "negativas" necesitamos "deshacer" y qué nuevos pensamientos y acciones debemos "ponernos":

"Pero ahora deben *abandonar también* la ira, el enojo, la malicia, la blasfemia y las conversaciones obscenas. No se mientan los unos a los otros, pues *ya ustedes se han despojado de la vieja naturaleza* y de sus hechos, y *se han revestido de la nueva naturaleza, la naturaleza del nuevo hombre*, que se va renovando a imagen del que lo creó hasta el pleno conocimiento...Por lo tanto, como escogidos de Dios, santos y amados, *revístanse* de entrañable misericordia, de benignidad, de humildad, de mansedumbre y de paciencia. Y sobre todo, *revístanse de amor*, que es el vínculo perfecto. Que *en el corazón de ustedes* gobierne la paz de Cristo, a la cual fueron llamados en un solo cuerpo. Y sean *agradecidos. La palabra de Cristo habite ricamente en ustedes.* Instrúyanse y exhórtense unos a otros con toda sabiduría; canten al Señor salmos, himnos y cánticos espirituales, con gratitud de corazón" (Colosenses 3:8-10, 12, 14-16).

El poder de la meditación

"Tú, Señor, eres mi roca y mi redentor; ¡agrádate de mis palabras y de mis pensamientos!" (Salmos 19:14).

"Procura que nunca se aparte de tus labios este libro de la ley. Medita en él de día y de noche, para que actúes de acuerdo con todo lo que está escrito en él. Así harás que prospere tu camino, y todo te saldrá bien" (Josué 1:8).

"Me mantengo despierto toda la noche para meditar en tus mandatos" (Salmos 119:48).

Aunque usted no lo crea, la Biblia nos enseña a meditar. Pero la práctica de meditación bíblica no es nada como la meditación enseñada por los gurús y religiones del lejano Oriente. En esas religiones, uno es enseñado que la meditación es el vaciar de la mente. ¡La Biblia nunca nos dice de vaciar nuestras mentes! En cambio debemos llenar nuestras mentes con Su Palabra. *La meditación* bíblica es la práctica de enfocar nuestras mentes en Jesucristo, las promesas maravillosas que nos ha hecho, y a las enseñanzas de la Biblia. Dónde la mayoría de las filosofías impías enseñan que la meditación es una habilidad que toma años para dominar, la sencilla verdad es que la mediación es una práctica que cada uno de nosotros *ya hace cada día de nuestras vidas*.

"Sonidos" del corazón

La meditación es simplemente la práctica de pensamiento centrado. Viene de algunas palabras de raíces hebreas. En Salmo 19:14, la palabra *meditar* viene de la palabra *hig-gä-yōn* que significa golpear repetidas veces la cuerda de un arpa para hacer un sonido largo. Es utilizado en estos otros pasajes.

"En el decacordio y en el salterio, y con *tono suave* en el arpa" (Salmos 92:3 NRV; Mire también Salmos 9:16).

La palabra traducida *corazón* en Salmos 19:14 es *leb*. Es la palabra hebrea para *el centro del alma, pensamiento, imaginación y memoria*. Estas dos palabras forman una imagen poderosa de lo que sucede cuando enfocamos nuestros pensamientos más íntimos en una idea o cosa en particular. David estaba orando que los *sonidos* de su *mente* fueran aceptables a la vista de Dios.

Cuando pensamos en cualquier cosa por un período de tiempo prolongado, creamos un "sonido" en nuestras mentes. Este sonido tiene la forma de dominar nuestra perspectiva de la vida, eventualmente haciéndonos sensibles a cosas que tienen el mismo "tono". Positivo o negativo, correcto o equivocado, bendiciones o maldiciones, el enfoque de nuestras meditaciones comenzará a atraer personas, circunstancias y sentimientos que estén afinados a ese mismo tono. Y todo lo que meditamos el tiempo suficiente comenzará a controlar nuestro pensamiento, a impactar la dirección de nuestras decisiones y llegará a ser nuestra experiencia. *Todo lo que pensamos con el tiempo, comenzaremos a atraer.* Nuestras mentes comienzan a atraer asociaciones y a reforzar las creencias que causan fijarnos en las cosas que pensamos. Por esto es que es tan importante desarrollar meditaciones correctas. ¡Lo que llena su mente, al final llenará su vida!

Como fue indicado anteriormente, cada uno de nosotros medita cada día. En nuestro tiempo libre, mientras manejamos al trabajo, o esperando en silencio en la línea, nuestras mentes se dirigen hacia los patrones dominantes de pensar que nosotros hemos establecido. ¡Estos no son pensamientos vacíos! Estas meditaciones de nuestros corazones impactan poderosamente la manera en que experimentamos la vida y tienen su sonido particular —ya sea atrayendo o repelándonos de las promesas de Dios. Una de las mejores maneras de ver cómo utilizamos el poder de nuestras mentes para meditar cada día está en mirar las cosas por las cuales nos *preocupamos.*

Derrotando el hábito de la preocupación

La Biblia tiene mucho que decir acerca del impacto negativo de la preocupación en nuestras vidas. La preocupación es la práctica de meditación en el terreno negativo. Note lo que Jesús y Pablo enseñaron acerca del hábito de la preocupación:

> "Por lo tanto les digo: *No se preocupen por su vida*" (Mateo 6:25a).

> "Por lo tanto, *no se preocupen* ni se pregunten "¿Qué comeremos, o qué beberemos, o qué vestiremos?" (Mateo 6:31).

> "Así que, *no se preocupen por el día de mañana*, porque el día de mañana traerá sus propias preocupaciones. ¡Ya bastante tiene cada día con su propio mal!" (Mateo 6:34).

La preocupación es imaginar el futuro de una manera negativa. Nosotros no nos preocupamos por cosas que ya han sucedido —solo de cosas que tememos que puedan suceder. La preocupación se imagina las deudas sin pagar, promociones en el trabajo que no llegan o el dolor en el pecho que se convierte en un infarto. Cuando nos preocupamos, rendimos el poder de nuestras mentes para imaginarse el peor resultado posible en cada situación. La preocupación destruye la fe. Nos enfocamos en nuestros temores en vez de los planes de

Dios y las posibilidades que Él ofrece para nuestras vidas. La preocupación nos mantiene atrapados en el temor y el escape. ¡Nunca resuelve ni soluciona nada! Por esta razón es que la Biblia nos dice que cambiemos nuestras imaginaciones preocupadas con peticiones dirigidas de oración. En vez de permitir que nuestros temores y problemas marinen en nuestras mentes, debemos actuar y tomar medidas trayéndolos a Dios en oración. Sólo Dios tiene el poder de cambiar nuestras circunstancias. Cuando oramos, Dios viene a nuestro socorro. Él intercambia nuestros temores y nuestra preocupaciones por Su fe fuerte y renovada, en nuestros corazones, del plan soberano de Dios para nosotros.

Por ejemplo, en vez de preocuparse por una cuenta que se aproxima o un informe médico negativo, mire al problema como una oportunidad para ejercitar su fe en oración. Dios ya conoce el problema así que tome este tiempo para hablar Su Palabra sobre su situación. Mientras lo hace, pídale a Dios por sabiduría, ayuda, dirección o sanidad. Agregue una cantidad generosa de acción de gracias sincera y su oración desatará el poder del Espíritu Santo sobre su situación. Su fe ha desalojado su temor. Esta técnica muy práctica es una manera poderosa de romper con patrones negativos de pensar que nos mantienen encerrados en temor y no nos permiten cambiar. Pablo nos da un remedio poderoso para el hábito de la preocupación. ¡Nos dice que utilicemos el poder de nuestras mentes para cambiar nuestro enfoque de temer lo peor y a esperar la respuesta de Dios!

> "*No se preocupen por nada*; en cambio, *oren por todo*. Díganle a Dios lo que necesitan y *denle gracias* por todo lo que él ha hecho. *Así experimentarán la paz de Dios*, que supera todo lo que podemos entender. La paz de Dios cuidará su corazón y su mente mientras vivan en Cristo Jesús" (Filipenses 4:6-7 NTV).

El resultado de pensamientos correctos siempre producirá la paz perfecta de Dios. De hecho, una manera de saber si nuestros pensamientos se mueven hacia la dirección correcta está en verificar su *nivel de paz*. Si sus pensamientos están fijos cn Dios, Su Palabra y usted se fía de Él con sus problemas, tendrá una paz interna verdadera. Esta paz no es el resultado de que todo en su vida es perfecto, o que todas las circunstancias anden bien. Viene de depender del Señor en su mente. De hecho, esta paz permanecerá constante, a pesar de sus circunstancias. El Profeta Isaías dijo,

> "¡Tú guardarás en perfecta paz a todos los que confían en ti;
> a todos los que concentran en ti sus pensamientos!"
> (Isaías 26:3 NTV).

DIA 3 EJERCICIOS

1. ¿Qué es la ley de intercambio?

_____

_____

_____

2. ¿La vida que usted vive hoy es en gran parte el resultado de qué?

_____

_____

3. ¿Qué es una mentalidad?

_____

_____

_____

4. Todo lo que meditamos el tiempo suficiente, ¿comenzará a hacer qué?

_____

_____

5. Aplique oración a cada preocupación diariamente. Escriba Filipense 4:6-7 aquí.

_____

_____

_____

_____

_____

6. Piense en el verso que usted acaba de escribir. Aplíquelo mentalmente a cada circunstancia y problema que usted pueda imaginarse. Mientras usted medita acerca de cómo Él está en control, pídale al Señor que le llene con Su paz. Imagine en su mente cuáles son los beneficios de esa paz de Dios: fortaleza, seguridad, la relajación ante situaciones estresantes, etcétera. Anote algunos de esos beneficios.

_____

_____

_____

_____

_____

_____

DIA 4: UNA DIETA PARA SU MENTE

De la misma manera que su cuerpo toma el carácter del alimento con que usted lo alimenta, su mente y salud emocional toman el carácter de los pensamientos con que usted los alimenta. Es vitalmente importante que se nos dé una dieta específica de la Palabra de Dios para nuestras mentes. La dieta puede tomar tiempo en lo que nos acostumbramos. Quizás sea difícil al principio restringir la ingestión de comida chatarra mental, de imágenes poco sanas y negatividad de alta caloría. Pero si usted se enfoca en los artículos en esta lista y alimenta su mente con pensamientos, imágenes y amistades que los refuerzan, puede verdaderamente desarrollar una mente sana. Aquí está la lista:

> "Y ahora, amados hermanos, una cosa más para terminar. *Concéntrense* en todo lo que es verdadero, todo lo honorable, todo lo justo, todo lo puro, todo lo bello y todo lo admirable. *Piensen en cosas* excelentes y dignas de alabanza. No dejen de poner en práctica todo lo que aprendieron y recibieron de mí, todo lo que oyeron de mis labios y vieron que hice. Entonces el Dios de paz estará con ustedes" (Filipenses 4:8-9 NTV).

Pablo nos da ocho categorías de alimentos mentales en los que podemos fijar nuestros pensamientos. Todo lo que estemos tentados a pensar debe atravesar el filtro de estas ocho categorías. ¡Si los pensamientos no pasan la prueba, rechácelos y reemplácelos con pensamientos que sí cualifiquen!

La dieta mental de Pablo:

1. Cosas verdaderas
Nuestras mentes deben tener sus raíces en la verdad, o en hechos verdaderos. Necesitamos probar nuestros pensamientos para estar seguros de que son correctos y muy bien fundados en la Escritura. Lo opuesto a la verdad es la mentira, el engaño y la fantasía.

2. Cosas honorables
Esto significa que nuestros pensamientos necesitan respetar a Dios, otros y a nosotros mismos. Debemos pensar honorablemente hacia nuestros cónyuges, hijos, padres, pastores y empleadores.

3. Cosas que sean correctas o justas
Nuestras mentes necesitan alimentarse de cosas que reflejen la rectitud, la justicia y el reino de Dios.

4. Cosas puras

No debemos permitir que cosas inmundas o moralmente contaminadas, incluyendo aquellos que son sexualmente impuros, corrompan nuestras mentes.

5. Cosas bonitas

Necesitamos alimentarnos de vistas hermosas, sonidos y relaciones sanas. Si algo es feo o poco atractivo para la carne, debemos evitarlo en nuestras mentes.

6. Cosas admirables

Admirar algo o a alguien es sentirse inspirado por ellos. Necesitamos encontrar personas y cosas que inspiren admiración dentro de nosotros y enfocar nuestra atención en ellos. Somos atraídos a lo que admiramos — sean buenos o malos.

7. Cosas excelentes

Nuestras mentes necesitan una dieta de calidad. La *excelencia* significa más allá de mediocre o promedio. Necesitamos leer libros, asociarnos con personas y estar en ambientes que nos reten a elevarnos por encima del alcanzar nuestro potencial.

8. Cosas dignas de alabanza

Una manera de derrotar hábitos de pensamientos oscuros es enfocarse en los que pueda agradecer y alabar a Dios. Si su mente lo lleva a la deriva de lo negativo en su vida, imagine inmediatamente una cosa por lo cual dar gracias sinceramente y alabe a Dios. Puede ser CUALQUIER COSA. Comience a expresar con palabras a Dios su alabanza y agradecimiento, mientras se permite a si mismo romper ciclos de pensamientos negativos. Esta acción solamente, tiene un efecto poderoso en la mente y rompe ciclos de pensamientos negativos.

> *Si cambiamos nuestras mentes, nosotros podemos cambiar nuestras vidas.*
> *¡Si podemos cambiar nuestras vidas, Dios puede cambiar nuestro mundo a través de nosotros!*

Desarrollar la mente de Cristo

"Y nosotros no hemos recibido el espíritu del mundo, sino el Espíritu que proviene de Dios, para que entendamos lo que Dios nos ha dado....*Pero nosotros entendemos estas cosas porque tenemos la mente de Cristo*" (1 Corintios 2:12, 16b NTV).

El Espíritu Santo vive dentro de cada creyente para ayudarlo en el proceso de renovar sus mentes. Tener la mente de Cristo dentro de nosotros se refiere al proceso en curso del Espíritu Santo revelando los pensamientos y los planes de Dios a nuestras mentes y corazones. Jesús enseñó que el Espíritu Santo sería nuestro Ayudante. Una de las maneras primarias que nos ayuda es revelando la mente o pensamientos de Cristo a nosotros.

> "Cuando venga el Espíritu de verdad, él los guiará a toda la verdad. Él no hablará por su propia cuenta, *sino que les dirá lo que ha oído* y les contará lo que sucederá en el futuro. Me glorificará porque *les contará todo lo que reciba de mí*" (Juan 16:13-14 NTV).

Cada creyente puede confiar en la presencia interna del Espíritu Santo para dirigirnos. Él vive dentro de nosotros para decirnos lo que Jesús y el Padre quieren que sepamos. La principal forma que Él nos habla es a través de las Escrituras. Podemos pedirle que nos ayude a comprender a Dios y Su Palabra.

> "Ábreme los ojos para contemplar las grandes maravillas de tus enseñanzas" (Salmos 119:18).

ALIMENTARSE DE LA PALABRA

Sin duda, la herramienta más importante que nosotros tenemos para renovar nuestras mentes es la Palabra de Dios. La Biblia está llena de los pensamientos de Dios y Sus caminos (Isaias 55:8-11). Esta tiene el poder de sanar nuestros pensamientos tóxicos y librar nuestras mentes de patrones destructivos de creer y sentir.

> "Acepten con humildad la palabra que Dios les ha sembrado en el corazón, porque tiene el poder para salvar [sanar y liberar] su alma [mente]" (Santiago 1:21 NTV).

La Palabra de Dios es un espejo que nos muestra cómo Dios nos ve en Cristo. Las epístolas del Nuevo Testamento escritas a las iglesias están llenas de poderosas imágenes de lo que Dios ha hecho por el creyente en Jesucristo. Describe una y otra vez en lo que nos hemos convertido "en Cristo". Nos dice quiénes somos en Cristo y nos revela nuestra verdadera identidad. Cuanto más miramos al espejo de la Palabra de Dios, más nos veremos como Dios nos ve verdaderamente — nuevas criaturas en Cristo Jesús (2 Corintio 5:17).

Cuando nos miramos en un espejo natural, sólo vemos nuestros seres físicos. Notamos las imperfecciones, los errores, las realidades que deseamos cambiar. Pero la Palabra de Dios nos da la imagen verdadera de nuestros verdaderos seres. Como creyentes en Jesús, hemos sido hechos a la imagen y semejanza de Dios, y poseemos el amor, la paz y la sabiduría de Dios. ¡Se nos ha dado la naturaleza divina de Dios en nuestros espíritus —la vida misma de Dios! Él nos ha hecho más que vencedores, y nos ha dado autoridad sobre todo el poder del enemigo. Esta es la imagen que Dios desea que nosotros captemos en nuestras mentes. ¡Él desea que sepamos en nuestras cabezas lo que Él ya ha hecho en nuestros corazones!

Formas de alimentarse de la Palabra de Dios

Jesús dijo, "No sólo de pan vive el hombre, *sino de toda palabra que sale de la boca de Dios*" (Mateo 4:4). Así como nuestros cuerpos se alimentan del pan natural para ganar fuerza y nutrición, nuestros espíritus y almas necesitan alimentarse de la comida espiritual de la Palabra de Dios. La Biblia enseña que hay numerosas formas de alimentarse de la Palabra de Dios, y cada una es esencial para nuestro desarrollo como creyentes.

La Eseñanza de la iglesia local

La primera manera que recibimos la Palabra de Dios es escuchándola regularmente enseñada en la iglesia local. Los cristianos de la iglesia primitiva sólo podían alimentarse de la Palabra de Dios de esta manera. Fueron muchos siglos antes que copias completas de la Biblia pudieran ser encontradas en la mayoría de las iglesias, y muchos siglos después antes que fueran impresas en copias más pequeñas y disponibles para todos. Dios nos diseñó para reunirnos con otros creyentes cada semana en iglesias locales así que pudiéramos ser enseñados la Palabra de Dios bajo el liderazgo de Sus predicadores y maestros ungidos, y permitir que Sus dones espirituales ministren al resto del cuerpo a otros a través de nosotros. La responsabilidad principal del pastor local es la de alimentar al rebaño con una dieta balanceada de la Palabra de Dios. Note en estos pasajes que los pastores de la iglesia de Dios son responsables enseñarle al pueblo de Dios.

> "Acuérdense de los líderes que *les enseñaron la palabra de Dios.*
> Piensen en todo lo bueno que haya resultado de su vida y sigan
> el ejemplo de su fe" (Hebreos 13:7 NTV).

> "Entonces cuídense a sí mismos y cuiden al pueblo de Dios.
> *Alimenten y pastoreen al rebaño de Dios* —su iglesia, comprada
> con su propia sangre[a]— sobre quien el Espíritu Santo los ha
> designado ancianos" (Hechos 20:28 NTV).

Lectura personal bíblica y estudio en grupo

En segundo lugar, cada creyente debe procurar estudiar la Biblia y buenos materiales didácticos bíblicos. Esto puede ser hecho individualmente o en grupos. Cuando leemos y estudiamos la Biblia por nuestra cuenta, le permitimos al Espíritu Santo hablar a través de la Escritura a nuestras vidas utilizando las historias, lecciones y enseñanzas para ayudarnos a pensar correctamente. Aprendemos la palabra de Dios de manera acelerada cuando nos unimos a un estudio bíblico que es proporcionado bajo la dirección de la iglesia local. Los creyentes, a menudo, se ayudan unos a otros a crecer al aprender de las ideas que otros reciben de la Palabra de Dios.

Memorizar Escritura

Una de las maneras más poderosas de alimentarse de la Palabra de Dios es de pasar tiempo comprometiéndose a memorizar versos útiles de Biblia. Esto puede sonar difícil, pero la realidad es que la persona promedio ya se ha memorizado miles de líneas y versos de canciones, películas y medios populares. Memorizar la Biblia puede tomar un poco de disciplina y enfoque, pero no hay una canción en el mundo que le beneficie a usted más que la Palabra de Dios. Salmos 119 es el capítulo más largo en la Biblia y cada verso es una celebración del poder de la Palabra de Dios en el corazón y vida del creyente. Nos enseña a comprometernos a memorizar la Palabra de Dios. Tome nota de estos versos seleccionados:

> "He *guardado tu palabra en mi corazón*, para no pecar contra ti....*Estudiaré tus mandamientos y reflexionaré* sobre tus caminos. Me deleitaré en tus decretos y *no olvidaré* [memorizar] *tu palabra....Jamás olvidaré* tus mandamientos, pues por medio de ellos me diste vida....¡Oh, cuánto amo tus enseñanzas! Pienso en ellas todo el día....Tus leyes son mi tesoro; son el deleite de mi corazón....He andado descarriado como una oveja perdida; ven a buscarme, *porque no me he olvidado de tus mandatos*" (Salmos 119:11, 15-16, 93, 97, 111, 176 NTV).

Materiales de enseñanza Bíblica, conferencias, y medios

Hoy hay muchos recursos excelentes disponibles para aprender la Palabra de Dios y aumentar su desarrollo. Busque libros, libros electrónicos, estudios en audio, descargas digitales, videos y otros medios que se enfocan en la enseñanza de la Biblia por ministros acreditados que apoyan el aprendizaje que están de acuerdo con lo que usted experimenta y aprende en su iglesia local. Recuerde que la enseñanza suplementaria siempre debe exhortarle a ser fiel a Dios y su iglesia local. Cualquier enseñanza que inspire división entre hermanos creyentes, o le aleje de vivir su vida cristiana fuera de una iglesia local sana, es contrario al propósito de Dios para usted y debe ser visto con cautela.

SANANDO SUS MEMORIAS

Uno de e los aspectos más importantes de renovar su mente implica la sanidad de su pasado. La memoria es un componente poderoso de la mente humana y tiene enorme impacto sobre lo que pensamos y lo que sentimos acerca de nuestras vidas y nuestro futuro. Porque vivimos en un mundo que está lleno de dolor y quebranto, todos crecemos con experiencias que marcan nuestras memorias. Ya sea que el amor y la afirmación que dejamos de recibir, o el rechazo y abuso que no merecíamos, cada uno de nosotros desarrolla patrones de pensamiento que crecen como una cicatriz alrededor de estas heridas sin sanar. A menudo es después de muchos años —después de haber alcanzado edad adulta— que comenzamos a enfrentar nuestras memorias dolorosas y nos damos cuenta de cómo han impactado nuestros pensamientos, sentimientos y decisiones. En Salmos 23:1,3, David dijo, "El Señor es mi pastor; nada me falta...*Me infunde nuevas fuerzas*".

Como un creyente nacido de nuevo en Jesús, su espíritu ha sido hecho nuevo. El alma, sin embargo, contiene estas heridas abiertas, los patrones de pensamiento y sentir que están al contrario del amor, alegría, y la paz que Dios ha colocado en su espíritu. Al seguir a Cristo y servir a otros en la iglesia local, comenzamos un viaje, que con el tiempo, traerá muchas de estas heridas a la superficie. Cuando esto ocurre, el deseo de Dios es de sanar el alma y darnos una nueva manera de pensar de nuestro pasado al igual que nuestro futuro.

Lograr despegarse

A veces nosotros parecemos estar estancados en nuestro desarrollo espiritual. Nuestras mentes se encierran en patrones de pensamientos y sentimientos que nos previenen de movernos adelante. Cuando este es el caso, es importante tomar el tiempo para examinar nuestros pensamientos y sentimientos. A menudo, la verdadera razón por la que estamos "pegados" es porque Dios desea que revisemos patrones viejos de pensar que hemos recogido en nuestro pasado que nos estorban.

La importancia de nuevas relaciones

Construir relaciones sanas con otros creyentes es una parte importante de crecer espiritualmente y renovar nuestras mentes. Cuando nos movemos hacia nuevas direcciones, necesitamos personas que viajen con nosotros. A menudo esto nos requiere dejar a un lado las relaciones que nos atan a nuestra pasada manera de pensar. Si usted quiere llegar a California, usted no puede permanecer en un autobús que va hacia Boston. Dios utiliza personas que se dirigen hacia la dirección de nuestro propósito y destino para ayudarnos a llegar a los lugares correctos en la vida. Cuando los creyentes realmente se preocupan el uno por el otro, comparten desde sus corazones y heridas unos con los otros y toman el tiempo para animarse y orar el uno por el otro, un ambiente para crecer es creado en nuestras vidas.

Consejería cristiana

A veces nuestras mentes y sentimientos se llegan a molestar a tal grado que necesitamos ayuda para ser sanos. Dios trabaja a través de Su Palabra, Su Espíritu, Su iglesia y por otras personas para ayudarnos crecer. Ministros profesionales entrenados, consejeros y médicos han dedicado sus vidas a aprender cómo ayudar a personas a sanar sus mentes y emociones. A veces parte del plan de Dios para nuestro crecimiento incluye un tiempo con personas sabias y gente madura muy bien entrenadas que han sido llamadas a este tipo de ministerio. Si usted, su familia o sus líderes espirituales sienten que pueden necesitar esta clase de ayuda, trate de localizar a alguien que tenga una visión del mundo basada en el cristianismo.

Cuando el cerebro está enfermo

El cerebro es el órgano que contiene el alma y la mente humana. Como cualquier otra parte del cuerpo, puede llegar a ser debilitado, desequilibrado, o físicamente enfermo. Pero a diferencia de la mayoría de las otras partes de nuestros cuerpos, cuando el cerebro llega a ser desequilibrado o enfermo, muy a menudo no nos damos cuenta. El cerebro es una red maravillosamente compleja de señales químicas, hormonales y eléctricas que pueden salirse de balance. Cuando esto sucede, se manifiesta en maneras que pocas veces asociamos con la salud del cerebro. Nuestro pensamiento puede llegar a ser confuso, nuestras emociones deprimidas, nuestros hábitos de dormir perturbados, o nuestro peso puede subir o bajar. Puede llegar a ser difícil de pensar claramente y controlar nuestros impulsos.

Cuando el cerebro esta débil o enfermo debido al estrés, trauma, desequilibrio hormonal, u otros desbalances, debemos darnos permiso de encontrar la ayuda que necesitamos para ser sanos. Una vez, cuando Elías el Profeta de Dios había terminado un tiempo de ministerio intenso en el que estuvo vulnerable a las amenazas de sus enemigos. Elías estaba tan agotado, que perdió su capacidad de pensar y sentirse bien. La Biblia dice que éste huyó y se escondió dentro de una cueva en una montaña, finalmente orando para morirse. Pero por el camino, el Señor le permitió descansar, tenía ángeles preparándole comida para restaurarlo y finalmente lo ayudó a salir de su depresión enviándole a un asistente personal que ayudara a Elías a llevar la carga. Esto muestra la gran misericordia de Dios para con Sus hijos cuando caen en lugares de agotamiento y pensamiento tóxico.

En el cuarto capítulo de Jonás, vemos que el profeta de Dios se deprimió y se obsesionó con pensamientos negativos. Las cosas no resultaron como él quería, y hasta oró para que Dios lo matara. En cambio, nosotros encontramos que Dios le enseñó al profeta una lección valiosa, corrigiendo suavemente su perspectiva. ¡Dios cambió sus pensamientos para que Jonás pudiera cambiar cómo se sentía!

A veces, parte de la sanidad del cerebro puede implicar cambios en la dieta, en el sueño, en niveles de estrés e incluso en medicamentos. El creyente no debe sentirse condenado si, en el proceso de renovar su mente, descubre que parte del plan de Dios para su sanidad incluye recibir consejería o tratamiento médico. Lo más importante es que hagamos lo que sea necesario para tener cerebros sanos, mentes sanas, y memorias y emociones sanas.

El renovar la mente es el factor singular más importante para vivir una vida transformada. Si cambiamos nuestras mentes, podemos cambiar nuestras vidas. ¡Si podemos cambiar nuestras vidas, Dios puede cambiar nuestro mundo a través de nosotros!

DIA 4 EJERCICIOS

1. Enumere las ocho categorías de la dieta mental de Pablo.

    1. _____

    2. _____

    3. _____

    4. _____

    5. _____

    6. _____

    7. _____

    8. _____

2. ¿A qué se refiere tener la mente de Cristo dentro de nosotros?

_____

_____

3. Enumere las cuatro maneras en que podemos alimentarnos de la Palabra de Dios.

    1. _____

    2. _____

    3. _____

    4. _____

4. Nombre las dos figuras bíblicas mencionadas en este capítulo que lidiaron con trauma y depresión mental.

    1. _____

    2. _____

5. Comencemos la dieta de Pablo; mire la lista en Filipenses 4:8. Debido a nuestra naturaleza caída, esas cosas no parecen ser interesantes para nosotros —y sin embargo, son estas cosas las que tienen el poder de transformarnos. Escoja una de ellas hoy. Dé un ejemplo de una manera que usted puede practicar pensar sobre la que usted escogió. Escríbalo abajo.

_____

_____

_____

_____

_____

_____

CAPÍTULO SIETE

EL CUERPO TRANSFORMADO

CAPÍTULO SIETE
El cuerpo transformado

DIA 1: NUESTRO TRAJE TERRENAL

Usted *no* es su cuerpo. Tan simple como suena esto, este hecho es una de las verdades más importantes que usted puede dominar en la jornada de vivir la vida transformada. No distinguir realmente entre su *ser interno* y su *ser externo o físico* resultará en confusión, frustración, y sentimientos persistentes de condenación. Como creyente en Jesucristo, su espíritu ha renacido en la imagen y semejanza de Dios. Sin embargo, como hemos estado aprendiendo, Dios ha puesto esta nueva creación dentro de un cuerpo físico que sigue en gran parte sin cambios. Al igual que la *mente* del creyente debe ser "renovada a medida que aprendan a conocer a su Creador y se parezcan más a él" (Colosenses 3:10 NTV), así también el *cuerpo* del creyente debe ser entrenado a obedecer a Dios siguiendo las direcciones dadas por el espíritu que ha nacido de nuevo.

Mientras tanto, su cuerpo físico es importante para Dios —tan importante que la Biblia dedica gran parte de su enseñanza a entender la naturaleza del cuerpo, las luchas de vivir en nuestros cuerpos, y las promesas que Dios ha hecho para el futuro de nuestros cuerpos. Dios quiere que nosotros dominemos el arte de aprender cómo vivir en nuestro propio cuerpo. Él desea que aprendamos cómo utilizar nuestros cuerpos como vasijas para nuestros espíritus renacidos para lograr Su propósito para nuestra vida.

> "Así que, hermanos, yo les ruego, por las misericordias de Dios, que se presenten ustedes mismos como un sacrificio vivo, santo y agradable a Dios. ¡Así es como se debe adorar a Dios!"
> (Romanos 12:1).

La naturaleza del cuerpo: nuestro traje terrenal

Cuando los primeros astronautas fueron a su viaje al espacio, los científicos que los enviaron sabían que necesitarían naves en qué viajar y navegar dentro de un ambiente hostil y extranjero del espacio exterior. Durante años los científicos trabajaron para desarrollar transportadores que pudieran escapar las fuerzas de gravedad de la tierra y eventualmente aterrizar en la luna. Los científicos también sabían que para lograr que un humano pudiera caminar en la luna, necesitaría un traje externo que fuera diseñado únicamente para los extremos del espacio exterior. Siempre que nuestros astronautas utilizaran el traje espacial que les fue dado, podrían explorar la superficie de la luna. Pero si por un momento ese traje fuese a llegar a ser de algún modo vulnerable a la atmósfera exterior, el astronauta moriría en segundos.

De la misma manera, usted y yo fuimos creados como seres espirituales por Dios. Nuestro hogar verdadero es la casa de nuestro Padre en el cielo. Para navegar y operar en este planeta físico, Dios diseñó un "traje terrenal" para nosotros. Entender cómo vivir en ese traje es esencial para dominar la vida en este planeta. Algún día, usted dejará su cuerpo a través del proceso de la muerte física. Lo que llamamos la muerte no es nada más que salir de nuestro traje terrenal hacia nuestro hogar espiritual verdadero. Hasta ese momento, usted y yo tendremos que aprender cómo vivir en nuestros cuerpos si esperamos vivir la vida abundante que Jesús ha prometido.

> *Nosotros no luchamos contra nosotros mismos; estamos dominando el control de nuestros cuerpos, y renovando nuestras mentes.*

Hecho a la imagen de Dios

Fuera de todo lo que Dios ha creado en el universo, no hay animal, ángel, u objeto que se pueda decir que se parezca a su Creador —con la excepción de uno.

> "Entonces Dios dijo: '*Hagamos a los seres humanos a nuestra imagen*, para que sean como nosotros. Ellos reinarán sobre los peces del mar, las aves del cielo, los animales domésticos, todos los animales salvajes de la tierra y los animales pequeños que corren por el suelo'. Así que Dios creó a los seres humanos a su propia imagen. A imagen de Dios los creó; hombre y mujer los creó" (Génesis 1:26-27 NTV).

Como hemos aprendido, sólo hombres y mujeres han sido hechos a la misma imagen de Dios. Una imagen es el reflejo de uno mismo. Eso significa que sólo en examinar a los seres humanos es que podemos aprender acerca de la naturaleza y la forma de Dios. Sólo los seres humanos llevan la responsabilidad extraordinaria de reflejar a Dios. Así como Dios es Espíritu, la naturaleza esencial de la humanidad es espíritu. La inteligencia de Dios es revelada en la mente humana. Aun la forma física del cuerpo humano nos enseña que Dios tiene una forma en el cielo que puede ser vista y reconocida. Dios tiene una cara, ojos, orejas, una boca, brazos, manos y pies que algún día nosotros veremos. Esto no quiere decir que Dios sea un hombre, o que él en cualquier manera está limitado a dimensiones espaciales como nosotros. A pesar de todo, Dios es una persona. Él existe no sólo en Su infinita expansión, pero también en una forma personal que el cuerpo humano refleja. Dios diseñó hombres y mujeres para reflejar —en espíritu, mente y cuerpo— la imagen esencial de Él mismo.

En Salmos 8, el profeta David dijo,

> "¿Qué son los *simples mortales* para que pienses en ellos, los *seres humanos* para que de ellos te ocupes? Sin embargo, los hiciste *un poco menor que Dios y los coronaste de gloria* y honor. Los pusiste a cargo de todo lo que creaste, y sometiste todas las cosas bajo su autoridad" (Salmos 8:4-6 NTV).

Nuestros primeros padres humanos fueron *coronados* con gloria. La palabra traducida "coronados" en este verso significa rodear o vestir. El primer hombre y mujer fueron tan majestuosos en su forma original que ellos no necesitaban ropa natural —la gloria visible de Dios cubría su desnudez. Fue sólo después de la caída que Adán y Eva se dieron cuenta de su propia desnudez porque fue sólo en ese momento que la gloria de Dios salió. El pecado estropeó la imagen de Dios en la humanidad, y como resultado, ahora somos como un espejo roto —reflejando la imagen de Dios de un modo distorsionado.

> "Por cuanto todos pecaron y *están destituidos de la gloria* de Dios" (Romanos 3:23).

Esta imágen rota es lo que Cristo vino a restaurar. Sólo en la vida humana de Jesucristo captamos una imagen perfecta de la intención de Dios para la humanidad. Cuando recibimos a Jesús como nuestro Señor, Dios comienza el proceso de restaurar Su imagen en nosotros. Comienza en nuestro espíritu nacido de nuevo, y luego Su Espíritu obra para transformar nuestras mentes y conductas hasta que nuestra vidas lleguen a ser espejos restaurados de la imagen de Dios en el mundo.

Conexión al mundo físico

En el capítulo 2 de Génesis, la Biblia nos da más detalles sobre el proceso de nuestra creación.

> "Entonces el Señor Dios *formó al hombre del polvo de la tierra, y sopló* en su nariz *el aliento de vida*, y fue el hombre un *ser viviente*" (Génesis 2:7 NBLH).

¡Los científicos nos dicen que nuestros cuerpos físicos están compuestos de aproximadamente una tercera parte de agua y aproximadamente dos tercios de elementos y minerales encontrados en la corteza o superficie de la tierra! Esto no sólo confirma lo que la Biblia enseña, pero nos da un indicio poderoso de la naturaleza de nuestros cuerpos físicos y por qué a menudo luchamos con ellos mientras procuramos complacer a Dios.

La casa de los sentidos

Porque nuestros cuerpos son hechos del polvo del mundo físico, éstos fueron diseñados con capacidades de conectarnos a las realidades *físicas alrededor nuestro*. Llamamos estas capacidades los sentidos físicos. Nuestros sentidos son un *sistema de comunicación* complejo que nos permite comprender nuestra vida en la tierra. A través del tacto, vista, sonido, gusto y olfato, nuestros cuerpos conectan con el mundo a nuestro alrededor. Mientras que nuestros sentidos son muy útiles para navegar el mundo natural, estos nunca fueron diseñados para controlar nuestros pensamientos y acciones.

Nuestros sentidos son atraídos por el placer y la comodidad, pero retroceden de cualquier molestia y dolor. Debido a que los sentidos físicos no se distinguen entre lo que es moralmente correcto o incorrecto, ellos son atraídos a comodidades y placeres físicos independientemente de su origen o seguridad. Si vivimos solo por los sentidos, a menudo escogeremos evitar cosas que puedan causar molestia a corto plazo pero rendirán beneficios a largo plazo —como el ejercicio, comer saludable y resistir los placeres del pecado.

Por la misma razón, nuestros sentidos a menudo nos engañarán a escoger cosas que parecen hermosas y se sienten placenteras, pero serán perjudiciales para nosotros y para otros a largo plazo. Cuando Satanás vino a engañar a Eva, él apeló a su sentido de la vista, olor y gusto. La incitó a confiar en sus sentidos físicos y desconfiar de la palabra de Dios.

> "Cuando la mujer *vio* que el árbol era bueno para comer, y que era agradable *a los ojos*, y que el árbol era deseable para alcanzar sabiduría, tomó de su fruto y comió; y dio también a su marido que estaba con ella, y él comió" (Génesis 3:6 LBLA).

Los efectos de la caída sobre los sentidos

La caída de la raza humana al pecado tuvo como resultado consecuencias severas en el cuerpo humano. Adán y Eva nunca hubieran sabido lo que es la muerte física, la enfermedad, la pobreza, el envejecimiento, el dolor o compulsiones adictivas. Sus cuerpos habrían permanecido vasijas obedientes para que sus espíritus navegaran el mundo físico. Sus sentidos no habrían ganado la ventaja en dirigir sus pensamientos y decisiones. Es difícil imaginar un mundo como este —donde el cuerpo habría permanecido como un sirviente de confianza del espíritu y el alma humanos. Pero los restos de la caída han amortiguado nuestro lado espiritual y nuestros cuerpos. Ahora nuestros sentidos físicos buscan dictar nuestras decisiones y gobernar nuestras vidas.

Domando el caballo

Comprender la manera en que el cuerpo y el espíritu se relacionan uno al otro es muy importante para aprender cómo llevar nuestros cuerpos bajo el control del espíritu dentro de nosotros. Una manera de pensar en esta relación es mirar la manera que un caballo es entrenado por un jinete experimentado.

Antes que usted naciera de nuevo, su cuerpo era como un caballo salvaje. Estaba acostumbrado ir donde deseaba y correr sin restricción. Los caballos salvajes son resistentes al control. Igualmente, nuestra antigua naturaleza espiritual estaba acostumbrada a "cabalgar" a donde quisiera ir. Pero un día, usted nació de nuevo. Se convirtió en una nueva persona en su espíritu —un jinete nuevo y útil. Pero el nuevo jinete ha estado pegado al mismo caballo salvaje. Naturalmente, cuando el "nuevo usted" se esfuerza para dirigir al caballo, éste se opone, lucha y se resiste al control. El jinete debe centrarse seriamente en romper la voluntad del caballo para hacer de éste un vehículo listo para llevar al jinete en su jornada.

El proceso de domar un caballo salvaje es difícil. Requiere de una combinación de comprensión paciente y el uso de una cantidad saludable de incomodidad y dolor sobre el caballo cuando resista la instrucción. Pero una vez el caballo es enseñado quién es el jefe y aprende a obedecer a su amo, tanto el caballo como el jinete pueden ganar en las competencias de la vida. Mientras el cuerpo a menudo puede sentirse que tiene voluntad propia, en realidad no es nada más que la atracción de los sentidos físicos a los placeres que sentimos.

> "¿De dónde vienen las guerras y las peleas entre ustedes? ¿Acaso no vienen de sus *pasiones, las cuales luchan dentro de ustedes mismos*?" (Santiago 4:1).

La palabra griega "miembros" traducida aquí y en otra parte en el Nuevo Testamento es *melos* que es mejor traducida como "partes del cuerpo". En pocas palabras, las diferentes partes de nuestros cuerpos apetecen comodidad y placer. Estos deseos no son malos de por sí, pero son indiscriminados. Una vez que el cuerpo ha experimentado cierto placer o fue entrenado a reaccionar de cierta manera en un ambiente particular, el cuerpo y la mente forman una conexión automática con esa experiencia. Es así como los hábitos se forman. Es también la razón por la que romper con hábitos puede ser tan difícil. El cuerpo y la mente se confunden cuando tienen que responder consistentemente uno con el otro. Así que cuando el cuerpo siente tensión, apetece los placeres para traer balance al malestar. No distingue entre lo que es saludable y lo que es enfermizo. Simplemente quiere la solución más rápida que ha traído placer en el pasado. El problema es que muchos de estos placeres son pecaminosos y tienen efectos negativos a largo plazo en nosotros, en otros, y en nuestra relación con Dios. Debemos aprender a domar el caballo y volver a entrenar el cuerpo.

Noten lo que la Biblia dice acerca de la naturaleza de nuestro cuerpo y nuestra necesidad de resistir sus antojos:

> "Y todo el que compite en los juegos se abstiene de todo. Ellos lo hacen para recibir una corona corruptible, pero nosotros, una incorruptible. Por tanto, yo de esta manera corro, no como sin tener meta; de esta manera peleo, no como dando golpes al aire, sino que *golpeo mi cuerpo y lo hago mi esclavo*, no sea que habiendo predicado a otros, yo mismo sea descalificado" (1 Corintios 9:25-27 NTV).

¿POR QUE QUIERO HACER COSAS QUE ABORREZCO?

> "Porque lo que hago, no lo entiendo. Porque no practico lo que quiero hacer, sino que lo que aborrezco, eso hago" (Romanos 7:15 NBLH).

Este verso describe la lucha que enfrenta de vez en cuando la gente que quieren agradar a Dios. Mientras que Pablo se refería directamente a las luchas de su vida antes de ser cristiano, para agradar a Dios a través de la religión, también puede ser aplicado al creyente que lucha con la batalla para vencer sus deseos pecaminosos. Note que las Escrituras localizan la fuente de nuestra lucha interna: "En mi carne" (7:18), "el pecado que está en mis miembros" (7:23), y "este cuerpo de muerte" (7:24). Todos estos términos son las diferentes maneras de describir el hecho de que nuestros cuerpos físicos todavía son impactados por la naturaleza salvaje del pecado y la tentación.

La carne contra el Espíritu

El Nuevo Testamento tiene un término para describir la parte de nosotros que todavía lucha contra la voluntad de Dios y nuestra nueva naturaleza. Es simplemente llamada "la carne". El termino *carne* es traducida de la palabra griega *sarx*, que significa "la sustancia suave del cuerpo vivo, que cubre los huesos y es permeado con sangre". En términos generales, es la palabra que utilizamos para decir carne. La carne es utilizada en la Escritura para referirse al cuerpo físico o los impulsos pecaminosos que residen en el cuerpo.

¿Estamos acaso luchando contra nosotros mismos?

La Biblia enseña que nuestros cuerpos han sido impactados por la caída y a menudo lucha contra los deseos de nuestros espíritus renacidos.

> "Digo, pues: anden por el Espíritu, y no cumplirán el deseo de la carne. Porque el deseo de la carne es contra el Espíritu, y el del Espíritu es contra la carne, pues éstos se oponen el uno al otro, de manera que ustedes no pueden hacer lo que deseen" (Gálatas 5:16-17 NBLH).

La palabra *espíritu* no se refiere sólo al Espíritu Santo. Ya que es su espíritu humano el que es nacido de nuevo por el Espíritu Santo, la batalla verdadera está entre su carne y su espíritu. Son los deseos de este hombre interno contra las pasiones del hombre externo que están en guerra el uno contra el otro. Esta batalla sólo puede ser ganada enfocándose en el desarrollo de su nueva naturaleza espiritual a través de un caminar diario con Dios.

Es importante recordar que estas pasiones pecaminosas no vienen de su espíritu renacido. Usted es una nueva criatura en Cristo. "Atrás ha quedado lo viejo: ¡ahora ya todo es nuevo!" (2 Corintios 5:17). La batalla con la carne no es una batalla con dos naturalezas opuestas dentro de usted. Es una batalla entre el YO "interno" renacido y el YO "externo" que no ha cambiado: su cuerpo físico. Algunas Biblias traducen el término *carne* como la "naturaleza pecaminosa". El problema con esto es que puede confundir al creyente en pensar que tiene dos naturalezas dentro de sí mismos —como Dr. Jekyll y Sr. Hyde.

Por eso es que la palabra *carne* es una mejor descripción de dónde la naturaleza pecaminosa permanece aún en el cristiano renacido. El creyente no lucha con dos naturalezas opuestas dentro de su espíritu. Entender esta distinción hace toda la diferencia en el mundo cuando tratamos con nuestras luchas contra el pecado. Nosotros no luchamos contra nosotros mismos; estamos dominando el control de nuestros cuerpos y renovando nuestras mentes.

Su cuerpo: ¿su sirviente o su amo?

> "Que cada uno de vosotros sepa tener su vaso en santificación y honor" (1 Tesalonicenses 4:4 RVA).

"¿De dónde vienen las guerras y las peleas entre ustedes? ¿Acaso no vienen de *sus pasiones, las cuales luchan dentro de ustedes mismos?*" (Santiago 4:1).

"Al contrario, cada uno es tentado cuando se deja llevar y seducir por sus propios malos deseos" (Santiago 1:14).

Es a través de las pasiones de la carne que llegamos a ser tentados a pecar y romper la comunión con Dios. Mientras que no todo deseo o pasión de la carne son pecaminosos ni incorrectos, no podemos depender de nuestros cuerpos para que nos guíen hacia decisiones y estilos de vida que agradarán a Dios. Es a través del cuerpo que Satanás y el mundo ofrecen tentaciones. Dios diseñó el cuerpo para ser sirviente del espíritu del hombre. Sin embargo, desde la caída de Adán y Eva, nuestros cuerpos ahora desean ser el amo de nuestros pensamientos y elecciones. El cuerpo hace a un excelente sirviente, pero un amo pésimo.

DIA 1 EJERCICIOS

1. ¿El dejar de hacer qué cosa resultará en confusión?

_____

2. ¿Qué atraen nuestros sentidos, y de qué retroceden ellos?

_____

_____

_____

3. En las Escrituras, el término _carne_ es utilizado para describir ¿qué dos cosas?

   1. _____

   2. _____

4. La batalla que cada persona enfrenta es una batalla entre ¿qué dos partes de sí mismos?

   1. _____

   2. _____

5. Dios diseñó el cuerpo para ser el sirviente de _____.

6. Antes que fuéramos salvos, fuimos dirigidos completamente por nuestros sentidos, eligiendo lo que queríamos cuando queríamos. Una vez que somos salvos, no tenemos que vivir así. En Jesús nosotros tenemos el poder de vencer los deseos de la carne y vivir una vida digna del Señor. Relate aquí una cosa que usted ha cambiado acerca de su vida—algo que eligío cambiar que ha tenido un impacto positivo en su vida.

_____

_____

_____

7. ¿Por qué es importante comprender que no somos cristianos al estilo de "Dr. Jekyll y Sr. Hyde"?

_____

_____

_____

_____

_____

DIA 2: EL CRISTIANO CARNAL

En 1 Corintios, el apóstol Pablo le escribe a una iglesia grande en la antigua ciudad de Corinto. Pablo había fundado la iglesia varios años antes que escribiera esta carta, y desde sus comienzos había crecido a más de diez mil miembros. Los corintios amaban a Jesús, pero ellos nunca habían aprendido a controlar su carne. Como resultado, ellos actuaban constantemente en maneras que eran perjudiciales a otros y a sí mismos. ¡En esta primera carta, Pablo tiene que corregirlos acerca de cosas como celos, disensión, conductas sexuales fuera del matrimonio, el divorcio, demandando uno al otro y por embriagarse con el vino de la comunión! ¿Puede imaginarse usted? Pablo nunca dudó ni una vez sobre su salvación. De hecho, ¡él comenzó su carta afirmando que ellos eran salvos, sellados y que pertenecían a Cristo!

> "Va dirigida a la iglesia de Dios en Corinto, a ustedes que han sido llamados por Dios para ser su pueblo santo. Él los hizo santos por medio de Cristo Jesús, tal como lo hizo con todos los que en todas partes invocan el nombre de nuestro Señor Jesucristo, Señor de ellos y de nosotros...Siempre doy gracias a mi Dios por ustedes y por los dones inmerecidos que les dio ahora que pertenecen a Cristo Jesús...Él los mantendrá firmes hasta el final, para que estén libres de toda culpa el día que nuestro Señor Jesucristo vuelva" (1 Corintios 1:2, 4, 8 NTV).

Sin embargo, a pesar de la afirmación de Pablo sobre su verdadera salvación, él comenzó inmediatamente a corregir sus acciones y conductas. Pablo comienza identificando la raíz de la lucha de los corintios con sus elecciones y conductas:

> "Hermanos, yo no pude hablarles como a personas espirituales sino como a gente *carnal*, como a niños en Cristo" (1 Corintios 3:1).

Creyentes gobernados por sus cuerpos

La palabra *carnal* significa literalmente "gobernado por su cuerpo" o controlado por la carne. Continúa diciendo,

> "Les di a beber leche, no alimento sólido, porque todavía no podían recibirlo. En verdad, ni aun ahora pueden, *porque todavía son carnales*. Pues habiendo celos y discusiones entre

ustedes, *¿no son carnales* y andan como hombres [incrédulos] del mundo?" (1 Corintios 3:2-3 NBLH).

Si un creyente nunca aprende a controlar su carne y sus impulsos egoístas, éste parecerá y actuará como el mundo. El único remedio para el cristiano carnal es fortalecer su espíritu y renovar su mente con el alimento sólido de la Palabra de Dios. Como hemos estado aprendiendo a través de *La Vida Transformada*, alimentarse de la Palabra de Dios es esencial para todo aspecto del crecimiento espiritual.

La verdad es que todos somos carnales de vez en cuando en un sentido u otro. Cada vez que elegimos permitir los impulsos de nuestros cuerpos a influir en nuestras elecciones, estamos "caminando en la carne" o actuando carnalmente. En el capítulo 5 de Gálatas, Pablo da una lista de conductas que son indicadores de ser gobernados por el cuerpo. Él llama estas acciones las "obras de la carne" o las conductas de la naturaleza pecaminosa en su cuerpo.

> "Cuando ustedes siguen los deseos de la naturaleza pecaminosa, los resultados son más que claros: inmoralidad sexual, impureza, pasiones sensuales, idolatría, hechicería, hostilidad, peleas, celos, arrebatos de furia, ambición egoísta, discordias, divisiones, envidia, borracheras, fiestas desenfrenadas y otros pecados parecidos. Permítanme repetirles lo que les dije antes: cualquiera que lleve esa clase de vida no heredará el reino de Dios" (Gálatas 5:19-21 NTV).

Es decir, hay consecuencias graves al permitir que los impulsos pecadores de la carne gobiernen su vida. Él dice que es tan grave que si sus elecciones carnales llegan a ser un estilo de vida, usted no experimentará las bendiciones de su herencia del reino que deben ser disfrutadas por cada hijo de Dios. Esto tiene dos aplicaciones. La primera, Pablo nos recuerda que esta clase de estilo de vida pertenece al mundo impío. Estas personas no entrarán el reino de Dios ahora ni en el futuro a menos que reciban a Jesús. En segundo lugar, Pablo advierte a los cristianos carnales que permiten persistentemente que la carne gobierne su vida, se descalificarán de los privilegios del reino de Dios en esta vida. Hablemos de los resultados del pecado en la vida del creyente y el plan de Dios para ayudarnos a poner nuestros cuerpos bajo el control del Espíritu Santo y nuestra nueva naturaleza nacida de nuevo.

> *Si un creyente nunca aprende a controlar su carne y sus impulsos egoístas, éste parecerá y actuará como el mundo. El único remedio para el cristiano carnal es fortalecer su espíritu y renovar su mente con el alimentos sólido de la Palabra de Dios.*

¿QUE SUCEDE CUANDO CAIGO?

Tres hechos importantes

Hay tres hechos importantes que debemos recordar al discutir cómo Dios trata los pecados y fracasos de Sus hijos cuando caminan en la carne. Cada uno de éstos es importante tener presente porque mantienen nuestros corazones en balance y nos salvaguardan de caer en auto satisfacción o condenación.

1. Estamos a salvo en la familia de Dios

Como hijos de Dios, disfrutamos de la seguridad maravillosa que viene de formar parte de Su familia. Porque Dios es nuestro Padre, Él nos ha hecho promesas a nosotros como padre. Estas promesas nos garantizan, en tiempos de fracaso personal, que nuestro lugar en la familia está basado en Su amor —y no en nuestro desempeño. Nuestro lugar en la familia de Dios está basado en nuestra relación con Él a través del nuevo nacimiento. Cuando recibimos el Hijo de Dios, Jesucristo, nacimos de nuevo, como nuevos seres en Cristo. Somos tan hijos espirituales de Dios como hijos biológicos de nuestros padres humanos. Esta relación es eterna. Aunque estemos en el proceso de santificación en nuestras mentes y cuerpos, Dios nos ha asegurado en Su Palabra que Él ciertamente terminará lo que empezó en nosotros.

> "Y estoy seguro de que Dios, quien comenzó la buena obra en ustedes, la continuará hasta que quede completamente terminada el día que Cristo Jesús vuelva" (Filipenses 1:6 NTV).

Ha declarado que nadie nos puede quitar de Su mano:

> "Y yo les doy vida eterna; y no perecerán jamás, ni nadie las arrebatará de mi mano. Mi Padre, que me las dio, es mayor que todos, y nadie las puede arrebatar de la mano de mi Padre" (Juan 10:28-29).

Jesús ha prometido al Padre que Él no perdería a ninguno que pusiera su confianza en Él, y que nos levantaría al final de los tiempos y nos presentaría a Su Padre como impecables, libre de culpa y santos.

"Jesús les respondió, Yo soy el pan de vida. El que viene a mí *nunca* volverá a tener hambre; el que cree en mí no tendrá sed jamás...Y la voluntad de Dios es que *yo no pierda ni a uno solo* de todos los que Él me dio, sino que los resucite, en el día final. Pues *la voluntad de mi Padre es que todos* los que vean a su Hijo y crean en Él tengan vida *eterna; y yo los resucitaré en el día final*" (Juan 6:35, 39-40 NTV).

"Y ahora, que toda la gloria sea para Dios, quien es poderoso para evitar que caigan, y para llevarlos sin mancha y con gran alegría a su gloriosa presencia" (Judas 1:24 NTV).

"Él los mantendrá *firmes hasta el final, para que estén libres de toda culpa* el día que nuestro Señor Jesucristo vuelva" (1 Corintios 1:8 NTV).

Cuando usted nació de nuevo, Dios le marcó con un sello especial que garantiza que usted recibirá la herencia de Su familia.

"Y ahora ustedes, los gentiles, también han oído la verdad, la Buena Noticia de que Dios los salva. Además, cuando creyeron en Cristo, Dios los identificó como suyos al darles el Espíritu Santo, el cual había prometido tiempo atrás. El Espíritu es la garantía que tenemos de parte de Dios de que nos dará la herencia que nos prometió y de que nos ha comprado para que seamos su pueblo. Dios hizo todo esto para que nosotros le diéramos gloria y alabanza" (Efesios 1:13-14 NTV).

Comprender su lugar seguro en la familia de Dios es el primer paso en aprender a recibir el proceso de disciplina y desarrollo espiritual de Dios. Sin un entendimiento de nuestra posición de amor y la aceptación del Padre, usted procesará Su disciplina como condenación en vez de amor y Lo mantendrá a distancia.

2. Dios entiende nuestra debilidad

Dios sabe que tropezaremos en el pecado después de que nos convertimos en Sus hijos.

"Todos *cometemos muchos errores*" (Santiago 3:2a).

"*Si afirmamos que no tenemos pecado, lo único que hacemos es engañarnos a nosotros mismos* y no vivimos en la verdad...*Si afirmamos que no hemos pecado, llamamos a Dios mentiroso* y demostramos que no hay lugar para su palabra en nuestro corazón" (1 Juan 1:8, 10 NTV).

Jesús, habiendo vivido una vida humana, entiende nuestras luchas y es profundamente compasivo en ayudarnos a vencer nuestras culpas y pecados.

> "Por lo tanto, era necesario que en todo sentido él se hiciera semejante a nosotros, sus hermanos, para que fuera nuestro Sumo Sacerdote fiel y *misericordioso*, delante de Dios. Entonces podría ofrecer un sacrificio que quitaría los pecados del pueblo. Debido a que Él mismo ha pasado por sufrimientos y pruebas, *puede ayudarnos cuando pasamos por pruebas*" (Hebreos 2:17-18 NTV).

> "Por lo tanto, ya que tenemos un gran Sumo Sacerdote que entró en el cielo, Jesús el Hijo de Dios, aferrémonos a lo que creemos. Nuestro Sumo Sacerdote *comprende nuestras debilidades*, porque enfrentó todas y *cada una de las pruebas que enfrentamos nosotros*, sin embargo Él nunca pecó" (Hebreos 4:14-15 NTV).

Porque Dios conoce nuestra debilidad humana, las tentaciones y luchas, Él hace provisión para nosotros cuando caemos. No hay una sola cosa que hayamos hecho o error que hagamos que Dios no haya previsto de antemano y provisto gracia para que pudiéramos ser perdonados, restaurados y limpiados. La compasión y la misericordia de Dios ya han sido extendidas a nosotros en Cristo. Dios ha escogido hacerle Su hijo y nunca dejarlo ni desampararlo —aun en medio de sus peores fracasos y defectos más vergonzosos.

3. Dios espera que crezcamos

Estar seguro en la familia de Dios, sin embargo, no significa que estamos libres de comportarnos pecaminosa o irresponsablemente. El ser hijos de Dios no nos libra de las consecuencias por las elecciones carnales y pecaminosas que hacemos. Nuestro Padre en el cielo espera que vivamos de manera que honre a Su Hijo Jesús. ¡Él desea que utilicemos nuestros cuerpos y mentes en maneras que reflejen Su imagen en nosotros! Mientras que hemos sido salvados de la ira de Dios y los fuegos del infierno, nosotros ahora tenemos a un Padre celestial que espera que crezcamos y aprendamos a vencer la carne. Él nos ordena a luchar contra la carne apoyándonos en Su gracia y presencia del Espíritu Santo que mora dentro de nosotros.

> "Por lo tanto, ya que estamos rodeados por una enorme multitud de testigos de la vida de fe, *quitémonos todo peso que nos impida*

correr, especialmente el pecado que tan fácilmente nos hace tropezar. Y corramos con perseverancia la carrera que Dios nos ha puesto por delante. *Esto lo hacemos al fijar la mirada en Jesús*, el campeón que inicia y perfecciona nuestra fe...Después de todo, ustedes aún no han dado su vida *en la lucha contra el pecado*" (Hebreos 112:1-2a, 4 NTV).

LOS EFECTOS DEL PECADO EN LA VIDA DEL CREYENTE

Lejos de darle al creyente un pase gratuito de las consecuencias de conductas pecaminosas, nuestra relación con Dios como nuestro Padre, realmente nos coloca en una posición de gran responsabilidad. Estamos supuestos a ganar la victoria sobre la carne. El impío enfrentará a Dios como un juez, pero el creyente vive cada día con Dios como su Padre. Un padre bueno no ignora las inmadureces y elecciones pobres de Su hijo. Un buen padre está activamente envuelto en la disciplina de sus hijos.

> "Además, han olvidado la exhortación que como a hijos se les dirige, 'Hijo Mio, no tengas en poco la disciplina del Señor, ni te desanimes al ser reprendido por El. Porque el Señor al que ama, disciplina, y azota a todo el que recibe por hijo.' Es para su corrección (disciplina) que sufren (lo soportan). Dios los trata como a hijos; porque ¿qué hijo hay a quien su padre no discipline? Pero si están sin disciplina, de la cual todos han sido hechos participantes, entonces son hijos ilegítimos y no hijos verdaderos. Además, tuvimos padres terrenales para disciplinarnos, y los respetábamos, ¿con cuánta más razón no estaremos sujetos al Padre de nuestros espíritus, y viviremos? Porque ellos nos disciplinaban por pocos días como les parecía, pero El nos disciplina para nuestro bien, para que participemos de Su santidad. Al presente ninguna disciplina parece ser causa de gozo, sino de tristeza. Sin embargo, a los que han sido ejercitados (adiestrados) por medio de ella, después les da fruto apacible de justicia" (Hebreos 12:5-11 NBLH).

Este pasaje muestra que lejos de ser a un padre desacoplado, nuestro Padre celestial está íntimamente preocupado con nuestro crecimiento y desarrollo mientras aprendemos a disciplinar nuestra carne. Y, así como un buen padre provee cariño y corrección firme, Dios es fiel en hacer lo mismo. Consideremos algunos de los efectos que el pecado tiene en la vida del creyente.

1. Falta de comunión, no falta de relación

El pecado es doloroso y destructivo a causa de lo que nos hace a nosotros y a otros, así como la forma de impactar nuestra intimidad con el Padre. Cuando un creyente comete pecado, inmediatamente causa que rompamos nuestra comunión con Dios. Como resultado, perdemos nuestro sentido de *paz*.

Hay una diferencia entre comunión y relación. La desobediencia de un niño no cambia su relación con su padre. Sin embargo, impacta la comunión calurosa entre el niño y el padre. La comunión es ese sentido de placer y cercanía que es compartida entre dos personas. Cuando un creyente peca, su espíritu sabe instantáneamente que algo malo ha ocurrido. El Espíritu Santo que mora en nosotros redarguye al creyente de sus pensamientos o las acciones que han roto la voluntad de Dios. Este sentido de convicción está diseñado para atraernos al Padre para Su misericordia y perdón.

> "Así que acerquémonos con toda confianza al trono de la gracia de nuestro Dios. Allí recibiremos su misericordia y encontraremos la gracia que nos ayudará cuando más la necesitemos" (Hebreos 4:16 NTV).

2. La confianza destruida

> "En cualquier cosa en que nuestro corazón nos condene, porque Dios es mayor que nuestro corazón y Él sabe todas las cosas. Amados, si nuestro corazón no nos condena, confianza tenemos delante de Dios. Y todo lo que pidamos lo recibimos de Él, porque guardamos Sus mandamientos y hacemos las cosas que son agradables delante de Él" (1 Juan 3:20-22 NBLH).

El pecado siempre afecta la confianza del creyente en oración y por lo tanto disminuye nuestra eficacia espiritual. Cuando la carne gobierna nuestras elecciones, impacta nuestra paz con Dios y se corroe nuestra seguridad de que Dios contestará nuestras oraciones. Por esta razón es que debemos buscar reconciliarnos con Dios cuando caemos en conducta pecaminosa. Nuestra confianza espiritual es importante para seguir a Dios y para ayudar que otros lo conozcan.

3. La pérdida de testimonio

> "Porque, como está escrito, Por causa de ustedes el nombre de Dios es blasfemado entre los paganos" (Romanos 2:24).

> "Y así, al pecar ustedes contra los hermanos y herir su débil conciencia, *pecan contra Cristo*" (1 Corinthians 8:12).

Cuando un creyente continuamente comete pecado, tiene el potencial para arruinar su influencia en aquellos que estan dentro y fuera de la familia de Dios. Los impíos no verán cómo el trabajo de Cristo ha impactado su vida. Si continuamos actuando como el mundo, nosotros no tendremos plataforma para compartir a Cristo con los que todavía están perdidos y en el mundo. Todo esto confunde al incrédulo, y disminuye el impacto del evangelio.

4. Autoridad disminuida

El creyente que continúa en conductas pecaminosas pierde su sentido de la autoridad espiritual sobre la obra del enemigo. La escritura nos dice sometase a Dios, resista al Diablo, y él huirá de nosotros (Santiago 4:7). Sin embargo, usted no puede someter su cuerpo al enemigo a través del pecado, y luego esperar que se someta a su autoridad espiritual en Cristo.

5. Abriéndole las puertas al enemigo

Quizás una de las razones más grandes para conquistar nuestra carne es a causa de cómo el pecado puede abrir una puerta a la obra de Satanás en nuestras vidas. Pedro nos enseña que,

> "Sean prudentes y manténganse atentos, porque *su enemigo es el diablo*, y él anda como un león rugiente, *buscando a quien devorar*. Pero ustedes, *manténganse firmes* y háganle frente. Sepan que en todo el mundo sus hermanos están enfrentando los mismos sufrimientos" (1 Pedro 5:8-9).

Mientras Satanás no nos puede sacar de la mano de Dios ni de Su familia, el enemigo puede devorar la bendición y la bondad de Dios en nuestras vidas. El enemigo busca a creyentes que él pueda atacar. Una de las maneras más seguras de abrirle una puerta al Diablo para atacar su vida es pecar deliberadamente en su vida.

> "Sabemos que los hijos de Dios no se caracterizan por practicar el pecado[20], porque el Hijo de Dios los mantiene protegidos, y el maligno no puede tocarlos" (1 Juan 5:18 NTV).

---

20. Este pasaje lee "se mantiene" en el RVC. La implicación es que el que nace de Dios es el creyente, y en particular esto se refiere al espíritu del creyente. Como Juan enseña en Juan 3:6, por salvación, el Espíritu Santo da a luz el espíritu del creyente. Es en este centro esencial que un creyente no peca, porque el espíritu es una nueva creación y es un aspecto del creyente que es perfectamente y permanentemente justo (1 Juan 3:9; Efesios 4:24 NTV).

6. Embotamiento e insensibilidad espiritual

"Y que por la hipocresía de los mentirosos que tienen cauterizada la conciencia" (1 Timoteo 4:2).

"Para los puros, todas las cosas son puras; pero para los corruptos e incrédulos nada es puro, pues hasta su mente y su conciencia están corrompidas" (Tito 1:15).

Cada creyente tiene una conciencia. Su conciencia es la voz de su espíritu renacido. Está diseñado para darle un sentido de paz cuando vive en la voluntad de Dios, y sentirse perturbado y molesto cuando peca o actúa fuera de la voluntad de Dios. Cuando los creyentes ignoran los mensajes internos de sus conciencias y continúan actuando en maneras pecaminosas, ellos finalmente se adormecen a sí mismos a esa voz interna. Se hace más y más difícil de "sentir" la convicción y dirección del Espíritu Santo. Eventualmente, la persona puede llegar a estar tan aclimatada a las elecciones pecaminosas que hacen que caen en el engaño y comienzan realmente a creer que su pecado no le importa a Dios. Pueden tratar de justificar sus acciones. Esto es un lugar muy peligroso para un hijo de Dios estar porque requiere que nuestro Padre nos mueva a una forma más severa de disciplina.

7. La pérdida de recompensas

Quizás el efecto más perturbador que el pecado perpetuo tiene en la vida del creyente es que puede tener como resultado la pérdida de recompensa celestial. Nosotros sólo somos dados tanto tiempo para vivir en la tierra. La Biblia dice que,

"Y así como está establecido que los hombres mueran una sola vez, y después venga el juicio" (Hebreos 9:27).

Cuando malgastamos nuestras vidas en conductas pecadoras, nosotros perdemos tiempo valioso que podríamos haber utilizado para servir el Señor. Las oportunidades de compartir a Cristo se pierden y nuestra capacidad de impactar el mundo es disminuida.

EL JUICIO DEL CREYENTE

Los juicios de Dios

La Palabra de Dios enseña que cada ser humano un día será juzgado por su pecado. Dios juzgará a cada humano que rendirá cuentas por su vida y requerirá el pago por los pecados que haya cometido. Esto es un hecho aterrador e ineludible realidad que enfrentará cada hombre y mujer que nace en este mundo. La forma en que Dios trate con nosotros será según lo que hacemos con la obra de Su Hijo. El Nuevo Testamento habla de dos juicios por el pecado humano.

1. El juicio del pecado del impío

El impío aparecerá delante de Dios mismo. En este día Dios hará responsable al impío de sus propios pecados y lo sentenciará a ser condenado por el rechazo de Su Hijo. Este juicio resultará en la condenación del incrédulo y su remoción de la presencia de Dios. La Escritura se refiere a esto como el día de la ira del Señor. Es el futuro horrible que se acerca para la raza humana fuera de Jesucristo.

> "El que cree en el Hijo tiene vida eterna, *pero el que se niega a creer en el Hijo no verá la vida, sino que la ira de Dios recae sobre Él*" (Juan 3:36).

> "*La ira de Dios se revela desde el cielo contra toda impiedad y maldad de quienes injustamente retienen la verdad*" (Romanos 1:18a).

> "Por cosas como éstas les sobreviene *la ira de Dios a los desobedientes*" (Colosenses 3:6).

2. El juicio del pecado del creyente

El Padre ha provisto una manera de escape de este día de Su ira. En cambio, Él ha hecho posible para cada uno de nosotros tener nuestros pecados juzgados en la cruz de Su Hijo. En la cruz, Jesús llevó la plenitud de la ira de Dios por nuestros pecados (Isaías 53:6). Cuando creemos en Él como el que lleva nuestros pecados, Dios considera la pena por nuestros pecados totalmente pagada por la sangre de Su Hijo. Somos perdonados eternamente. Por esta razón es que la Escritura dice que aquel que ha recibido a Jesús nunca estará bajo Su ira eterna. De esta manera, escapamos de la separación eterna de Dios. El pecado del creyente es juzgado sobre la cruz de Cristo una vez y por todas. Una vez que nosotros hemos recibido el juicio de la cruz, nunca conoceremos la ira de Dios por nuestros pecados. ¡Esa es la maravillosa noticia del evangelio!

> "De cierto, de cierto les digo: El que oye mi palabra, y cree al que me envió, tiene vida eterna; y no será condenado, sino que ha pasado de muerte a vida" (Juan 5:24).

"Con mucha más razón, ahora que ya hemos sido justificados en su sangre, *seremos salvados del castigo por medio de Él*" (Romanos 5:9).

"Y esperar de los cielos a Jesús, su Hijo, *a quien Dios resucitó de los muertos, y que es quien nos libra de la ira venidera*" (1 Tesalonicenses 1:10).

"Dios no *nos ha puesto para sufrir el castigo,* sino para alcanzar la salvación por medio de nuestro Señor Jesucristo" (1 Tesalonicenses 5:9).

3. El juicio de la vida del creyente

"Todos tendremos que comparecer ante el tribunal de Cristo Escrito está: 'Vivo yo, dice el Señor, que ante mí se doblará toda rodilla, Y toda lengua confesará a Dios.' *Así que cada uno de nosotros tendrá que rendir cuentas a Dios de sí mismo*" (Romanos 14:10b-12).

Todos vamos a estar de pie delante del tribunal de Cristo

La Biblia enseña que algún día estaremos delante de Jesús y tendremos una discusión acerca de nuestras vidas y cómo vivimos en nuestros cuerpos terrenales. Este encuentro ocurrirá después de que muramos físicamente y entremos al cielo para encontrar al Señor. La manera en que utilizamos nuestros cuerpos es realmente el tema principal de esta reunión celestial con Jesús.

"Pero confiamos, y quisiéramos más bien *ausentarnos del cuerpo y presentarnos ante el Señor*...Porque es necesario que todos nosotros comparezcamos ante el tribunal de Cristo, para que cada uno *reciba según lo bueno o lo malo que haya hecho mientras estaba en el cuerpo*" (2 Corintios 5:8, 10).

La palabra traducida 'juicio' en los pasajes anteriores es la palabra griega bema. Se refiere al lugar en la antigua sociedad griega donde los anuncios públicos, premios y recompensas eran dados. Esta es usada por Pablo para referirse al lugar en el futuro del creyente en el que será evaluado por la calidad de nuestra vida y de nuestro servicio a Dios desde el momento en que nacio de nuevo.

Cuando pensamos en juicio, a menudo pensamos en una sala de justicia. Pero el juicio del creyente en el asiento *bema* de Cristo será más como una examinación. El Señor evaluará la calidad de nuestras vidas. Aunque el creyente nunca experimentará la pena eterna por el pecado, será responsable por sus elecciones durante su vida en su cuerpos desde que este fue salvo. Pablo describe este momento en su advertencia a los creyentes carnales en Corinto.

> "Pues nadie puede poner otro fundamento que el que ya está puesto, el cual es Jesucristo. Ahora bien, si sobre este fundamento alguien edifica con oro, plata, piedras preciosas, madera, heno, paja, la obra de cada uno se hará evidente; porque el día la dará a conocer, pues con fuego será revelada. El fuego mismo probará la calidad de la obra de cada uno. Si permanece la obra de alguien que ha edificado sobre el fundamento, recibirá recompensa. Si la obra de alguien es consumida por el fuego, sufrirá pérdida; sin embargo, él será salvo, aunque así como a través del fuego" (1 Corintios 3:11-15 NBLH).

Después de que una persona nace de nuevo, ésta tiene la opción de cómo vivirá el resto de su vida. Cristo es la base de la vida de cada creyente. Pero las decisiones que hacemos después que aceptamos nuestra salvación se edifica sobre esa base ya sea para bien o para mal. Podemos escoger vivir apasionadamente para Cristo, servir a otros y disfrutar de las bendiciones de vivir para Él —o podemos escoger vivir en gran parte para nosotros mismos, ignorar las oportunidades de crecer espiritualmente y permitir que la carne domine nuestros pensamientos y acciones.

El fuego de la pureza

La escritura dice que se aproxima un día cuando todo creyente estará cara a cara con Jesús. Seremos examinados y recompensados por la eternidad basado en cómo vivimos en nuestros cuerpos. Esta examinación de nuestras obras es descrito como un fuego que probará la calidad de lo que hemos hecho con nuestras vidas (verso 13 citado arriba). La escritura describe al creyente espiritual como habiendo construido su vida con "oro, plata y piedras preciosas". El creyente carnal o el gobernado por su cuerpo pecaminoso han construido su vida con "madera, heno y paja". La obvia diferencia entre estos dos conjuntos de materiales es que el fuego purifica al primero, y consume y elimina al segundo.

Note eso en el verso 15, dice que este fuego consumirá las obras del creyente carnal, pero "él mismo será salvo, aunque así como a través del fuego". Es decir, la base de gracia salvadora de Jesús se quedará, pero entrarán a la eternidad sin ninguna recompensa o frutos de su vida. Esto puede parecer ser una pequeña cosa, pero en el tribunal de Cristo será el despertar a una terrible realidad —oportunidades perdidas.

El lugar de buenas obras

Nuestras buenas obras no nos ganan entrada al cielo. Sólo la sangre de Cristo nos califica para pasar la eternidad con Dios. Pero nuestras obras después de nuestra salvación son significantes porque hablan de nuestro amor por Cristo. Nuestras buenas obras son nuestra manera de decir gracias a nuestro Padre celestial.

Algún día nosotros que hemos creído en Jesús nos pararemos antes Él y recibiremos recompensas ganadas en esta vida. Uno a uno, todos vamos a oír los nombres y veremos los premios repartidos a cada creyente por las obras que hicieron para Jesús. Nosotros también seremos evaluados por nuestros actos carnales. No habrá día como este en nuestras vidas antes o después. Creo que cada uno de nosotros sentirá cierto nivel de pesar en ese día. Verdaderamente, ninguno de nosotros vive la vida perfectamente. Aún el creyente más diligente se dará cuenta en ese día de cuánto más pudo haber vivido para honrar Cristo.

Sin embargo, podemos entrar ese día con mucha o poca celebración como escojamos. Salvos por la gracia de Dios de los fuegos del infierno, enfrentaremos en su totalidad el fuego de la verdad acerca de nosotros mismos y las vidas que hemos llevado. Sólo que en esta asamblea, no habrá otra oportunidad en otro año ni una segunda vida. Enfrentaremos la eternidad con el fruto de nuestras elecciones.

> "Y así como está establecido que los hombres mueran una sola vez, y después venga el juicio" (Hebreos 9:27).

Los que han construido bien serán recompensados generosamente. Dios sabe cómo bendecir y recompensar a Sus hijos. Él es el mejor padre que un hijo puede tener. Nadie puede exceder su generosidad. Usted puede estar seguro de esto. Desafortunadamente, habrá muchos en ese día que entrarán al cielo con nada que mostrar por su vida en la tierra.

> "Tengan ustedes cuidado para que no pierdan lo que hemos logrado, *sino que reciban abundante recompensa*" (2 Juan 1:8 NBLH).

> "Miren, yo vengo pronto, *y traigo la recompensa conmigo* para pagarle a cada uno según lo que haya hecho: (Apocalipsis 22:12 NTV).

> "Sin fe es imposible agradar a Dios, porque es necesario que el que se acerca a Dios crea que él existe, y que *sabe recompensar a quienes lo buscan*" (Hebreos 11:6).

Cuando Pablo pensó de este día dijo, "Así que, puesto que conocemos el temor del Señor, procuramos convencer a todos" (2 Corintios 5:11a). Pablo habló de el enfrentar al Señor como creyente para un exámen de su vida como una cosa temerosa. Mientras los pecados que nosotros hemos confesado y hemos abandonado nunca serán revelados de nuevo, las oportunidades que ignoramos, el egoísmo que permitimos dominar nuestras elecciones, y el amor que fallamos de mostrar hacia Cristo y otros serán expuestos completamente y nuestros motivos revisados. Entonces Cristo nos concederá "para que cada uno sea recompensado por sus hechos estando en el cuerpo, de acuerdo con lo que hizo, sea bueno o sea malo" (2 Corintios 5:10 NBLH).

DIA 2 EJERCICIOS

1. ¿Cuál es la definición de la palabra *carnal*?

_____

_____

2. Cuando un creyente se cae, ¿cuáles son los tres hechos importantes a recordar?

   1. _____

   2. _____

   3. _____

3. El pecado tiene consecuencias en la vida del cristiano. Nombre tres efectos aquí y explique cómo impactan al creyente.

   1. _____

   _____

   2. _____

   _____

   3. _____

   _____

4. ¿En qué está basado el juicio para el impío?

_____

_____

_____

_____

5. Una vez que nosotros hemos recibido el juicio de la cruz, nunca conoceremos _____ _____.

DIA 3: POSEYENDO SU CUERPO EN HONOR

JUZGANDOSE A SI MISMO

Porque Dios es un buen padre, Él está lleno de gracia y verdad. ¡Él nos sostiene en la palma de Su mano, pero también está dispuesto a disciplinarnos cuando sea necesario para asegurarse de que permanezcamos allí! La gracia y la misericordia de Dios significan que Él nunca nos soltará. Su santidad y amor también requieren que nos enseñe a crecer y quitar las elecciones pecaminosas y destructivas de la carne.

> "Por tanto, cada uno de ustedes debe examinarse a sí mismo...Si nos examináramos a nosotros mismos, no seríamos juzgados" (1 Corintios 11:28a, 31).

Mientras el Señor no quiere que nos juzguemos uno al otro, Él nos ordena a juzgarnos a nosotros mismos. Cada uno de nosotros es responsable de ser honesto con nosotros mismos y con Dios acerca de nuestros pecados y luchas diarias —con la forma que vivimos en nuestros cuerpos. Si permitiéramos al Espíritu Santo y la Palabra de Dios indicarnos las áreas de nuestras vidas que necesitan cambiar, Dios nos dará la gracia para hacerlo.

LA CORRECCIÓN DEL SEÑOR

> "Pero si somos juzgados por el Señor, *somos disciplinados por él*, para que no seamos condenados con el mundo" (1 Corintios 11:32).

Este pasaje puede parecer ser duro a primera vista. Sin embargo, una mirada más cercana revela lo bueno y amoroso que Dios es con nosotros. Nos quiere tanto que en vez de permitirnos continuar en pecado y conductas dañinas a nosotros mismos, Él utiliza cualquier medida de disciplina que requiramos para ser corregidos, sanados y libertados. Su corazón tiene la intención de prevenirnos de continuar en el pecado para que "no seamos condenados con el mundo". En Hebreos 12, aprendemos que la disciplina de Dios es realmente un signo que somos Sus hijos.

> "¿Acaso olvidaron las palabras de aliento con que Dios les habló a ustedes como a hijos? Él dijo: 'Hijo mío, no tomes a la ligera la

disciplina del Señor y no te des por vencido cuando te corrija. Pues el Señor disciplina a los que ama y castiga a todo el que recibe como hijo'" (Hebreos 12:5-6 NTV).

Hay tres etapas en el proceso correctivo del Señor. Cada uno es progresivamente más severo que el anterior. Es el deseo del Señor para nosotros que respondamos a las etapas más tempranas, y sólo después de que ignoremos estas oportunidades Él se moverá a un nivel más severo.

1. Él habla con nosotros

"Ustedes ya están limpios, por la palabra que les he hablado" (Juan 15:3 RVC).

"Santifícalos en tu verdad; *tu palabra* es verdad" (Juan 17:17).

"Cristo amó a la iglesia y se dio Él mismo por ella, para santificarla, habiéndola purificado por el lavamiento del *agua con la palabra*" (Efesios 5:25-26 NBLH).

Como un buen padre, el primer método de Dios para corregirnos es con Su voz. Él nos habla en un número de formas. Primero, cuando hacemos algo malo, nuestro espíritu da convicción de nuestro error. Esta es una manera en que Dios habla —a través de la voz de nuestra conciencia. Dios también nos habla por medio de las voces de otros creyentes que nos advierten. Además, Él nos habla cuando asistimos a la iglesia, leemos la Biblia, escuchamos o vemos recursos de enseñanzas, oramos o adoramos; Él incluso nos redarguye a través de las voces de nuestros propios hijos. A veces Dios nos advierte en sueños o por el don de profecía. ¡Cuando Dios nos quiere decir algo, Él sabe cómo hacerlo! Este es siempre el primer método preferido que Dios usa para corregirnos. Él a menudo nos hablará pacientemente por algún tiempo antes de moverse a la segunda etapa de Su disciplina.

2. Él nos permite experimentar las consecuencias

A veces le llamamos a esta la ley de sembrar y cosechar. Pablo dijo a la iglesia de Gálatas,

"No se engañen. Dios no puede ser burlado. Todo lo que el hombre siembre, eso también cosechará. El que siembra para sí mismo, de sí mismo cosechará corrupción; pero el que siembra para el Espíritu, del Espíritu cosechará vida eterna" (Gálatas 6:7-8).

Después de un tiempo, si nosotros no hacemos caso a la voz interna de Dios y a las advertencias que envía por medio de nuestro ambiente y de otros, Él nos permitirá comenzar a experimentar las consecuencias de nuestra desobediencia. Las consecuencias pueden ser relativamente pequeñas —como quedar atrapado en una mentira— o grandes —como ser detenido por manejar bajo la influencia del alcohol, perder un trabajo, una amistad o posesiones. En cada caso, la experiencia negativa no es Dios haciéndonos algo perjudicial, sino que Dios nos permite experimentar los resultados de nuestras propias elecciones. Cuando entramos a esta etapa de la disciplina de Dios, Su propósito es permitirnos aprender de nuestros errores, experimentando algo de dolor por nuestras elecciones. En todo momento, Él está dispuesto a perdonarnos, limpiarnos y restaurarnos cuando nos volvemos a Él. Un creyente puede andar de aquí para allá entre las etapas una y dos por meses o aún años, dependiendo de la disposición del corazón para aprender y mantenerse humilde delante de Dios. Sin embargo, si nosotros no aprenderemos de esta etapa de la disciplina de Dios, Él nos puede mover hacia un tercera, y aún más severa, etapa de Su gracia.

3. La gracia severa: disciplina física

> "Entreguen a ese hombre a Satanás para que lo destruya, a fin de que su espíritu sea salvado en el día del Señor Jesús" (1 Corintios 5:5).

> "Entre ellos Himeneo y Alejandro, a quienes entregué a Satanás para que aprendan a no blasfemar" (1 Timoteo 1:20).

> "Por esta razón hay muchos débiles y enfermos entre ustedes, y muchos duermen (han muerto). Pero si nos juzgáramos a nosotros mismos, no seríamos juzgados. Pero cuando somos juzgados, el Señor nos disciplina para que no seamos condenados con el mundo" (1 Corintios 11:30-32 NBLH).

Tan espantoso como esto puede sonar, cada uno de estos versos se refiere a creyentes que no estaban dispuestos a juzgar el pecado en su vida. Mientras esta etapa de la disciplina de Dios es muy severa desde un punto de vista humano, es realmente un acto de misericordia de un Padre amoroso. Si un hijo de Dios continúa ignorando su propio pecado, Dios puede permitir que abramos puertas a Satanás para atacar nuestros cuerpos con debilidad, enfermedad e incluso con una muerte temprana. Es preferible tener una vida acortada e ir al cielo, que continuar en el pecado hasta que endurezcamos tanto que neguemos a Cristo y lleguemos a ser condenados con el mundo. Esto forma parte del sistema de Dios para mantener al creyente verdadero en Cristo. Esto significa que como creyentes nacidos de nuevo, somos responsables de hacer frente a nuestra carne. En ningún lugar en la Biblia nos dice que le pidamos a Dios que controle nuestros cuerpos por nosotros. Él espera que aprendamos, quiénes somos en Cristo y ejercitemos nuestra propia autoridad sobre nuestras tentaciones físicas, y todo por confiar en Él para la fortaleza y la estrategia para lograrlo.

Aprendiendo a "poseer su propio miembro"

"La voluntad de Dios es que ustedes sean santificados [separado y puesto aparte para vivir una vida pura y santa], que se aparten de toda inmoralidad sexual, que cada uno de ustedes sepa tener [*controlar, manejar*] su propio cuerpo en santidad [separado de cosas profana] y honor" (1 Tesalonicenses 4:3-4).

En otras palabras nosotros debemos *aprender* cómo controlar nuestros cuerpos. Aprender es un proceso. No es suficiente aprender lo *que* es bueno o malo en la vista de Dios. Debemos aprender *cómo* hacer lo que es correcto. Agradecidamente, Dios nos ha llamado a aprender cómo dominar el pecado y tomar control de nuestros cuerpos en la Palabra de Dios.

> *Cuando seamos tentados, debemos recordar que nuestro espíritu nacido de nuevo no desea pecar. Su nueva naturaleza es el verdadero usted.*

ENFRENTANDO LA TENTACION

"A ustedes no les ha sobrevenido ninguna tentación *que no sea humana*; pero Dios es fiel y no permitirá que ustedes sean sometidos a una prueba más allá de lo que puedan resistir, sino que junto con la prueba les dará la salida, para que puedan sobrellevarla" (1 Corintios 10:13).

Todos son tentados. Punto.

Usted es tentado o está muerto. La tentación es común para todos los humanos. Así que no se sienta personalmente perseguido. Aún el más talentoso pastor o profeta ungido lucha con la tentación. Mientras que nosotros no podemos escapar la tentación, nosotros podemos aprender a resistir exitosamente y vencer nuestras debilidades para que la carne ya no tenga el mismo poder sobre nuestras vidas.

"Amados, no se sorprendan del fuego de prueba que en medio de ustedes ha venido para probarlos, como si alguna cosa extraña les estuviera aconteciendo" (1 Pedro 4:12 NBLH).

Dios no es el que le esta tentando

"Cuando alguien sea tentado, no diga que ha sido tentado por Dios, porque Dios no tienta a nadie, ni tampoco el mal puede tentar a Dios" (Santiago 1:13).

"Al contrario, cada uno es tentado cuando *se deja llevar y seducir por sus propios malos deseos*" (Santiago 1:14).

Dios no es el responsable por su tentación. Él está obrando realmente dentro del creyente para ayudarnos a vencer la tentación, identificar nuestras debilidades y enseñarnos a cómo vivir en victoria. No confunda lo que Dios permite en su vida con lo que Dios quiere para su vida. Él permite que luchemos para que aprendamos a crecer en nuestra fe y ser fuertes. Así como nuestros cuerpos son desarrollados a través de dieta y ejercicio físico, nuestros espíritus son fortalecidos cuando aprendemos a resistir los impulsos de la carne. Dios nos recompensa grandemente cuando vencemos la tentación. Mire lo que Santiago dice:

"Dichoso el que hace frente a la tentación; porque, pasada la prueba, se hace acreedor a la corona de vida, la cual Dios ha prometido dar a quienes lo aman" (Santiago 1:12).

Satanás es el autor de la tentación y él es persistente

"Cuando el diablo agotó sus intentos de ponerlo a prueba, se apartó de él *por algún tiempo*" (Lucas 4:13).

Aún cuando resistimos exitosamente la tentación, el enemigo se aparta por sólo una temporada. El enemigo siempre busca *una oportunidad* para atraer la carne. Pablo llama al diablo "el tentador" en 1 Tesalonicenses 3:5. Mientras no debemos temer el diablo y sus demonios, nosotros tenemos que ser conscientes de su presencia en nuestro mundo y sus esfuerzos de atraer la carne a pecar. Por eso es que Jesús nos enseñó a orar, "No permitas que cedamos ante la tentación, sino rescátanos del maligno" (Mateo 6:13 NTV).

No todos somos tentados por las mismas cosas

"Por lo tanto, también nosotros, que tenemos tan grande nube de testigos a nuestro alrededor, liberémonos de todo peso y del pecado que nos asedia, y corramos con paciencia la carrera que tenemos por delante" (Hebreos 12:1).

La verdad es que en nuestra carne, cada uno de nosotros ha sido quebrantado un poco *diferente* por el principio del pecado que está en el mundo y en la carne. Cada uno de nosotros no sólo trata con tentaciones comunes, pero también tenemos cosas *particulares* que nos tientan. Estas tentaciones no están igualmente presentes y no llevan la misma atracción en cada individuo. El pecado ha roto nuestra naturaleza humana en distintas maneras. Una persona puede luchar con adicciones a drogas. Otros combaten diferentes clases de lujurias, como la promiscuidad, el adulterio, atracción del mismo sexo u otras formas de pecado sexual. Algunos creyentes luchan con el enojo, el chisme, la envidia, el orgullo, trastornos de nutrición, compulsiva o no saludables, o de ser negativo y crítico.

Usted no es lo que le tienta

Es crítico para nuestro desarrollo espiritual que comprendamos esto. Vivimos en un mundo que nos enseña a identificarnos por cosas que apelan a nuestra carne. Esto es vivir de afuera hacia adentro. Nuestros cuerpos y su apariencia o las pasiones no son quienes somos. Cada uno de nosotros experimentará pasiones fuertes con cosas que Dios llama pecado. Esas pasiones no son quienes somos. No son otra cosa que nuestros sentidos que desean placer. Y mientras aprendemos, hay muchas cosas que pueden complacer la carne por un momento, pero dañan nuestra vida a largo plazo.

Lo que debemos recordar es que nuestras tentaciones no nos definen. Esas cosas no forman nuestra verdadera identidad. ¡Nosotros no somos lo que nos tienta! Como creyentes nacidos de nuevo, todos somos nuevas criaturas en Cristo. Nuestra carne, *no nuestro espíritu*, es la fuente de nuestras tentaciones.

> "¿De dónde vienen las guerras y las peleas entre ustedes? ¿Acaso no vienen de sus *pasiones, las cuales luchan dentro de ustedes mismos*?" (Santiago 4:1).

> "Porque en el hombre interior me deleito con la Ley de Dios, pero veo otra ley en los miembros de mi cuerpo que hace guerra contra la ley de mi mente, y me hace prisionero de la ley del pecado que está en mis miembros" (Romanos 7:22-23 NBLH).

Esto significa que el creyente no debe definirse a sí mismo por lo que tienta su carne. No debemos identificarnos por ninguna característica particular de la carne. Es preferible decir, "soy un hijo de Dios nacido de nuevo. Estoy aprendiendo a vencer la lujuria, el alcohol, las mentiras, el enojo, el vicio, o pecado sexual". Algunos a menudo preguntan si un cristiano puede vencer las luchas de la carne en tales asuntos que controlan la vida de tal modo. Pero escuchen lo que Pablo escribió a los creyentes en Corinto:

> "¿Acaso no saben que los injustos no heredarán el reino de Dios? No se equivoquen: ni los fornicarios, ni los idólatras, ni los adúlteros, ni los afeminados, ni los que se acuestan con hombres, ni los ladrones, ni los avaros, ni los borrachos, ni los malhablados, ni los estafadores, heredarán el reino de Dios. *Y eso eran algunos de ustedes*, pero ya han sido lavados, ya han sido santificados, ya han sido justificados en el nombre del Señor Jesús, y por el Espíritu de nuestro Dios" (1 Corintios 6:9-11).

Pablo reconoció que estos creyentes todavía luchaban con los deseos de sus vidas anterior —las cosas que los identificaron antes de que fueran hechos justos en Cristo. Pero él continúa a recordarles que aunque lucharan con las tentaciones de la vida vieja, ellos no podían ser identificados por estas cosas. "Y eso *eran* algunos de ustedes" (1 Corintios 6:11). Eso significa que fueron liberados de estas conductas que anteriormente controlaban sus vidas. Es posible cambiar nuestra identidad y vencer la carne.

A pesar de que aún puede seguir luchando con la naturaleza de su carne, si usted ha nacido de nuevo por fe en Jesús, usted ya no es esa vieja persona. Cuando seamos tentados, debemos recordar que nuestro espíritu nacido de nuevo no desea pecar. Su nueva naturaleza es el *verdadero* usted. "Y eso eran algunos de ustedes, pero ya han sido lavados, ya han sido santificados, ya han sido justificados en el nombre del Señor Jesús, y por el Espíritu de nuestro Dios" (1 Corintios 6:11). Entender esto es la mitad de la batalla para derrotar la tentación en su carne.

Su espíritu es más fuerte que su carne

> "Manténganse despiertos, y oren, para que no caigan en tentación. A decir verdad, el espíritu está dispuesto, pero la carne es débil" (Marcos 14:38).

Cuando oramos, le permitimos a nuestra nueva naturaleza a estar en comunión con Dios. Forzamos a nuestros cuerpos a centrarse en Jesús. El cuerpo y el espíritu están a menudo en desacuerdo el uno con el otro. El cuerpo a menudo luchará contra la oración al principio. La carne es débil. Esta quiere comer, dormir, ser entretenida, o experimentar algún placer momentáneo. La oración es una función de su espíritu. Nuestros corazones desean orar, aunque nuestros cuerpos a menudo no. Pero porque usted no es su cuerpo, usted y yo podemos someter nuestros cuerpos para que estén bajo el control de nuestros corazones. La oración es una manera de fortalecer nuestros espíritus y debilitar nuestra carne.

Dios ha provisto una vía de escape

> "Puesto que él mismo sufrió la tentación, es poderoso para ayudar a los que son tentados" (Hebreos 2:18).

> "A ustedes no les ha sobrevenido ninguna tentación *que no sea humana*; pero Dios es fiel y *no permitirá que ustedes sean sometidos a una prueba más allá de lo que puedan resistir*, sino que junto con la prueba *les dará la salida*, para que puedan sobrellevarla" (1 Corintios 10:13).

Porque Jesús vivió una vida humana verdadera en un cuerpo físico verdadero como el nuestro, Él experimentó cada clase y forma de tentación que nosotros experimentamos. ¡Él entiende cómo es! Y es fiel para hacer una vía para nosotros escapar la tentación. La palabra *escape* significa "evadir o huir de". Dios no permitirá que el enemigo nos tiente de tal manera que estemos sin la fuerza para resistir o una vía para huir. Una y otra vez he ayudado a cristianos que luchan a que evalúen lo que verdaderamente sucede cuando tropiezan en el pecado. A menudo la gente se siente abrumada por sus tentaciones —como si ellos no fueran responsables por sus elecciones. Pero la Biblia dice que Dios es fiel. Él proveerá caminos para escapar del calor de la batalla. El problema es que nosotros a menudo no nos damos cuenta cuáles son estos caminos. Por consiguiente, tropezamos en el pecado una y otra vez. Veamos algunas de las maneras que Dios nos provee para que logremos la victoria sobre la carne.

DIA 3 EJERCICIOS

1. ¿En qué tres maneras nos corrige el Señor?

    1. _____

    2. _____

    3. _____

2. 1 Tesalonicenses 4:3-4 nos dice que debemos aprender a ¿hacer qué?

_____

_____

_____

_____

3. No confunda lo que Dios _____ en su vida con lo que Dios _____ para su vida.

4. ¿Qué es lo que necesitamos recordar con respecto a nuestras tentaciones?

_____

_____

5. Según Marcos 14:38, ¿qué debemos hacer para evitar la tentación?

_____

_____

6. Para cada tentación, Dios provee una vía de escape. Tome un momento para pensar en un tiempo cuando eso sucedió para usted y relaciónelo aquí.

_____

_____

_____

7. No permita que el enemigo le atrape con pesar. No le dé la satisfacción. En vez de mirar sus fracasos en desesperación, acéptelos como oportunidades para aprender de sus experiencias y esté agradecido a Dios por lo que le ha revelado a través de ellas. Escriba abajo algunos de las lecciones que usted ha aprendido de sus fracasos pasados.

_____

_____

_____

_____

_____

_____

DIA 4: GANANDO LA VICTORIA SOBRE LA CARNE

¡Usted Puede Cambiar!

Dios no desea que Sus hijos luchen continuamente con su carne. ¡Mientras es verdad que siempre que vivamos tendremos que controlar nuestros cuerpos con la gracia de Dios y el poder del Espíritu Santo, es posible ver hábitos cambiar, viejas tentaciones morir, y una nueva vida poderosa surgir! Pero envuelve la incomodidad del cambio.

Todo cambio requiere que dejemos nuestra zona de confort. Ya sea un cambio físico por dieta y ejercicio, un cambio intelectual por estudios y aprendizaje o cambio económico a través de la disciplina de ahorrar y gastar, todo cambio para bien requiere de "incomodidad" de dolor a corto plazo. Se ha dicho que hay dos dolores en la vida: el dolor de la disciplina y el dolor del pesar. Cada día escogemos uno o el otro. Si usted fracasa en escoger el dolor de cambio positivo por disciplina personal, experimentará el dolor del pesar o arrepentimiento más tarde. Y el dolor de arrepentimiento es siempre más que el dolor de la disciplina.

> *Dios está más confiado en el poder de Su amor y gracia compensatoria en su vida que en el poder de Satanás para tentarle o el poder de sus tentaciones.*

PASOS BIBLICOS PARA GANAR LA VICTORIA SOBRE SU CARNE

Aquí están algunos pasos importantes revelados en la Palabra de Dios para ayudarle a ganar la victoria sobre su carne y vivir en su cuerpo de una manera que agrada a Dios.

Presente su cuerpo a Dios

"Por tanto, hermanos míos, les ruego por la misericordia de Dios que se *presenten ustedes mismos* como *ofrenda viva*, santa y agradable a Dios. Éste es el verdadero culto que deben ofrecer. No vivan ya según los criterios del tiempo presente" (Romanos 12:1-2a DHH).

"Por lo tanto, no permitan ustedes que el pecado reine *en su cuerpo mortal*, ni lo obedezcan en sus malos deseos. Tampoco presenten sus miembros al pecado como instrumentos de iniquidad, *sino preséntense ustedes mismos a Dios como vivos de entre los muertos*, y presenten sus miembros a Dios como instrumentos de justicia. El pecado ya no tendrá poder sobre ustedes, pues ya no están bajo la ley sino bajo la gracia" (Romanos 6:12-14).

Como cristiano, Dios ha venido a ser el dueño legítimo de su cuerpo. La Biblia enseña que Él lo compró a usted como Suyo cuando usted recibió a Cristo. Dios espera que confrontemos las pasiones de la carne presentando nuestros cuerpos a Dios como "instrumentos de justicia" (vs. 13). Eso significa que debemos pensar en nuestros cuerpos como vasos para ser utilizados para servir a Jesús, no sólo placeres egoístas y vacíos. Pablo le llama a esto un "sacrificio vivo". Es decir, debemos recordar diariamente que somos hijos de Dios nacidos de nuevo que vivimos en cuerpos de los que somos responsables y usarlos para los propósitos de Dios.

> "¿No se dan cuenta de que su cuerpo es el templo del Espíritu Santo, quien vive en ustedes y les fue dado por Dios? *Ustedes no se pertenecen a sí mismos, porque Dios los compró a un alto precio.* Por lo tanto, honren a Dios con su cuerpo" (1 Corintios 6:19-20 NTV).

Puedes empezar cada día con una oración sencilla:

> *Padre, yo Te adoro en este día. Reconozco que soy Tu hijo. Me has hecho una nueva criatura. Mi espíritu está dispuesto a servirte hoy. Padre, yo presento mi cuerpo a Ti para Tu gloria. Tú eres el dueño de mi cuerpo porque lo compraste con la sangre de Jesús. Señor Jesús, tú conoces las luchas que tengo en mi carne; tu experimentaste las mismas tentaciones. Ayúdame a hacer elecciones de utilizar mi cuerpo, mi mente y mi voz en formas que Te honren. Ve delante de mí y prepara vías de escape de la tentación del enemigo. Creo que Tu Espíritu Santo vive en mí y provee la fortaleza que necesito para resistir el pecado hoy. Ayúdame a alcanzarte a ti y a otros para ayuda cuando soy débil. Te glorificaré con el cuerpo que me has dado. En el nombre de Jesús.*

Confiese y reclame la victoria por fe

La fe es la fuerza que nos permite recibir las promesas de Dios. De hecho, la fe es lo único que complace a Dios completamente. Por fe debemos reclamar confiadamente para nosotros mismos lo que Dios ha dicho acerca de nosotros en Su Palabra. Como hemos aprendido en capítulos uno y seis, la Palabra de Dios es poderosa. Desatamos ese poder en nuestras vidas cuando hablamos las Escrituras en fe. Escuche lo que Pablo dijo acerca de cómo él vivió en su cuerpo:

> "Mi antiguo yo ha sido crucificado con Cristo. Ya no vivo yo, sino que Cristo vive en mí. Así que vivo en este cuerpo terrenal confiando en el Hijo de Dios, quien me amó y se entregó a sí mismo por mí" (Gálatas 2:20 NTV).

Pablo declaró confiadamente que estaba vivo en Cristo, y que viviá en su cuerpo por fe en Jesús y Su obra en la cruz.

Recuerde que usted no es su cuerpo. Usted no es un sentimiento. ¡Usted es un espíritu eterno! Tiene sentimientos y vive en un cuerpo. Las cosas que la Palabra de Dios dice acerca de usted son eternamente verdaderas sea que parezcan ciertas o no e independientemente de cómo usted se sienta acerca de ellas. Podemos confiar la Palabra de Dios para expresar la verdad real acerca de quiénes somos en realidad.

Llamarse muerto al pecado y vivo para Dios

> "Así mismo, ustedes considérense muertos en cuanto al pecado y vivos para servir a Dios [viviendo en confraternidad intacta con El] en Jesucristo" (Romanos 6:11 PDT).

Las palabras traducidas "considerar" en el pasaje anterior es un término que significa "imaginarse, pensar en, y declarar que algo es así". No hay una palabra exacta en español que explique completamente esta manera poderosa de combatir el pecado. El término fue a menudo utilizado en un sentido legal para hacer una declaración formal. Cuando un juez considera un caso y toma una decisión, él o ella, anuncia formalmente su juicio en un tribunal de justicia y luego golpea su martillo. En el momento en el que el martillo es golpeado, la sentencia se considera verdadera y legalmente vinculante. Cuando un juez anuncia una sentencia de "no culpable" en un tribunal, la persona procesada todavía puede estar en ropa de prisión, esposado, e incluso creer ser culpable por otros que estén presentes, pero el veredicto es final. Significa que desde ese momento en adelante, el acusado se ha de "considerar, imaginar y legalmente pensar" como inocente, porque el juez así lo declaró.

Hay cosas con que luchamos dentro de nuestra carne que Dios ya ha declarado legalmente muertos en nosotros. Él las juzgó en la cruz de Su Hijo. Ahora es nuestra responsabilidad considerarnos muertos al pecado. Hemos de imaginar que sea el caso —a pesar de cómo nos sintamos, o las tentaciones que todavía persisten en nuestra vida. La Biblia enseña que el Señor llama esas cosas que todavía no existen como si existieran (Romanos 4:17). Nosotros también debemos aprender a estar de acuerdo con Romanos 6:11, y llamarnos muerto al pecado y vivos a Dios.

Santiago dijo que nuestras bocas controlan nuestros cuerpos.

> "Es cierto que todos cometemos muchos errores. Pues, *si pudiéramos dominar la lengua*, seríamos perfectos, capaces de controlarnos en todo sentido" (Santiago 3:2 NTV).

Usted nunca ganará el control de su carne hasta que tome el control de su lengua. Utilice su boca para hablar cosas positivas —no solo hable de las cosas a las que está tentado a hacer. Comience hablar de la dirección en que quiere ir. Hable de lo que usted desea, no de lo que no desea. ¡Lo que usted habla en fe, se acercará a su vida!

> "Hay quienes, con lo que dicen, *logran satisfacer su hambre. El que ama la lengua comerá de sus frutos*; ella tiene poder sobre la vida y la muerte" (Proverbios 18:20-21).

Mientras usted siente tentación durante el día, hable a su cuerpo y dígale, "Estoy muerto a ese deseo. Estoy muerto al pecado. Me declaro vivo para Dios, a Sus deseos y a Su verdad. Cuerpo, tú estás muerto a esa tentación. Ese no es quién soy". Diciendo esto desatará al Espíritu Santo en esa área porque usted está de acuerdo verbalmente con la Palabra de Dios sobre su vida y toma su posición contra el pecado.

Remueva lo que estorbe

> "*Absteneos de* toda especie de mal" (1 Thessalonians 5:22 RVR).

> "*Apártame* de andar tras la mentira" (Salmos 119:29a).

> "Y si tu mano derecha te hace caer en pecado, *córtatela y deshazte de ella*" (Mateo 5:30a).

En ese último verso, Jesús no recomendaba realmente que tomáramos una sierra para nuestros cuerpos. Lo que Jesús enseña es que usted tiene que remover aquello en particular que le causa pecar. Si su tentación envuelve abuso de sustancias, saque las sustancias que usted abusa fuera de su casa y de su vida. Si es alguna forma de lascivia, remueva todo material o bloquee los portales que le permiten a usted tener acceso a imágenes, lugares, y personas que le atraen. Esto puede ser difícil al principio. Nosotros a menudo pensamos que como somos creyentes y estamos llenos con el Espíritu, debemos ser suficientemente fuertes para resistir la tentación solos. Sin embargo si usted encuentra que continua tropezando, entonces debe remover las cosas obvias en su vida que le causan a tropezar. A veces esto significa abandonar la cablevisión por un tiempo, o tomar una ruta diferente al trabajo. Lo necesario para remover las cosas que le causan ser tentados.

No haga provisión para la carne

> "Más bien, revistámonos del Señor Jesucristo, y no busquemos satisfacer los deseos de la carne" (Romanos 13:14).

No sólo debemos cerrar la "puerta de entrada" evidente al pecado, necesitamos cerrar las "puertas traseras" también. A veces hacemos pequeños alojamientos para la carne por si acaso sentimos que necesitamos un pequeño escape cuando estamos bajo presión. Las puertas traseras son puentes a nuestra vida pasada, y tarde o temprano las utilizaremos si no las cerramos y botamos la llave. Si sabe de una fiesta en particular, acontecimiento, lugar, o medio de entretenimiento, como libros, películas, música, conciertos, medios sociales, o programas de televisión que alimentarán su carne y fortalecerán la tentación en su vida, elimine su acceso a ellos. La palabra *provisión* significa "ver y prepararse para algo de antemano". En vez de hacer provisiones para nuestra carne y sus deseos, debemos hacer provisión divina para una vida cristiana exitosa eligiendo cerrar esas áreas en que somos débiles en la carne.

Una vez, hace unos años, yo regresé a casa después de una reunión en la iglesia y descubrir un pulguiento gato, viejo y sarnoso gritando fuera de mi garaje. Me fascinan los animales, pero estaba molesto e intrigado por este gato. Tan pronto como salí del carro, vino de inmediato hacia mí y empezó a frotar su cuerpo en círculos alrededor de mis piernas, todavía gritando con un sonido atroz. Ahora, debo confesar que me encantan los animales.

Por lo tanto, comencé a prestarle atención a esa gata vieja. Supuse que ella quizás tenía hambre y pensé que la alimentaría y así continuaría en su camino. Le serví leche, le di jamón y pavo cortados, e incluso hasta un poco de cereal. Le encantó. Se lo comió todo. Una hora más tarde la gata empezó a chillar otra vez. Todo el día yo la alimenté. Cuanto más la alimentaba, más merodeaba. Por último pensé que me gustaría abrazarla y acariciarla. El momento que lo hice, me atacó y me mordió varias veces. Sorprendido y sangrando, dejé caer a la gata y entré a decirle a mi esposa. Llamó inmediatamente al 911; el animal fue removido, y tuve que hacerme unas pruebas de rabia. Agradecidamente, ninguno de nosotros fue infectado con esa enfermedad.

Ve, mi curiosidad me dirigió a creer que podía alimentar a esa gata sarnosa y ella continuaría en su camino. Pero cuanto más la alimenté, más merodeó. Eventualmente llegó a estar lo suficientemente fuerte y audaz para atacarme. Mi esposa indicó luego que si quería deshacerme de la gata chillona, lo mejor habría sido *no* alimentarla.

Nuestra carne es de la misma manera. A veces grita por atención, comida, indulgencias pecaminosas, prometiendo callarse si tan solo la alimentamos un poco. Pero cuanto más alimentamos la carne, más fuerte se vuelve. Tarde o temprano nuestras "puertas traseras" de pequeñas indulgencias y "alivios de presión" acaban por mordernos. Por eso es que debemos dejar de alimentar la carne y no hacer provisión para sus demandas.

¡Corra!

"*Huye de todo lo que estimule las pasiones juveniles.* En cambio, sigue la vida recta, la fidelidad, el amor y la paz. Disfruta del compañerismo de los que invocan al Señor con un corazón puro" (2 Timoteo 2:22 NTV).

"Pero tú, Timoteo, eres un hombre de Dios; *así que huye de todas esas maldades.* Persigue la justicia y la vida sujeta a Dios, junto con la fe, el amor, la perseverancia y la amabilidad" (1 Timoteo 6:11 (NTV).

"*¡Huyan del pecado sexual!* Ningún otro pecado afecta tanto el cuerpo como éste, porque la inmoralidad sexual es un pecado contra el propio cuerpo. ¿No se dan cuenta de que su cuerpo es el templo del Espíritu Santo, quien vive en ustedes y les fue dado por Dios? Ustedes no se pertenecen a sí mismos" (1 Corintios 6:18-19 NTV).

Esto puede sonar débil, tonto y lamentable, pero la Biblia nos dice que corramos del mal. A menudo pensamos que podemos voltear la mirada para otro lado y continuar estando alrededor de personas, lugares y cosas que nos tientan. La verdad es que si usted todavía está aprendiendo a ganar la victoria, tiene que escapar de las fuentes de tentación lo más rápidamente posible. Hay una historia en la Biblia acerca de José, que vivía como un esclavo en casa de un señor egipcio rico. La esposa de este gobernante era una hermosa e infiel seductora.

"Y la esposa de Potifar pronto comenzó a mirarlo con deseos sexuales. 'Ven y acuéstate conmigo,' le ordenó ella. Pero José se negó: 'Mire,' le contestó, 'mi amo confía en mí y me puso a cargo de todo lo que hay en su casa' ... Día tras día, ella seguía presionando a José, pero él se negaba a acostarse con ella y la evitaba tanto como podía. Cierto día, sin embargo, José entró a hacer su trabajo y no había nadie más allí. Ella llegó, lo agarró del manto y le ordenó: '¡Vamos, acuéstate conmigo!'. José se zafó de un tirón, pero dejó su manto en manos de ella *al salir corriendo de la casa*" (Génesis 39:7-8, 10-12 NTV).

José pagó un precio por resistir las tentaciones de la esposa de su amo. Pero Dios lo recompensó por hacer lo correcto. ¡Finalmente, José fue dado que gobernara sobre toda la tierra de Egipto, incluyendo esta mujer! Puede parecer como si usted está siendo débil, pero el momento que usted empiece a sentirse como si fuera por un camino equivocado, dé la vuelta y corra. Si sus conversaciones en medios sociales se van a un diálogo inadecuado con personas que le están atrayendo a pecar, borre esa cuenta, deje la tecnología y escape inmediatamente. Corra. ¡Es sencillo, pero es efectivo!

Reemplace viejos hábitos con nuevos

Simplemente evitar viejos hábitos no será suficiente para derrotar las debilidades de nuestra carne. El hecho es que Dios nos hizo para ser criaturas de hábito. Nuestros cuerpos y cerebros trabajan juntos en un sistema complejo manejados por señales y sistemas hormonales, químicos y eléctricos. Lo que hacemos repetidamente, nuestros cerebros y cuerpos lo marcan, recuerdan, y arraigan dentro del sistema operativo. Nuestros cuerpos pueden ser entrenados a desear casi cualquier cosa si lo exponemos con frecuencia. La primera vez que una persona toma alcohol o fuma un cigarrillo, el cuerpo típicamente resiste. Pero si continuamos a exponernos a estas cosas, nuestros cuerpos señalarán que las necesitamos y llegarán a ser hábitos. La mayor parte de lo que hacemos cada día, lo hacemos subconscientemente. Hacemos elecciones constantemente basadas en nuestros hábitos —ambos buenos o malos. Esas elecciones se atrincheran en nosotros.

Del mismo modo, hay hábitos que son buenos para nosotros que nuestro cuerpo resistirá inicialmente, pero que puede ser entrenado para disfrutarlos, incluso desearlos. El ejercicio es uno de ellos. Comer saludable es otro. La alabanza y adoración, lectura de Biblia, la oración y los placeres sanos pueden ser programados en los hábitos que nuestro cuerpo detendrá la resistencia con el tiempo e incluso puede comenzar a apetecer.

La Biblia dice: "No te dejes vencer por el mal; antes bien, vence al mal con el bien" (Romanos 12:21). La ley de cambio enseña que la forma de eliminar algo que no quieres es cambiarlo *por algo que deseas*. Sustituir pérdida de tiempo excesiva en ver la televisión con la lectura, trabajando en un pasatiempo o proyecto que te ayudarán a mejorar tu mente. Sustituir los viejos hábitos de los fines de semana con nuevas actividades y gente nueva. Centrarse más en lo que quieres hacer que en lo que usted quiere dejar de hacer. Con el tiempo, su cuerpo y su cerebro creará enlaces químicos y eléctricos que "programarán" hábitos que lo llevará en direcciones nuevas y mejores.

Utilice el poder de asociación (relación)

Una de las leyes espirituales más poderosas que podemos aprender es *la ley de asociación*. Simplemente indicado, esta ley enseña que lo que sea y a quien sea que escojamos asociarnos determinará eventualmente nuestra dirección. Nuestro destino está atado a nuestras relaciones. Nosotros casi nunca logramos nada, recibimos nada, o experimentamos nada nuevo a menos que sea por una relación con alguien. La mayoría de las personas trabajan en empleos que recibieron por una conexión con otra persona. Todos los grandes éxitos son logrados por una red de relaciones. De hecho, la mayoría de las personas nunca se elevará por encima del nivel intelectual, financiero, físico, relacional ni espiritual de las cinco personas que son más cercanas en algún tiempo dado.

¡Se ha dicho, si usted es la persona más inteligente en su grupo, es tiempo de conseguir un nuevo grupo! Esto es cierto en la Escritura también. El destino de Eliseo estaba atado a Elías. El destino de Josué estaba atado a Moisés. El destino de Timoteo fue atado a Pablo. ¡Su destino es atado a las personas con quienes elija asociarse —para bien o mal! Note estos pasajes:

> "Camina con sabios y te harás sabio; júntate con necios y te meterás en dificultades" (Proverbios 13:20 NTV).

> "Quien se junta con sabios, sabio se vuelve; quien se junta con necios, acaba mal" (Proverbios 13:20).

> " No se asocien íntimamente con los que son incrédulos. ¿Cómo puede la justicia asociarse con la maldad? ¿Cómo puede la luz vivir con las tinieblas? ¿Qué armonía puede haber entre Cristo y el diablo? *¿Cómo puede un creyente asociarse con un incrédulo?* ¿Y qué clase de unión puede haber entre el templo de Dios y los ídolos? Pues nosotros somos el templo del Dios viviente. Como dijo Dios: 'Viviré en ellos y caminaré entre ellos. Yo seré su Dios, y ellos serán mi pueblo. Por lo tanto, *salgan de entre los incrédulos y apártense de ellos,* dice el Señor. *No toquen sus cosas inmundas,* y yo los recibiré a ustedes. Y yo seré su Padre, y ustedes serán mis hijos e hijas, dice el Señor Todopoderoso'" (2 Corintios 6:14-18 NTV).

Cuando empezamos nuestro caminar con Cristo, debemos encontrar nuevas relaciones en Su familia en la iglesia local. Los creyentes en Cristo son ordenados a vivir sus vidas cristianas en una comunidad. La iglesia local es esa comunidad. Dios ha colocado otros en la iglesia que están allí para ayudarnos a ganar la victoria sobre nuestra carne. Nuestros pastores nos enseñan la Palabra de Dios. A otros creyentes le son dados dones espirituales para ayudarnos en nuestro viaje de transformación. La iglesia local es la comunidad de Dios de desarrollo espiritual y victoria. Cuando tropezamos y luchamos, debemos ir a otros creyentes para recibir oración, consejo, consuelo y estar bajo su responsabilidad.

La responsabilidad en la familia

> "Amados hermanos, si otro creyente[a] está dominado por algún pecado, ustedes, que son espirituales, deberían ayudarlo a volver al camino recto con ternura y humildad. Y tengan mucho cuidado de no caer ustedes en la misma tentación. Ayúdense a llevar los unos las cargas de los otros, y obedezcan de esa manera la ley de Cristo" (Gálatas 6:1-2 NTV).

Dios desea que dependamos unos de los otros para responsabilidad y apoyo mientras luchamos para ganar la victoria sobre nuestra carne. Abrirse en confianza a algunos otros creyentes espirituales puede ser una fuerza poderosa en encontrar fuerza para vencer nuestros hábitos pecaminosos y negativos. Muchas iglesias buenas tienen hoy día pequeños grupos que se reúnen confidencialmente para el propósito de proporcionar apoyo mutuo uno al otro y ganar la victoria sobre problemas como depresión, juego compulsivo por dinero, el derroche de dinero, el vicio, la lascivia, los desórdenes alimenticios, el divorcio o la separación y conductas que controlan la vida. Cuando abrimos nuestras vidas y somos honestos con otros mismos acerca de las luchas de la carne, podemos encontrar perdón, restauración, fortaleza, responsabilidad y la esperanza.

¡Cuando usted se caiga, LEVANTESE

> "El Señor dirige los caminos del hombre cuando se complace en su modo de vida. *Si el hombre cae, no se queda en el suelo* porque el Señor lo sostiene de la mano" (Salmos 37:23-24).

Tan sencillo como esto pueda sonar, la única cosa apropiada que usted puede hacer cuando se caiga es pararse de nuevo. Satanás no sólo es nuestro tentador, él es también es nuestro acusador. Nos atrae a pecar. Luego de que pecamos, intenta decirnos cuán indignos somos, cómo Dios está decepcionado con nuestra conducta, y cómo nosotros nunca cambiaremos. Pero Satanás es un mentiroso. ¡Y Jesús lo ha derrotado!

> "Entonces oí una fuerte voz en el cielo, que decía: '¡Aquí están ya la salvación y el poder y el reino de nuestro Dios, y la autoridad de su Cristo! ¡Ya ha sido expulsado el que día y noche acusaba a nuestros hermanos delante de nuestro Dios!'" (Apocalipsis 12:10).

El Espíritu Santo siempre nos dirigirá a confesar nuestros pecados a nuestro Padre celestial—no huir de Él. El Espíritu Santo ha sido dado para ayudarnos cuando fallamos. La escritura dice que cuando nos caemos, debemos ir a Dios y recibir Su misericordia, gracia, y perdón.

> "Si decimos que no tenemos pecado, nos engañamos a nosotros mismos, y la verdad no está en nosotros. Si confesamos nuestros pecados, él es fiel y justo para perdonar nuestros pecados y limpiarnos de toda maldad" (1 Juan 1:8-9).

> "Tú, Señor, *levantas a los que tropiezan, y reanimas* a los que están fatigados" (Salmos 145:14).

> "Porque *tal vez caiga el justo siete veces, pero otras tantas volverá a levantarse*" (Proverbios 24:16a).

> "¡Enemigos míos, no se regodeen de mí! *Pues aunque caiga, me levantaré otra vez.* Aunque esté en oscuridad, el Señor será mi luz" (Miqueas 7:8 NTV).

No le permita a Satanás el placer de condenarle cuando usted tropiece. Recuerde que Dios lo conocía a usted antes que llegara a ser Su hijo. Él conocía todas sus luchas y secretos vergonzosos. Y aun así le salvó de todos modos. Él está más confiado en el poder de Su amor y gracia redentora que en el poder de Satanás para tentarle. Él es más grande, y le ama. ¡Usted puede cambiar!

Tenemos un abogado

> "Mis queridos hijos, les escribo estas cosas, para que no pequen; *pero si alguno peca, tenemos un abogado que defiende nuestro caso ante el Padre. Es Jesucristo, el que es verdaderamente justo.* Él mismo es el sacrificio que pagó por nuestros pecados, y no sólo los nuestros sino también los de todo el mundo" (1 Juan 2:1-2 NTV).

Jesús tiene un ministerio presente ante nuestro Padre celestial. Él es nuestro defensor e intercesor en nuestro nombre. Un *abogado* es alguien que promueve la causa de otro. En un acto de tribunal, un defensor cuidadosamente intenta conseguir cada ventaja para su cliente. Como nuestro abogado, Jesús habla con el Padre en nuestro nombre. ¡Él le recuerda al Padre que Su sangre ha pagado el precio por todo nuestros pecados —pasados, presentes, y futuros! Porque Él es el amado Hijo de Dios, Él conoce a Su Padre bien, y nunca ha perdido un caso antes de Él.

Jesús también está abogando por nosotros antes de que pequemos. Él esta siempre presente para proveer la vía de escape, y si confiamos en Él, nos dará la fuerza a resistir.

No es el fin cuando un creyente peca. No importa cuánto tiempo haya estado luchando en su vida con el mismo hábito, Jesús ha hecho provisión para usted para ser perdonado y liberado. No importa cuán mal usted se sienta después de una caída, no le permita al acusador que lo condene. Corra hacia su Defensor, Jesucristo. Pida Su gracia. Confiésele su fracaso a Él. El ya lo sabe todo. Y Él está esperando no solo para perdonarle, pero, si usted se lo pide, Él le enseñará por qué usted cayó y cómo hacer tomar una decisión diferente la próxima vez. Recuerde que no importa cuán persistente pueda ser el pecado en su carne, Dios nunca se dará por vencido. Le dejará experimentar consecuencias, pero es parte de Su amorosa gracia —por lo que puede crecer y parte de Su santidad.

> *Jesús también está abogando por nosotros antes de que pequemos. Él está siempre presente para proveer la vía de escape, y si confiamos en Él, nos dará la fortaleza para resistir.*

El futuro del cuerpo

"En cambio, nosotros somos ciudadanos del cielo, donde vive el Señor Jesucristo; y esperamos con mucho anhelo que él regrese como nuestro Salvador. *Él tomará nuestro débil cuerpo mortal y lo transformará en un cuerpo glorioso, igual al de él.* Lo hará valiéndose del mismo poder con el que pondrá todas las cosas bajo su dominio" (Filipenses 3:20-21 NTV).

La fe cristiana enseña que mientras nuestros cuerpos físicos son caídos, el amor de Dios por la humanidad incluye un plan maravilloso para su redención también. Jesús no sólo pensó derrotar el pecado en nuestros espíritus y almas. ¡La obra de Jesús en la cruz incluye el último logro de redención – la salvación de nuestros cuerpos!

> "Sin embargo, lo que ahora sufrimos no es nada comparado con la gloria que él nos revelará más adelante...y los creyentes también gemimos —aunque tenemos al Espíritu de Dios en nosotros como una muestra anticipada de la gloria futura— *porque anhelamos que nuestro cuerpo sea liberado del pecado y el sufrimiento.* Nosotros también deseamos con una esperanza ferviente que llegue el día en que Dios nos dé todos nuestros derechos como sus hijos adoptivos, *incluido el nuevo cuerpo que nos prometió*" (Romanos 8:18, 23 NTV).

En la muerte nosotros dejamos nuestros hogares terrenales y entramos en la presencia de Jesús.

> "Por eso vivimos siempre confiados, pues sabemos que mientras estemos en el cuerpo, estamos ausentes del Señor... Pero confiamos..., ausentarnos del cuerpo y presentarnos ante el Señor" (2 Corintios 5:6, 8).

Pero algún día Cristo regresará y reconstruirá realmente nuestros cuerpos físicos del "polvo de la tierra," restaurando la gloria que perdimos en el jardín hace mucho tiempo. En ese momento, nuestros espíritus volverán a entrar a nuestros cuerpos resucitados, que ya no tendrán la naturaleza del pecado o los efectos de la caída de Adán. La Escritura dice que nuestros cuerpos son enterrados como mortales y corruptibles, pero serán levantados inmortales e incorruptibles. Ya no tendremos que luchar contra "la ley del pecado y muerte" (Romanos 8:2) que obra en nosotros. ¡Nuestros cuerpos serán copias del cuerpo resucitado de Jesucristo mismo!

> "Pero sabemos que, cuando él se manifieste, seremos semejantes a él porque lo veremos tal como él es" (1 Juan 3:2b).

> "Él transformará el cuerpo de nuestra humillación, para que sea semejante al cuerpo de su gloria, por el poder con el que puede también sujetar a sí mismo todas las cosas" (Filipenses 3:21).

Tan notable como suene esto, esa es la promesa que aguarda el creyente nacido de nuevo en Jesucristo. En este día, Cristo terminará en nosotros la buena obra que empezó (Filipenses 1:6). La Biblia dice que toda creación aguarda este día como la gloriosa revelación (o liberación total) de los hijos de Dios.

> "Pues toda la creación espera con anhelo el día futuro en que Dios revelará quiénes son verdaderamente sus hijos....la creación espera el día en que se unirá junto con los hijos de Dios a la gloriosa libertad de la muerte y la descomposición" (Romanos 8:19, 21 NTV).

Lo que sucede luego tanto para la tierra como los hijos de Dios es aun más maravillosos de lo que podemos imaginar. La Escritura dice, "Las cosas que ningún ojo vio, ni ningún oído escuchó, ni han penetrado en el corazón del hombre, son las que Dios ha preparado para los que lo aman" (1 Corintios 2:9). Mientras que la escritura nos dice mucho acerca de lo que sigue, el apóstol Pablo resume indicando que "para mostrar en los tiempos venideros las abundantes riquezas de su gracia y su bondad para con nosotros en Cristo Jesús" (Efesios 2:7).

¡Que gran salvación hemos recibido! ¡Qué futuro Dios ha planeado para nosotros! ¿Qué más razón podríamos tener nosotros para vivir en nuestros cuerpos en la tierra de una manera que le dé la gloria a Dios?

> "Lo mismo sucede con la resurrección de los muertos. Cuando morimos, nuestros cuerpos terrenales son plantados en la tierra, pero serán resucitados para que vivan por siempre. Nuestros cuerpos son enterrados en deshonra, pero serán resucitados en gloria. Son enterrados en debilidad, pero serán resucitados en fuerza. Son enterrados como cuerpos humanos naturales, pero serán resucitados como cuerpos espirituales. Pues, así como hay cuerpos naturales, también hay cuerpos espirituales....Al igual que ahora somos como el hombre terrenal, algún día seremos como el hombre celestial....Pero permítanme revelarles un secreto maravilloso. ¡No todos moriremos, pero todos seremos transformados! Sucederá en un instante, en un abrir y cerrar de ojos, cuando se toque la trompeta final. Pues, cuando suene la trompeta, los que hayan muerto resucitarán para vivir por siempre. Y nosotros, los que estemos vivos también seremos transformados. Pues nuestros cuerpos mortales tienen que ser transformados en cuerpos que nunca morirán; nuestros cuerpos mortales deben ser transformados en cuerpos inmortales. Entonces, cuando nuestros cuerpos mortales hayan sido transformados en cuerpos que nunca morirán, se cumplirá la siguiente Escritura, 'La muerte es devorada en victoria....¡Pero gracias a Dios! Él nos da la victoria sobre el pecado y la muerte por medio de nuestro Señor Jesucristo (1 Corintios 15:42-44, 49, 51-54, 57 NTV).

DIA 4 EJERCICIOS

1. La fe es una fuerza que hace ¿qué por nosotros?

_____

_____

_____

2. ¿Qué significa la palabra *provisión*?

_____

_____

_____

_____

3. Explique la ley de asociación.

_____

_____

_____

_____

4. Como un abogado, Jesús pagó el precio por nuestros pecados _____,

_____, y _____.

5. ¿Qué dice Filipenses 3:20-21 que le sucederá a nuestros cuerpos mortales?

_____

_____

_____

6. Cuando usted se caiga, _____! ¡Hágalo!

CAPÍTULO OCHO

EL LUGAR DE TRANSFORMACIÓN

CAPÍTULO OCHO
El lugar de transformación

DIA 1: CREADO PARA LA RELACIÓN

U sted no puede hacerlo por su propia cuenta. De hecho, nunca fue la intención de Dios que usted lo intentara. Dios lo diseñó a usted para una *familia*

> "Por eso yo me arrodillo delante del Padre de nuestro Señor Jesucristo, de quien recibe su nombre *toda familia en los cielos y en la tierra*" (Efesios 3:14-15).

En el pasaje anterior, Dios es llamado el Padre de *toda la familia en los cielos y la tierra*. La familia en los cielos son aquellos creyentes a lo largo de la historia que han terminado sus vidas terrenales y ahora están con el Padre. Como aprendimos en el capítulo siete, cuando el cuerpo físico se desgasta y muere, el espíritu eterno que es el *verdadero* usted, parte para estar con Cristo (Filipenses 1:23). En la presencia de Dios, estaremos conscientemente, unidos a nuestros seres queridos que conocen al Señor y todos los demás creyentes que han dejado la tierra.

La pregunta entonces es, "¿Exactamente, quién es mi familia *en la tierra*?" En este capítulo aprenderemos que cuando usted nació de nuevo, fue unido al Padre *y Su familia*. Entender la naturaleza de la familia de Dios en la tierra es absolutamente esencial para vivir una vida transformada.

> *Mientras que los tiempos de ayuno y devoción privada son esenciales para el desarrollo espiritual, no son en sí mismos el camino a la madurez espiritual.*

EL PADRE Y SU FAMILIA

Usted fue creado para la relación

Una de las primeras cosas que hemos aprendido acerca de nuestro Padre es que Él es un ser *relacional*. Usted y yo hemos sido creados en Su imagen, y por lo tanto somos seres relacionales como Él. Sin embargo, nosotros no hemos sido diseñados para estar en relación con Dios solamente. En Su sabiduría, Dios nos creó para que vivamos en conexión amorosa el uno con el otro.

Usted no puede alcanzar por completo su potencial en Cristo desarrollando su relación personal con Dios en privado. Algunos creyentes consideran su fe un asunto privado entre ellos y Dios y no tienen interés en compartir su espiritualidad con otros. A veces usted puede oír creyentes sinceros decir cosas como, "Todo lo que necesito es Jesús. Yo no tengo interés en tener relación con otras personas". Se imaginan que la espiritualidad verdadera es lograda apartandose de los demás y llegar "dentro de sí mismo" para encontrar a Dios. Mientras que tiempos de ayuno y devoción privada son esenciales para el desarrollo espiritual, *estos no son en sí mismos el camino a la madurez espiritual*. De hecho, el aislamiento personal es una señal de debilidad e inmadurez espiritual.

Después de crear y establecer una relación con Adán, Dios dijo una cosa asombrosa: "No está bien que el hombre esté solo; le haré una ayuda a su medida" (Génesis 2:18). ¡Tan sorprendente como esto puede sonar, no fue suficiente para Adán tener una relación personal con Dios solamente! Para Adán poder llevar la imagen completa de Dios, el tuvo que experimentar la relación humana. Mediante la creación de Eva como compañera de Adán, el Señor estaba "rediseñando" al hombre para necesitar tanto una relación *vertical* con Dios como una relación *horizontal* con otros. Hay algo en cada corazón humano que anhela estar en conexión con otros.

El impacto del pecado sobre las relaciones humanas

Cuando el pecado entró al mundo, destruyó inmediatamente nuestra relación con Dios y nuestra capacidad de tener conexiones sanas el uno con el otro. Adán y Eva tuvieron el primer desacuerdo en su matrimonio, cada uno culpando al otro por lo que había sucedido (Génesis 3:12-13). El amor y la confianza fueron reemplazados por temor y egoísmo. Su primer hijo tuvo tanta ira en su corazón que mató a su segundo hijo (Génesis 4:8). Para el tiempo que Noé llegó a la escena, toda la raza humana estaba tan llena de violencia y odio el uno hacia el otro, que Dios determinó eliminarlos del planeta. La familia de Noé era el único grupo de humanos que quedaron cuyas relaciones no fueron corrompidas completamente, por la violencia y el mal (Génesis 6:5-13). Después de restaurar la tierra Dios le dio a Noé instrucciones estrictas acerca de cómo los humanos deben vivir y gobernar sus relaciones (Génesis 9:6-7). Esto se conoce como el pacto de Noé, y contenía las primeras leyes que Dios le dio a la humanidad después del jardín.

Esto demuestra cuán importante son nuestras relaciones humanas para Dios. La Biblia enseña que hay siete cosas que Dios realmente, aborrece. Cada uno de ellos tiene que ver con la forma que nos herimos y nos hacemos daño el uno al otro.

"Hay seis, y hasta siete cosas que el Señor detesta con toda el alma: Los ojos altivos, la lengua mentirosa, las manos que derraman sangre inocente, la mente que maquina planes inicuos, los pies que se apresuran a hacer el mal, el testigo falso que propaga mentiras, y el que siembra discordia entre hermanos" (Proverbios 6:16-19).

EL PLAN DE DIOS PARA RESTAURAR LA FAMILIA HUMANA

Dios eligió restaurarnos para sí mismo a través de una familia. Este concepto es tan importante que la Biblia no puede entenderse plenamente sin el. Después de la historia de Noé y su familia, el resto de Génesis es la historia de cómo los descendientes de Abraham fueron convertido en una gran nación conocida como Israel. Israel fue el nombre que el Señor dio a Jacob, el nieto de Abraham de quien descendió el pueblo judío.

La familia de Abraham

En Génesis 12, Dios habló con un hombre llamado Abraham. Él le dijo,

"Yo haré de ti *una nación grande*. Te bendeciré, y engrandeceré tu nombre, y serás bendición. Bendeciré a los que te bendigan, y maldeciré a los que te maldigan; y en ti serán benditas *todas las familias de la tierra*" (Génesis 12:2-3).

¡Esta promesa hecha a Abraham indicó que Dios usaría una familia humana para traer Su bendición a todas las familias de la tierra!

La familia de Israel —la iglesia del Antiguo Testamento de Dios

El Antiguo Testamento relata cómo Dios estableció a esta familia como una nación, y cómo Él utilizó esa nación para lidiar con el resto del mundo. Mientras que la Biblia está llena de historias de cómo Dios trató con individuos, se relatan dentro de un marco más amplio en la de la historia de la familia de Israel.

Para el tiempo que Dios libró al pueblo de Israel de la esclavitud en Egipto, la familia de Abraham había crecido a más de un millón de personas. Dios los salvó *juntos* como una familia. A esta familia fue que el Señor dio los diez mandamientos y el resto del Antiguo Testamento. Los llevó a la Tierra Prometida *juntos*, bajo la dirección de un hombre, Moisés, que había sido ambos un príncipe de Egipto y un pastor.

Moisés fue el primer "pastor" de la "congregación" del Señor (Hechos 7:38). Israel fue la primera iglesia de Dios —un ejemplo de cómo Su futura iglesia sería construida. Por esta imagen poderosa, nosotros vemos que Dios salva a las personas en el contexto de una comunidad. El Señor proveyó un camino para los Gentiles (personas no judías) ser salvos por unirse a la comunidad y la fe de Israel (Levítico 19:34).

La familia de Jesús —la iglesia del Nuevo Testamento

El Hijo de Dios vino a salvar el mundo entero dando un paso dentro de esta única familia humana —Israel. Jesús vivió Su vida en la comunidad judía, así como Él ministró a los Gentiles también (Mateo 8:5; Marcos 7:26; Juan 4:9). La verdadera misión de Jesús estaba oculta de Sus discípulos, quien a menudo creían que Él había llegado como un profeta o líder político que restauraría a Israel a grandeza nacional (Hechos 1:6). No fue hasta varios años en ministerio que Jesús finalmente había revelado quién Él era, y la verdadera razón por la cual había entrado al mundo.

> "Entonces les preguntó, 'Y ustedes, ¿quién dicen que soy?' Simón Pedro contestó, 'Tú eres el Mesías, el Hijo del Dios viviente'.... Ahora te digo que tú eres Pedro (que quiere decir "roca"), y sobre esta roca *edificaré mi iglesia, y el poder de la muerte no la conquistará.* Y te daré las llaves del reino del cielo. Todo lo que prohíbas en la tierra será prohibido en el cielo, y todo lo que permitas en la tierra será permitido en el cielo"
> (Mateo 16:15-16, 18-19 NTV).

Jesús vino para *un* propósito principal. Todo lo que Él hizo en Su ministerio terrenal, todo lo que Él hizo por nosotros en la cruz y la resurrección, y todo lo que Él ha hecho por nosotros desde ese entonces, ha sido para este propósito: *para construir Su iglesia.* Todo lo que Cristo hace en la tierra hoy es con el propósito de construir Su iglesia. La iglesia es la familia del Nuevo Testamento de Dios. Tal como la salvación en el Antiguo Testamento le unió a la familia de Israel, la salvación en el Nuevo Testamento le une a la familia de Jesús: Su iglesia.

Jesús dijo que Él daría a Su iglesia las llaves del reino de los cielos —llaves que llevarían la autoridad de Jesús para llevar a cabo la voluntad de Dios en la tierra. Estas llaves no se dan solamente, a los creyentes individuales, sino a la iglesia, colectivamente. Por esta razón es esencial entender que cuando naces de nuevo, entras a una relación con Dios *y* Su iglesia.

Salvados juntos

Es imposible leer las cartas del Nuevo Testamento y no ver que todo lo que Cristo hizo por nosotros, *personalmente*, Él también logró para nosotros *colectivamente.* La mayor parte del tiempo cuando Pablo o Pedro hablaron de las obras de Cristo en sus escrituras, usaron los pronombres plurales "nosotros" y "nuestros". Ellos comprendieron que nuestra salvación individual fue lograda como parte de algo que Cristo hacía, colectivamente. Así como Dios salvó a Israel de la esclavitud de Egipto como una comunidad relacionada, así Jesús nos aseguró, individual e colectivamente, a través de Su obra terminada en la Cruz.

¿Realmente murió Jesús 'sólo para usted'?

Llegar a ser un cristiano es una experiencia muy personal. Porque venimos a Cristo como individuos, cada uno de nosotros tiene un testimonio o historia de cómo y cuando recibimos a Jesús como nuestro Salvador *personal*. Nuestra autoestima aumenta cuando escuchamos que Jesús murió por nosotros, individualmente. A veces la gente dice, "Si fueras la única persona en el planeta, Cristo todavía hubiera muerto sólo para usted". Decimos tales cosas para acentuar el amor personal que Dios tiene para cada uno de nosotros.

> *Jesús no murió por nosotros uno por uno. Él nos redimió como una comunidad —comprando la salvación para todos al mismo tiempo. Hemos sido salvados juntos.*

Es cierto que Jesús conoce cada una de sus ovejas por su nombre, nos ama, individualmente, y llama a cada uno de nosotros, personalmente (Juan 10:3). Sin embargo la Biblia casi nunca se refiere a la salvación en esta manera. En casi *cada caso* donde el Nuevo Testamento habla de la obra de Cristo en la cruz, utiliza el idioma de *la comunidad*. Somos salvados *juntos* con otros. Nosotros no somos sólo un grupo de creyentes individuales. Somos un *equipo* de fe.

Jesús no murió por nosotros uno por uno. Él nos redimió como una comunidad —comprando la salvación para todos nosotros al mismo tiempo. Hemos sido salvados juntos. Al escribir a las iglesias acerca de la salvación, los apóstoles casi siempre utilizaron el término *ustedes* con respecto a la comunidad entera de la iglesia local. Contenía el significado de una expresión común utilizada hoy dia en el sur de los Estados Unidos, "y'all" lo cual significa "todos ustedes o todos nosotros". Observe cómo la palabra *ustedes* en los siguientes versos habla a toda la iglesia local, colectivamente:

> "Pero Dios, cuya misericordia es abundante, por el gran amor con que *nos* amó, nos dio vida junto con Cristo, aun cuando *estábamos* muertos en nuestros pecados (la gracia de Dios los ha salvado), y también junto con él *nos resucitó*, y asimismo *nos* sentó al lado de Cristo Jesús en los lugares celestiales, para mostrar en los tiempos venideros las abundantes riquezas de su

gracia y su bondad para con *nosotros* en Cristo Jesús. Ciertamente la gracia de Dios los ha salvado por medio de la fe. Ésta no nació de *ustedes*, sino que es un don de Dios" (Efesios 2:4-8).

"*A los santos* y fieles hermanos en Cristo que están en Colosas: Que la gracia y la paz de Dios nuestro Padre y del Señor Jesucristo sean *con ustedes*. Siempre que oramos *por ustedes*, damos gracias a Dios, el Padre de nuestro Señor Jesucristo" (Colosenses 1:2-3).

"Por eso nosotros, desde el día que lo supimos, no cesamos de orar por *ustedes* y de pedir que Dios *los* llene del conocimiento de su voluntad en toda sabiduría e inteligencia espiritual, para que vivan como es digno del Señor, es decir, siempre haciendo todo lo que a él le agrada, produciendo los frutos de toda buena obra, y creciendo en el conocimiento de Dios....darán las gracias al Padre, que nos hizo aptos para participar de la herencia de los santos en luz; y que también *nos* ha librado del poder de la oscuridad y *nos* ha trasladado al reino de su amado Hijo, en quien *tenemos* redención por su sangre, el perdón de los pecados" (Colosenses 1:9-10, 12-14).

Jesús murió por nosotros. Hemos sido resucitados juntos con Cristo. Hemos sido llamados a vivir nuestra fe cristiana juntos.

¡Usted no está solo!

Hay una alegría en conocer, aceptar y entender nuestra salvación colectiva. ¡Esta alegría se encuentra en el consuelo maravilloso de la realización que *nunca* estamos solos! Jesús le ha diseñado para una familia, y una familia para usted. Recibir a Jesús significa recibir a Su familia. Suceda lo que suceda en nuestra vida, ambos el Señor *y Su iglesia* están allí para ayudar. Como Pedro enseñó, "Ustedes son linaje escogido... pueblo adquirido por Dios, para que anuncien los hechos maravillosos de aquel que los llamó de las tinieblas a su luz admirable. Antes, ustedes no eran un pueblo; ¡pero ahora son el pueblo de Dios!" (1 Pedro 2:9-10a).

De hecho, muchas de las cosas que Dios ha planeado para usted como individuo, Él diseñó para que usted lo recibiera a través de una relación con Su iglesia. La iglesia de Jesucristo es el único ambiente que Dios ha dado para nosotros experimentar la vida transformada. Por eso debemos estudiar y desarrollar una relación amorosa con Jesús y Su iglesia.

DIA 1 EJERCICIOS

1. Hemos sido creados para una relación _____ con Dios y una relación _____ el uno con el otro.

2. ¿Quién fue el primer pastor de la congregación de Dios en la tierra? _____.

3. ¿Cuál fue el propósito principal por lo cual Jesús vino?

_____

_____

_____

4. Lo que Cristo hizo por nosotros _____, Él también logró para nosotros _____.

5. ¿Cómo recibe usted muchas de las cosas qué Dios ha planeado para usted como individuo?

_____

_____

_____

DIA 2: NUESTRA FAMILIA —VISIBLE E INVISIBLE

LAS DOS DIMENSIONES DE LA IGLESIA: VISIBLE E INVISIBLE

La palabra *iglesia* se utiliza de dos maneras en el Nuevo Testamento. Es importante recordar que la iglesia es la familia de Dios en *dos lugares*. Él es llamado *"el Padre ... de quien recibe su nombre toda familia en los cielos y en la tierra"* (Efesios 3:14-15). Esto significa que parte de nuestra familia espiritual es invisible y parte es visible.

La iglesia invisible o universal

La iglesia invisible no puede ser vista con los ojos físicos, pero a pesar de esto es verdadera. Tiene varias características importantes:

La iglesia invisible es *universal*
Cuando usted nace de nuevo, se une invisiblemente a todos los otros creyentes en el cielo y la tierra a través del tiempo. Mientras que nunca conoceremos a la mayor parte de nuestros hermanos cristianos en esta vida, en Cristo somos una familia.

La iglesia invisible está separada *físicamente*
Las barreras del tiempo, geografía, cultura, idioma, vida, y la muerte nos separan de interacción directamente, con nuestra familia invisible. Estas distancias significan que actualmente, no podemos tener una relación consciente con nuestra familia que vive en el otro lado de estas divisiones.

La iglesia invisible está *espiritualmente* conectada
Aunque estemos separados físicamente de nuestra familia invisible, nosotros estamos unidos espiritualmente, a ellos a través de nuestra relación con nuestro Padre en Cristo Jesús. Porque tenemos el mismo Padre, nosotros estamos verdaderamente relacionados. La escritura indica aún que nuestra familia en el cielo puede presenciar en alguna medida nuestro progreso espiritual en la tierra.

> *"Por lo tanto, ya que estamos rodeados por una enorme multitud de testigos de la vida de fe, quitémonos todo peso que nos impida correr"* (Hebreos 12:1a NTV).

La iglesia invisible se *unirá*

Algún día nuestra familia entera será unida en un lugar. Las barreras que nos han separado serán removidas, completamente. ¡Ese será un día como ningún otro! ¡Veremos nuestros seres queridos en el cielo y conoceremos a cada otro miembro de la increíble familia de Dios!

> "Ahora Dios nos ha dado a conocer su misterioso plan acerca de Cristo, un plan ideado para cumplir el buen propósito de Dios. Y el plan es el siguiente: a su debido tiempo, Dios reunirá todas las cosas y las pondrá bajo la autoridad de Cristo, *todas las cosas que están en el cielo y también las que están en la tierra*" (Efesios 1:9-10 NTV).

La iglesia visible

La segunda dimensión de la familia de Dios es la iglesia presente en la tierra. Es la iglesia que usted puede ver, tocar, y con lo cual se puede conectar físicamente. Considere esto: *La mayoría de las enseñanzas del Nuevo Testamento acerca de la iglesia se refieren a la iglesia visible.* La palabra *iglesia* es utilizada 118 veces en el Nuevo Testamento griego. Sólo 14 veces se utiliza para describir la iglesia *invisible* y universal. *Todas* las otras 104 referencias hablan de la iglesia visible y *local.* Así como Israel fue la familia visible de Dios en el Antiguo Testamento, la iglesia local es Su familia visible en la tierra hoy. Cuando Jesús dijo que Él construiría Su iglesia, Él indicó que le daría las llaves del reino de los cielos a la iglesia. Él dijo que eran para usarlos en la tierra (Mateo 16:19). Por lo tanto, Jesús hablaba de construir la iglesia *visible.*

SIETE CARACTERISTICAS DE LA IGLESIA VISIBLE

1. La iglesia visible es local

El primer hecho acerca de la iglesia visible es que usted la puede ver. Eso significa que está cerca de donde usted vive. Por esta razón nos referimos a la iglesia como un lugar *local.* La palabra *local* viene del latín *locus* la cual significa "un lugar". Una *ubicación* es un lugar particular. Una locomotora es un vehículo que lo lleva a usted de un lugar *a* otro. La iglesia local es un lugar. Existe en una zona geográfica. Porque la iglesia es un lugar donde usted participa activamente, debe estar en la región en que usted vive. Cada creyente debe descubrir el lugar cerca de él donde puede tomar parte en la iglesia de Dios (Hechos 4:23; 15:22).

2. La iglesia visible es una comunidad de personas regeneradas

La iglesia local es más que propiedades, edificios, y estacionamiento. No es un club social, un centro educativo, una corporación sin fines de lucros, ni una agencia de alivio. *La iglesia es una comunidad de personas que han nacido de nuevo por fe en Jesús y llamados juntos a una relación amorosa.* Simplemente asistir a la iglesia no le hace parte de esta comunidad. Usted debe tener la verdadera obra del Espíritu Santo creando un corazón nuevo dentro de usted, para pertenecer auténticamente a la iglesia local.

La palabra *comunidad* viene del latín *communis* el cual significa "compartir un lugar íntimamente con otros". Dios ha llamado la iglesia a ser una comunidad que sigue a Jesús y que experimentan la vida transformada *juntos.* Los miembros de la familia de nuestro Padre necesitan comunicarse y compartir sus vidas el uno con el otro. Esto requiere que desarrollemos una verdadera relación personal con ambos: Jesucristo *y* Su iglesia.

La iglesia local es también una comunidad de fe dentro de una comunidad de oscuridad. Cada iglesia debe ser un testigo al mundo que los rodea. Jesús se refirió a Sus pueblo como una "ciudad asentada sobre una colina" y una "lámpara" que da luz a aquellos que están en la oscuridad (Mateo 5:14-16). Mientras los creyentes maduran espiritualmente en la iglesia local, su fe llega a ser testigo a las comunidades en donde viven. Él también dijo, "Su amor el uno al otro demostrará al mundo que son mis discípulos" (Juan 13:35 NTV). Al quererse los unos a los otros la iglesia local evangeliza el mundo. Es imposible mostrar al mundo su amor por otros creyentes a menos que estén en una verdadera relación *visible* juntos.

3. La iglesia visible es una reunión

> "No *dejemos de congregarnos*, como es la costumbre de algunos,
> sino animémonos unos a otros; y con más razón ahora que
> vemos que aquel día se acerca" (Hebreos 10:25).

La palabra *iglesia* en el antiguo griego era utilizada para describir una asamblea especial de personas llamadas de sus hogares a una cita o concilio público. De hecho, la palabra *iglesia* podría ser traducida "aquellos llamados a reunirse". Esta es la palabra que Jesús escogió para describir la nueva familia de Dios que Él vino a establecer. Eso nos comunica algo esencial acerca del propósito ideal de Dios para la iglesia. De todas las cosas que la iglesia podría ser y hacer, es ante todo una reunión física de personas. En otras palabras, *cada* creyente debe asistir a la iglesia.

> *La iglesia describe tanto un pueblo como un evento. Es tanto un grupo como una reunión.*

Desde el principio del cristianismo, los creyentes entendieron que ser una iglesia significaba reunirse regularmente. Las primeras reuniones de la iglesia fueron el domingo de la resurrección de Cristo (Juan 20:19), y el el domingo de Pentecostés, siete semanas después (Hechos 2:1). Desde ese tiempo, los cristianos se reunirían cada fin de semana para adorar a Dios y oír la enseñanza de Su Palabra (Hechos 20:7; 1 Corintios 16:2).

Hay algunos cristianos que no entienden la importancia de estar presentes físicamente con sus hermanos creyentes cada semana. Algunos piensan que porque tienen una relación personal con el Padre, ellos no tienen necesidad de comprometerse a una iglesia local en particular. Ellos no han logrado comprender que muchas de las cosas que Dios ha diseñado para sus vidas sólo pueden ser recibidas *a través de* una conexión viva con otros en la iglesia local.

La iglesia describe tanto un pueblo como un evento. Es tanto un grupo como una reunión. Cuando usted llega a ser parte del grupo, se supone que se reúnen. Al venir cada semana al evento de adoración en la iglesia local, construye conexiones verdaderas con personas quien Dios ha dado para ser su familia espiritual. En este ambiente, hay dones especiales que son ejercitados, practicas en lo cual tomamos parte, y la ministración es recibida. Cuando vamos a la iglesia, nosotros no vamos a un edificio, sino a una parte del cuerpo. Dónde nos reunimos no es tan importante como el hecho de que nos reunimos.

4. La iglesia visible tiene un credo

Un *credo* es un conjunto de creencias que tienen por objeto orientar nuestras propias acciones y forma de pensar. Mientras podemos tener nuestras propias ideas acerca de la música, películas, política, y acerca del alimento, para ser una parte de la iglesia, los miembros deben sujetarse a un conjunto de creencias que no son negociables. Hay espacio en la fe cristiana para diferencias acerca de muchas cosas, pero cada iglesia local debe decidir lo que es esencial para su comunidad individual.

Para una iglesia local ser efectiva, debe estar unificada alrededor de un conjunto de doctrinas, creencias, y valores que dirige su misión. *La Vida Transformada* ha sido desarrollada para ayudar a las iglesias locales enseñar verdades poderosas que instruirán al creyente y causarán que las iglesias locales a crezcan *juntas,* en comunidades transformacionales.

5. La iglesia visible es organizada

El cielo es un lugar organizado. Dios no resuelve las cosas a medio camino. Los ángeles no hacen lo que quieren, cuando quieran hacerlo. A través de los ojos de los profetas de Dios, la Biblia nos permite capturar un vislumbre de lo que es el reino de los cielos. En cada caso, vemos que nuestro Padre vive en un lugar que es sumamente organizado. Cada detalle es planeado y su belleza y orden son impresionantes. Hay un número específico de ángeles que rodean el trono de Dios —cada uno ejecutando detalles específicos en armonía perfecta. Cuando el Profeta Isaías vio esto, él sentia que estaba "muerto" (Isaías 6:5). Dios mostró a Moisés una visión del cielo y él construyó una copia de lo que vio (Hebreos 8:1-5). Los detalles del santuario de Dios, sus muebles y dimensiones descritos por Moisés, revelan que la casa de nuestro Padre es un lugar de belleza incomparable y detalle exquisito. ¿Por qué operaría Su iglesia en la tierra de otra manera?

> *Dios realmente nos ordena a adorar y hacer todo en la iglesia local con planificación, organización, y con excelente ejecución.*

Hoy muchas personas han rechazado la "religión organizada" a causa de rituales elaborados y estructuras controlantes de algunas denominaciones de la iglesia. En muchos casos, estos cristianos se han imaginado que seguir a Jesús es estrictamente un asunto personal. Pero el Nuevo Testamento ordena a creyentes a adorar a Dios en iglesias locales organizadas.

> "Porque Dios no es un Dios de confusión, sino de paz como en *todas las iglesias* del pueblo de Dios....Que todo lo que hagan sea siempre de forma apropiada y ordenada" (1 Corintios 14:33, 40 PDT).

La palabra griega traducida "decencia" proviene de dos palabras raíces. La primera es la palabra *eu* que significa "de buena calidad". La segunda palabra es *schema* de donde conseguimos "proyecto" o "plan bien-formado". El Señor nos está diciendo que todas las cosas en la iglesia local deben desarrollarse según un plan bien formado de alta calidad.

La palabra *ordenada* en verso 40 es la palabra griega *tasso* que era un término militar que significa "organizar sistemáticamente a la gente según rango militares". También significa "arreglar en orden y según un tiempo fijo". Este verso podría ser leído así,

"Permita que todo en la iglesia local sea desarrollado según un plan bien-formado y con atención a un proceso de organización de calidad".

Es decir, la iglesia local no se supone que sea un ambiente flojo e imprevisto. Dios realmente ordena que adoremos y hagamos todo en la iglesia local con planificación, organización y ejecución excelente. Mientras que cada iglesia local puede tener su propio sabor particular, enfoque, y métodos, todas las iglesias locales estan llamadas a hacer todo con buena planificación y organización.

La organización no significa estirado y anticuado y predecible. La buena organización permite que la iglesia local lleve al máximo su creatividad, aumentando su calidad.

6. La iglesia visible tiene una estructura de autoridad

No hay tal cosa como una iglesia bíblica sin liderazgo bíblico. Estudiaremos esto profundamente en el próximo capítulo, pero el principio de liderazgo de la iglesia fue establecido por Jesús mismo. Él escogió a doce hombres y los entrenó como líderes. Está claro en el libro de Hechos que dondequiera que la gente respondían al evangelio, los apóstoles designaban líderes para estas iglesias locales. La palabra más temprana que fue usada para describir el papel del *pastor* fue "anciano".

"También *nombraron ancianos* en *cada* iglesia, y luego de orar y ayunar los encomendaron al Señor, en quien habían creído" (Hechos 14:23).

"Por esto te dejé en Creta, para que corrigieras lo deficiente y *establecieras ancianos* en cada ciudad, tal y como yo te mandé" (Tito 1:5).

No hay un solo ejemplo en el Nuevo Testamento de una iglesia que estaba sin liderazgo espiritual autorizado. *No hay excepciones en las escrituras.* Esto significa que un grupo de cristianos reunidos en un salón no constituye una iglesia local a menos que se reunan bajo liderazgo espiritual calificado. Los creyentes pueden reunirse en cocinas, lugares públicos, tiendas de café, auditorios alquilados o catedrales elaboradas para orar, dar estudios biblicos, compartir y dar testimonio. Estos tiempos de confraternidad son expresiones *de* la iglesia. Pero si no hay un pastor calificado, designado por Dios ni un ministro presente para dirigir, no es una expresión completa de la iglesia local del Nuevo Testamento. El Nuevo Testamento no reconoce un ministerio espiritual fuera de la autoridad de la iglesia local. Es la agencia principal del trabajo de Dios en la tierra hoy. Todo el ministerio cristiano bíblico esta bajo la cobertura, o en el servicio *de*, la iglesia local visible.

7. La iglesia visible sigue la misión y los propósitos dados por Jesús

Cada iglesia local tiene objetivos particulares y asignaciones que son únicas para su misión en la comunidad. Pero todas las iglesias comparten la responsabilidad de llevar adelante la misión principal dada a nosotros por Jesucristo. Llamamos a esto la *Gran Comisión.*

> "'Por tanto, vayan y *hagan discípulos en todas las naciones*, y bautícenlos en el nombre del Padre, y del Hijo, y del Espíritu Santo. *Enséñenles* a cumplir todas las cosas que les he mandado. Y yo estaré con ustedes todos los días, hasta el fin del mundo.' Amén" (Mateo 28:19-20).

La misión que Dios ha llamado a la iglesia a realizar por encima de todas las demás es a reproducirse, compartiendo la vida y enseñanzas de Jesucristo en nuestra generación. Todas las iglesias locales están llamadas a expandirse, compartiendo el evangelio con el mundo, bautizando a aquellos que creen, y convertirlos en discípulos apasionados (seguidores de Cristo) a través de enseñanza e instrucción.

RAMAS DIFERENTES, RAÍCES COMUNES

Hay algunas creencias que son comunes a todos los cristianos genuinos, sin tener en cuenta su denominación. Llamamos estas creencias las verdades 'ortodoxas' o esenciales de la fe cristiana. Estas verdades incluyen la autoridad de la Escritura, la Trinidad, la necesidad de la salvación de la humanidad, y la muerte corporal y resurrección del Señor Jesucristo.

Otras doctrinas o enseñanzas de la fe cristiana son vistas de manera diferente por creyentes sinceros. Mientras el evangelio se extendió durante siglos a lo largo de varias culturas, nuevas ramas de la iglesia se formaron y diferentes perspectivas se desarrollaron. Estas diferencias típicamente implican la manera en que las doctrinas ortodoxas se deben entender y ser realizadas por la iglesia. Por ejemplo, algunas iglesias bautizan rociando agua sobre la cabeza. Otros bautizan por inmersión completa en agua. Las perspectivas diferentes acerca de estas cosas son *verdaderas e importantes*. Afectan la manera de pensar y la forma que viven la fe cristiana. Algunas ramas de las iglesias se formaron en protesta por los abusos y la corrupción alarmante que había entrado en la iglesia histórica. Otros llegaron a ser porque Dios estaba restaurando verdades olvidadas que la iglesia existente no quiso adoptar.

Pero hay espacio en la fe cristiana para el desacuerdo genuino. Unos creen que las diferentes iglesias son una señal que el cristianismo no es verdad. En cambio, es evidencia de la adaptabilidad y la calidad duradera de la iglesia. De ellos aprendemos cómo el evangelio inspira a la gente de todas las culturas a seguir a Jesús y que la iglesia de Dios es mayor que la debilidad de hombres. Jesús realmente predijo que esto ocurriría.

> "También dijo: '¿Con qué vamos a comparar el reino de Dios? .... Puede compararse con el grano de mostaza, que al sembrarlo en la tierra es la más pequeña de todas las semillas, pero que después de sembrada crece hasta convertirse en la más grande de todas las plantas, y *echa ramas tan grandes* que aun las aves pueden poner su nido bajo su sombra'" (Marcos 4:30-32).

El reino de Dios en la tierra hoy en día es la iglesia de Jesucristo. Mientras la iglesia creció a lo largo de las edades, puso adelante diversas ramas, tal como Jesús indicó que lo haría. Es importante recordar que estas ramas, aunque diferentes, *están todas conectadas al mismo tronco* y tienen raíces comunes.

DIA 2: EJERCICIOS

1. ¿Qué referencia de Escrituras nos dice que la iglesia es ambos visible e invisible al mismo tiempo?

2. ¿Cuáles son las cuatro características principales de la iglesia invisible?

   1. _____

   2. _____

   3. _____

   4. _____

3. ¿Con qué frecuencia es la palabra griega para 'la iglesia' usada en referencia a la iglesia visible local en el Nuevo Testamento?_____
¿Cuántas veces para la iglesia invisible?_____

4. Enumere las siete características de la iglesia local y por qué son importantes.

   1. _____

   2. _____

   3. _____

   4. _____

   5. _____

   6. _____

   7. _____

5. Según 1 Corintios 14:33, 40, ¿qué dice la Biblia acerca de la organización en la práctica de nuestra fe?

_____

_____

_____

6. Es difícil para nosotros imaginar una iglesia 'invisible'. Aunque no podemos verlo, está ahí. Cuando todas las barreras sean removidas, seremos parte de una familia muy grande! Den gracias a Dios por su adopción hoy.

DIA 3: LOS PROPÓSITOS DE LA IGLESIA LOCAL

L a iglesia también tiene un propósito. Hay propósitos especiales que Dios ha diseñado para su vida a través de la iglesia local. En el resto de este capítulo vamos a ver estos objetivos.

> *La razón que algunos cristianos descuidan de la iglesia local es porque ellos, realmente, no comprenden el propósito de la iglesia en su vida.*

LOS PROPOSITOS DE LA IGLESIA LOCAL

Un *propósito* es una razón de ser. Todo lo que Dios hace tiene un propósito. Todo lo que Dios ha creado tiene una razón para existir. Jesús tiene propósitos específicos para Su iglesia llevar a cabo. Conocer esos propósitos es importante para cada creyente. La *ley del propósito* afirma que a menos que conozca el objetivo de una cosa, probablemente descuidará, empleará mal uso o abusará de él. La razón que algunos cristianos descuidan de la iglesia local es porque ellos, realmente, no comprenden el propósito de la iglesia en su vida.

"Y *no dejemos de congregarnos*, como lo hacen algunos, sino animémonos unos a otros, sobre todo ahora que el día de su regreso se acerca" (Hebreos 10:25 NTV).

Hay muchas personas hoy que han recibido a Dios como su Padre, aman a Jesús, y equivocadamente creen que pueden crecer espiritualmente, sin necesidad de hacer conexión formal alguna con la iglesia local. Debido a la tecnología, es posible ver reuniones de la iglesia en la computadora, escuchar gran enseñanzas por medios electrónicos, e interactuar con otros en el internet. Mientras todas estas cosas son herramientas maravillosas que pueden suplementar nuestro desarrollo espiritual, ningunos de estos medios pueden reemplazar el propósito de Dios para la iglesia local.

El Señor diseñó la iglesia como un sistema de *distribución*. Hay muchas cosas que Jesús distribuye a Su pueblo, exclusivamente, a través de la iglesia local. La intención del Señor para nosotros es de vivir la vida transformada en comunidad juntos. Saber los propósitos que Dios tiene para nosotros en la iglesia local nos permite a recibirlos. Veamos estos propósitos.

1. Experimentar la presencia especial de Jesús

Cuando Jesús empezó a enseñar acerca del propósito de Su iglesia, Él hizo esta declaración:

> "Porque donde dos o tres se reúnen en mi nombre, allí estoy yo,
> en medio de ellos" (Mateo 18:20).

En toda la Escritura, cada vez que el pueblo de Dios se reúne para adorar, Dios prometió una manifestación especial de su presencia. Esto se conoce como *la presencia corporativa de Dios*. Mientras el Señor está presente dentro de cada uno de Sus hijos, cuando nos reunimos para adorar como iglesia, Él está presente de una manera aun mayor. Por toda la Biblia, cuando el pueblo de Dios se unieron en su nombre, ocurrieron cosas poderosas. Si era la dedicación del Templo de Solomon (1 Reyes 8:10), el torrente milagroso del Espíritu Santo durante el día de Pentecost (Hechos 2:1-4) o la curación repentina de un hombre lisiado (Hechos 14:8-10), el registro muestra que el Señor desea manifestar bendiciones especiales a su pueblo reunido.

Cuando usted viene a la iglesia, espere que el Señor manifieste Su presencia. Sabemos que, independiente de lo que usted puede sentir emocional o físicamente Jesús está allí de una manera especial. A menudo es su presencia en la iglesia y participación por fe en la adoración que establece el medio ambiente para que el Espíritu Santo se mueva en el servicio. Él está presente para ministrar a las necesidades de Su familia, así que asistir a los servicios de adoración es una forma desinteresada en la que su presencia ayuda a crear el ambiente que Dios utiliza para moverse en la vida de *otros*.

> "*Juntos* constituimos su *casa*, ... Estamos *cuidadosamente unidos* en él y *vamos formando un templo santo* para el Señor.
> ...también llegan a formar parte de esa morada donde Dios vive mediante su Espíritu" (Efesios 2:20-22 NTV).

2. Hacer discípulos enseñando y predicando la Palabra de Dios

> "Todos los creyentes se dedicaban a las enseñanzas de los apóstoles" (Hechos 2:42a NTV).

> "'Por tanto, *vayan y hagan discípulos en todas las naciones*, y bautícenlos en el nombre del Padre, y del Hijo, y del Espíritu Santo. *Enséñenles a cumplir* todas las cosas que les he mandado. Y yo estaré con ustedes todos los días, hasta el fin del mundo.'
> Amén" (Mateo 28:19-20).

Cada creyente necesita escuchar regularmente la enseñanza y la predicación de la palabra de Dios con el fin de desarrollarse en la fe y crecer a la madurez espiritual. Pablo nos dijo "transfórmense por medio de la renovación de su mente" (Romanos 12:2). La predicación ungida en la iglesia local es la piedra angular de esta transformación.

Cuando el Señor Jesús dejó la tierra, Él designó a ministros a dirigir Su iglesia. "Y él mismo constituyó a unos, apóstoles; a otros, profetas; a otros, evangelistas; a otros, pastores y maestros, a fin de perfeccionar a los santos para la obra del ministerio, para la edificación del cuerpo de Cristo" (Efesios 4:11-12). Estos individuos se reconocen como *regalos del ministerio* porque Jesús personalmente eligió, llamo, equipó y los envió como dones para ministrar a la iglesia local.

La forma principal en que estos ministros dirigen a la iglesia es por medio de predica y enseñanzas ungidas. ¡Si los ministros de la iglesia son regalos de Cristo a nosotros, entonces los tenemos que recibir a fin de alcanzar nuestro potencial y realizar nuestro propósito! Hay una diferencia entre leer la Biblia a solas y escuchar la enseñanza ungida de la Palabra de Dios a través de los pastores y ministros de la iglesia. Cuando la iglesia se reúne para oír la palabra de Dios, el Espíritu Santo habla a través del pastor para equipar el pueblo de Dios para transformar sus vidas. La enseñanza de la palabra de Dios es el aspecto más importante del evento semanal de adoración. No importa cuánto tiempo ha sido un Cristiano, nunca crecemos más alla de nuestra necesidad de ser alimentado por nuestro pastor espiritual a través la Palabra viva de Dios. La Biblia nos dice, "acuérdense de los líderes que les enseñaron la palabra de Dios" (Hebreos 13:7a NTV).

> *Hay una diferencia entre leer la Biblia a solas y oír la enseñanza ungida de la Palabra de Dios por los pastores y ministros de la iglesia.*

Desde el principio, la iglesia se reunió semanalmente para oír la enseñanza de la Palabra de Dios (Hechos 2:42; 20:7). Como la mayor parte de creyentes no tenían copias personales de las Escrituras disponibles, las reuniones de las iglesias consistian de mucha lectura y enseñanza de la Biblia. La iglesia local fue el lugar en que el "rebaño" del Señor llegó a ser "alimentada" (1 Pedro 5:2). Uno de los primeros historiadores cristianos que vivió menos de cien años después de la resurrección de Cristo era Justino Mártir (DC 100-165). Escribió acerca de las prácticas de los primeros creyentes:

> "Y en el día llamado domingo, todos los que viven en ciudades
> o en el campo se reúnen a un lugar; y las memorias [cartas y
> evangelios] de los apóstoles o las escrituras de los profetas

[Escrituras de Antiguo Testamento] son leídas, siempre que el tiempo lo permita. Entonces, cuando el lector deje de leer, el presidente [pastor] instruye verbalmente y exhorta a la imitación de estas cosas buenas".[21]

Los propósitos de la predica y la enseñanza en la iglesia local

Aumentar nuestra fe

Pablo enseñó que "la fe proviene del oír, y el oír proviene de la palabra de Dios" (Romanos 10:17). El término griego traducido "palabra" en este versículo es la palabra *rhema* que significa "lo que se habla en el momento". Pablo estaba enseñando que necesitamos estar presentes para escuchar el mensaje inspirado del predicador (Romanos 10:14-15). Cuando nos reunimos para oír un sermón cada semana, el Espíritu Santo trabaja a través de los dones en el pastor para inspirar nuestra fe. La fe fuerte es esencial para agradar a Dios (Hebreos 11:6), recibir respuestas a nuestras oraciones (Santiago 1:6-7) y vivir una vida cristiana victoriosa (1 Juan 5:4).

Permitir el crecimiento espiritual

"Busquen, como los niños recién nacidos, la leche espiritual no adulterada, para que por medio de ella crezcan y sean salvos" (1 Pedro 2:2).

Al igual que un recién nacido requiere la dieta adecuada con el fin de crecer físicamente, nuestro espíritu necesita la "leche" de la Palabra de Dios con el fin de desarrollar en la madurez.

Renovar nuestras mentes

La enseñanza y predica ungida a menudo pueden ayudar a cambiar nuestro pensamiento y renovar nuestras mentes más rápido que el estudio privado de la Biblia. El Espíritu Santo unge el pastor para ministrar la palabra de Dios de tal manera que toma raíz profunda en nuestros corazones y mentes. Mientras más escuchamos la predicación de la Palabra, más nuestras mentes están reforzadas en nuevas y mejores formas de pensar. La predicación y la enseñanza desarraigan el pensamiento mundano y sustituyen pensamientos incorrectos y autodestructivos con la revelación inspirada de la Palabra de Dios. Pablo les dijo a los Corintios que cuando llegó a predicar iba a "echar abajo" sus fortalezas mentales malsanas y tomar cada pensamiento incorrecto "cautivos a la obediencia de Cristo" (2 Corintios 10:5). Este proceso es crítico a nuestro crecimiento.

---

21. Justino Mártir, Primera Apología 67, Dominio Público.

Nos corrige y protege

Timoteo era un joven pastor de la enorme iglesia local en Efesio. Pablo escribió a Timoteo dos cartas instruyendole en cómo dirigir la iglesia efectivamente. Mucho de lo que Pablo le dijo a Timoteo tuvo que ver con su ministerio de enseñanza y predica. Pablo escribió, "Tú anuncia el mensaje de Dios en todo momento [parate alerto, a mano y listo]. Anúncialo, aunque ese momento no parezca ser el mejor [Sea conveniente o inconveniente, sea bienvenido o inoportuno, usted como un predicador de la Palabra es demostrar a personas en que maneras sus vidas están equivocados]. Muéstrale a la gente sus errores, corrígela y anímala; instrúyela con mucha paciencia" (2 Timoteo 4:2 TLA).

El pastor debe hacer más que animarnos. Es también la responsabilidad del pastor corregir y advertirnos. Cuando Dios nos corrige a través del pastor, Él realmente nos esta protegiendo de error y engaño (Efesios 4:14).

Provee dirección profética e inspiración necesaria

En una iglesia local llena del Espíritu, Dios habla a menudo a través del mensaje del pastor para abordar problemas ocultos o preparar a la iglesia para eventos futuros. A veces el pastor se encuentra diciendo algo que no había planeado decir. A menudo el pastor no sabe por qué está siendo dirigido a decir las cosas que dice en su mensaje. Más tarde se hace claro que el Espíritu Santo estaba usando al pastor para hablar de problemas en la congregación o eventos futuros que quedan fuera del ámbito de conocimiento del pastor. ¡Esto es una señal de que Dios ama a su pueblo lo suficiente para hablar, personalmente, a un cuarto lleno de personas diferentes al mismo tiempo!

Como pastor, yo he tenido varias experiencias muy inusuales a lo largo de estas líneas. En el día de las madres, 13 de mayo de 2001, fui invitado a la iglesia de mi pastor, Centro Cristiano Cultural (Christian Cultural Center) en la ciudad de Nueva York. Durante el servicio de adoración, tuve una visión en mi espíritu. Cuando el pastor mayor, el Dr. A. Bernard presintió que el Espíritu Santo hablaba conmigo, él me pidió que compartiera lo que veía en mi corazón con la congregación. Compartí públicamente algunos de los detalles, y los demás los compartí en privado después del servicio con el Dr. Bernard. Recuerdo decir, "veo nubes oscuras que suben sobre el sur de Manhattan —una gran oscuridad que se extiende sobre la ciudad y más allá de la ciudad. Se siente como un desastre de algún tipo". Continué a compartir que sentía que el Señor iba a utilizar al Dr. Bernard y la congregación para ser una luz y ayuda a la ciudad cuando este evento ocurriera.

Naturalmente, me sentí algo extraño después porque no tuve ni idea de lo que había visto o si era exacto o apropiado compartirlo. El pastor fue muy amable y me aseguró que él había presentido que ellos se preparaban para algo importante como una iglesia —para ser un gran testigo a la ciudad. El 11 de septiembre cuando los aviones embistieron el Centro de Comercio Internacional (World Trade Center), la congregación recordó las cosas que había compartido y fue instantáneamente vigorizada para traer alivio. Muchas iglesias de Nueva York le pidieron al Dr. Bernard que coordinara un enorme plan de alivio y recuperación —ayudando a miles de residentes de Nueva York a reconstruir sus vidas. Su sensibilidad al Espíritu Santo en reconocer que yo tuve un mensaje del Señor —en combinación con su gran sabiduría en liderazgo —estableció el escenario para que los miles de miembros de esa iglesia pudieran estar preparados para llevar el amor de Cristo a una ciudad adolorida.

Cada pastor no es utilizado de la misma manera. Sin embargo, cada pastor llamado por el Señor será inspirado a enseñar y predicar la Palabra de Dios de una manera que aplicará a las necesidades del momento, a la misma vez y a menudo preparando a la iglesia para las cosas que también vendrán. Asistiendo fielmente a la iglesia y escuchando con cuidado los mensajes que son predicados, usted a menudo descubrirá que Dios habla a su vida y le prepara para los desafíos que se aproximan. ¡Muchas veces salimos de la iglesia pensando que el mensaje era probablemente para otra persona, sólo para descubrir más tarde esa semana que Dios hablaba directamente a nosotros! ¡Dé gracias a Dios por el ministerio sobrenatural del Espíritu Santo a través de la predica de la Palabra de Dios!

> "Dijo entonces Jesús a los judíos que habían creído en él: Si vosotros permaneciereis en mi palabra, seréis verdaderamente mis discípulos: y conoceréis la verdad, y la verdad os hará libres" (Juan 8:31-32 RVR60).

3. Adoración unánime

Una poderosa celebración ocurre cuando los creyentes se reúnen y comienzan a adorar y alabar a Dios juntos. La adoración unánime tiene un efecto que resulta transformante en los que lo experimentan. En todas partes de la Escritura, nos dice, elogiar y adorar a Dios juntos en Su asamblea.

> "Yo hablaré de ti en medio de la multitud; ¡te alabaré delante de todo el pueblo!" (Salmos 35:18).

"Alabaré al Señor de todo corazón, en compañía de la comunidad de los fieles" (Salmos 111:1).

"¡Levanten las manos hacia el santuario y bendigan al Señor!" (Salmos 134:2).

"Anunciaré tu nombre a mis hermanos, Y en medio de la congregación te alabaré" (Hebreos 2:12).

No hay nada como la experiencia de tomar parte, abiertamente en la adoración unánime en la iglesia local. Mientras los creyentes dejan a un lado sus luchas personales y se concentran en Dios a través de la música y canción, la presencia especial de Dios comienza a manifestarse en la iglesia. La Biblia dice que Dios habita y "se sienta dentro" las alabanzas de su pueblo (Salmos 22:3). Él a menudo habla a nuestros corazones y nos recuerda de Su amor por medio de Su presencia. La sanidad, liberación y los dones del Espíritu Santo pueden comenzar a operar en la iglesia, mientras el Señor responde a Su pueblo en la adoración.

La adoración unánime es la parte de la experiencia de la iglesia local que es completamente desinteresada. En la adoración verdadera, nos concentramos en Cristo y Su obra, dando gracias a Dios sin restricciones. Mientras menos nos concentremos en aquellos que nos rodean y nos decidamos expresar plenamente nuestros corazones a Dios, mayor será nuestra experiencia de adoración. Mientras cualquier creyente puede ofrecer alabanza a Dios en privado, hay algo totalmente diferente que ocurre en nosotros cuando adoramos a Dios abiertamente, juntos en la iglesia local.

Aquí están algunas expresiones bíblicas de alabanza que Dios nos instruye a realizar en la adoración unánime:

- Cantar juntos (Salmos 84:4; 100:2; Hechos 16:25; Efesios 5:19).
- Aclamar y adorar con regocijo (Salmos 47:1; 84:2; 95:1; 2 Crónicas 20:19; Mateo 21:15).
- Levantar las manos (Nehemías 8:6; Salmos 28:2; 63:4; 134:2, 141:2; 1 Timoteo 2:8).
- Tocar varios instrumentos, inclusive cuerdas y trompetas (Salmos 149; 150).
- El uso de percusión y címbalos (2 Crónicas 5:13; Salmos 150:5).
- Momentos de calma y reflejo silencioso (Salmos 46:10; Habacuc 2:20).
- Bailar, saltar, y aplaudir (Salmos 47:1; 149:3; 150:4).

- Arrodillarse e inclinarse antes del Señor (Nehemías 8:6; Salmos 95:6; Esdras 10:1).
- Alabar y cantar en otras lenguas (Hechos 2:11; 10:46; 1 Corintios 14:14-18).

Cuando usted visita una iglesia por primera vez, que expresa abiertamente su adoración en algunas de estas maneras, puede ser una experiencia abrumadora. Mientras estamos acostumbrados a 'la alabanza' típicamente abierta y expresiva en arenas deportivas y conciertos la misma puede parecer extraño en el ambiente de la iglesia. Durante muchos siglos, las iglesias habían abandonado muchas de las formas de adoración enseñadas en la Biblia, centrándose más en reflexión silenciosa e himnos previamente escritos. Mientras éstos son métodos válidos y respetuosos de adoración unánime, la Escritura dice mucho más sobre la adoración que es abierta y externamente expresiva.

Hoy, muchas de las iglesias más grandes y de más rápido crecimiento son las que han integrado música contemporánea, alabanza alegre, y el levantar de las manos en su adoración unida.

Cuando se reune con otros para la adoración, tome una decisión de participar, no sólo observar. ¡No sea un espectador! Le ayudara cerrar los ojos y visualizar, permitiendo su espíritu renacido, *utilizar su cuerpo* en la adoración de Dios. Intente levantar su voz mientras canta, y llenar su mente con pensamientos del amor y bondad de Dios en su vida. Imagínese que no hay nadie mirándolo, solo Dios. Adore para una audiencia de Uno. Entonces, intente levantar las manos mientras canta y le da gracias. Mientras usted se entrega a Él, comenzará a sentir Su presencia, y el Espíritu Santo comenzará a ministrarle a usted. ¡Espere que Dios este presente en sus momentos de alabanza y adoración unida, y usted Lo experimentará! Él habita la adoración de Su pueblo.

"Tú eres santo, tú eres rey; tú eres alabado por Israel" (Salmos 22:3).

4. Oración unánime

Hay algo poderoso que ocurre cuando los creyentes se reúnen para orar. Cada uno de nosotros necesita de la oración. Es nuestra fuente viva de comunicación con nuestro Padre. La Biblia enseña que debemos orar en privado y con otros. Cuando la iglesia ora juntos, hay una multiplicación de nuestro poder en la oración. Las Escrituras enseñan este principio en el Antiguo Testamento (Eclesiastés 4:9; Deuteronomio 32:30). Cuando Jesús enseñaba acerca de la iglesia, Él dijo:

"Una vez más les digo, que si en este mundo dos de ustedes se ponen de acuerdo en lo que piden, mi Padre, que está en los cielos, se lo concederá. Porque donde *dos* o *tres* se reúnen en mi nombre, allí estoy yo, en medio de ellos" (Mateo 18:19-20).

Cuando la iglesia se reúne para orar, Jesús está presente y el Padre ha prometido hacer lo que se Le pida. Esta promesa asombrosa es para la iglesia local. Vemos en el libro de los Hechos, vemos que el Espíritu Santo fue derramado cuando la iglesia se reunió el domingo para orar unánimes (Hechos 2:1-4). Entonces después de que habían amenazados a los líderes de la iglesia, la iglesia se reunió para orar y algo sobrenatural ocurrió:

> "Cuando terminaron de orar, el lugar donde estaban congregados se sacudió, y todos fueron llenos del Espíritu Santo y proclamaban la palabra de Dios sin ningún temor" (Hechos 4:31).

Pablo le dijo a Timoteo, el pastor de la iglesia de Efesios, "te ruego que ores por todos los seres humanos. Pídele a Dios que los ayude; intercede en su favor, y da gracias por ellos" (1 Timoteo 2:1 NTV). En el Nuevo Testamento, nosotros vemos que algunos de los milagros más poderosos ocurrieron cuando la iglesia se reunió para orar acerca de las necesidades del momento. Dios no escucha nuestras oraciones por nuestro tono de voz o el vocabulario especial que utilizamos. Él sabe cómo hablamos todos los días. Él anhela que nos comuniquemos con Él como un Padre. Es la fe que ofrecemos en oración que mueve el corazón de Dios a trabajar en nuestro nombre (Hebreos 11:6; 2 Corintios 5:7; Santiago 5:14-15; Marcos 11:24).

La oración unánime puede ocurrir en reuniones generales de iglesia asi como en pequeñas sesiones de oración en grupo, o en hogares con sólo una o dos personas. Orar con otros le puede inspirar a creerle a Dios y ayudarle a llegar a ser más hábil en su comunicación con Él.

La próxima vez que usted este en una reunión de la iglesia asi como en preste atención a las oportunidades que son dadas para la oración. Tome parte desde su corazón mientras otros llevan la oración. Espere que Dios realice milagros y responda a las cosas que la iglesia pida de Dios. ¡La oración unánime es una manera emocionante de experimentar el poder de Dios para la transformación!

> "Hasta ahora nada han pedido en mi nombre; pidan y recibirán, para que su alegría se vea cumplida" (Juan 16:24).

5. Confraternidad

"Todos los creyentes se dedicaban a las enseñanzas de los apóstoles, *a la comunión fraternal*, a *participar juntos en las comidas* (entre ellas la Cena del Señor), y a la oración…Todos los creyentes *se reunían* en un mismo lugar y *compartían todo lo que tenían*…Adoraban juntos en el templo cada día, se *reunían en casas* para la Cena del Señor y *compartían sus comidas con gran gozo y generosidad*" (Hechos 2:42, 44, 46 NTV).

La palabra traducida "confraternidad" en este pasaje significa compartir o experimentar algo con otros o tener una relación íntima con alguien. Uno de los propósitos más importantes de una iglesia local saludable es de conectar a creyentes uno al otro en comunión fraternal. En los versos anteriores, nosotros vemos que ellos no sólo asistieron a los servicios para oír enseñanzas. Abrieron sus hogares, compartieron sus posesiones, y comieron juntos con *gran alegría*. Casi cada cambio que ocurre en nuestra vida, para el bien o mal, viene por manera de relaciones. Las personas son gravitacionales. Esto significa que tienen cierta fuerza espiritual, emocional y natural de influencia. Sea intencional o no, las personas con quien consistentemente nos asociamos tienen influencia gravitacional sobre nuestros sentimientos, pensamientos, y conducta. La gente con la cual nos asociamos nos tiran o hacia arriba en dirección a transformación positiva o nos tiran hacia abajo en dirección a patrón negativo de pensamiento y conducta.

> *Cuando una persona llega a ser un creyente en Jesús, ellos deben construir relaciones genuinas con otros que adoran a Jesús y están hambrientos para la transformación personal.*

Yo le dije a mis hijos mientras crecieron, "muéstrenme sus amigos y yo le mostrare su futuro". Nosotros llegamos a ser como las personas con quien pasamos tiempo. Si vamos a transformar nuestras vidas, tenemos que descubrir personas que van hacia la dirección de cambio que queremos establecer en nuestras propias vidas. Cuando una persona llega a ser un creyente en Jesús, ellos deben construir relaciones genuinas con otros que adoran a Jesús y están hambrientos para la transformación personal. Mientras podemos tener muchas relaciones con incrédulos que pueden ayudarnos y nos pueden aconsejar en cosas naturales, nuestra intimidad más profunda deben ser establecida con otros creyentes en la iglesia local que procuran seguir a Jesús. Elegir amigos y desarrollar comunión fraternal en la iglesia es una opción que se debe hacer. Debido a que la iglesia se compone de personas de todos los ámbitos de la vida, es importante construir relaciones de calidad con gente diferente y abrir su corazón a la diversidad de edad, raza, género y condición social que componen el cuerpo de Cristo: los miembros de la iglesia.

Las iglesias suelen tener programas, grupos, clases y eventos que están diseñados para construir una comunidad. Pidale al Señor que le ayude a encontrar otros en la iglesia, que le inspire a crecer y alcanzar su potencial en espíritu, mente y cuerpo.

6. Uniones sagradas y fallecimiento (el matrimonio y el funeral)

La iglesia local es el lugar donde los creyentes entran en el pacto sagrado del matrimonio. Hoy el matrimonio es considerado más, como un contrato legal, publicado por el gobierno secular. Pero los gobiernos humanos no inventaron el matrimonio. Tampoco pueden cambiar su definición. El matrimonio cristiano es una unión entre un hombre y una mujer, a través de votos de amor y compromiso ante las familias y los creyentes de la iglesia local. La Biblia llama el matrimonio un regalo, tan sagrado de Dios, que todos debemos estimarlo con mucho respeto. (Hebreos 13:4). El apóstol Pablo dijo que el matrimonio era tan sagrado que era la cosa más cercana en la tierra a la relación especial que Jesús tiene con Su pueblo, la iglesia. El matrimonio es el lugar que Dios diseñó para nosotros expresar y disfrutar de nuestras pasiones sexuales. La iglesia de Dios es el lugar donde los creyentes pueden entrar en matrimonio y aprender a disfrutar de este regalo sagrado de Dios.

Naturalmente, cada uno dejará finalmente esta tierra a través del paso de la muerte física. Como aprendimos en el capítulo siete, el cuerpo físico es mortal, y por lo tanto envejece y se desgasta. A veces la muerte ocurre inesperadamente, prematuramente, o dolorosamente. Mientras que Dios nos ha prometido una vida abundante (Juan 10:10), tarde o temprano esta vida se acabará para nosotros, así como para cada uno que conocemos y amamos. Este es un pasaje sagrado para el creyente, mientra se preparan para entrar en la presencia de Dios y su hogar celestial.

Es también un tiempo de fuerte emociónes, mientras sobrevivientes de la familia, amigos, compañeros de trabajo intentan hacer los ajustes difíciles de vivir su vida sin sus seres queridos. Es en estos momentos que la iglesia local debe estar en su mejor lugar —un sitio donde los creyentes van para recibir consejeria, consuelo, al igual que apoyo espiritual. Los ministros de la iglesia conducen servicios especiales para las familias y amistades de los que han fallecido, y ofrecen perspectiva y esperanza a los vivos. En todos estos momentos, nosotros necesitamos el cuerpo de Cristo. Necesitamos relaciones vivas con una comunidad visible de fe para marcar los pasajes de la vida con dignidad y significado.

Todos estos pasajes de la vida —nacimiento, matrimonio, criar familias, enfrentar tribulación y la muerte física— son eventos para los que Dios ha provisto la iglesia local como medio de celebración, apoyo, sanidad y restauración.

7. El ejercicio de dones espirituales

> "Dios, de su gran variedad de dones espirituales, les ha dado un don a cada uno de ustedes. Úsenlos bien para servirse los unos a los otros" (1 Pedro 4:10 NTV).

Cuando usted nació de nuevo, recibió al menos un don espiritual del Señor. Ese don fue diseñado para ser utilizado en la iglesia local. Algunas personas imaginan que sus dones espirituales son los mismos que sus talentos naturales. Todos tenemos capacidades naturales que podemos utilizar para ayudar a otros y servir la iglesia. Pero los dones expresados aquí son dados al creyente para ministrarle a otros en la iglesia local. Son espirituales en su naturaleza y vienen del Espíritu Santo. Cada lugar en el Nuevo Testamento donde los dones espirituales son mencionados, ellos siempre son mencionados para el uso entre creyentes dentro de la iglesia local. Ni una sola vez en las Escrituras son nuestros dones espirituales dados para ministrar a los no creyentes. Ni una vez.

> "A cada uno de nosotros se nos da un don espiritual *para que nos ayudemos mutuamente*....Es el mismo y único Espíritu quien distribuye todos esos dones. Sólo él decide qué don cada uno debe tener....T*odos ustedes en conjunto son el cuerpo de Cristo*, y cada uno de ustedes es parte de ese cuerpo" (1 Corintios 12:7, 11, 27 NTV).

> "Así como nuestro cuerpo tiene muchas partes y cada parte tiene una función específica, el cuerpo de Cristo también. Nosotros somos las diversas partes de un solo cuerpo y *nos pertenecemos unos a otros*. Dios, en su gracia, nos ha dado dones diferentes para hacer bien determinadas cosas" (Romanos 12:4-6a NTV).

Uno de los propósitos más importantes de la iglesia local es descubrir y aprender acerca de los dones espirituales para que usted pueda utilizar el uno o dos que Dios le ha dado a usted. Él da estos dones para el uso en el cuerpo de la iglesia local. Algún día tendremos que dar cuenta de lo que hicimos con nuestros dones espirituales como "guardianes buenos de la gracia múltiple de Dios" (1 Pedro 4:10b).

8. El evangelismo: un testigo visible del reino de Dios

Cuando Jesús introdujo la iglesia, Él dijo, "edificaré mi iglesia, y...A ti te daré *las llaves del reino de los cielos*. Todo lo que ates en la tierra será atado en los cielos, y todo lo que desates *en la tierra* será desatado en los cielos" (Mateo 16:18-19). Él estaba indicando que la iglesia tendría autoridad sobre la tierra para manifestar el Reino de Dios al mundo. Jesús no daba las llaves del Reino de Dios solamente a Pedro o los primeros discípulos. ¡Él daba estas llaves a la iglesia! Él declaraba que el reino invisible de Dios "sería abierto" en la tierra a través del ministerio de la iglesia visible.

Cuando Jesús ascendió al cielo, Él dejó un "cuerpo" visible en la tierra para continuar Su trabajo —lā iglesia. La iglesia local se encuentra en el lugar de Jesús como la representación visible del Dios invisible y Su reino eterno. Cada congregación de la iglesia verdadera, en cada generación, en todo el mundo es un testigo visible a la comunidad no salvada del amor de Dios y la salvación a través de Jesucristo. Mientras nos reunimos para adorar jubilosamente, aprender atentamente, orar poderosamente, tomar parte en eventos sagrados, y servir con cariño el uno al otro, el reino de Dios llega a ser manifestado como un testigo al mundo.

La iglesia local también debe organizarse para satisfacer las necesidades de su generación en manera práctica. Ningún grupo religioso en la historia ha sido más creativo, más generoso, o más efectivo en compartir su mensaje. Las primeras escuelas, hospitales, orfanatos, instalaciones de cuidado de ancianos, y agencias de auxilio a víctimas, fueron comenzados por, o en el nombre de la iglesia de Jesucristo. La ciencia moderna fue un resultado de pensadores cristianos procurando explorar el mundo físico como un acto de alabanza a Dios. Ninguna fe religiosa ha gastado más de sus propios recursos para aliviar el sufrimiento de la humanidad —particularmente el sufrimiento de los que están fuera de su fe. Los cristianos han estado en la vanguardia de la tecnología a través de las edades para difundir del mensaje de Jesús. Eventos masivos de predicas públicas, libros, radio, televisión, películas, internet y todas las formas de artes creativas han sido utilizados para compartir a Jesús con el mundo. Algunas de las pinturas más finas, esculturas, maravillas arquitectónicas, canciones, óperas, y géneros musicales, han sido inspirados por amor a Jesús y Su iglesia.

Mientras que es la responsabilidad de cada creyente compartir su fe con otros a través del testimonio personal, es nuestro testimonio colectivo de amor mutuo y la adoración que es la mayor fuerza, para la evangelización del mundo. Jesús dijo, "En esto conocerán todos que ustedes son mis discípulos, si se aman unos a otros" (Juan 13:35).

9. La cobertura espiritual y la responsabilidad

Todos necesitamos un techo sobre nuestras cabezas. Esto es cierto físicamente y espiritualmente. La iglesia local proporciona *cobertura espiritual* al pueblo de

Dios. Una cobertura no es para el control o enjaular a la gente en su cuidado. Es diseñado para la protección, seguridad y asegurar un ambiente para el crecimiento personal saludable. La iglesia local es una comunidad de creyentes que viven transparentemente el uno con el otro bajo el cuidado y cubrimiento de líderes espirituales. Los pastores, ancianos, y líderes de la iglesia son responsables "porque ellos cuidan de ustedes sin descanso, y saben que son responsables ante Dios de lo que a ustedes les pase" (Hebreos 13:17a TLA).

Cada miembro del cuerpo de Cristo necesita la cobertura espiritual de un pastor e iglesia local. Esta "cobertura" es como un refugio en medio de un mundo que está lleno de actividad demoníaca, engaño y tentación. Hay una gracia sobrenatural que conecta a los miembros de la iglesia el uno al otro, al igual que a sus pastores y líderes. A pesar de cuánto tiempo usted ha sido un cristiano o cuán talentoso puede ser, un creyente nunca debe dejar de ser miembro activo de una iglesia local.

DIA 3 EJERCICIOS

1. ¿Qué es la ley del propósito?

afirma que a menos que conozca el objec- de una cosa, problablemente descuidada, emplear un/uso abusará de el.

2. Todo bajo el cielo tiene un propósito. La instrucción de este día describe nueve de los propósitos de la iglesia local. Escríbalas aquí y explique su significado.

1. _Expirimental / A Presencia de Jesús_
2. _Hacer dicipulos. y predicar la palabra_
3. _Para Adoracion Unanime_
4. _Para Oración Unanime_
5. _Para Confraternidad_
6. _Para Uniones sagradas y fallecimientos_
7. _Para El Ejercicio De Dones Espirituales_
8. _Para El Evangelismo (testigo visible visible_
9. _La Cobertura Espiritual y la responsabilidad_   Leino:

3. Enumere las cinco maneras que nos beneficiamos de la enseñanza de la palabra de Dios en la iglesia local.

1. _____
2. _____
3. _____
4. _____
5. _____

4. ¿Cuales son los dones del ministerio descritos en Efesios 4:11-12?

Apóstoles, Profetas, Evangelistas y Pastores, Teachers

5. ¿Qué dijo el autor a sus hijos cuándo crecían acerca, de sus amigos? ¿Qué piensa usted que esto significa para su vida?

_____

_____

_____

_____

DIA 4: EL BAUTISMO EN AGUA, LA SANTA COMUNIÓN, Y OTRAS PRÁCTICAS DE LA IGLESIA

10. La participación en eventos sagrados (sacramentos y ordenanzas)

Por último, pero ciertamente no de menos importancia, de los diez propósitos para la iglesia local es que los creyentes pueden participar en los sacramentos y las ordenanzas. La palabra *sacramento* viene del latín el cual significa una "práctica sagrada o santa". La palabra *ordenanza* significa un "mandamiento o ritual sagrado". Grupos de la iglesia a veces utilizan estas palabras en formas distintas para describir varias prácticas dentro de sus comunidades en la iglesia. Sin embargo, hay dos eventos especiales que cristianos concuerdan que deben tomar un lugar especial en la vida de la iglesia local: el bautismo en agua y la santa comunión, o santa cena como es a veces llamado. Adicionalmente, la Biblia enseña que hay una ordenanza especial de la iglesia llamado *la imposición de manos*. Cada una de estas tres experiencias sagrados son dadas a la iglesia local para el propósito de experimentar y desarrollar la vida transformada.

> *Hay dos eventos especiales en que los cristianos concuerdan que deben tomar un lugar especial en la vida de la iglesia local: el bautismo en agua y la santa comunión.*

EL BAUTISMO EN AGUA

El bautismo en agua es un rito sagrado de iniciación en el cuerpo de Cristo. Mientras que el evento por si mismo no nos salva, nunca fue la intención del Señor para nosotros ser salvados sin experimentarlo. El bautismo es diseñado para acompañar nuestra fe como una expresión exterior de nuestro amor por Jesucristo. En todas partes del libro de Hechos, siempre que cualquiera creyera en Jesucristo, inmediatamente eran bautizados en agua. El bautismo es la puerta a la participación en la comunidad de la iglesia local.

Jesús comenzó su ministerio terrenal siendo bautizado por Juan a la edad de treinta años. Este evento marcó el momento que el Espíritu Santo ungió a Jesús con el poder de predicar, enseñar, sanar, y hacer milagros. Más tarde, cuando Jesús había sido resucitado de la muerte, dijo a los apóstoles que "Por tanto, vayan y hagan discípulos en todas las naciones, y bautícenlos en el nombre del Padre, y del Hijo, y del Espíritu Santo" (Mateo 28:19). Dijo que, "El que crea y sea bautizado, se salvará" (Marcos 16:16a). Cuando la iglesia empezó en el día de Pentecostés, más de tres mil personas nacieron de nuevo y fueron bautizadas en agua *ese mismo día.*

> "Y Pedro les dijo: 'Arrepiéntanse, y bautícense todos ustedes en el nombre de Jesucristo, para que sus pecados les sean perdonados. Entonces recibirán el don del Espíritu Santo'...Fue así como los que recibieron su palabra *fueron bautizados, y ese día se añadieron como tres mil personas*" (Hechos 2:38, 41).

Algunas iglesias bautizan niños recién nacidos, creyendo con los padres que estos niños crecerán en la comunidad de la iglesia y conocerán al Señor. Mientras esta práctica no es mencionada en la Escritura, es sin embargo una tradición muy antigua. Lo que la Biblia enseña directamente y nos ordena practicar, es el bautismo de creyentes. Cuando una persona es suficientemente madura para comprender el mensaje del evangelio, sentir la convicción del Espíritu Santo por sus pecados, y creer por sí mismo en Jesucristo, la iglesia es de bautizarlos en agua tan pronto sea posible.

La palabra *bautizar* viene de la palabra griega *baptizo* que significa "sumergir en o bajo agua". La Biblia dice que cuando somos bautizados, experimentamos un símbolo de la muerte, el entierro, y la resurrección de Jesús. Pablo enseñó que los creyentes "son enterrados con Él en el bautismo" (Colosenses 2:12; Romanos 6:4). Por lo tanto, en muchas iglesias hoy y a través de la historia, los creyentes son bautizados, siendo sumergidos completamente en el agua. El pastor o los líderes designados de la iglesia mojan con cuidado o sumergen al creyente en el agua por unos momentos breves, tal como Jesús fue "sumergido" dentro de la tumba cuando fue enterrado. Durante este momento especial, el creyente declara que ha sido separado del pecado, Satanás, espíritus malos, y de cada maldición que habia sido parte de su vida pasada. El Espíritu de Dios esta presente en el bautismo para cortar los reclamos de la oscuridad y el pasado. El amor de Dios envuelve al creyente a través de la experiencia, trayendo consuelo y certeza que ha muerto al pecado y ha sido levantado con Jesús a una vida nueva.

VERDADES IMPORTANTES ACERCA DEL BAUTISMO DEL CREYENTE

1. El bautismo le sigue al creer

> "Y les dijo: 'Vayan por todo el mundo y prediquen el evangelio a toda criatura. *El que crea y sea bautizado*, se salvará; pero el que no crea, será condenado'" (Marcos 16:15-16).

"Pero muchos hombres y mujeres se bautizaron *cuando creyeron* a Felipe y a las buenas noticias que les anunciaba del reino de Dios y del nombre de Jesucristo" (Hechos 8:12).

"Incluso el mismo Simón *creyó y se bautizó,* y siempre andaba con Felipe; y lleno de asombro veía las señales y los grandes milagros que Felipe hacía" (Hechos 8:13).

"Crispo, que era el jefe de la sinagoga, creyó en el Señor junto con toda su familia; y muchos de los corintios que oían a Pablo también *creyeron y fueron bautizados*" (Hechos 18:8).

2. El bautismo es el primer paso para llegar a ser un discípulo de Jesucristo

"Jesús se acercó y les dijo: 'Toda autoridad me ha sido dada en el cielo y en la tierra. Por tanto, vayan y hagan discípulos en todas las naciones, *y bautícenlos en el nombre del Padre, y del Hijo, y del Espíritu Santo.* Enséñenles a cumplir todas las cosas que les he mandado. Y yo estaré con ustedes todos los días, hasta el fin del mundo.' Amén" (Mateo 28:18-20).

3. El bautismo reclama el perdón de los pecados

"Pedro contestó, 'Cada uno de ustedes debe arrepentirse de sus pecados *y volver a Dios, y ser bautizado en el nombre de Jesucristo para el perdón de sus pecados.* Entonces recibirán el regalo del Espíritu Santo'" (Hechos 2:38 NTV).

"Así que, *los que recibieron su palabra fueron bautizados*, y se añadieron aquel día como tres mil personas" (Hechos 2:41 RVR1995).

"¿Qué esperas, entonces? ¡Levántate y bautízate, e invoca su nombre, para que quedes limpio de tus pecados!" (Hechos 22:16).

4. El bautismo puede preceder o seguir el don del Espíritu Santo

"Mientras Pedro les hablaba así, el Espíritu Santo cayó sobre todos los que lo escuchaban. Los judíos circuncidados que habían acompañado a Pedro estaban atónitos de que también los no judíos recibieran el don del Espíritu Santo, pues los oían hablar en lenguas y magnificar a Dios. Entonces Pedro dijo:

'¿Hay algún impedimento para que no sean bautizadas en agua estas personas, que también han recibido el Espíritu Santo, como nosotros?' Y mandó bautizarlos en el nombre del Señor Jesús. Entonces le rogaron que se quedara con ellos algunos días más" (Hechos 10:44-48).

5. El bautismo nos conecta a la obra de la cruz

"¿No saben ustedes que todos los que fuimos bautizados en Cristo Jesús, fuimos bautizados en su muerte?" (Romanos 6:3).

6. El bautismo nos inicia en la iglesia (el cuerpo) de Cristo

"Por un solo Espíritu *todos fuimos bautizados en un solo cuerpo*" (1 Corintios 12:13a).

7. A través del bautismo nosotros reclamamos nuestra adopción y herencia

"Pues todos ustedes son hijos de Dios por la fe en Cristo Jesús. Porque todos ustedes, los que han sido bautizados en Cristo, están revestidos de Cristo....Y si ustedes son de Cristo, ciertamente son linaje de Abraham y, según la promesa, *herederos*" (Gálatas 3:26-27, 29).

SANTA COMUNIÓN

Jesús empezó Su ministerio terrenal recibiendo *el bautismo en agua*, y terminó Su ministerio terrenal introduciendo una nueva práctica llamada la *Santa Comunión*.

La comunión es un evento sagrado que demuestra nuestra confraternidad progresiva y conexión íntima con el *cuerpo* de Cristo. Es una celebración de nuestra relación con Jesús y Su familia —la iglesia. Mientras que no hay nada en las Escrituras que prohíbe a los creyentes de recibir la Santa Cena del Señor en devoción privada; el propósito bíblico de la comunión es estar en contacto con Cristo *y* Su familia reunida. La palabra *comunión* significa compartir íntimamente con otros. Es la base de la palabra *comunidad*. Por lo tanto, la Santa Comunión es un evento sagrado que debe ser experimentado *con* la comunidad completa de creyentes en la iglesia local.

Jesús: nuestro cordero Pascual

En el bautismo de Jesús, Juan profetizó, "Éste es el Cordero de Dios, que quita el pecado del mundo" (Juan 1:29b). En este momento, Dios declaraba a través de Juan *cómo* Su Hijo había venido a enfrentar el problema del pecado humano —como un *cordero*. Hay un día de fiesta judío que implica el sacrificio de un cordero. Es conocido como la Fiesta de la Pascua.

Cada primavera, la nación de Israel celebra la fiesta de la Pascua en memoria de la última noche que pasaron como esclavos en Egipto. Dios le había advertido al Faraón que si él no permitía Su pueblo salir de Egipto, plagas terribles descenderían sobre la tierra. El Faraón resistió la orden de Dios, y una plaga después de otra descendieron sobre los egipcios. La plaga final fue la más severa. A menos que el Faraón librara a Su "primer hijo nacido", *Israel*, Dios enviaría a un ángel para tomar las vidas de todo el primogénito de Egipto. (Éxodo 4:22-23).

Dios dio instrucciones a Moisés para el pueblo para sacrificar un cordero sin mancha y untar su sangre sobre los dinteles y postes de su casas —formando los extremos de una cruz. Mientras los judíos festejaban en sus hogares esa noche, el ángel de la muerte *pasó sobre* cada casa que estaba cubierta con la sangre del cordero Pascual. Este terrible juicio fue lo que llevó a que el pueblo de Israel saliera libre. Después, Dios ordenó al pueblo judío a tener una fiesta anual para recordar cómo fueron librados de la esclavitud a través de la sangre de su Pascua (Éxodo 12:2-14).

En la noche antes de Su crucifixión, Jesús se sentó con Sus discípulos para compartir la fiesta judía de la Pascua. Mientras Jesús partió el pan sin levadura de la cena tradicional de Pascua, dijo, "Esto es mi cuerpo, que por ustedes es entregado; hagan esto en memoria de mí". De igual manera, después de haber cenado tomó la copa y les dijo, "Esta copa es el nuevo pacto en mi sangre, que por ustedes va a ser derramada" (Lucas 22:19, 20). Con estas palabras sencillas, Jesús proclamaba que una nueva era había llegado —un nuevo pacto entre Dios y el hombre estaba siendo establecida. El Señor se declaraba como el Cordero final de Pascua que sería sacrificado. Su cuerpo y sangre cumplirían la profecía de Juan el Bautista y "quitaría el pecado del mundo".

Los primeros cristianos se reunieron regularmente para recibir la Cena del Señor. Diferentes iglesias practican el evento de comunión en diferentes maneras. Algunos cristianos lo recibieron semanal —otros mensual, trimestral, o anualmente durante la fiesta de Pascua. La Biblia no nos dice con qué frecuencia debemos recibir la Santa Cena, pero la práctica de la comunión semanal o mensual, vuelve a las historias más tempranas de la iglesia.

Tres elementos necesarios en la Santa Comunión

1. El pan

Siguiendo el ejemplo del Señor durante la fiesta de la Pascua, el pan de la comunión es consagrado en la oración y roto en pedazos y distribuido a cada creyente. El romper del pan demuestra que el cuerpo de Jesús fue quebrantado en la muerte sobre la cruz. También demuestra que la iglesia local es una hogaza —de muchos miembros (1 Corintios 10:17).

2. La copa

La fruta de la uva es levantada y es consagrada en oración y entonces distribuida a cada creyente. La copa representa la sangre de Jesús que nos limpia de todo el pecado y nos ha dado vida eterna. Al igual que la sangre de Jesús es necesario para cada creyente a ser perdonado y transformado, cada creyente bebe de la copa para mostrar que la vida de Jesús fue dada para muchos (1 Corintios 10:16).

3. La iglesia reunida

Después de la Santa Cena, las únicas instrucciones directas dada en la Biblia para la Santa Cena se encuentran en 1 Corintios. Aquí aprendemos que la comunión es un evento especial que ha de ocurrir cuando nos reunimos como una iglesia en un lugar (1 Corintios 11:17-34). La iglesia reunida representa muchos creyentes formando parte de un cuerpo unificado en Cristo. En la comunión, nosotros declaramos nuestra unión con Cristo y el uno al otro. Como Pablo indica,

> *"Hay un solo pan,* del cual todos participamos; por eso, aunque somos muchos, *conformamos un solo cuerpo"* (1 Corintios 10:17).

LOS CINCO PROPOSITOS DE LA SANTA COMUNION

1. Tomar parte en los beneficios del cuerpo y la sangre de Cristo

El cuerpo y la sangre de Jesús tienen una realidad física y espiritual. El cuerpo físico de Jesús fue quebrantado sobre la cruz, levantado de la muerte, y ascendió al cielo. El cuerpo físico de Jesús existe hoy a la mano derecha de Dios. Jesús está sentado en el cielo al lado de Su Padre en el mismo cuerpo con el cual compró nuestra redención (Hebreos 1:3; 12:2).

La sangre de Jesús fue derramada sobre la cruz, y después fue llevada por Jesús al cielo. Jesús presentó Su sangre a nuestro Padre como un recordatorio continuo del precio que se pagó por nuestro pecado (Hebreos 9:11-14; 20-24). Cuando bendecimos el pan y la copa, en la Sagrada Comunión, los identificamos como símbolos terrenales del cuerpo y la sangre de Jesús en el cielo. Mientras comemos y tomamos juntos, nos *comunicamos* (o conectamos íntimamente) *por fe* con el cuerpo y la sangre verdadera de Jesús y todos sus beneficios. Todo lo que necesitemos nos es disponible en ese momento sagrado.

> "La copa de bendición por la cual damos gracias, *¿no es la comunión de la sangre de Cristo?* Y el pan que partimos, *¿no es la comunión del cuerpo de Cristo?"* (1 Corintios 10:16).

De esta manera, la Santa Comunión permite al creyente —a través de la iglesia local— conectarse a los beneficios vivos del sacrificio de Jesús. Juntos, como una comunidad de creyentes, recibimos el perdón de pecados, la liberación del mal, sanidad para nuestro cuerpo y alma, protección del enemigo, y cada otra cosa buena que nos pertenece en Jesucristo. ¡El pan y la copa son parecidos a cables de extensión terrenales, sobre cual la iglesia colectivamente, coloca una mano para conectarse al poder que fluye de la presencia del cuerpo y sangre de Cristo en el cielo!

Es importante notar que cada creyente puede reclamar y experimentar los beneficios del cuerpo y la sangre de Jesús como individuos en cualquier momento. Después de todo, cada uno de nosotros ha recibido una relación personal directa con nuestro Padre celestial y puede conseguir acceso a Su amor y gracia por fe, siempre que necesitemos (Hebreos 4:16). Sin embargo, en la Santa Comunión nosotros conseguimos acceso a estos beneficios colectivamente y por lo tanto recibimos la gracia de Dios como una comunidad. Cuando participamos en este tiempo sagrado estamos creyendo por la bendición de Dios para toda nuestra familia de la iglesia local, no sólo para nosotros.

2. Una declaración de la muerte, resurrección, y futuro regreso de Jesús

Jesús enseñó a los discípulos, "haz esto en memoria de Mí" (Lucas 22:19). Pablo agregó que, "Por lo tanto, siempre que coman este pan, y beban esta copa, proclaman la muerte del Señor, hasta que él venga" (1 Corintio 11:26). Mientras participamos en la Santa Comunión, nosotros activamente recordamos que Jesús pagó el precio más alto posible para nuestra redención. Declaramos juntos públicamente nuestra fe viva en Jesús; Él murió por nosotros. ¡Nosotros también expresamos nuestra esperanza que Jesús está vivo y volverá! Hay algo poderoso que ocurre cuando el pueblo de Dios libera su fe juntos en una reunión pública. Es un testimonio al mundo que Jesús está vivo.

3. Oportunidad de limpieza personal

La Escritura dice, "Por lo tanto, cualquiera que coma este pan o beba de esta copa del Señor en forma indigna es culpable de pecar contra el cuerpo y la sangre del Señor. Por esta razón, cada uno debería examinarse a sí mismo antes de comer el pan y beber de la copa" (1 Corintios 11:27-28 NTV). Al ser este evento sagrado, Dios espera que revisemos nuestras vidas y confesemos algún pecado personal o falta de perdon que exista hacia otros antes de comer y beber. Es preferible no comer la Santa Cena que hacerlo sin tener el corazón correcto ante Dios. De esta manera, la comunión es una oportunidad para la iglesia entera ser limpiada de los errores y pecados que todos cometemos mientras vivimos en este mundo.

4. Conectar con nuestra familia espiritual

A través de la Santa Cena, nosotros estamos conscientes de nuestra conexión sobrenatural con otros en la iglesia local. "Hay un solo pan, del cual todos participamos; por eso, aunque somos muchos, conformamos un solo cuerpo" (1 Corintios 10:17). Nosotros no somos diseñados para vivir nuestra fe aislada de otros. La comunión es importante porque nos recuerda de este hecho, humilla nuestro orgullo e independencia, y nos refuerza sobrenaturalmente, conectandonos a nuestra familia espiritual.

5. La sanidad y restauración de los enfermos y oprimidos

Pablo pasó a indicar que cuando los creyentes continúan en pecado personal mientra reciben la Santa Comunión, este evento sagrado realmente se convierte en un tiempo de juicio y disciplina del Padre. La iglesia de Corinto era tan carnal que a menudo luchaban uno con el otro, demandaban uno al otro, se divorciaban y se volvían a casar entre sí, practicaban lujuria, y entonces se comportaban como si no hubiera nada malo con sus elecciones. Siguieron yendo a la iglesia, operando en dones espirituales, y tomando la Santa Cena —sin examinar sus conductas y juzgarse a sí mismo. Pablo dijo, "Porque el que come y bebe de manera indigna, y sin discernir el cuerpo del Señor, come y bebe para su propio castigo" (1 Corintios 11:29). El entonces explicó, "Esa es la razón por la que muchos de ustedes son débiles y están enfermos y algunos incluso han muerto" (1 Corintios 11:30 NTV).

Mientras esto puede parecer severo, la verdad es que este juicio en la mesa de comunión es un acto de disciplina amorosa por nuestro Padre. Él nos permite experimentar las consecuencias de nuestros propios pecados, físicamente, a través de la debilidad, enfermedad, y muerte prematura, para evitar el último juicio que llegara al mundo incrédulo. "Pero si somos juzgados por el Señor, somos disciplinados por Él, para que *no seamos condenados* con el mundo" (1 Corintios 11:32).

La gran noticia es que el mismo evento que abre la puerta al juicio puede también cerrar esa puerta. Cuando nos examinamos y confesamos nuestros pecados, la mesa de comunión llega a ser un lugar de misericordia, de sanidad, y de restauración. "Si nos examináramos a nosotros mismos, no seríamos juzgados" (1 Corintios 11:31).

OTRAS PRÁCTICAS DE LA IGLESIA

La imposición de manos

Una de las enseñanzas fundamentales de la iglesia es llamado la "imposición de manos" (Hebreos 6:2). Esta verdad a menudo es descuidada, pero es una parte esencial del ministerio de la iglesia local. De nuevo por razón de que implica el contacto físico entre al menos dos individuos, podemos saber con certeza que esta ordenanza especial se diseña para la iglesia local visible. La Escritura enseña que hay cuatro propósitos principales para esta práctica:

1. La sanidad del enfermo y oprimido

Una de las ordenanzas más importantes de la iglesia local es la sanidad del enfermo. Después de Su resurrección, Jesús instruyó a los apóstoles a predicar el evangelio a todos. Entonces dijo, "Y estas señales acompañarán a los que crean...pondrán sus manos sobre los enfermos, y éstos sanarán" (Marcos 16:17-18). El Señor ha colocado un ministerio especial de sanidad sobre los ancianos de la iglesia local.

> "¿Hay entre ustedes algún enfermo? Que se llame a *los ancianos de la iglesia*, para que oren por él y lo unjan con aceite en el nombre del Señor. La oración de fe sanará al enfermo, y el Señor lo levantará de su lecho. Si acaso ha pecado, sus pecados le serán perdonados. Confiesen sus pecados unos a otros, y oren unos por otros, para que sean sanados" (Santiago 5:14-16a).

Esta es otra razón por la que debemos ser miembros cometidos a una iglesia local. ¡Usted no puede llamar a los ancianos de la iglesia a orar para su sanidad si usted no tiene a ningún anciano a quien pueda llamar! En muchas iglesias hoy, esta ordenanza es descuidada. A veces un ritual de orar por los enfermos es practicado, pero nadie espera que algo realmente suceda. ¡Por eso es importante ser parte de una iglesia local que enseñe la Biblia, crea en el poder de la sanidad de Dios, y tenga un pastor y a ancianos que sapan cómo orar, la oración de fe!

> *¡Usted no puede llamar a los ancianos de la iglesia a orar para su sanidad si usted no tiene a ningún anciano a quien pueda llamar!*

2. La dedicación de los bebés y niños

Jesús mismo fue dedicado como niño en el templo del Señor. Durante esta ceremonia judía, las manos fueron colocadas sobre Jesús y palabras de fe fueron habladas.

> "Y cuando se cumplieron los días para que, según la ley de Moisés, ellos fueran purificados, llevaron al niño a Jerusalén para presentarlo ante el Señor....En Jerusalén vivía un hombre justo y piadoso, llamado Simeón, que esperaba la salvación de Israel. El Espíritu Santo reposaba en él...Simeón fue al templo, guiado por el Espíritu. Y cuando los padres del niño Jesús lo llevaron al templo para cumplir con lo establecido por la ley, él tomó al niño en sus brazos y bendijo a Dios ...José y la madre del niño estaban asombrados de todo lo que de él se decía" (Lucas 2:22, 25, 27-28, 33).

Más tarde, Jesús lo hizo una práctica, colocar las manos sobre niños y bebés para bendecirlos:

> "Entonces le llevaron unos niños, para que pusiera las manos sobre ellos y orara" (Mateo 19:13).

> "Entonces Jesús tomó a los niños en sus brazos, puso sus manos sobre ellos, y los bendijo" (Marcos 10:16).

Los creyentes deben seguir este ejemplo y traer sus recién nacidos y niños jóvenes para recibir oración y bendiciones por los ancianos de la iglesia.

3. Nombramiento de líderes de la iglesia

Cada vez que una persona es instalada en una posición de ministerio en la iglesia, se utiliza la imposición de manos. Esto sirve como ambos, un símbolo de la transferencia de autoridad y una declaración verdadera de la gracia de Dios para dirigir. A veces cuando las autoridades de la iglesia imponen sus manos sobre nuevos líderes, Dios habla a través del don de profecía, animando y guiando sus vidas.

> "Así que, hermanos, busquen entre todos ustedes a siete varones de buen testimonio, que estén llenos del Espíritu Santo y de sabiduría, para que se encarguen de este trabajo...Luego los

llevaron ante los apóstoles, y oraron por ellos y les impusieron las manos" (Hechos 6:3, 6).

"Como ellos servían al Señor y ayunaban siempre, el Espíritu Santo dijo: 'Apártenme a Bernabé y a Saulo, porque los he llamado para un importante trabajo'. Y así, después de que todos ayunaron y oraron, les impusieron las manos y los despidieron" (Hechos 13:2-3).

"No descuides el don que hay en ti, y que recibiste mediante profecía, cuando se te impusieron las manos del presbiterio" (1 Timoteo 4:14).

4. Impartir dones espirituales y bendiciones

Los dones espirituales pueden ser activados, profecías dadas, y bendiciones impartidas cuando los creyentes se ministran el uno al otro en oración. Hay también dones especiales del Espíritu Santo que pueden operar a través de los ministros de la iglesia. Es importante ver que Dios ha colocado dones espirituales en líderes de iglesia para el beneficio de los miembros del cuerpo.

"En cuanto les impusieron las manos, recibieron el Espíritu Santo" (Hechos 8:17).

"Cuando Pablo les impuso las manos sobre la cabeza, el Espíritu Santo vino sobre ellos, y empezaron a hablar en lenguas y a profetizar" (Hechos 19:6).

"Por eso te aconsejo que avives el fuego del don de Dios, que por la imposición de mis manos está en ti" (2 Timoteo 1:6).

En el siguiente capítulo vamos a aprender acerca de tomar nuestro lugar en la iglesia local. Vamos a ver cómo la iglesia proporciona cobertura para el creyente, a través del liderazgo espiritual. Juntos, descubriremos el plan de Dios para nuestra transformación personal, lo cual requiere hacer un compromiso personal a la iglesia visible de Dios.

.

DIA 4 EJERCICIOS

1. El bautismo en agua es una señal externa de una obra interna. ¡Sin la obra interna, todo lo que haces al ser bautizado es mojarse! Explique en sus propias palabras, cual es la obra interna y de que se trata el bautismo.

_____

_____

_____

_____

_____

2. ¿Cuales son las siete verdades importantes acerca del bautismo?

1. _____

2. _____

3. _____

4. _____

5. _____

6. _____

7. _____

3. ¿Cuáles son los tres elementos de la Santa Comunión y cuál es su importancia para el creyente?

1. _____

2. _____

3. _____

4. ¿Qué fiesta judía implica el sacrificio de un cordero? _____

5. Enumere las razones por las que imponemos las manos sobre la gente y oramos por ellos en la iglesia local.

_____

_____

_____

_____

_____

CAPÍTULO NUEVE

LA COMUNIDAD TRANSFORMADA

CAPÍTULO NUEVE
La comunidad transformada

DIA 1: LÍDERES NOMBRADOS POR DIOS

Dios tiene un lugar para usted

Dios tiene un lugar para usted experimentar la transformación. No se encuentra en un desierto aislado o una tierra lejana. No es un lugar donde se va cuando se termine esta vida. No es un lugar perfecto, porque es un lugar humano. Pero es un lugar donde Él se encontrará con usted, le retará, le enseñará, y le cambiará. Es un lugar donde usted se encontrará con otros que necesitarán de usted. Le puede tomar algún tiempo para encontrar su lugar. Le puede requerir que conduzca más allá de lo que prefiere, reorganizar su horario de trabajo, priorizar su vida y estirarlo mucho más allá de su zona de comodidad. Sin duda requerirá que usted dé su tiempo, talentos y tesoro. Pero es un lugar maravilloso —uno preparado por Jesús para usted. Ese lugar es, Su iglesia.

> "Dios les da un hogar a *los desamparados*, y rescata a los cautivos y les da prosperidad" (Salmos 68:6).

> "Plantado estoy en terreno *firme*, y te bendigo, Señor, *en las reuniones* de tu pueblo" (Salmos 26:12).

> "Pero Dios ha colocado a cada miembro del cuerpo donde mejor le pareció" (1 Corintios 12:18).

> *Hoy dia es popular confesar ser "espiritual" pero no relacionarse con algun tipo de"religión organizada". Pero el Nuevo Testamento fue escrito a creyentes comprometidos, identificables y visibles de la iglesia local.*

Usted no puede adorar a Jesús y rechazar la iglesia local. Siga adelante, respire profundo, trague con fuerza, y lea esa última frase de nuevo. Esto suena radical a muchos que han encontrado una relación personal con Cristo fuera de la iglesia local. Algunas personas asistieron a la iglesia su vida entera y nunca llegaron a ser nacidos de nuevo hasta que *salieron* de la iglesia. Muchas iglesias han desarrollado tanta tradición que el verdadero evangelio de Jesús se esconde detrás de un velo religioso de recitaciones y rituales que nunca fueron explicados.

¿Cómo podemos decir nosotros que amar a Jesús *nos requiere* amar a Su iglesia, especialmente, con tantos ejemplos negativos en la historia de cristianos y sistemas abusivos de la iglesia? Por un lado, esos casos en la historia no son ejemplos de cristianos reales e iglesias verdaderas, sino de cristianos falsos e iglesias corrompidas. ¡En segundo lugar, la iglesia verdadera de Jesucristo con todos sus defectos humanos, es todavía la iglesia *de* Jesucristo! *Es suya* para limpiar, juzgar, y para preservar. A pesar de todos sus errores e imperfecciones, Jesús ha reclamado a la iglesia *como Suya propia* y ha prometido que "las puertas del [infierno] no prevalecerán contra ella" (Mateo 16:18).

Sin embargo, la razón principal que amar a Jesús, al final nos requiere amar a la iglesia local, es que *casi cada mandamiento* dado a los creyentes en el Nuevo Testamento, implica el modo en que tratamos a otros en la iglesia local visible. De hecho, *no es posible* obedecer la mayor parte del Nuevo Testamento, a menos que esté en una relación genuina con una comunidad de creyentes. La Biblia tiene más que decir acerca de la manera en que los creyentes se tratan el uno al otro en la iglesia local que cómo debemos comportarnos hacia personas no creyentes en el mundo. De hecho, casi todo escrito en las epístolas tiene que ver con la manera en que los creyentes deben vivir y comportarse el uno hacia el otro. La gran cantidad de estos pasajes es asombroso.

> "En esto conocerán todos que ustedes son mis discípulos, si se *aman unos a otros*" (Juan 13:35).

Hoy dia es popular confesar ser "espiritual" pero no relacionarse con algun tipo de "religión organizada". Pero el Nuevo Testamento fue escrito a creyentes comprometidos, identificables y visibles de la iglesia local. Independencia espiritual suena atractivo, particularmente a creyentes contemporáneos occidentales, que típicamente colocan un valor alto a la libertad personal. Pero en este capítulo nosotros veremos que nuestra libertad en Cristo es una libertad *de* la independencia egoísta a través *de una conexión viva con Jesús y Su familia*. Si confiesa que ama a Jesús, Él espera que demuestre su amor por Él tomando su lugar en la iglesia local.

En este capítulo, veremos cómo la iglesia local es estructurada, para permitir las clases de relaciones que producen verdadera transformación personal. Esto requiere que tomemos nuestro lugar bajo liderazgo espiritual. También significa que debemos tomar nuestro lugar de responsabilidad como miembros de Su familia. Dios tiene un lugar para usted en la iglesia local. Él espera por usted, para que lo asuma.

La iglesia local es una comunidad dinámica de creyentes en Jesucristo que han entrado en una *relación comprometida el uno con el otro:* para adorar, crecer, servir, ser testigo, y vivir vidas transformadas *bajo liderazgo espiritual.*

¡Jesús nos dio —líderes!

Cuando Jesús resucito de la muerte y ascendió al cielo. Hizo algo maravilloso para Su futura iglesia. Dio a Su iglesia unos regalos muy especiales. Por eso las Escrituras dicen,

> "'Cuando ascendió a las alturas, se llevó a una multitud de cautivos *y dio dones a su pueblo'.* ...Ahora bien, Cristo dio los siguientes dones a la iglesia: los apóstoles, los profetas, los evangelistas, y los pastores y maestros. *Ellos tienen la responsabilidad de preparar al pueblo de Dios para que lleve a cabo la obra de Dios y edifique la iglesia*, es decir, el cuerpo de Cristo" (Efesios 4:8, 11-12 NTV).

La palabra griega traducida "dones" en el verso 11 es la palabra *doma,* que significa "regalos" — como regalos de cumpleaños o Navidad. Estos regalos fueron dados por Jesús en el momento de Su ascensión al cielo. Esto significa que fueron conocidos, escogidos, y fueron designados por Él, para cada iglesia que Él llamaría a lo largo del tiempo. Estos regalos especiales son actualmente, *personas.* Son "apóstoles, profetas, evangelistas, pastores, y maestros". Es decir, ellos son líderes. Si Jesús dio líderes a Su iglesia, entonces debe ser Su voluntad que los creyentes los entiendan, aprecien, y que los reciban.

El propósito del liderazgo espiritual

La mayoría de nosotros somos naturalmente resistentes a la autoridad. Especialmente aquellos que viven en el mundo occidental. Apreciamos nuestra individualidad y ponemos alto valor a la libertad, independencia e autosuficiencia. Mientras que estas cosas no son malas por sí, hay algo en la carne que resiste otros conceptos importantes como el honor, la abnegación, y ceder a otros — especialmente aquellos en autoridad. Nos gusta conseguir nuestros propios objetivos. Y la mayoría de las personas no quieren que otros les digan, qué hacer.

El reino de Dios, sin embargo, no está diseñado alrededor de acomodar nuestra naturaleza rebelde. La Biblia enseña que la libertad verdadera y realización individual se encuentran a través de un proceso completamente diferente.

¿Qué significa ser "libre"?

Lo que la mayoría de las personas llaman libertad, es realmente un deseo de vivir sin ninguna restricción a su conducta o responsabilidad por sus acciones.

La Escritura dice que estas ideas acerca de la libertad son equivocadas y no son de ninguna manera una definición verdadera de la libertad. Son la base para las mentiras de Satanás y diseñadas para engañosamente encarcelar a humanos para servirle a él, en vez de Dios. Vivir de esta manera es vivir en la esclavitud. *La libertad cristiana* es realmente una libertad *del* pecado y una vida de sumisión a la autoridad de Dios.

> "¿No se dan cuenta de que uno se convierte en esclavo de todo lo que decide obedecer? Uno puede ser esclavo del pecado, lo cual lleva a la muerte, o puede decidir obedecer a Dios, lo cual lleva a una vida recta. Antes ustedes eran esclavos del pecado pero, gracias a Dios, ahora obedecen de todo corazón la enseñanza que les hemos dado. Ahora son libres de la esclavitud del pecado y se han hecho esclavos de la vida recta. Uso la ilustración de la esclavitud para ayudarlos a entender todo esto, porque la naturaleza humana de ustedes es débil. En el pasado, se dejaron esclavizar por la impureza y el desenfreno, lo cual los hundió aún más en el pecado. Ahora deben entregarse como esclavos a la vida recta para llegar a ser santos...Pero ahora quedaron libres del poder del pecado y *se han hecho esclavos de Dios*" (Romanos 6:16-19, 22a NTV).

Contrario a las ideas del mundo acerca de la libertad, la verdadera libertad tiene el poder de escoger lo que es correcto. La vida transformada es una vida que quita su *yo* del "trono" y dobla sus rodillas a Dios y Sus ideas de lo que es correcto e incorrecto. Nuestra libertad viene de elegir cual maestro pasaremos nuestra vidas sirviendo.

> "Pues ustedes, mis hermanos, han sido llamados a vivir en libertad; pero no usen esa libertad para satisfacer los deseos de la naturaleza pecaminosa. Al contrario, *usen la libertad para servirse unos a otros* por amor" (Gálatas 5:13 NTV).

> "Andad como libres, pero no uséis la libertad como pretexto para la maldad, sino empleadla como siervos de Dios" (1 Pedro 2:16 LBLA).

Jésus —nuestro Siervo-Rey

Jesús entró a este mundo como un ejemplo de la clase de vida humana que Dios quiere que vivamos. Él vino como un *siervo* de Su Padre, por usted y por mi.

> "Porque no he descendido del cielo para hacer mi voluntad, sino la voluntad del que me envió" (Juan 6:38).

"Pues ni aun el Hijo del Hombre vino para que le sirvan, *sino para servir a otros* y para dar su vida en rescate por muchos" (Mateo 20:28 NTV).

El ser un siervo no hizo débil a Jesús. Ordenó las tormentas a calmarse y reprendió demonios. Él sano personas enfermas y poderosamente se enfrentó a aquellos que oprimian a otros. Eso es lejos de vivir una vida débil e ineficaz. Jesús nunca abandonó Su puesto en la Trinidad. Él nunca dejó de ser Dios. La clave al poder y la fuerza de Jesús estuvo en Su obediencia constante a Su Padre. Dando un paso fuera de la eternidad a una vida humana única, Jesús nos enseñó que la libertad verdadera y el poder verdadero vinieron de vivir bajo la autoridad de Dios. Ahora nuestro Padre desea que seamos como Jesús. Esto significa que nuestra fuerza también vendrá de vivir en sumisión a Dios.

"Que haya en ustedes el mismo sentir que hubo en Cristo Jesús, quien, siendo en forma de Dios, no estimó el ser igual a Dios como cosa a que aferrarse, sino que se despojó a sí mismo y *tomó forma de siervo*, y se hizo semejante a los hombres; y estando en la condición de hombre, se humilló a sí mismo y se hizo obediente hasta la muerte, y muerte de cruz" (Filipenses 2:5-8).

Servir a Jesús también significa que escogemos una vida de servicio a otros.

Jesús ha nombrado a líderes humanos para Su iglesia

Hay algunos hoy dia que enseñan que en la iglesia de Dios todo el mundo tiene la misma autoridad. Es cierto que cada creyente tiene una posición igual ante Dios como un hijo o una hija, y cada uno de nosotros tiene acceso igual al Padre directamente a través de Jesucristo. Sin embargo, algunos creen que cada persona es llamada igualmente al ministerio y que los cristianos no necesitan estar "bajo" ningún líder espiritual especial para complacer a Dios. Esta idea es inspirada por sabiduría humana y no es basada en la Escritura de donde debemos conseguir nuestra dirección. Como hemos descubierto en nuestro viaje, seguir la norma de la Biblia es MUY importante, si vamos a vivir vidas que complacen y glorifican a Dios.

Desde el principio de los tiempos, Dios ha llamado a personas particulares para representarlo como líderes espirituales a la raza humana. Estos hombres y mujeres recibieron mensajes de Dios y habilidades especiales para comunicarlos. Junto con estos dones y responsabilidades, Dios también les dio autoridad para dirigir a Su pueblo. Conocido por varios nombres y títulos en la Escritura tal como profetas, predicadores, maestros, apóstoles, y pastores, estos líderes fueron elegidos, llamados, y designados por Dios aún antes de haber nacido (Jeremías 1:5; Isaías 49:1). Los primeros ministros mencionados en la Escritura son Enoc (Génesis 5:22, Judas 1:14), y Noé (Génesis 6:9; 2 Pedro 2:5). Más tarde, Dios escogió a Moisés para dirigir a Su pueblo a la tierra que les había prometido. Conocido como la "congregación" (Hechos 7:38) en el desierto, el Señor lo instruyó a designar ministros ayudantes, ancianos, maestros, y sacerdotes (Éxodo 4:14; 7:1; 18:1ff; Levítico 10:11; Números 1:50), para asistir en dirigir. A través del período del Antiguo Testamento, Dios llamó a ministros y les dio autoridad para dirigir y hablar con Su pueblo (Jeremías 26:5).

Jesús eligió a los apóstoles y los autorizó a dirigir

Cuando Jesús entró al mundo y empezó Su ministerio, una de las primeras cosas que hizo fue entrenar a líderes selectos. A estos fueron dados responsabilidades especiales, lo escucharon enseñar mensajes diferentes, más profundos y recibieron mensajes y autoridad que Él no dio a la mayor parte de Sus seguidores.

> "A doce de ellos los designó para que estuvieran con él, para enviarlos *a predicar*, y para que *tuvieran el poder* de expulsar demonios" (Marcos 3:14-15; Vea tambien: Lucas 10:1).

Los líderes que Jesús escogió fueron entrenados a utilizar sus posiciones para servir a la gente. Una vez cuando los discípulos discutían sobre quién de ellos debería ser el lider de rango más alto, Jesús les dijo, "En este mundo, los reyes y los grandes hombres tratan a su pueblo con prepotencia; sin embargo, son llamados "amigos del pueblo". Pero entre ustedes será diferente. El más importante de ustedes deberá tomar el puesto más bajo, y *el líder debe ser como un sirviente*" (Lucas 22:25-26, NTV).

Recibir a quien Jesús envía

Cerca del final de Su vida, Jesús no disolvió Su equipo o cambió Su estado de autoridad. De hecho, cuando habló de Su ministerio en la futura iglesia, Él hizo algunas declaraciones asombrosas acerca del papel especial de Sus líderes escogidos:

> "Entonces Jesús les dijo una vez más: 'La paz sea con ustedes. *Así como el Padre me envió*, también yo los envío a *ustedes*'" (Juan 20:21).

> "De cierto, de cierto les digo: El que recibe *al que yo envío*, me recibe a *mí*; y el que me recibe a mí, recibe al que me envió" (Juan 13:20).

Estas declaraciones no se hicieron a todos a quienes Jesús ministró. Estas enseñanzas fueron dadas en sesiones privadas a los discípulos que Él había elegido para liderazgo. Mientras todos los cristianos son "enviados" a ser testigos para Jesús, el Señor originalmente se refería al envío de Sus ministros. En otras palabras, Jesús *continuó* el patrón de llamar y enviar a líderes a Su pueblo. El título dado a los primeros líderes de la iglesia fue *apóstol*. La palabra griega traducida apóstol significa "uno que es enviado por otro". Por eso es tan importante recibir y honrar a los líderes de la iglesia local. Ellos han sido enviados por Jesús y llevan Su unción. ¡Cuándo recibe a aquellos que Dios envía para dirigirle, es como recibir a Jesucristo mismo!

Los líderes de la iglesia toman decisiones para la iglesia

Fueron *los líderes* de las iglesias que se reunieron para decidir asuntos que eran autoritarios para todos los *creyentes* en las iglesias locales. Se contaba con la sumisión de cada cristiano individual a la sabiduría y la autoridad de los líderes de la iglesia. En Hechos 15 hubo una discusión acerca de los requisitos para los nuevos creyentes cuando se unieran a la iglesia. Muchos de los creyentes judíos querían que los Gentiles (no-judíos) conversos mantuvieran la ley del Antiguo Testamento que ellos habían conocido todas sus vidas. Para resolver esta diferencia, los pastores enviaron una delegación a la iglesia en Jerusalén para decidir el asunto. Fueron los apóstoles y los ancianos (pastores) que se reunieron para debatir y resolver el asunto por último.

> "Como Pablo y Bernabé tuvieron una fuerte discusión con ellos, se acordó que los dos y algunos otros fueran a Jerusalén para tratar esta cuestión con *los apóstoles* y *los ancianos*... Cuando llegaron a Jerusalén, fueron recibidos por *la iglesia, los apóstoles* y *los ancianos*, y allí contaron todo lo que Dios había hecho con ellos...*Los apóstoles y los ancianos* se reunieron para tratar este asunto" (Hechos 15:2, 4, 6).

> "Cuando ellos pasaban por las ciudades, *entregaban* las reglas que los apóstoles y los ancianos en Jerusalén habían acordado que se pusieran en práctica" (Hechos 16:4).

En verso 4, hay tres grupos que son mencionados: la iglesia (creyentes), los apóstoles (fundadores de la iglesia), y los ancianos (los pastores de la iglesia). Aquí vemos una jerarquía de autoridad espiritual. Los apóstoles presidieron sobre los ancianos, y los ancianos sobre la gente. Estos ministros de la iglesia trabajaron como un equipo para resolver las preguntas y los problemas que las iglesias enfrentaban. Las decisiones finales eran tomadas *por los líderes*, y seguidas por los miembros de las iglesias locales.

¿Qué pasa con todos estos títulos?

Es cierto que puede ser confuso leer acerca de todas las posiciones y títulos dados a líderes espirituales a través de la Biblia. Es importante recordar que, asi como progresamos en la escuela primaria, la palabra de Dios se construye sobre sí misma del Viejo, al Nuevo Testamento. Por el hecho de que las culturas e idiomas cambiaron sobre ese período de 1500 año, Dios introdujo palabras diferentes y nuevos conceptos a cada generación pasajera. Esto no significa que Dios estaba confundido o que estaba cambiando de opinión. Demuestra realmente la brillantez, sabiduría y amor que Dios tiene para nosotros. ¡En la Escritura, vemos al Señor dirigir a Sus profetas a elegir con cuidado el lenguaje que sería relevante para la cultura de su tiempo, mientras, simultáneamente, conteniendo verdades que se aplicarían a toda la gente a lo largo del tiempo!

Cada título dado a los líderes de Dios describe en alguna manera la clase de cosas que estaban llamados a hacer para Él. Por ejemplo la palabra *profeta* en el Antiguo Testamento se refirió a un líder que hablaba para Dios. Algunos profetas eran simplemente predicadores de la verdad. Otros tenían visiones y predicciones sobre el futuro. Algunos fueron llamados a trabajar en el gobierno y hablar con los líderes o reyes seculares de su día.

El término *anciano* también es utilizado en maneras diferentes. En los primeros tiempos, los hombres mayores, que eran los líderes de sus familias eran llamados "ancianos". Era un término de respeto. Cuando Moisés necesitaba ayuda para cuidar de la gente de Israel, el Señor lo dirigió a seleccionar a los líderes de familia más efectivos y les dio el título de "ancianos". Su trabajo era ayudar a Moisés a cuidar sobre las necesidades de la "multitud". Fueron designados con autoridad para aconsejar a las personas, resolver problemas, y cuidar de las necesidades particulares, para que Moisés pudiera oír de Dios, enseñar a la gente, escribir, y ocuparse solamente de los asuntos más graves (Éxodo 18:21-27). Después, Dios escogió setenta de estos ancianos para subir a un nivel aún más alto de liderazgo mientras, los desafíos que Moisés enfrentaba aumentaban (Números 11:16-17).

Habían niveles de liderazgo y autoridad, conocidos como una *jerarquía*. Al igual que en cualquier empresa, gobierno, u organización, el reino de Dios funciona en una jerarquía, o a través de una estructura de múltiples estratos de liderazgo:

Ancianos

En el Nuevo Testamento, los apóstoles primero usaron el término *anciano* para referirse a sí mismos (1 Pedro 5:1) y los pastores de las iglesias locales. Así como en los días de Moisés, mientras las iglesias crecieron, los pastores seleccionaron creyentes maduros para ayudarles a cuidar el rebaño. Estos también fueron llamados ancianos. Algunos de estos ancianos eran ministros que enseñaban, mientras otros no eran (1 Timoteo 5:17). Esto muestra que hay niveles de ancianos en la iglesia. Con el pasar del tiempo, el término *pastor* se usaba para distinguir los ministros de enseñanza de aquellos que los asistían. Por lo tanto mientras todos los pastores son ancianos, no todos los ancianos son pastores.

Pastores

La palabra *pastor* viene de la palabra griega *poimen*, que significa "pastor". Mediante el uso de este término para referirse a los más altos líderes de las iglesias locales, Dios da una descripción hermosa de Su corazón para Su pueblo. Como un padre en una familia y un pastor de una multitud, un pastor de la iglesia local y su equipo deben cuidar suavemente el pueblo de Dios —con autoridad amorosa y corazones humildes en servicio a Dios.

Diáconos

Otra palabra del Nuevo Testamento usada para líderes en la iglesia local es el término *diácono*. Mientras esta palabra puede sonar presuntuosa y anticuada para algunos, el papel del diácono es muy importante en la iglesia local. La palabra *diácono* significa simplemente "sirviente". El primer ejemplo de diácono en la iglesia local ocurre en Hechos 6. Debido a los problemas en un programa especial, los apóstoles necesitaban una solución de liderazgo, que vendría de entre la propia gente. Necesitaban ayuda para servir a las necesidades prácticas de las viudas pobres en la iglesia. Después de recibir sugerencias de las personas que luchaban con este problema, los apóstoles despues de orar designaron a siete hombres para dirigir el departamento. Llegaron a ser conocidos como diáconos, o sirvientes, porque su liderazgo implicó servir a las personas en un departamento particular del ministerio.

Luego, el apóstol Pablo dio una lista detallada de requisitos para guiar a los pastores en el desarrollo de diáconos de la iglesias locales; lo describió como una "oficina" (o posición formal) de liderazgo (1 Timoteo 3:8-12). Algunas iglesias ya no utilizan el término bíblico *diácono*. Sin embargo, el trabajo de un diácono es de un creyente en una iglesia local que ha sido entrenado y ha sido designado por los pastores a supervisar un departamento o tarea específica del ministerio.

DIA 1: EJERCICIOS

1. Usted no puede amar a Jesús y _____
la iglesia local.

2. ¿Qué es la libertad cristiana?

_____

_____

_____

3. ¿Quiénes son los primeros ministros mencionados en las escrituras?

_____

_____

4. ¿Cual fue una de las primeras cosas que Jesús hizo cuándo entró al mundo y empezó Su ministerio?

_____

_____

5. ¿Cuáles son los tres grupos que conforman la jerarquía de autoridad espiritual?

1. _____

2. _____

3. _____

DIA 2: ¿QUIÉN ESTÁ SOBRE LA IGLESIA LOCAL?

Después de comenzar la iglesia en Éfeso, Pablo llamó a los líderes de la iglesia a una reunión especial (Hechos 20:17) donde les dio estas instrucciones:

> "Yo les ruego que piensen en ustedes mismos, y que velen por el rebaño sobre el cual el Espíritu Santo los *ha puesto como obispos* [o 'pastor'], para que cuiden de la iglesia del Señor, que Él ganó por su propia sangre" (Hechos 20:28).

Estos pastores recibieron la responsabilidad y la autoridad *de vigilar* a las iglesias locales. La única manera que uno puede supervisar a otro es si una persona está "sobre" la otra. Note que los pastores de la iglesia local reciben su autoridad para dirigir del Espíritu Santo. Sólo Él puede llamar y equipar a los líderes de la iglesia.

Recibir el liderazgo espiritual

Más tarde, los apóstoles escribieron a los creyentes en las iglesias y les dieron instrucciones sobre cómo tratar a sus líderes. Es importante al leer estas instrucciones tener en cuenta que la forma en que nos relacionamos con los líderes que Dios ha enviado a la iglesia impacta nuestra relación con Dios. Jesús nos enseñó que la forma en que tratamos a los que Él envía para guiarnos, es la forma en que tratamos a Jesús mismo (Juan 13:20).

Honre a sus líderes

Uno de los primeros registros de la iglesia primitiva, da instrucciones a los creyentes acerca de cómo deben vivir y servir a Cristo en la iglesia local. Dice,

> "Mi hijo, él que habla con usted la palabra de Dios recuérdalo noche y día, y usted lo honran como el Señor; porque donde aquello que pertenece al Señor es hablado, allí el Señor está".[22]

Este principio también se enseña claramente en el Nuevo Testamento. Los creyentes deben ver a sus pastores, ancianos y líderes de la iglesia como regalos de Jesús.

> "Hermanos, les rogamos que sean *considerados* con los que trabajan entre ustedes, *y que los instruyen y dirigen* en el Señor.

---

22. El Didache, Capítulo 4, línea 1, escrito algun tiempo entre DC 75-150, Dominio Púbico.

Ténganlos en alta *estima* y ámenlos por causa de su obra" (1 Tesalonicenses 5:12-13a).

"Obedezcan a sus líderes espirituales y hagan lo que ellos dicen. Su tarea es cuidar el alma de ustedes y tienen que rendir cuentas a Dios. Denles motivos para que la hagan con alegría y no con dolor. Esto último ciertamente no los beneficiará a ustedes" (Hebreos 13:17 NTV).

La única manera que usted o yo podemos hacer lo que estos versos enseñan, es de ser un miembro activo de una iglesia local y *seguir al líder* (Hebreos 13:17). ¡Tomen cuenta que en 1 Tesalonicenses 5:13 somos llamados a reconocer y estimar a nuestros líderes espirituales con una actitud buena! Una vez que han nacido de nuevo a la familia de Dios, es la responsabilidad del creyente encontrar un pastor e iglesia local. El Señor espera que nosotros vivamos nuestra vida cristiana en una relación comprometida a la iglesia local y que maduremos bajo el ejemplo y la enseñanza de un pastor. Una de las razones por lo cual muchos cristianos hoy en día luchan en su camino con Dios es porque no han comprometido realmente sus corazones a una iglesia local y no reciben a los ministros que Jesús ha enviado para ayudarlos a crecer.

La diferencia entre maestros y padres

A lo largo del tiempo en nuestro desarrollo como cristianos, podemos recibir enseñanza y ayuda por muchos diferentes ministros y creyentes. Algunos maestros entran a nuestras vidas a través de estudios bíblicos en grupos pequeños. Otros nos enseñan a través de diversas formas como libros, televisión, el podcast, medios digitales y herramientas ministeriales en la red cibernetica. Conferencias, seminarios, talleres y otros eventos también pueden potenciar nuestro crecimiento y desarrollar nuestro entendimiento. Sin embargo, hay una diferencia entre un maestro y un padre espiritual.

"No les escribo estas cosas para avergonzarlos, sino para advertirles *como mis amados hijos*. Pues, aunque tuvieran diez mil maestros que les enseñaran acerca de Cristo, tienen *sólo un padre espiritual*. Pues me convertí en su padre en Cristo Jesús cuando les prediqué la Buena Noticia. Así que les ruego que me imiten" (1 Corintios 4:14-16 NTV).

Pablo escribía a la iglesia en Corinto y les recordaba que disfrutaba de una relación especial con ellos. Al usar el término *padre* no se refería obviamente a una relación física. Él era su padre en *el evangelio,* o *espiritualmente*. En ninguna manera Pablo sugiere que su rol en su vida era cambiar su relación con su Padre en el cielo. Ningún líder humano nunca se puede insertar entre el creyente y Dios. En cambio él mostraba que el haber fundado la iglesia de Corinto y el pastorearlos durante casi dos años, él ocupó un lugar de liderazgo espiritual en sus vidas que era como el papel que un padre tiene en una familia. Luego, en 2 Corintios, indicó que su papel en su vida le concedió un lugar de autoridad para desarrollar y (cuando era necesario) corregirlos.

> "Pues aunque yo me gloríe más todavía respecto de nuestra autoridad, que el Señor nos dio para edificación y no para la destrucción de ustedes, no me avergonzaré" (2 Corintios 10:8 NBLH).

> "Pero nosotros no nos gloriaremos desmedidamente, sino dentro de la medida[a] de la esfera que Dios nos señaló como límite (medida) para llegar también hasta ustedes" (2 Corintios 10:13 NBLH).

La iglesia local es como una familia, y el pastor principal de la iglesia es como un padre. Su papel es proveer enseñanza, visión y liderazgo a la iglesia local, al mismo tiempo tratando de vivir una vida ejemplar que los miembros de la iglesia pueden seguir. El escuchar por primera vez la doctrina de liderazgo espiritual en la iglesia local, puede intimidar y hasta causar temor. Hay preguntas importantes y necesarias que surgen para la mayoría de los creyentes —"¿Cuál es el límite de la autoridad de mi pastor en mi vida?", "¿*Cómo* me dirige mi pastor?" y "¿Cuál es la función del pastor en la supervisión de las familias de la iglesia?" Estas preguntas requieren respuestas. Vamos a ver lo que la Escritura enseña sobre estas áreas.

> *Una de las razones por lo cual muchos cristianos hoy en día continúan luchando en su camino con Dios es porque no han comprometido realmente sus corazones a una iglesia local y no reciben a los ministros que Jesús ha enviado para ayudarlos a crecer.*

Las responsabilidades del pastor de la iglesia local

Si se le preguntara a diez personas diferentes lo que el trabajo de un pastor de una iglesia local debe ser, es probable que recibas diez respuestas diferentes. Muchos cristianos piensan que los pastores deben hacer todo lo que se le pida —como un médico que está de guardia para ellos. Quieren que el pastor visite sus hogares, cuide de los enfermos, proveerles consejeria cada vez que lo llamen, que tenga las respuestas a todas sus preguntas, y que tenga una vida familiar perfecta. Pero esto no es el trabajo de un pastor. La Palabra de

Dios nos da la descripción del trabajo del pastor. Lea esta sección en 1 Pedro 5. Notará que hay tres cosas mencionadas.

> "Y ahora, una palabra para ustedes los ancianos en las iglesias... *Cuiden del rebaño* que Dios les ha encomendado. *Háganlo con gusto*, no de mala gana ni por el beneficio personal que puedan obtener de ello, sino porque están deseosos de servir a Dios. No *abusen de la autoridad que tienen sobre los que están a su cargo, sino guíenlos con su buen ejemplo*" (1 Pedro 5:1-3 NTV).

> "Quiero aconsejar ahora a los ancianos de las congregaciones de ustedes (pastores y guias espirituales de la iglesia), yo que soy anciano como ellos y testigo de los sufrimientos de Cristo, y que también voy a tener parte en la gloria (el honor y esplendor) que ha de manifestarse (revelar, abrir). Cuiden (alimenten, protejan, guien) de las ovejas de Dios que han sido puestas a su cargo [responsabilidad]; háganlo de buena voluntad, como Dios quiere, y no forzadamente ni por ambición de dinero, sino de buena gana. Compórtense no como si ustedes fueran los dueños de los que están a su cuidado, sino procurando ser un ejemplo (patrones y modelos de como vivir la vida cristiana) para ellos" (1 Pedro 5:1-3 DHH).

En esta Escritura, se dan instrucciones especiales sobre la motivación del trabajo de un pastor. Es de modelar la vida cristiana a los que le rodean y voluntariamente supervisar y guiar el rebaño de Dios. Esta es la imagen de un pastor tierno que dirige compasivamente su rebaño. Él no está centrado en el beneficio que puede adquirir de la lana de la oveja; él no esta esquilando la oveja. En cambio su enfoque está en alimentar, nutrir, y proteger el rebaño.

1. Alimentar el rebaño

La palabra griega traducida "cuidar de" en verso 2 es *poimaino*, que significa "alimentar y nutrir un rebaño de ovejas". El trabajo principal del pastor es alimentar al rebaño a través de la predica y la enseñanza de la Palabra de Dios. "Acuérdense de sus pastores, que les dieron a conocer la palabra de Dios" (Hebreos 13:7a). Lo más importante que la iglesia local ofrece a sus miembros es enseñanza y predicas excelentes. Si el pastor no hace esto bien, usted no crecerá. El desarrollo espiritual requiere alimento espiritual (Mateo 4:4). Todo lo de más que la iglesia local provea es secundario a este hecho. Una iglesia puede tener buena música, facilidades, programas infantiles y juveniles, y servicios de alcance a la comunidad —pero si la enseñanza y la predica no le alimentan espiritualmente, pierde lo que es el aspecto más importante de la iglesia local. Para que una iglesia verdaderamente pueda completar su misión ante Dios debe estar en posición.

Al buscar una iglesia, busque un lugar que enseñe la Palabra de Dios de una manera que le alimente y le rete a crecer. Algunos cristianos permanecerán por años en una iglesia que no los alimenta con enseñanza ungida. Cuando ha encontrado al pastor que le alimenta mejor, típicamente esto significa que usted ha encontrado *su iglesia*.

2. Supervisar el rebaño

La segunda responsabilidad del pastor es supervisar la visión, ministerios y el trabajo de la iglesia. Esto requiere que el pastor tenga algún don administrativo o habilidades de liderazgo organizacional. Los pastores deben vigilar el ministerio y mantenerlo en camino con el plan de Dios. Un supervisor inspecciona el trabajo de la iglesia y asegura la calidad de su ministerio. El pastor también tiene la responsabilidad de corregir, disciplinar, y remover miembros y líderes que están causando daño a otros en el cuerpo. Este tipo de supervisión ha de cumplirse en humildad y gentileza (2 Timoteo 2:25) con un corazón de amor y cuando posible, restauración.

3. Ser un ejemplo para el rebaño

"No abusen de la autoridad que tienen sobre los que están a su cargo, *sino guíenlos con su buen ejemplo*" (1 Pedro 5:3 NTV). La tercera responsabilidad del pastor es de vivir como un ejemplo apropiado ante la gente. Cuando Pablo enumera las cualidades de un supervisor, en 1 Timoteo 3, casi todo en la lista se trata con el carácter del pastor, su vida familiar, matrimonio y reputación. Ningún pastor es perfecto. De hecho, los pastores luchan con la carne como todos los creyentes. A veces los pastores fallan y atraviesan temporadas de conflicto en su matrimonio y al criar a sus hijos. No es la ausencia de estas cosas que califican a un pastor para dirigir. En cambio es *el ejemplo que es establecido* a través de la manera que el pastor enfrenta, perdura y supera estos desafíos.

Pablo instruyó al joven pastor Timoteo "...*sé ejemplo de los creyentes en palabra, conducta, amor, espíritu, fe y pureza*" (1 Timoteo 4:12). Esto significa que nuestros pastores deben vivir vidas como la del Rey David. Cuando él falló o cometió errores, David se arrepintió y acudió a Dios para que lo ayudara. Nuestros pastores deben seguir este mismo estilo de vida —viviendo humildemente y caminando en perdón siendo un ejemplo vivo de una relación correcta ante Dios y Su pueblo— enseñando a aquellos a su cargo hacer como ellos hacen.

Los límites de la autoridad de la iglesia local

Recuerde nuestra definición: La iglesia local es una comunidad dinámica de creyentes en Jesucristo que han entrado en una relación comprometida el uno con el otro para adorar, crecer, servir, dar testimonio, y vivir vidas transformacionales juntos bajo un liderazgo espiritual.

Jesús es la Verdadera Cabeza y Gran Pastor de cada iglesia local (1 Pedro 5:4). Los pastores son de representar a Jesús como *bajo pastores* (1 Pedro 5:2). El bajo pastor es uno que trabaja para el Pastor Principal. Todos los líderes espirituales en última instancia están llamados a ser *siervos* al cuerpo. Ellos no deben "abusar de la autoridad que tienen sobre los que están a su cargo" (1 Pedro 5:3 NTV). El papel del pastor no es decirle con quien casarse, donde trabajar, o dictar sus decisiones en la vida. Sirven como guías, maestros, consejeros, y entrenadores. Mientras los líderes de iglesia pueden aconsejarle en asuntos personales y advertirle cuando sienten que es necesario, ellos nunca deben tomar el lugar de Jesús o el Espíritu Santo en su corazón o su vida.

Los pastores establecen la visión y coordinan la misión de la iglesia. El pastor principal o mayor es como el "primer entrenador" de todos los otros entrenadores, ayudantes y capitanes del "equipo" de la iglesia local. El pastor mayor y sus líderes designados tienen la autoridad primaria sobre la dirección y los programas de la iglesia y necesitan dirigir con diligencia, pasión, y transparencia. Los pastores deben ser responsables ante otros pastores que los ayudan en decisiones de la iglesia, y en relación a los fracasos y desafíos personales.

Evitando el abuso espiritual

El abuso espiritual es un término que se refiere al problema de líderes espirituales que sobrepasan su papel de autoridad en las vidas de los creyentes. Mientras que es el trabajo del pastor es dirigir las operaciones de la iglesia y sus ministerios y servicios, no es correcto para los pastores y ancianos abusar de su autoridad en cualquier forma.

Adicionalmente, la membresía en la iglesia local debe ser voluntaria y nunca mantenida por métodos amenazantes ni manipulativos. Cuando un creyente siente que esto esta sucediendo, es importante hablar con los líderes de la iglesia sinceramente y respetuosamente, con la esperanza de resolver el asunto. Si estos problemas no se resuelven, lo mejor es retirar su membresía sin causar interrupción y buscar otra familia espiritual y reincorporarse de nuevo tan pronto como sea posible.

En este punto, también es importante notar que mientras el abuso espiritual existe en algunas iglesias, *la mayoría de las iglesias que se dedican a enseñar la Biblia y son guiadas por el Espíritu son dirigida por hombres y mujeres imperfectos, pero decentes, que desean agradar a Dios.* No debemos utilizar la existencia de abuso espiritual en *algunas* iglesias como una excusa para evitar membresía en *todas* las iglesias. Si usted es un creyente, Dios tiene una iglesia y un pastor para usted. Será un lugar imperfecto lleno de otros seres humanos imperfectos que se unen con un propósito común —amar y confiar en Dios sus vidas. Jesús nos ama y es fiel en colocarnos en la familia a que pertenecemos. Asegúrese que la que usted elija enseñe la Biblia, alegremente alabe, y practique los sacramentos de bautismo y la Santa Cena —y entonces asista *fielmente*. Jesús le bendecirá.

Una palabra a los creyentes en la iglesia perseguida

Es un hecho triste y preocupante que en muchos lugares del mundo es peligroso públicamente vivir como un cristiano. En algunas naciones, hay leyes ya sean escritas o tácitas que prohíben la asamblea de cristianos y castigan a cualquier que se convierta. Muchos de estos creyentes han pagado un gran precio por recibir a Jesús en su vida. Algunos han sido rechazados por sus familias y rehuidos por sus vecinos. Arriesgan ser golpeados, encarcelados, y en algunos casos, tortura y muerte. La predicación abierta está prohibida. A menudo vienen a Cristo en secreto por el testimonio privado de un vecino, o aún por sueños personales y visiones de Jesús. Estos creyentes pertenecen a la iglesia perseguida.

Para nuestros hermanos y hermanas en estas tierras, los sueños de abiertamente adorar a Cristo dentro de una comunidad de una iglesia regular está más allá de su realidad. ¡Para esos preciosos creyentes que pueden estar leyendo este libro, por favor esten seguros que los queremos y continuaremos en oración por ustedes! Jesús ve y conoce sus corazones. Si es el único creyente en su comunidad, es sólo porque usted es el *primer* creyente en su comunidad. Habrán otros. Jesús siempre salva a las personas en *comunidad* con otros. Pidale a Cristo que le dirija a otros que pueden ser salvados o a quien usted le puede testificar. ¡El Espíritu Santo vive en usted y le guiara! ¡Si aún *dos* creyentes están reunidos en el nombre de Jesús, Él esta presente en su medio! Si ora, Él levantará a un pastor de entre usted, o enviará a un pastor a alimentarle. Recuerde que usted es parte de la iglesia invisible, y usted tiene hermanos y hermanas por todas partes de la tierra. Estamos orando por usted y para que la luz de Cristo abra camino entre la oscuridad dondequiera que usted viva en el mundo. Jesús ve y conoce su sufrimiento, y Él le reforzará, mantendrá, y le recompensará.

"Dios bendice a los que soportan con paciencia las pruebas y las tentaciones, porque después de superarlas, recibirán la corona de vida que Dios ha prometido a quienes lo aman" (Santiago 1:12 NTV).

"Honramos en gran manera a quienes resisten con firmeza en tiempo de dolor. Por ejemplo, han oído hablar de Job, un hombre de gran perseverancia. Pueden ver cómo al final el Señor fue bueno con él, porque el Señor está lleno de ternura y misericordia" (Santiago 5:11 NTV).

"Así que alégrense de verdad. Les espera una alegría inmensa, aun cuando tengan que soportar muchas pruebas por un tiempo breve" (1 Pedro 1:6 NTV).

DIA 2 EJERCICIOS

1. La Biblia enseña que Jesús envía a ministros a dirigir Su iglesia. Según Juan 13:20, ¿qué sucede cuándo recibimos a estos ministros?

_____

_____

2. En 1 Corintios 4:14-16, ¿qué dijo Pablo que era la diferencia clave entre un maestro y un padre espiritual?

_____

_____

3. ¿Cuales son los tres trabajos principales de un pastor?

   1. _____

   2. _____

   3. _____

4. ¿A qué se refiere el término *abuso espiritual*, y cómo debe usted manejarlo?

_____

_____

_____

_____

5. Jesús ha diseñado un lugar seguro para usted y para su familia donde usted puede crecer y prosperar y puede ser una bendición a otros. Pida Su ayuda en encontrar el lugar donde usted debe estar —una iglesia local balanceada y centrada en la Biblia. Y una vez que usted encuentre ese lugar, sea paciente mientras Él lo acomode y usted se desarrolle en relación con otros. Las relaciones toman tiempo y compromiso para construir. Pase tiempo en oración pidiendole a Dios que le ayude a estar abierto a las personas con

quien Él desea que usted se acerque y aprenda en el cuerpo de la iglesia. Escriba su oración aquí.

_____

_____

_____

_____

_____

_____

DIA 3: TOMANDO SU LUGAR

No *cada* iglesia es para cada creyente, pero hay *una* iglesia para cada creyente. Una vez que usted ha nacido de nuevo, es su responsabilidad encontrar, comprometerse, y conectar con una iglesia local bíblica que persigue la misión y los propósitos de Jesús.

Hay algunas claves buenas que usted puede utilizar para localizar una iglesia local. Al comenzar su búsqueda, es importante tener en mente que ningún pastor o líder puede ordenarle a usted a ser parte de su iglesia. Un pastor bueno respetará el rol del Espíritu Santo para guiar al creyente a la familia espiritual y al pastor a quien Él lo está llamando. "Pero *Dios ha colocado a cada miembro* del cuerpo *donde mejor le pareció*" (1 Corintios 12:18).

> *Es la responsabilidad de cada creyente crecer espiritualmente. Eso significa que debemos lidiar con nuestra carne, renovar nuestras mentes, cambiar nuestra conducta pecaminosa, y tomar nuestro lugar en la familia.*

IDENTIFICANDO SU FAMILIA ESPIRITUAL

Aquí están algunas instrucciones para ayudarle a descubrir y tomar su lugar en la familia local de la iglesia:

Discernir la temporada de crecimiento en su vida

¿Está comenzando su camino con Jesús? Es importante ubicarse en una iglesia que acomodará su necesidad de ser bautizado, y que ofrece clases o grupos para ayudarle a comenzar su camino con Cristo. Si ha conocido al Señor durante años, es importante que su iglesia local le apoye a crecer y a continuar a madurar espiritualmente. A veces los creyentes permanecen en iglesias que son familiares y tradicionales, pero no ofrecen el tipo de enseñanzas, alabanzas, y servicios que le motivará a ir más lejos en ser discipulado.

No permanezca en una iglesia que fue la voluntad de Dios para usted hacen diez años. No vaya a una iglesia porque esta tratando de complacer a sus padres o amigos. A veces las temporadas cambian y el Espíritu Santo le llevará a otra iglesia que se alinea con lo que Dios quiere hacer en su vida hoy.

¿Es la enseñanza biblica ungida un ancla en los servicios de la iglesia?

La Santa Comunión, la alabanza y adoración, los ministerios para niños, programas de misiones, localización conveniente e instalaciones de calidad no deben ser la razón por la que usted elige su iglesia local. Mientras que todas estas cosas tienen su lugar, la razón principal por la cual debe seleccionar una iglesia es la calidad consistente, integridad, y la unción de la enseñanza y predicación. Todo lo demas puede crecer y desarrollar mientras la iglesia crece. Pero la base de cualquier iglesia buena es el ministerio de la Palabra de Dios. Nada es más importante.

Verifique la declaración doctrinal (¡asegúrese de que haya una!)

En última instancia, lo que la iglesia cree va a gobernar lo que hace. Una iglesia buena debe tener una declaración doctrinal clara, que se alinea con las enseñanzas históricas de la iglesia. Cosas como la doctrina de la Trinidad, la deidad de Jesús, la certeza y la autoridad de la Escritura, y la necesidad de nacer otra vez por fe total en la obra completa de Cristo, son absolutamente esenciales. Si usted es un creyente que ha experimentado los dones del Espíritu Santo, es importante que su iglesia acepte estas verdades también.

¿Sigue la iglesia la misión de hacer discípulos de todas las naciones?

Recuerde que cada iglesia local es llamada a proveer ambientes que permiten a los creyentes aprender las doctrinas y las disciplinas de la vida cristiana. Una iglesia local buena predicará el evangelio, bautizará a los creyentes, y desarrollara a los discípulos. Jesús enseñó que la iglesia debe "hacer discípulos de todas las naciones" (Mateo 28:19). Esto significa que una iglesia local debe estar abierta a personas de razas, nacionalidades, edades, orígenes sociales y económicos, y vecindarios diferentes. Mientras una iglesia no pueda reflejar una diversidad que no este presente en la comunidad en que sirve, si se concentra en sólo una clase de persona y no acepta a otras, eso es un indicación de inmadurez. Algunas iglesias se concentran intencionalmente en sólo los jóvenes, o en aquellos de carreras particulares o capacidades económica. Esto es una práctica peligrosa y no es basada en las escrituras. La iglesia antigua reflejó a todas personas —el rico y pobre, judío y Gentil, la gente urbana y rural— que estuvo presente en las áreas en que sirvieron.

¿Sigue la iglesia los diez propósitos de una iglesia local?

Una iglesia también debe seguir los diez propósitos que estudiamos en el último capítulo —la presencia especial de Jesús; alabanza unida, enseñanzas, y oración;

confraternidad; buena organización; autoridad reconocible; eventos sagrados, como sacramentos y ordenanzas; ejercicio de dones espirituales; alcance a la comunidad y evangelismo; y el recibir de diezmos y ofrendas. ¿Hay oportunidades de servir en la iglesia y apoyar alcances locales y misiones globales?

¿Son el pastor y liderazgo de la iglesia de buen carácter?

Mientras esto puede ser difícil de evaluar, en general el pastor principal de una iglesia y el equipo que escoge deben ser hombres y mujeres de buena reputación. Pueden tener todo tipo de pecados del cual el Señor los ha liberado en su pasado, pero su conducta actual debe ejemplificar un amor sincero por Jesús y buen carácter. ¿Por cuánto tiempo ha sido establecida la iglesia? ¿Dónde recibieron su instrucción para el ministerio y por quién están ordenados el pastor y su personal clave? ¿Existe entre el pastor y su equipo un nivel de responsabilidad hacia aquellos que están en posición sobre ellos? ¿Hay líderes establecidos en posición para ayudarlos si se encuentran en una dificultad? Una iglesia buena ofrecerá la biografía y la historia de su liderazgo principal. Los líderes buenos no están atemorizados de preguntas acerca de su historia ni su carácter.

Cuándo el pastor principal enseña, ¿dice su corazón, "baaahh baaahh"?

Hay un mecanismo interno en el corazón de cada creyente que resuena cuando está en la presencia del pastor que Dios a llamado para alimentarlos. Puede sonar gracioso, pero las ovejas responden a la voz de su pastor. A menudo al oír su pastor enseñar, usted sentirá un sentido de respeto hacia ellos al reconocer la autoridad espiritual detrás de la voz del pastor. A veces, encontrará que el mensaje del pastor parece ser sólo para usted. Esto puede ser una señal que el Espíritu Santo unge a este pastor para ministrarle a usted en maneras que son claramente sobrenaturales. También puede ser una confirmación que usted ha sido llamado a unirse a esa iglesia local.

¿Hay una forma saludable de entrar y salir?

Una iglesia local buena, le ofrecerá a la visita una manera clara para entrar en relación formal con su congregación, y permitir a los que quieren salir hacerlo sin vergüenza, sin culpa, y sin amenaza de rechazo. Naturalmente hay ejemplos donde los líderes de la iglesia deben remover a miembros de su ambiente cuando sus conductas persistentes, malsanos hieren a otros. En estos casos, los líderes actúan en el mejor interés del cuerpo entero y no procuran perseguir o causar la herida de un miembro ofensivo. Como mencionado antes, a veces sucede que una iglesia ya no avanza en una dirección que un miembro pueda apoyar con entusiasmo. Esto no es siempre algo malo. Puede que sea nada más que el fin de una temporada en la vida. A veces Dios quiere utilizar un miembro en otra iglesia local. En cualquiera de estos casos es importante que la iglesia local permita a los miembros partir en buena posición y con una bendición. Es también importante que los miembros al retirarse de una iglesia, lo hagan sin causar división o hablar mal del liderazgo de la iglesia anterior. Esto nunca es la voluntad de Dios.

UNIRSE A SU FAMILIA ESPIRITUAL

Una vez que usted ha encontrado una iglesia que por lo general sigue las indicaciones anteriormente mencionadas, y después de que haya orado y tenga un sentido de paz en su corazón, inmediatamente empiece el proceso de membresía establecida por la iglesia. Algunas iglesias tienen una cita informativa. Otras tienen clases o pequeños estudios biblicos en grupo para iniciar a miembros nuevos. Si usted no ha sido bautizado en agua desde que creyó en Jesús por usted mismo, debe procurar experimentar esto. Un buen proceso de membresía incluirá una lista de expectativas claramente detalladas que sirven para preparar el camino para una relación exitosa con la iglesia.

La ley de beneficio mutuo

La *ley de beneficio mutuo* es una ley que gobierna las relaciones. Esta ley enseña que la salud de cualquiera relación es determinada por el beneficio mutuo que es derivado por cada participante. Es decir, mientras más mutuamente beneficiosa es la relación, más sana la relación será. Mientras menos mutuamente beneficiosa una relación es, menos sana será. Esto es cierto en la naturaleza, en la filosofía natural, en el amor, en el trabajo, en la amistad, y cada otra dimension de la vida. Un matrimonio donde un individuo mayormente da, y el otro individuo mayormente recibe, se erosionará rápidamente en salud y vitalidad. Un ambiente de trabajo saludable es uno en donde el empleado y el empleador reciben beneficio mutuo de la relación. Manteniendo la salud en una relación requiere un entendimiento claro por adelantado de lo que cada individuo suplira y lo que cada participante puede esperar del otro.

Una relación con la iglesia no es diferente. Una buena iglesia local ofrece servicios de adoración poderosos, enseñanza excelente biblica, cuidado pastoral, consejeria espiritual, grupos de oración pequeños y estudios biblicos, facilidades para alabar, sacramentos y ordenanzas, dedicaciones, matrimonios y funerales, ministerios para familias, y oportunidades para los creyentes utilizar sus dones para servirse el uno al otro. ¡Eso son muchos beneficios! Es correcto y apropiado para los miembros de la iglesia intercambiar este cuidado y proveer beneficios mutuos también. De hecho, es la única forma que una iglesia local puede funcionar en salud.

Jesús está interesado en discípulos —no consumidores

> *El Señor Jesús no nos pide nada mas y nada menos que le demos nuestras vidas enteras y entrega completa, a Su voluntad.*

Muchos creyentes hoy exhiben una actitud egoísta de consumismo Americano. Piensan de la iglesia como su restaurante o su tienda favorita. Esperan estacionamiento gratis, servicio de atención al cliente estelar, la libertad de entrar y salir a su antojo, y absolutamente ninguna obligación de comprar nada, proveer nada, o de regresar con regularidad. Esto no tan sólo no se encuentra en la escritura, pero es una manera idólatra de vivir. De hecho, ha deformado la práctica de muchas iglesias para concentrarse más en apelar a la última tendencia cultural que llamar a los creyentes a vivir vidas bíblicamente obedientes y centradas en Cristo. Seguir a Cristo implica más que una oración y una zambullida en la piscina bautismal. Lea cada uno de estos versos con cuidado:

"El que no carga su cruz y Me sigue, no puede ser Mi discípulo" (Lucas 14:27 NBLH).

"Si amas a tu padre o a tu madre más que a mí, no eres digno de ser mío; si amas a tu hijo o a tu hija más que a mí, no eres digno de ser mío" (Mateo 10:37 NTV).

"Si te aferras a tu vida, la perderás; pero, si entregas tu vida por mí, la salvarás" (Mateo 10:39 NTV).

Seguir a Jesús es maravilloso, pero no es sin costo. El Señor Jesús no nos pide nada mas y nada menos que le demos nuestras vidas enteras y entrega completa, a Su voluntad. Parte de esa entrega incluye adorar y aceptar Su iglesia.

SUS RESPONSABILIDADES A LA IGLESIA LOCAL

Amar la iglesia (sin condiciones)

"Y él nos ha dado el siguiente mandato: *los que aman a Dios amen también a sus hermanos en Cristo*" (1 Juan 4:21 NTV).

El primer y más grande mandamiento es amar a Dios y amarse el uno al otro. Este principio singular es la base de todo en el reino de Dios. Mostramos nuestro amor por Dios amando a personas tal como Él lo hace. Él nos ama completamente —tal como somos; y debemos hacer lo mismo. Al amar a las personas en la iglesia local, *tome una decisión de hacerlo sin condiciones*. Esto significa que nuestro amor el uno por el otro no es basado en lo que otros hacen por nosotros o cómo nos tratan. No es basado en lo que es "popular" o la ausencia del pecado en su vida. Nos requiere hacer la labor difícil de ver a otros como Dios los ve. Es creer en su potencial para el cambio.

> "Éste es su mandamiento: Que creamos en el nombre de su
> Hijo Jesucristo, y *nos amemos unos a otros* como Dios nos
> lo ha mandado" (1 Juan 3:23).

Porque las iglesias consisten de seres humanos, son lugares imperfectos. A veces esas imperfecciones pueden crear conflictos. A veces esos conflictos causan que personas se sientan heridas, deriven lejos, o se retiren de la iglesia por completo. A veces esas personas sólo quieren huir de la iglesia e intentar resolver las cosas a solas. Mientras esto es comprendible, *no es bíblico*. En ningún lugar en el Nuevo Testamento se apoya "tiempo de excedencia" del cuerpo de Cristo. En contraste a eso, siempre que los problemas en la iglesia son tratados en la Escritura, el Señor dirige que deben ser resueltos *dentro* de la comunidad de la iglesia, no evitándolos (Mateo 18:15-17; Gálatas 6:1).

> "Amados, *amémonos unos a otros*, porque el amor es de
> Dios. Todo aquel que ama, ha nacido de Dios y conoce a
> Dios" (1 Juan 4:7).

El amor requiere que nos perdonemos el uno al otro, que nos apoyamos el uno al otro, y que obremos juntos para servir nuestra comunidad. La escritura dice, que debemos evitar conflictos en la iglesia (2 Timothy 2:23), y mantener la unidad. Esto significa evitar chismes, la difamación, y el hablar con poca amabilidad de otra personas a sus espaldas. Esta es la primera responsabilidad de cada creyente en la iglesia local.

> "Sean siempre humildes y amables. Sean pacientes unos con
> otros y tolérense las faltas por amor. Hagan todo lo posible por
> mantenerse unidos en el Espíritu y enlazados mediante la paz"
> (Efesios 4:2-3 NTV).

> "Líbrense de toda amargura, furia, enojo, palabras ásperas,
> calumnias y toda clase de mala conducta. Por el contrario, sean
> amables unos con otros, sean de buen corazón, y perdónense

unos a otros, tal como Dios los ha perdonado a ustedes por medio de Cristo" (Efesios 4:31-32 NTV).

Asistir a la iglesia cada semana

"Pues esas leyes de Moisés *se han predicado todos los días de descanso en las sinagogas judías* de *cada ciudad* durante *muchas* generaciones" (Hechos 15:21 NTV).

Cada creyente debe reunirse cada semana para la adoración y para servir en la iglesia local. Dios ordenó a Su pueblo, en el Antiguo Testamento a tomar un día cada semana y dedicarlo a Él. Era conocido como el Día de descanso. En Levítico, el Señor dijo, "Respeten mis días de reposo, y tengan *mi santuario en reverencia. Yo soy el Señor*" (Levitico 19:30 NTV). Lo llamó, "un día de descanso absoluto, *un día oficial de asamblea santa*" (Levitico 23:3a NTV). De ese tiempo en adelante, el pueblo de Dios se reunía cada sábado para adorar y escuchar la enseñanza de la Palabra de Dios. El día completo fue dedicado al Señor y estaba prohibido el trabajo regular. Después de los servicios, la gente comian juntos con sus familias y compañeros creyentes, pasando el día disfrutando de Dios y confraternizando el uno con el otro.

Jesús fue a los servicios cada semana y enseñó la Palabra.

"Jesús y sus compañeros fueron al pueblo de Capernaúm. *Cuando llegó el día de descanso, Jesús entró en la sinagoga y* comenzó a enseñar" (Marcos 1:21 NTV).

"El siguiente día de descanso, comenzó a enseñar en la sinagoga" (Marcos 6:2a NTV).

"Cuando llegó a Nazaret, la aldea donde creció, *fue como de costumbre a la sinagoga el día de descanso* y se puso de pie para leer las Escrituras" (Lucas 4:16 NTV).

"Después Jesús fue a Capernaúm, una ciudad de Galilea, y enseñaba en la sinagoga *cada día de descanso*" (Lucas 4:31 NTV).

Después de haber resucitado de la muerte el domingo por la mañana, Jesús apareció a sus discípulos reunidos, más tarde en el día. Siete semanas después, el Espíritu Santo fue derramado mientras los discípulos se reunieron para la adoración en el domingo de Pentecostés. Desde ese tiempo en adelante, la iglesia se reunió todos los fines de semana —ya sea el sábado o el domingo— y continuaron esta practica por dos mil años. La reunión semanal de creyentes en las iglesia local siempre ha sido la primera función de la vida cristiana. Nunca ha sido cosa de *si o no* los creyentes deben reunirse cada semana. De hecho, la reunión semanal siempre ha sido el latido del corazón de la vida cristiana en la comunidad. Es sólo en estas ultimas décadas que algunos cristianos modernos han sugerido que esta práctica es innecesaria para vivir una vida cristiana exitosa. Desafortunadamente, son engañados.

La Escritura lo hace claro, "Tengámonos en cuenta unos a otros, a fin de estimularnos al amor y a las buenas obras. *No dejemos de congregarnos*, como es la costumbre de algunos, sino animémonos unos a otros; y con *más razón ahora que vemos que aquel día se acerca*" (Hebreos 10:24-25).

Bajo circunstancias normales un creyente debe asistir a la iglesia cada semana —para la adoración, enseñanza, confraternidad, el sacramento, dar testimonio y servir el uno al otro. Esto muestra honor a Jesús y Su familia y es una parte esencial de ser un discípulo de Jesús.

Crecer con la iglesia (espiritualmente)

"Por lo tanto, desháganse de toda mala conducta. Acaben con todo engaño, hipocresía, celos y toda clase de comentarios hirientes. Como bebés recién nacidos, deseen con ganas la leche espiritual pura *para que crezcan a una experiencia plena de la salvación*. Pidan a gritos ese alimento nutritivo" (1 Pedro 2:1-2 NTV).

Crecer espiritualmente es la responsabilidad de cada creyente. Eso significa que debemos lidiar con nuestra carne, renovar nuestras mentes, cambiar nuestra conducta pecaminosa y tomar nuestro lugar en la familia. Todos empezamos la vida cristiana como un bebé espiritual. Todos tenemos pecados que dejar a un lado, sentimientos que debemos vencer, y memorias que necesitamos sanar. ¡La iglesia local existe para este propósito! Una iglesia local buena ofrecerá más que adoración semanal y servicios docentes. Habrá oportunidades de llegar a ser un discípulo participando en estudios bíblicos, clases sobre temas particulares, pequeños grupos, y eventos de confraternidad. Tome su caminar con Cristo seriamente y llegue a ser una parte comprometida de cualquier grupos formativo o de crecimiento espiritual que su iglesia ofrece. Mientras se reúna regularmente con otros creyentes para estudio, oración, confraternidad, y para servir, usted comenzará a crecer espiritualmente.

Adicionalmente, es la responsabilidad de cada creyente desarrollar una confraternidad vibrante e íntima con Dios. La oración y meditación en la Escritura son disciplinas que deben ser parte de su vida diaria.

DIA 3 EJERCICIOS

1. ¿Qué cosa en particular es el fundamento de una buena iglesia?

_____

2. ¿Qué cuatro artículos esenciales se deberían incluir en la declaración de la misión de una iglesia?

   1. _____

   2. _____

   3. _____

   4. _____

3. Explique cómo la *ley de beneficio mutuo* trabaja en la iglesia local. ¿Qué le proporciona a usted? ¿Qué puede dar a cambio?

_____

_____

_____

_____

4. ¿Cuales son las tres responsabilidades hacia la iglesia mencionada en la lectura de hoy?

   1. _____

   2. _____

   3. _____

5. ¿Qué dos disciplinas deben ser una parte diaria de su vida?

   1. _____

   2. _____

DIA 4: DAR

Dar a la iglesia (fiel y generosamente)

Cada miembro de una iglesia local debe dar fiel y generosamente de sus finanzas al Señor. Sé lo que usted probablemente esta pensando. Espere. Antes de ponerse nervioso o girar los ojos, considere que Dios quizás tenga una cosa o dos que decir acerca del dinero. El hecho es que la Biblia tiene mucho que decir acerca del dinero y nuestro comportamiento hacia él. Y ya que Dios lo hizo tanto a usted como la riqueza material en este planeta, lo que Él tiene que decir sobre ellos es una de las cosas más importantes que usted podría aprender. Mantenga la mente abierta y siga valientemente leyendo.

> *Jesús habló sobre el dinero más que el cielo y el infierno combinados.*

Hay mucha confusión acerca de Dios y el dinero

Hay mucha confusión hoy dia, y desafortunadamente, controversia alrededor del tema de dinero y dar. Históricamente, la iglesia ha sido un estudio en extremos. Durante la Edad Media, los ministros de iglesias locales tomaron votos de pobreza, mientras las autoridades más altas de la iglesia, como los obispos, disfrutaron de estilos de vida lujosos. La idea que el dinero era malo fue extensamente enseñado —y creído— por el cristiano común, y aquellos con riqueza eran a menudo contenidos en sospecha. Con la invención de la imprenta era posible para la gente común a leer la Palabra de Dios en su propio idioma. Mientras leían la Palabra, ellos vieron la corrupción en su presente sistema religioso, y la Reforma protestante nació. Después de la Reforma en el siglo dieciséis, las iglesias protestantes empezaron a leer en las Escrituras sobre el valor del labor fuerte, ahorro frugal y la administración financiera. Por primera vez, los miembros de la iglesia comenzaron a abrir bancos, negocios, invertir y desarrollar bienes raíces como parte de su deber cristiano de ser buenos administradores con los recursos de Dios. Los cristianos abrieron escuelas y universidades para estudiar profesiones que elevarían el nivel de vida de Europa y haría posible el nacimiento y la prosperidad rápida de América.

Luego, en el siglo diecinueve, un movimiento comenzó en Gran Bretaña y América destacando la santidad personal y la renuncia del materialismo. Como una reacción a la complacencia espiritual en muchas iglesias, estas nuevas iglesias enseñaron que el Reino de Dios no era de este mundo, y la búsqueda de la riqueza era un mal del cual los creyentes fieles tenían que ser separados. Esta clase de predicación era muy popular entre los pobres y la gente de la clase obrera de América. Pronto, una nueva clase de iglesias protestantes nació en donde el dinero y la riqueza se vieron otra vez como un mal que se había convertido en el dios de los injustos.

La oscilación final del péndulo comenzó al final del siglo veinte mientras las iglesias y ministerios llenos del Espíritu comenzaron a ver las promesas para la prosperidad material en la Escritura como un medio para alcanzar al mundo a través de iglesias más grandes, ministerio multimedia, y altamente creativas (y costosas) formas de ayuda comunitaria. Algunos predicadores y ministerios comenzaron a destacar la prosperidad personal y riqueza sin límites como una señal del amor de Dios y bendición personal. Las verdades bíblicas de administración y prosperidad fueron eclipsadas por el extremismo, y enseñanzas y prácticas de recaudación de fondos cada vez más extrañas, que atacaba a los ignorantes, los pobres y la fe ciega de creyentes sinceros y desesperados.

Dios tiene mucho que decir acerca del dinero y su rol en su vida

Como resultado de todo esto, cuando el tema del dinero surge en la iglesia, muchas personas se desconectan. Peor aún, algunas personas son tan escépticos de los motivos de la enseñanza cristiana sobre las finanzas que apagan sus corazones y mentes completamente. Lo lamentable de esto es que la verdadera enseñanza bíblica sobre la pobreza, la administración, y prosperidad es maravillosamente equilibrada. Realmente tiene el poder de transformar su vida y la experiencia de la iglesia local. Lo que es importante recordar es que *la verdad siempre* nos libertará. Esto incluye la verdad sobre el dinero y el dar con generosidad.

El hecho es que la Palabra de Dios está llena de promesas, advertencias, e indicaciones que le dan al creyente toda la sabiduría necesaria para ser un excelente administrador de las riquezas materiales. Casi el veinticinco por ciento de los Proverbios da instrucciones directas sobre el dinero y la administración de materiales. Muestran cómo una persona bíblica puede prosperar evitando simultáneamente las trampas de la pobreza y el materialismo.

Hay pocas verdades que le libertarán en su vida como la enseñanza *equilibrada* de la Palabra de Dios sobre la administración apropiada del dinero, dar con generosidad, y recibir abundantemente.

Jesús habló sobre el dinero —mucho

Aquí están algunos datos:

- Jesús habló sobre el dinero más que el cielo y el infierno combinados.
- Jesús habló sobre el dinero más que cualquier otra cosa excepto el Reino de Dios.
- Veinticinco de treinta y nueve parábolas (mas de la mitad) implican el dinero, bienes o administración de material.
- Uno de cada siete versos en el evangelio de Lucas se refiere al dinero o bienes materiales.

Las enseñanzas de Jesús incluyeron muchas advertencias sobre el abuso, mal uso y la naturaleza engañosa de las cosas materiales. Él también abogó por utilizar el dinero para el bien, cuidar de su familia, y dar generosamente para los propósitos del reino de Dios.

Jesús retó a sus discípulos a dar generosamente y recibir bondadosamente

Jesús comunico Sus parábolas a los líderes de Su futura iglesia, y no se avergonzó en retar a Sus seguidores a dar de sacrificio generosa y regularmente. Jesús dijo esto:

> "Den, y recibirán. Lo que den a otros les será devuelto por completo: apretado, sacudido para que haya lugar para más, desbordante y derramado sobre el regazo. La cantidad que den determinará la cantidad que recibirán a cambio" (Lucas 6:38 NTV).

Cuando retó un joven político judío, rico Jesús dijo,

> "Una cosa te falta: anda y vende todo lo que tienes, y *dáselo a los pobres*. Así tendrás un tesoro en el cielo. Después de eso, ven y *sígueme*" (Marcos 10:21).

Para este hombre materialista y poderoso esta promesa de tesoro celestial no fue suficiente. Así que se alejó de la oportunidad de seguir a Jesús. Lamentablemente, su materialismo le impidió obtener el resto de la historia. Jesús no trataba de empobrecerlo sustancialmente, sino liberarlo de la *decepción del materialismo*. El Señor lo probaba para ver si él amaba a Dios más que su dinero. Jesús no planeaba mantenerlo perpetuamente pobre. ¡De hecho, el Señor tanto planeaba salvar su alma como prosperarlo materialmente! Jesús pasó a explicar a Sus discípulos.

"De cierto les digo: No hay nadie que por causa de mí y del evangelio haya dejado casa, hermanos, hermanas, madre, padre, hijos, o tierras, que ahora en este tiempo no *reciba, aunque con persecuciones, cien veces más* casas, hermanos, hermanas, madres, hijos, y tierras, y en el tiempo venidero la vida eterna" (Marcos 10:29-30).

¡De estos pasajes, vemos que Jesús espera que sus seguidores sean generosos, para Él poder ser radicalmente amable en bendición material!

> *Casi cada vez que Dios nos instruye a dar, Él promete devolver a nosotros. Esto no es una enseñanza ocasional u oscura de las escrituras. Está por todas partes del Viejo y Nuevo Testamentos.*

Cuando la Biblia nos instruye a dar, Dios promete devolver

Es verdad que no debemos dar al Señor como si estuvieramos jugando en una tragaperras celestial. Es totalmente egoísta dar a otros únicamente con el fin de poder obtener algo a cambio. La razón más alta para dar generosamente, es el amor. Damos porque amamos a Dios, amamos Su iglesia, amamos ayudar a otros, y amamos Sus mandamientos. Si nosotros nunca recibimos nada a cambio en esta vida o en la eternidad, nosotros todavía debemos ser radicalmente generosos simplemente porque queremos complacer a Jesús —nuestro generoso Señor y Salvador.

Al mismo tiempo, nosotros no podemos ignorar el hecho de que casi cada vez que Dios nos instruye a dar, Él promete devolver a nosotros. Esto no es una enseñanza ocasional u oscura de las escrituras. Está por todas partes del Viejo y Nuevo Testamentos. Dios ha prometido multiplicar nuestra generosidad —de nuevo en nuestras vidas— a fin de bendecirnos personalmente y prepararnos para más generosidad. Lea cada una de las siguientes Escrituras en voz alta. Mientras lee, considere la promesa increíble que el Señor ha hecho a los que dan.

"Honra al Señor con tus bienes y con las primicias de tus cosechas. *Tus graneros se saturarán de trigo, y tus lagares rebosarán de vino*" (Proverbios 3:9-10).

"Los perversos piden prestado y nunca pagan, *pero los justos dan con generosidad*. Los bendecidos por el Señor poseerán la tierra, pero aquellos a quienes él maldice, morirán" (Salmo 37:21-22 NTV).

*"Da con generosidad y serás más rico; sé tacaño y lo perderás todo.
El generoso prosperará,* y el que reanima a otros será reanimado"
(Proverbios 11:24-25 NTV).

"Traigan todos los diezmos al depósito del templo, para que
haya suficiente comida en mi casa. Si lo hacen —dice el Señor
de los Ejércitos Celestiales— les abriré las ventanas de los
cielos. ¡Derramaré *una bendición tan grande que no tendrán
suficiente espacio para guardarla!* ¡Inténtenlo! ¡Pónganme a
prueba! *Sus cosechas serán abundantes* porque las protegeré
de insectos y enfermedades. Las uvas no caerán de las vides
antes de madurar —dice el Señor de los Ejércitos Celestiales"
(Malaquías 3:10-11 NTV).

"Ustedes mismos también saben, Filipenses, que al comienzo
de la predicación del evangelio, después que partí de
Macedonia, ninguna iglesia compartió conmigo en cuestión
de dar y recibir, sino solamente ustedes....Pero lo he recibido
todo y tengo abundancia. Estoy bien abastecido, habiendo
recibido ... lo que han enviado: fragante aroma, sacrificio
aceptable, agradable a Dios. *Y mi Dios proveerá a todas sus
necesidades, conforme a sus riquezas en gloria en Cristo Jesús"*
(Filipenses 4:15, 18, 19 NBLH).

"Así que pensé que debería enviarles a estos hermanos
primero, a fin de estar seguro de que tienen lista la ofrenda que
prometieron; pero quiero que sea una ofrenda voluntaria, no
una ofrenda dada de mala gana. Recuerden lo siguiente: un
agricultor que siembra sólo unas cuantas semillas obtendrá
una cosecha pequeña. *Pero el que siembra abundantemente
obtendrá una cosecha abundante...*Pues es Dios quien provee
la semilla al agricultor y luego el pan para comer. De la
misma manera, *él proveerá y aumentará los recursos de
ustedes* y luego producirá *una gran cosecha de generosidad* en
ustedes. Efectivamente, serán enriquecidos en todo sentido
para que *siempre puedan ser generosos;* y cuando llevemos
sus ofrendas a los que las necesitan, ellos darán gracias a
Dios" (2 Corintios 9:5-6, 10-11 NTV).

Hay diferentes formas de dar enseñadas en la Biblia

Hay tres categorías generales para dar de sus finanzas apoyadas en el Viejo y Nuevo Testamento. Cada una tiene su lugar para servir los propósitos de Dios para la iglesia. Son el diezmo, la ofrenda, y la caridad.

1. Los diezmos

Los diezmos son la primera décima parte de sus ingresos. Usted no puede diezmar cinco o quince por ciento. Es siempre y solamente el diez por ciento. Ha de ser ofrecido a la iglesia local, siempre que se recibe el ingreso. Ha de ser dado en primer lugar, no en último lugar. Ha de ser dado regularmente como un acto de adoración. No es algo que se intenta. No es algo que hace cuando usted se siente dirigido. Es un principio de honor apartar de su propia voluntad y traerlo para apoyar con fidelidad la obra de la iglesia.

2. Las ofrendas caritativas

Las ofrendas caritativas son ofrendas a los pobres u ofrendas para suplir necesidades caritativas. La ofrenda caritativa es dada de acuerdo a como una persona se siente inspirado por su propio corazón. No hay porcentaje específico. La ofrenda caritativa es ofrecida por encima del diezmo. Son ofrendas de pos-diezmo. Usted puede dar ofrendas de caridad a través de la iglesia local, o a personas que usted sabe que están en necesidad, o a ministerios que ministran a los pobres e indigentes. Dios nos ordena dar ofrendas caritativas regularmente.

3. Las ofrendas

Las ofrendas son regalos que se dan por encima de los diezmos que no entran en la categoría de caridad. Las ofrendas se clasifican en dos categorías —ofrendas generales y ofrendas para desarrollar proyectos. Las ofrendas para desarrollar proyectos incluyen un compromiso singular o como promesas en curso en proyectos de construcción, misiones y ministerios de alcance comunitario, u otros programas designados. Las ofrendas generales son todo lo demás que un individuo se siente motivado a sembrar en la iglesia, otros ministerios, o las vidas de creyentes prójimos. Dios espera que Su pueblo dé a proyectos en sus iglesias locales, misiones, y a personas alrededor de ellos, como Su Espíritu le dirija.

DIEZMAR: EL PRIMER PRINCIPIO DE DAR

Esto es a menudo la categoría más polémica de dar porque es la más clara, y por lo tanto más difícil de evitar. La palabra *diezmo* significa "décimo", o diez por ciento. La Biblia enseña que los hijos de Dios están en un pacto con Él como mayordomos (o gerentes) de la tierra. Por amor a Dios y su obra en la tierra, Dios nos instruye a devolver a Él el primer décimo de nuestros ingresos en reconocimiento de que Él es el dueño de todo lo que poseemos. Contrario al pensar de algunos, el diezmo era un *principio del pacto de la gracia* mucho antes que fuera añadido a la ley judía.

Dar el diezmo es por gracia mediante la fe, no por la ley

Abraham es conocido en la Escritura como el padre de todos los que creen —entre ambos, Israel y la iglesia. Esto significa que en Abraham tenemos un ejemplo de fe y un modelo para vivir, que es un fundamento para la iglesia.

> "Y ahora que pertenecen a Cristo, son verdaderos hijos de Abraham. Son sus herederos, y la promesa de Dios a Abraham les pertenece a ustedes" (Gálatas 3:29 NTV).

> "Así que la promesa se recibe por medio de la fe. Es un regalo inmerecido. Y, vivamos o no de acuerdo con la ley de Moisés, todos estamos seguros de recibir esta promesa si tenemos una fe como la de *Abraham, quien es el padre de todos los que creen*" (Romanos 4:16 NTV; vea también Romanos 11:17).

En Génesis 14, Abraham regresó de una gran batalla con las riquezas de Su victoria. Mientras pasaba por las colinas del campo de Judea, él llego a una pequeña ciudad montañosa conocida como Salem, o "paz". Mientras Abraham pasó, se encontró con una figura muy misteriosa que de alguna manera había anticipado su llegada. Su nombre era *Melquisedec*. Era ambos el Rey de Salem y "el sacerdote del Dios Altísimo". El nombre hebreo, *Melquisedec* significa "Rey de la Justicia". ¡Lo que es tan extraño acerca de este hombre es que era un sacerdote de Dios casi quinientos años antes de que Moisés, la Ley, y el sacerdocio judío existieron! Cada otro sacerdote en las Escrituras nació sacerdote bajo la ley de Moisés. Este misterioso rey-sacerdote se describió más tarde como siendo "sin padre, sin madre...que ni tiene principio de días, ni fin de vida, sino *hecho semejante al Hijo de Dios*, permanece sacerdote para siempre" (Hebreos 7:3 RVR60).

Cuando Melquisedec se encontró con Abraham, le trajo un regalo muy curioso: *pan y vino*. Unos años más tarde el libro de Hebreos nos dice claramente lo que usted ya puede haber adivinado: Melquisedec era un tipo de Jesucristo. Jesús es nuestro Rey y Sumo sacerdote. Nos ofreció Su cuerpo y sangre y recordamos Su sacrificio cuando compartimos la Sagrada Comunión. Abraham fue deshecho por su visita con la figura de Cristo en Melquisedec y respondió dándole el primer diezmo.

"Entonces Melquisedec, que era rey de Salem y sacerdote del Dios Altísimo, sacó pan y vino y lo bendijo así: 'Bendito seas, Abram, del Dios Altísimo, creador de los cielos y de la tierra, y bendito sea el Dios Altísimo, que puso en tus manos a tus enemigos.' Y le dio Abram los *diezmos* de todo" (Génesis 14:18-20).

Jesús, nuestro Sumo Sacerdote, recibe nuestros diezmos

Hoy, Jesús es nuestro Sumo Sacerdote y Rey. Su sacerdocio no proviene de la ley de Moisés, pero "según el orden de Melquisedec" (Hebreos 7:11). Más tarde Israel fue encomendado a pagar diezmos de todo lo que poseían bajo la ley. Pero el diezmo comenzó bajo el pacto de gracia cuando Abraham dio los primeros diezmos a Melquisedec. La Escritura también dice, "En este caso, los que reciben los diezmos son simples hombres; pero en aquél, los recibe Melquisedec, *de quien se da testimonio de que vive*" (Hebreos 7:8). Esto habla de Jesús. Él estuvo en Melquisedec recibiendo el diezmo de Abraham. Y vive hoy y recibe diezmos de Su iglesia bajo el pacto de gracia.

Los diezmos se llevan a la casa de Dios

Dar el diezmo formo parte de las enseñanzas de Abraham a sus hijos. Su nieto, Jacob, reafirmó la práctica de dar el diezmo después de ser visitado por ángeles en una visión mientras dormía. En la visión, él vio ángeles que subían y descendían *una escalera que conectó el cielo a la tierra.* Cuando despertó, tomó la piedra que él había usado como una almohada estableciendola como un marcador físico del lugar donde Dios se había encontrado con él. Llamó el lugar "la casa de Dios".

"Luego Jacob hizo el siguiente voto: 'Si Dios en verdad está conmigo y me protege en este viaje, y si él me provee de comida y de ropa, y si yo regreso sano y salvo a la casa de mi padre, entonces el Señor ciertamente será mi Dios. Y esta piedra que levanté como columna conmemorativa *será un lugar de adoración a Dios,* y yo le *daré a Dios una décima parte de todo lo que él me dé'''* (Génesis 28:20-22 NTV).

En esta historia, vemos el modelo para dar el diezmo que luego fue seguido por Israel, y hoy por la iglesia del Nuevo Testamento. Los diezmos son llevados a la casa de Dios. Son llevados al lugar en la tierra donde Dios habla con Su pueblo cuando se reúnen para adorarlo. La casa del Antiguo Testamento de Dios era el tabernáculo de Moisés, después David, y luego el templo. Lo que cada uno de estos lugares tenían en común era que los hijos de Dios se reunieron allí bajo liderazgo espiritual para adorar, recibir enseñanza, dar el diezmo, y servir el uno al otro. El Señor dijo a Israel específicamente que eran de traer los diezmos a la casa de Dios (Malaquías 3:10-11).

La pregunta es esta: ¿Cuál es la casa del Nuevo Testamento de Dios? Agradecidamente, tenemos una respuesta clara en la Escritura:

"Para que, si me tardo, sepas cómo conducirte *en la casa de Dios, que es la iglesia del Dios viviente*, columna y baluarte de la verdad" (1 Timoteo 3:15).

"Cristo, en cambio, como hijo *es fiel sobre su casa, que somos nosotros*, si mantenemos la confianza firme hasta el fin y nos gloriamos en la esperanza" (Hebreos 3:6).

"Y ustedes también, como piedras vivas, sean edificados *como casa espiritual* y sacerdocio santo, para ofrecer sacrificios espirituales que Dios acepte por medio de Jesucristo" (1 Pedro 2:5).

La iglesia local de Éfeso mencionada en 1 Timoteo 3:15, era la iglesia donde Timoteo era pastor. Hoy la iglesia local es la casa de Dios. Mientras que cada creyente es un "templo" de la presencia de Dios porque el Espíritu Santo vive en ellos, cuando nos reunimos en la asamblea local nos convertimos en una habitación especial para la presencia de Dios. Por esta razon nosotros hoy traemos nuestros diezmos a nuestra iglesia local.

Jesús aprobó el diezmar

Una vez cuando Jesús corregía a los Fariseos, se dirigió a su tendencia de mostrarse irreprochables en su exterior teniendo los motivos incorrectos en su interior. Dijo, "¡Qué aflicción les espera, fariseos! Pues se cuidan *de dar el diezmo sobre el más mínimo ingreso* de sus jardines de hierbas, pero pasan por alto la justicia y el amor de Dios. *Es cierto que deben diezmar, pero sin descuidar las cosas más importantes*" (Lucas 11:42 NTV). Jesús afirmó la práctica del diezmar, al enseñar que son los motivos del corazón que lo hace significativo.

La iglesia temprana practicó diezmar

El documento de la iglesia más viejo que existe describiendo las prácticas de los primeros cristianos es un manual pequeño llamado, *La Didache*, o simplemente *La Enseñanzas de los doce apóstoles*. Da instrucciones en cómo creyentes deben vivir, adorar, bautizar, recibir comunión, y conducir reuniones de iglesia. Nos da una pequeña vista dentro de la vida de los primeros cristianos y cómo eran sus reuniones de iglesia. Note el valor alto atribuido al dar diezmos (o primero frutos) al igual que ofrendas y caridad para el pobre.

A todo el que te pida, dale y no le reclames nada, pues el Padre quiere que se dé a todos de sus propios dones. Bienaventurado el que da conforme a este mandamiento, pues éste es inocente (líneas 8,9, Capitulo 1). No vaciles en dar, ni murmurarás mientras das. No rechazarás al necesitado, sino que tendrás todas las cosas en común con tu hermano (líneas 6,7, Capitulo 4). Por tanto, tomarás siempre *las primicias* de los frutos del lagar y de la era, de los bueyes y de las ovejas, y las darás como primicias a los profetas (el que predica), pues ellos son (como) nuestros sumos sacerdotes. Pero si no hay profetas (pastor), dalo a los pobres. 13:5 Si haces pan, *toma las primicias* y dalas conforme al mandato. *De tu dinero, de tu vestido y de todas tus posesiones, toma las primicias,* según te pareciere, y dalas conforme al mandato (líneas 3-5, Capitulo 13).[23]

El diezmo es la forma principal con la cual la misión de la iglesia local es financiada

Pablo escribió a la iglesia en Corinto y les enseñó acerca de su obligación de apoyar el predicar del evangelio a través de la iglesia local.

"¿No se dan cuenta de que los que trabajan en el templo obtienen sus alimentos de las ofrendas [diezmos] que se llevan al templo? Y los que sirven en el altar reciben una porción de lo que se ofrece como sacrificio. *Del mismo modo, el Señor ordenó que los que predican la Buena Noticia sean sostenidos* por los que reciben el beneficio del mensaje" (1 Corintios 9:13-14 NTV).

Esto enseña que así como el templo judío y sus ministros fueron apoyados por los diezmos de la gente, *de la misma manera* los miembros de la iglesia local deben apoyar el trabajo de la iglesia a través sus diezmos. Es un respaldo exacto el dar el diezmo en la iglesia de Nuevo Testamento, según el modelo del Antiguo Testamento.

El diezmo es del Señor —si usted no diezma, está robando

A menudo hablamos de "pagar" nuestros diezmos como si pagaramos una cuenta. Pero el hecho es que, para empezar, el diezmo nunca fue nuestro. "El diezmo...es del Señor" (Levítico 27:30). Realmente, *traemos* nuestros diezmos. Cuando damos el diezmo, nosotros reconocemos que todo lo que tenemos le

---

23. *El Didache,* Dominio Público.

pertenece a Él. ¡Por eso el pasaje más famoso sobre diezmar comienza con un reproche a Su pueblo por robarle a Dios al no dar Su diezmo! "¿Robará el hombre a Dios? Pues vosotros me habéis robado. Y dijisteis: ¿En qué te hemos robado? En vuestros diezmos y ofrendas" (Malaquías 3:8 RVR60).

Dar el diezmo es un acto de amor y honor

Dios promete recompensarnos cuando damos el diezmo fielmente. Sin embargo, debemos siempre recordar que ofrecemos nuestros diezmos y las ofrendas a Él en amor y honor —no como una obligación legal o con el proposito de ganar Su favor. Israel diezmó para hacerse justo bajo la Ley. Nosotros damos el diezmo porque somos justos bajo la gracia. Es un acto de honor que ofrecemos por fe. El diezmar llega a ser poco más que un ritual el momento que olvidamos esto. Una de las razones que creyentes hoy dia no dan el diezmo es porque luchan por pagar cuentas, deudas, y el cuidar de sus familias. A menudo cuando nos enteramos por primera vez sobre el principio del diezmo, nos asustamos. A veces comenzamos a traer nuestros diezmos en fe, pero las presiones de la vida causan que nuestra fe falle. Es importante recordar que nuestra salvación no está basada en dar nuestro diezmo. Damos porque somos salvos. Si realmente desea honrar a Dios, usted debe dar tan generosamente, como le sea posible por fe. Aquí están algunas maneras de empezar:

Cómo diezmar

1. Empiece donde usted esté. Tome una decisión de comenzar a dar hoy. No espere hasta que pueda dar cierta cantidad. No disminuya la importancia de tener un punto de inicio.

2. La próxima vez que usted reciba sus ingresos, ponga a un lado su diezmo y ofrenda primero. Dios quiere ser primero. Eso significa que antes de pagar otra cosa, separe su diezmo al Señor. ¡No lo use para otra cosa! Tome una decisión de dar a Dios justo de la parte superior de todo lo que entra. El principio de dar primero a Él es aún más importante que la cantidad actual que usted dé. Asegúrese de hacerlo fielmente cada vez.

3. Extienda su nivel de fe. El diezmo (el diez por ciento) es el mejor lugar para comenzar. Si elige comenzar por debajo de ese nivel, asegúrese de dar a su nivel máximo de fe. Comprometase a organizar su vida y finanzas de tal manera que usted pueda empezar diezmar tan pronto como le sea posible. Si usted ya da el diezmo, agregue una ofrenda a cada diezmo. Si tiene fe para dar el diezmo de sus ingresos netos, empiece allí. Cuando su fe aumente a donde usted puede dar el diezmo de sus ingreso brutos, aumente a ese nivel.

4. Después de que haya dominado fielmente el dar el diezmo, dé regularmente al proyecto de construcción o la visión de su iglesia local. Una iglesia creciente siempre esta en necesidad de actualizar, mejorar, o añadir instalaciones para promover la obra del Señor. En la Escritura, hay numerosos ejemplos detallados de proyectos de construcción que Dios dirigió a Su pueblo a emprender. Sin excepción, estos proyectos fueron financiados por ofrendas especiales más allá de los diezmos regulares. Cuando da sacrificadamente, a la visión de la iglesia, da a su propio futuro y al futuro de su comunidad.

5. Dé al pobre y necesitado. Si su iglesia tiene una misión a personas necesitadas en su comunidad o en otra parte del mundo, dé siempre que pueda. Este tipo de ofrenda siempre es honrada por el Señor.

6. Dé a misiones mundiales. Si su iglesia local tiene proyectos de misión o misioneros que apoya, pida al Señor por oportunidades para dar. Si ora por la semilla para sembrar, mire como el Señor lo hara llegar a su vida. El corazón de Dios late por misiones mundiales e iglesias crecientes y por cristianos que apoyan tales obras.

7. Siembre en la vida de hermanos en la fe. El Nuevo Testamento dice de cómo el Espíritu Santo se movió tan poderosamente en la iglesia temprana que los cristianos en la iglesia local comenzaron a ayudarse el uno al otro con sus necesidades financieras. Si tiene una necesidad en su vida, siembre una semilla en la vida de otro. ¡Dios hará posible para usted lo que usted hace posible para otros!

8. Dé ofrendas y regalos especiales a sus pastores y los que le alimentan con la Palabra de Dios. La Escritura enseña, "Los que reciben enseñanza de la palabra de Dios deberían proveer a las necesidades de sus maestros, compartiendo todas las cosas buenas con ellos. No se dejen engañar: nadie puede burlarse de la justicia de Dios. Siempre se cosecha lo que se siembra" (Gálatas 6:6-7 NTV). Los ministros de Dios son Sus sirvientes. Recuérdelos en sus cumpleaños, en vacaciones, y para eventos especiales. Como usted es dirigido, dé para ayudarlos a tomar vacaciones, tomar tiempo de descanso, y fortalecer sus matrimonios y familias. ¡Si es generoso con Sus ministros, Él será generoso con usted!

9. Si es casado, asegúrese de hablar con su cónyuge acerca de su decisión de dar el diezmo. Naturalmente, usted no puede dar el diezmo ni puede dar de los ingresos de su cónyuge por ellos. Dios sólo espera que dé los primeros frutos de todo *su* aumento o el que está en su control (Proverbios 3:9).

10. Tome cada oportunidad para aprender acerca de la administración y mayordomía financieras. Ponga en orden las finanzas de su hogar. ¡Mientras mejor cuide de sus finanzas —por mucho o poco que usted tenga— más tendrá para vivir, y para dar!

Tomar su lugar en la iglesia local es una elección que sólo usted puede hacer. Es importante para usted saber que si es un seguidor de Jesucristo, Él espera que usted encuentre, se una, asista, adore, crezca, y de generosamente a una iglesia local buena. Cuando apoya la iglesia local, apoya el latido del corazón de Dios en la tierra. Jesús ama Su familia. Él tiene una para usted. Es tiempo de tomar su lugar. Una vez que usted ha hecho esto, Él puede comenzar a activar dentro de usted las habilidades especiales que Él le ha dado. El Señor desea que sea más que un miembro, un estudiante, un devoto, y un dador. Desea que sea un *siervo*.

DIA 4 EJERCICIOS

1. ¿Cuáles son los tres diferentes formas de dar enseñadas en la Biblia? Describa a cada uno.

1. _____

_____

2. _____

_____

3. _____

_____

2. ¿Cuál es el aspecto más importante de dar el diezmo?

_____

_____

_____

3. Según la enseñanza de Jesús, ¿qué da significado a un diezmo cuando es dado?

_____

_____

_____

4. Cuando llevamos nuestro diezmo a Dios, ¿qué estamos reconociendo?

_____

_____

_____

CAPÍTULO DIEZ

TRANSFORMANDO NUESTRO MUNDO

Transformando nuestro mundo

DIA 1: DISEÑADO PARA SERVIR

Usted tiene un propósito

Usted no es un accidente. Fue diseñado a propósito, con un propósito, y para un propósito. Eso no es sólo un juego de palabras. Nuestro Padre nos ha creado, nos ha salvado, y está en el proceso de transformarnos según un *plan* y para una razón específica. Dios nunca hace nada *accidentalmente*. Él no resuelve las cosas mientras va de camino. Él le entendió mucho antes de que usted fuera capaz de entenderse. Dios es intencional. La Escritura dice que hemos sido "predestinados conforme a los planes del que todo lo hace según el designio de su voluntad" (Efesios 1:11).

> "Que responda a los deseos de tu corazón *y te conceda todas tus peticiones*" (Salmos 20:4).

> "Puedes hacer todos los planes que quieras, pero el *propósito* del Señor prevalecerá" (Proverbios 19:21 NTV).

> "Y cuando él llegó y constató la bondad de Dios, se alegró mucho y exhortó a todos a permanecer fieles al Señor, con todo el *fervor de su corazón*" (Hechos 11:23).

Usted no es un accidente. Usted fue diseñado a propósito, con un propósito, y para un propósito.

Imagínese que anda por un bosque salvaje en una región remota, cuando de repente usted ve un objeto brillante a lo lejos. Mientras usted se acerca a esa cosa misteriosa, comienza a notar su forma. Tiene dos ruedas y guardabarros pintados de un rojo brillante. Su forma lisa contiene un mecanismo metálico complicado justo debajo de un asiento suave de cuero. Un tazón grande de plata se sienta justo delante y debajo de dos manillares anchos.

Ahora imagínese que usted nunca había visto ni había oído de una motocicleta. Sin cualquier marco de referencia, varias cosas podrían ser inmediatamente discernidas. Primero, este objeto no "encaja" en este lugar en donde se ha encontrado. En segundo lugar, concluiría rápidamente por su detalle preciso, sus hermosas líneas y diseño intricado, que no podría haber llegado a ser *por sí mismo*, ni de algún modo formado *accidentalmente*. La existencia de esta *máquina* exige la existencia de un *creador*. Tal *diseño* requiere de un *diseñador*.

Ahora es posible que usted no tenga idea exactamente lo que este objeto hace, por qué está en el bosque, o cómo llegó allí, pero *sabría* inmediatamente algunas cosas acerca de la persona que lo diseñó. Sabría que él o ella aprecian la belleza. Discerniría inmediatamente que es creativo y artístico. Sabría que es inteligente. Sabría que es *resuelto*.

De estas observaciones solamente podría asumir algunas cosas sobre el propio objeto. Sabrías que tal objeto tenía valor —particularmente para el diseñador. Una pintura por Picasso es de mucho más valor que una copia exacta hecha por un artista desconocido, simplemente a causa de la mano que tocó el lienzo. El diseñador da valor al diseño. Por último usted sabría que este objeto extraño existió a *propósito*. Pero sin algo que le diera a usted conocimiento sobre la mente del creador, usted no tendría manera de saber por qué existe, donde pertenece, o cómo funciona. Usted quizás lo desmantele y utilice su asiento como una almohada, su tanque como una olla para agua, la columna de dirección como una azada de dos-asideros. Ignorancia del creador garantiza maltrato del objecto creado.

De la misma manera, su propia existencia en este planeta demanda que usted tenga un propósito. Usted no es un accidente. Las condiciones de su llegada a este planeta no dictan su valor ni determinan la razón por su diseño. A pesar de su valor neto, salario anual, cantidad de amigos, o hogar nacional, su identidad y su propósito de existencia no pueden ser adivinados por las circunstancias que rodean su vida. Usted es una hermosa, creación asombrosa e intencional de Dios. Usted ha sido diseñado por una razón. Usted tiene un propósito. Puede sentirse perdido en esta vida, pero hay Uno que sabe por qué usted está aquí, las características y capacidades extraordinarias que usted atesora, y cómo fue diseñado para "functionar".

"Clamo al Dios Altísimo, a Dios, *quien cumplirá su propósito para mí*" (Salmos 57:2 NTV).

En este capítulo final de nuestro estudio sobre la vida transformada, vamos a aprender sobre el viaje de descubrimiento y realización del objetivo de Dios para su vida. Es sólo cuando comenzamos a vivir nuestras vidas en armonía con el propósito por lo cual hemos sido diseñados que esta etapa de nuestra transformación es completada. Dios propuso algo *para usted* cuando lo puso sobre la tierra. Él empezó algo *en usted* el día que nació de nuevo. Y Él está revelando algo *a través de usted* mientras usted toma su lugar como un discípulo de Jesucristo en la iglesia local.

FUE CREADO Y DISEÑADO PARA SERVIR

Usted fue diseñado a propósito

Cada uno de nosotros es una creación multi-talentosa, con múltiples dones y es una determinada creación de Dios Altisimo. La Biblia enseña que Dios magistralmente diseñaba todo acerca de nosotros desde el principio. Lea este pasaje en voz alta a usted mismo. Considere cada palabra y concepto mientras lee.

> "Oh Señor, has examinado mi corazón y sabes todo acerca de mí....Tú creaste las delicadas partes internas de mi cuerpo y me *entretejiste en* el vientre de mi madre. ¡Gracias por hacerme *tan maravillosamente complejo!* Tu fino trabajo es maravilloso, lo sé muy bien....Me viste antes de que naciera. Cada día de mi vida estaba registrado en tu libro. Cada momento fue diseñado antes de que un solo día pasara. Qué preciosos son tus pensamientos acerca de mí, oh Dios. ¡No se pueden enumerar!" (Salmos 139:1, 13-14, 16-17 NTV).

El Señor estaba íntimamente involucrado en nuestra creación. Él nos hizo con un plan. Él nos creó para cumplir un propósito en la tierra. Desde adentro de la matriz de nuestra madre, Él puso dentro de cada uno de nosotros la personalidad, dones, talentos, y capacidades mentales necesarias para cumplir los propósitos para las cuales fuimos creados. A causa de la presencia del pecado, cada uno de nosotros también ha sido profundamente impacto y ha sido "quebrantado". Es sólo cuando nacemos de nuevo que empezamos nuestro viaje de transformación que resulta en nuestra restauración a nuestro diseño original.

> *Las condiciones de su llegada a este planeta no dictan su valor ni determinan la razón de su diseño.*

Usted es infinitamente valioso

Usted y yo somos increíblemente valiosos a Dios. El mundo no puede reconocer su verdadero valor, pero el Dios que lo formó de seguro que sabe su valor. Jesús, al enseñar acerca de nuestro valor a Dios, dijo,

"¿Cuánto cuestan dos gorriones: una moneda de cobre? Sin embargo, ni un solo gorrión puede caer a tierra sin que el Padre lo sepa. En cuanto a ustedes, cada cabello de su cabeza está contado. Así que no tengan miedo; *para Dios ustedes son más valiosos* que toda una bandada de gorriones" (Mateo 10:29-31 NTV).

La declaración máxima de su valor a Dios es la cruz de Jesucristo. Una vez, al vender una casa, mi agente de bienes raíces me recordó de un hecho muy importante —nada vale más de lo que alguien está dispuesto a pagar. Usted conoce el valor de algo por el precio que se pagó para obtenerlo. Cuando Dios envió a Jesús a la cruz a derramar Su sangre por nuestros pecados, Dios estaba estableciendo nuestro valor en el mercado global por todo el tiempo. ¿Podría haber algo más valioso o precioso que la sangre de Dios, el Hijo? "Ustedes saben que fueron rescatados...no con cosas corruptibles, como el oro y la plata, *sino con la sangre preciosa de Cristo*, sin mancha y sin contaminación, como la de un cordero" (1 Pedro 1:18-19). Usted es una parte de la "iglesia del Señor, que Él ganó por Su propia sangre" (Hechos 20:28b). ¡Ningún precio podría ser más grande! La vida del Hijo de Dios es de valor infinito. Por lo tanto, su valor es infinito. Tome un momento para decir esto a voz alta: "Fui comprado por Dios con la sangre de Jesucristo. Por lo tanto, soy de infinito valor".

Ha sido restaurado a la imagen de Dios y su propósito

"Bendito sea el Dios y Padre de nuestro Señor Jesucristo, quien según Su gran misericordia, *nos ha hecho nacer de nuevo a una esperanza viva*...para obtener una herencia incorruptible, inmaculada, y que no se marchitará, reservada en los cielos para ustedes" (1 Pedro 1:3-4 NBLH).

Cuando recibió a Jesucristo como su Salvador y su espíritu fue renacido, Dios empezó el trabajo de restaurar Su imagen en usted. Pablo dijo "y vistanse del *nuevo hombre*, el cual, en la semejanza de Dios, ha sido creado" (Efesios 4:24 NBLH).

Nuestros espíritus "se han revestido de la nueva naturaleza, la naturaleza del nuevo hombre, que se va renovando a imagen del que lo creó hasta el pleno conocimiento" (Colosenses 3:10). Ahora esta nueva naturaleza espiritual nos permite recuperar los propósitos originales de Dios para nuestras vidas. Nuestra transformación interna empieza el proceso de nuestra transformación externa.

DIA 1 EJERCICIOS

1. Su propia existencia en este planeta exige que usted tenga un propósito. ¿Por qué?

_____

_____

_____

2. Dios propuso algo _____ cuando lo puso sobre la tierra.

3. Dios empezó algo _____ el día que nació de nuevo.

4. Dios está revelando algo _____ mientras toma su lugar como un discípulo de Jesucristo en la iglesia local.

5. ¿Cual es la declaración máxima de nuestro valor a Dios?

_____

_____

_____

6. ¿Qué comienza nuestro proceso de transformación externa?

_____

_____

_____

DIA 2: EL SECRETO PARA DESCUBRIR SU PROPOSITO

Redimido para Su gloria

El primer propósito de Dios en nuestras vidas es glorificar y honrarlo. Porque hemos sido comprados por Él, nosotros ahora somos poseídos por Él. "¿Acaso ignoran que el cuerpo de ustedes es templo del Espíritu Santo, que está en ustedes, y que recibieron de parte de Dios, y que ustedes no son dueños de sí mismos? Porque ustedes han sido comprados; el precio de ustedes ya ha sido pagado. *Por lo tanto, den gloria a Dios* en su *cuerpo* y en su espíritu, *los cuales son de Dios*" (1 Corintios 6:19-20). Es nuestro deber usar nuestras vidas de manera que dé gloria a Él. Esto significa que nuestros deseos, nuestros planes, nuestros propósitos, y nuestras búsquedas necesitan cambiar y alinearse con los propósitos verdaderos para los cuales Él nos ha creado.

Renacido a su propósito

Muy a menudo pasamos nuestro tiempo, talentos, y energías sirviendo nuestros propios propósitos. ¡Finalmente, no hemos sido puestos sobre la tierra para vivir nuestras vidas fuera de Sus propósitos! Noten que ser nacido de nuevo nos requiere volver a pensar a quién servimos y cómo utilizamos nuestras vidas.

> "Porque en otro tiempo nosotros también éramos insensatos, rebeldes, extraviados, *esclavos de los malos deseos y de diversos deleites*; vivíamos en malicia y envidia, nos aborrecían y nos aborrecíamos unos a otros" (Tito 3:3).

La vida de la persona no salva es dedicada a servir sus propios engaños, lujurias, y placeres. Es una vida que es auto enfocada. Hoy día nuestro mundo es conocido como la generación del "yo". Se trata de nuestros deseos, nuestras necesidades, nuestra felicidad, y una constante competencia de lograr más para nosotros mismos a cargo de otros. Llegar a ser un creyente cambia todo eso.

> "Pero cuando se manifestó la bondad de Dios nuestro Salvador, y Su amor hacia la humanidad, Él nos salvó, no por las obras de justicia que nosotros hubiéramos hecho, sino conforme a Su misericordia, por medio del lavamiento de la regeneración y la renovación por el Espíritu Santo....Palabra fiel es ésta; y en cuanto a estas cosas quiero que hables con firmeza (confianza), para que los que han creído en Dios procuren ocuparse en

buenas obras. Estas cosas son buenas y útiles para los hombres" (Tito 3:4-5, 8 NBLH).

Ahora que estamos en Cristo, nuestra atención se centra en agradar a Dios. Nuestros dones y objetivos llegan a ser reevaluados, y a menudo nuestro tiempo llega a ser modificado, alrededor de nuestro nuevo sistema de valor. Somos cambiados; y ahora queremos usar nuestros cuerpos, nuestros dones, y vidas para hacer *buenas obras* para otros.

> *Cuando sus acciones se alinean con sus verdaderos propósitos espirituales, usted siempre experimentará un sentido de alegría y paz interna. Es una de las maneras en que descubre sus dones y encuentra su propósito en la vida.*

Recreado para buenas obras

"Porque somos hechura Suya, creados en Cristo Jesús para hacer buenas obras, las cuales Dios preparó de antemano para que anduviéramos en ellas" (Efesios 2:10 NBLH).

¿Sabia usted que hay obras buenas y propósitos particulares que Dios ha preparado para usted realizar? Cuando nació de nuevo, su espíritu fue reformado y fue equipado para las obras específicas que Dios ha planeado para su futuro. El Señor ha preparado obras que solo usted puede lograr. Estos no son los logros y los propósitos del Señor para cualquier persona. Son las obras particulares que usted literalmente fue creado en Cristo para hacer. Algunos creyentes nunca consideran las cosas que Dios había planeado para ellos hacer con sus vidas. Estos terminan sus estudios, obtienen carreras, crían familias, persiguen sus pasatiempos e intereses, y a veces viven y se mueren sin jamás hacer realmente lo que fueron diseñados por Dios para hacer.

La mayoría de los creyentes saben esto en sus corazones. Ellos a menudo presienten que sus éxitos son algo vacíos —como si en medio de todo, ellos perdieron su propósito verdadero. De todas las cosas que podríamos estudiar, seguir, y desarrollar en nuestras vidas, no hay nada más importante que descubrir su propósito espiritual en la vida, y usar las habilidades que Dios le ha dado a usted.

¡Cuando sus acciones diarias se alinean con sus dones y propósitos, tendrá paz interior!

Una de las pasiones de mi vida es dirigir a miembros de la iglesia en viajes de misiones de alto-impacto e corto-plazo a naciones pobres y en vías de desarrollo.

No hay nada como ver el impacto que estas aventuras tienen en la vidas de creyentes cuando ven por primera vez este tipo de pobreza internacional y sufrimiento expansivo. La alegría verdadera es ver cómo su vidas cambian cuando ponen sus dones espirituales y naturales a trabajar para hacer una diferencia verdadera en la vida y las experiencias de otros. Nada me motiva más que ayudar a personas descubrir sus dones, conectarlos con su propósito, y ayudarlos alcanzar su potencial.

En un viaje a Africa, yo pude llevar a una joven que había crecido en nuestra iglesia desde su infancia. Amaba a Dios, y había llegado a ser exitosa en la profesión de enfermería. Toda su vida ella había sentido un deseo de visitar una de nuestras misiones en Africa. Finalmente, con la inspiración del Espíritu Santo y la sugerencia de su prometido, ella tomó tiempo fuera del trabajo y participo en nuestra misión. Naturalmente, ella estaba agobiada por las necesidades que encontró y rápidamente empezó a trabajar con nuestro equipo médico para tratar a los enfermos. Una mañana, un chico jóven sin hogar, con ropa desgarrada, entró a nuestra clínica, agarrando firmemente su brazo hacia su pecho. Parecía desorientado y casi llegando hacia afuera a las calles nuestra joven misionera lo vio y comenzó a atender a su necesidades. Él no había comido ni había tenido nada de tomar en algún tiempo. Después de ofrecerle agua, nosotros aprendimos su historia. Había sido golpeado por su padre alcohólico. Después de romperle el brazo, su padre lo echó a la calle. La joven enfermera de nuestra iglesia lo hizo su misión, tratar y reponerle el brazo mutilado del niño, le aseguro un baño y ropa nueva, y dentro de veinticuatro horas, nosotros le encontramos una familia adoptiva. Las imágenes del "antes" y "después" de este joven pequeño valen mil palabras.

Pero quizás la parte más grande de la historia vino varias noches después mientras me reuní con el equipo por última vez antes de regresar a los Estados Unidos. Esta hermosa joven enfermera profesional, rebosando con la alegría del Señor, proclamo "por primera vez en mi vida, yo me siento como si por fin he encontrado la razón por la cual estoy aquí. ¡Tengo mi objetivo en la vida"! Ella quedo cambiada para siempre.

Cuando sus acciones se alinean con sus propósitos espirituales verdaderos, usted siempre experimentará sentimientos de alegría y paz interior. Es una de las maneras que descubre sus dones y encuentra su propósito en la vida.

USTED TIENE DONES QUE SE ALINEAN CON SU PROPÓSITO

Todos somos multi-talentosos. Cada persona en este planeta ha recibido algo en su cuerpo y alma que son diseñados para dirigirlo a su propósito en la vida.

Llamamos estas habilidades talentos, rasgos, o dones. Comprender las diferentes clases de habilidades que Dios le ha dado y cómo usarlos es unas de las cosas más importantes que usted debe resolver en su vida.

LOS DONES NATURALES

Los dones naturales son habilidades especiales dadas por Dios a cada persona que le permiten encontrar éxito en sus vidas naturales. Forman parte del acto creativo de Dios en proveer generosamente para la raza humana —ya sea que lo reconozcan o no. Residen en el alma (la mente, intelecto, imaginación, emociones, y voluntad) y el cuerpo físico. Los dones o habilidades naturales son capacidades en las cuales somos naturalmente aptos. Miremos algunas características de habilidades naturales.

1. Los dones naturales son dados a todas personas al nacer

Dios bondadosamente ha dotado a todos los seres humanos con ciertos dones naturales que corresponden con su lugar en el mundo natural. Ellos quizas no descubrirán algunos de sus talentos naturales hasta muchos años después que hayan crecido, pero estaban presente en forma de semilla en sus cuerpos y mentes al nacer.

2. Los dones naturales tienden a caer en una de estas categorías

Dones intelectuales —capacidades que residen en la mente. Esto puede incluir las ciencias, educación, y habilidad en solucionar de problemas.

Dones relacionales —talentos con personas o dones sociales. Los dones en la psicología, en entrenar, en comunicación y habilidades interactivas, y en desarrollar el entendimiento entre personas y culturas, pueden estar presentes.

Dones mecánicos —ser competentes en la construcción, reparación, ingeniería, con la comprensión de mecanismos sencillos y complejos, y con un conocimiento de cómo las cosas funcionan. Esto también incluye a personas con fuerza y capacidades físicas.

Dones artísticos —habilidades que utilizan varios medios para expresar sentimientos, belleza, y creatividad. Esto incluye actores, autores, pintores, bailarines, músicos, diseñadores, artistas, y artistas de todos tipos.

Dones atléticos —habilidades atléticas que dan una gran habilidad en la competencia y logros físicos.

Dones de liderazgo —se refiere a competencias que inspiran a otros a seguir una visión, plan, o idea para lograr un objetivo deseado. Estos pueden ser encontrados en cada área de la vida.

Dones económicos/comerciales —capacidades especiales para producir y multiplicar riqueza, manejar bienes, o asuntos de negocio.

Dones de servicio —habilidad de respaldar a otros y lograr hacerlos exitoso. Estos dones son más satisfechos cuando permiten a otra persona lograr algo.

Dones innovadores —estos son los inventores, o personas que tienen la capacidad de ver una necesidad y descubrir nuevas maneras de suplir esa necesidad. Los innovadores verdaderos son raros, y a menudo necesitan de otros con regalos diferente a los suyos para complementar su propio conjunto de habilidades y ayudar a realizar su visión.

3. Los dones naturales son la clave al exito material

La clave para ser exitoso en su vida natural es descubrir y desarrollar sus habilidades naturales. Dios se los da a todos para que puedan ser miembros productivos de la sociedad y proveer materialmente para sí y sus familias. Su éxito financiero típicamente se ata al descubrimiento de sus dones naturales y en desarrollarlos hasta que lleguen a su máxima brillantez. Haga lo que usted pueda hacer naturalmente y usted siempre tendrá algo hacer.

4. A veces los dones naturales de una persona y sus intereses personales son diferentes

Sin embargo, usted nunca tendrá éxito manteniendo intereses en lo cual tenga *talento moderado*. Puede gustarle el béisbol, y usted puede llegar a ser moderadamente talentoso en el deporte. Pero a menos que sea un talento innato o natural, las oportunidades serán pocas para tener éxito personal persiguiendo este deporte.

5. Necesitamos aceptar nuestros dones naturales y satisfacer nuestros pasatiempos e intereses

Hay muchos concursos de talento en la televisión en las que personas sin talento o moderadamente talentosas compiten sólo para ser devastados al descubrir que la única persona que disfruta de su talento son ellos mismos y su madre. Encuentre sus dones verdaderos. Hágalos brillar. Utilícelos para ganarse la vida. Consienta sus pasiones y los intereses personales sin ponerlos en la posición de tener que ganarse la vida a través de ellos.

6. A veces descubrimos nuestros dones por accidente

Estos empiezan como experiencias o pasatiempos, y descubrimos rápidamente que somos naturalmente talentosos en algo que anteriormente no nos imaginábamos. Quizás hay un atleta ocultado debajo de ese exceso de veinte libras. Un autor exitoso, artista, o bloguero que quizás esté escondido debajo de esa pasión de leer. Un propietario potencial de negocio puede estar ocultado en esas recetas de pastel que sacas durante los dias de fiesta para prepararle a todos sus amigos. Siga intentando cosas nuevas. Puede descubrir dones naturales en cualquier edad —y cada persona tiene más de un don.

7. Dios utiliza nuestros dones naturales para ayudar a construir y desarrollar la iglesia

¡Aunque nuestros dones naturales son principalmente para ayudarnos a cumplir nuestros propósitos naturales y proveer para nuestro éxito material en la vida, cada habilidad natural puede ser utilizada por el Señor para ayudar a la iglesia local! Las iglesias necesitan los empresarios hábiles para aconsejar y participar en la administración financiera. La iglesia necesita constructores, contratistas, artistas, y atletas. Esos con habilidades naturales en servir, dirigir, y trabajar con diferentes clases de personas tienen una responsabilidad de ofrecer sus dones naturales en servicio a Jesús y Su iglesia. Mientras algunos pueden recibir un salario por sus habilidades, cada creyente debe buscar no ser una carga a la iglesia, utilizando sus dones naturales para ganarse la vida en el mundo y ofreciendo ayuda a otros en la iglesia con sus talentos cuando sea posible *sin cobrar.*

LOS DONES ESPIRITUALES

"Ahora, amados hermanos, con respeto a la pregunta acerca de las capacidades especiales [dones espirituales] que el Espíritu nos da, no quiero que lo malentiendan" (1 Corintios 12:1 NTV).

Los *dones espirituales* son habilidades especiales concedidos por Dios, a Sus hijos, para permitirles encontrar éxito y cumplir su propósito en la iglesia local. Residen en el espíritu renacido del creyente. Los dones espirituales son parte de la forma que Dios desarrolla la comunidad y el amor dentro de la iglesia local. Miremos algunas características.

1. La palabra griega traducida "don" es *carisma*

Viene de la palabra raíz *charis* que significa "gracia". Un don espiritual es una medida especial de la gracia de Dios que permite a un creyente hacer algo que él o ella de otro modo no podría hacer. Los dones espirituales son talentos que siempre residen dentro del creyente. Están potencialmente disponibles para ser utilizados por ellos cuando surge la necesidad. Estos también pueden operar en cualquier creyente en ocasión como sea la voluntad del Espíritu Santo. Mientras ningún creyente tiene cada don espiritual, cada creyente tiene por lo menos un don espiritual que forma una parte de su "inventario" espiritual para toda su vida.

2. Cada creyente recibió por lo menos un don espiritual el momento que nacio de nuevo

"Ponga *cada uno* al servicio de los demás el don *que haya recibido*, y sea un buen administrador de la gracia de Dios en sus diferentes manifestaciones" (1 Pedro 4:10).

No existe un creyente que no posee un don espiritual. ¡Si ha nacido de nuevo, tiene por lo menos uno —y probablemente más de uno!

3. Dios elige cual será su don o dones espirituales

"Es el mismo y único Espíritu quien distribuye todos esos dones. *Sólo él decide qué don cada uno debe tener*" (1 Corintio 12:11 NTV).

Puesto a que son dados por el Espíritu Santo por la gracia, Dios distribuye dones espirituales según Su propio placer y plan perfecto. En otras palabras, usted y yo no podemos elegir nuestros dones. No es como ir al bufete local y elegir las cosas que usted prefiere. Puede admirar un don espiritual y ansiosamente desearlo, pero el Señor elige cual usted recibirá. ¡Lo importante es apreciar todos los dones, porque si nosotros no tenemos un don en particular cuando lo necesitamos, *otra persona lo tendrá!*

4. Los dones espirituales se dividen en tres categorías generales

1. Los dones que *dicen*
Estas son habilidades especiales dadas por el Espíritu Santo de hablar por Su inspiración.

2. Los dones que *hacen*
Estas son habilidades especiales de realizar o hacer algo por el Espíritu Santo.

3. Dones que *ven*
Estas son habilidades especiales dadas por el Espíritu de recibir conocimiento o ver algo que usted de otro modo no podría ver ni saber. Estos dones son muy especiales y funcionan bajo la dirección del Espíritu.

5. El nuevo testamento menciona específicamente dieciséis dones o *carismas* espirituales

"Hay distintas clases de dones espirituales, pero el mismo Espíritu es la fuente de todos ellos" (1 Corintios 12:4 NTV).

El Espíritu Santo está encargado de distribuir los dones espirituales. Estos estan enumerados principalmente, en dos listas encontradas en Romanos 12 y 1 Corintios 12. En este capítulo, nuestro propósito es introducir la enseñanza bíblica de dones espirituales, no estudiar cada don individualmente. Lo que es importante reconocer de estos dones es que son dados por el Espíritu Santo y que operan en la iglesia en maneras diferentes. A veces ellos son dados al creyente y permanecen como *dones residentes* que pueden ser utilizados cuando la necesidad surge o el Espíritu nos inspira. Otros dones en estas listas son más espectaculares en naturaleza y manifestados por el creyente según la voluntad de Dios. En este segundo caso, el creyente debe confiar mucho más en el Espíritu Santo para iniciar y suministrar la manifestación.

Los dones funcionales (Romanos 12:6-8)
1. Profecía
2. Enseñanza
3. Exhortación
4. Liderazgo con diligencia
5. Servicio
6. Dar con liberalidad
7. Misericordia con alegría

Los dones de la manifestación del Espíritu (1 Corintios 12:8-10)
1. Profecía (listado en ambos pasajes)
2. Diferentes clases de lenguas
3. La interpretación de diferentes clases de lenguas
4. Palabra de sabiduría
5. Palabra del conocimiento
6. Disernimiento de espíritus
7. Fe especial (1 Corintios 13:2)
8. Las obras de milagros
9. Dones de sanidad

Más uno

La única otra habilidad específicamente mencionada como un *carisma* en el Nuevo Testamento es el don del *celibato* (1 Corintios 7:7; Mateo 19:10-12). Toma una gracia especial y capacidad de Dios para permanecer felizmente soltero y sexualmente inactivo. (¡Todos los cristianos solteros deben creer a Dios para darles este don hasta que encuentren a su cónyuge!)

6. Los dones espirituales no son lo mismo que dones naturales o rasgos de personalidad

Algunas personas piensan que porque son un maestro profesional en la escuela pública que Dios los ha llamado a ser un maestro espiritual en la iglesia local. Esto no es el caso. Mientras un don natural puede ser utilizado en el servicio a la iglesia, el *carisma* espiritual de enseñar es una capacidad sobrenatural que viene de la vida del Espíritu dentro del creyente. Otros han asumido que los dones espirituales son sólo otra manera de expresar nuestras tendencias e disposiciones personales. Por ejemplo algunos han enseñado que si alguien tiene el don de misericordia, ellos son naturalmente de voz suave, no personalmente asertivos, y es fácil de aprovecharse de ellos porque siempre son emocionales y sensibles a los sentimientos de todos. Esto describe un rasgo de personalidad como la gentileza, pero no un don espiritual. El don espiritual de misericordia no es un conjunto de disposiciones emocionales, pero acciones espiritualmente motivadas e gobernadas por la misericordia.

7. Los dones espirituales nunca se pueden revocar una vez que hayan sido dados

"Pues los dones de Dios y su llamado son irrevocables" (Romanos 11:29 NTV).

Cada creyente será responsable ante Dios por ambos los dones naturales y espirituales que han recibido. Dios nunca los removerá apesar de su falta de fidelidad a Jesús. Todos tendremos que dar una cuenta de lo que hicimos con los dones y las oportunidades que Jesús nos dio en la vida. Él nunca se llevará sus dones.

8. Los dones espirituales pueden ser descuidados

"No descuides el don *que hay en ti*, y que recibiste" (1 Timoteo 4:14a).

A veces por ignorancia, fracaso personal, o por las distracciones de la vida, nosotros podemos descuidar los dones espirituales que nos han sido dados. Si nosotros no asistimos a iglesias que creen que cada miembro tiene un don espiritual o no les enseñan cómo reconocer y utilizarlos, nuestros dones pueden llegar a ser inactivos. En el pasaje anterior, Pablo escribía a un pastor local de la iglesia llamado Timoteo. De este pasaje, nosotros podemos ver que aún líderes espirituales, pastores, y ministros pueden estar tan atados con los deberes de su trabajo diario que se descuidan de sus propios dones espirituales.

9. Los dones espirituales pueden ser avivados por fe, aunque hayan llegado a ser latentes

"Por eso te aconsejo que *avives el fuego del don de Dios, que por la imposición de mis manos está en ti*" (2 Timoteo 1:6).

La Nueva Traducción Viviente dice, "*avives el fuego* del don espiritual que Dios te dio cuando te impuse mis manos" (2 Timoteo 1:6). Cuando nosotros no utilizamos nuestros dones espirituales para servir otros en la iglesia, ellos comienzan a ser indistintos a nosotros. Como un fuego que se ha extinguido a quemar lentamente las brasas, puede parecer como si nuestro "fuego" espiritual y poder es sólo una memoria distante. Cuando esto sucede, no es la responsabilidad de Dios de avivar nuestro don. Nosotros no somos instruidos a pedir al pastor o algún otro creyente que nos aviven el fuego del don. Debemos avivarnos a nosotros mismos.

La manera en que avivamos nuestros dones *es por fe*. En el verso anterior Pablo dijo, "pues me viene a la memoria la fe sincera que hay en ti....te aconsejo que avives el fuego del don" (2 Timoteo 1:5-6). Comience a confesar que ha recibido un don. Declare que nunca puede ser removido (Romanos 11:29). ¡Diga, "En el nombre de Jesucristo, yo avivo el don que está en mí por fe! Espíritu Santo, usame para ayudar a otros. Permita que Sus dones brillen dentro de mí una vez más". Cosas poderosas suceden cuando hablamos el propósito de Dios por fe.

10. Sus dones espirituales son para otros en la iglesia local

"A cada uno de nosotros se nos da un don espiritual *para que nos ayudemos mutuamente*....Esto hace que haya armonía entre los miembros a fin de que los *miembros se preocupen los unos por los otros*...Todos ustedes en conjunto son el cuerpo de Cristo, *y cada uno de ustedes es parte de ese cuerpo*" (1 Corintios 12:7, 25, 27 NTV).

En cada lugar que el Nuevo Testamento enseña acerca de dones espirituales, una cosa es clara: Sus dones espirituales no existen para su beneficio, pero para el beneficio de otros en la iglesia local. Una vez yo escuchaba a un maestro cristiano muy conocido quejarse de cómo los creyentes son tan interiormente enfocados. "Dios no dio los dones del Espíritu a la iglesia para ser utilizados en la iglesia," él proclamo. "¡Dios puso los dones del Espíritu en la iglesia para usarse en el mundo!" Mientras comprendí el punto que el ministro trataba de hacer, él no pudo haber estado más bíblicamente incorrecto. El hecho es este: Cada vez que los dones del Espíritu son presentados, son indicados claramente como dones que son para ser utilizado principalmente por la iglesia local, en la iglesia local, y en beneficio del cuerpo de la iglesia local. Cada vez.

Ciertamente los dones espirituales pueden operar en creyentes mientras ministran a sus vecinos y amigos no creyentes, pero esto no es su propósito principal. Los dones del Espíritu están en nosotros para que podamos ayudarnos el uno al otro. Son diseñados específicamente para el uso en la iglesia local. Pedro dijo esto,

> "Por sobre todas las cosas, ámense intensamente los unos *a los otros*....Ponga cada uno al servicio de los demás el don que haya recibido, y sea un buen administrador de la gracia de Dios en sus diferentes manifestaciones" (1 Pedro 4:8, 10).

DIA 2 EJERCICIOS

1. Enumere las nueve categorías de dones naturales, entonces haga una lista de aquellos que posee que encajan en cada categoría.

    1. _____

    2. _____

    3. _____

    4. _____

    5. _____

    6. _____

    7. _____

    8. _____

    9. _____

2. ¿Cómo puede utilizar usted sus dones naturales para construir y desarrollar la iglesia local?

_____

_____

_____

3. ¿Por qué nos dio Dios dones naturales?

_____

_____

4. ¿Cual es la diferencia entre dones naturales y dones espirituales?

_____

_____

_____

5. Lea la lista de dones en esta sección otra vez. La escritura nos dice "Procuren alcanzar los dones espirituales" (1 Corintios 14:1). ¿Cual es el propósito de dones espirituales?

_____

_____

6. ¿Cuáles son las tres categorías generales de dones espirituales?

1. _____

2. _____

3. _____

7. Mirando la lista de dones espirituales en este capítulo, ¿cuáles son algunos dones espirituales que usted cree que puede tener? Enumere por lo menos tres en orden de fuerza.

1. _____

2. _____

3. _____

DIA 3: DESCUBRA SUS DONES A TRAVÉS DEL SERVICIO

Usted no experimentará la vida transformada simplemente asistiendo los servicios, dando de su finanzas, y beneficiandose de las obras buenas de otros. Muchas iglesias están llena de personas que aman a Jesús, sin embargo asisten la iglesia como *consumidores*. Para que la iglesia local pueda crecer y prosperar, cada miembro debe tomar su lugar en *servicio*. Pablo dijo,

"Ahora bien, Cristo dio los siguientes dones *a la iglesia*: los apóstoles, los profetas, los evangelistas, y los pastores y maestros. Ellos tienen la responsabilidad *de preparar al pueblo de Dios para que lleve a cabo la obra de Dios y edifique la iglesia*, es decir, el cuerpo de Cristo" (Efesios 4:11-12 NTV).

El trabajo de los líderes de la iglesia local es de equipar a los creyentes para servir el uno al otro. Cuando servimos gustosa y alegremente a otros en la iglesia, nosotros comenzamos a descubrir nuestros dones y cumplir nuestro propósito.

"Ponga cada uno al servicio de los demás el don que haya recibido, y sea un buen administrador de la gracia de Dios en sus diferentes manifestaciones. Cuando hable alguno, hágalo ciñéndose a las palabras de Dios; cuando alguno sirva, hágalo según el poder que Dios le haya dado, para que Dios sea glorificado en todo por medio de Jesucristo, de quien son la gloria y el poder por los siglos de los siglos. Amén" (1 Pedro 4: 10-11).

Salir del banquillo y participar en el juego

Algunas personas ven el ser parte de la iglesia muy similar a asistir a un juego local del fútbol. Los creyentes llenan el estadio y miran a los pastores, los ancianos, y líderes de iglesia jugar el partido. El pastor es visto muy similar al mariscal de campo. Hace las llamadas, corre los juegos, y dirige al equipo. Cuando el pastor predica un mensaje especialmente bueno, es como tirar un gran pase. Todos vitorean. Cuando el juego termina, todos salen del estadio con poco más que una experiencia emocional. Los espectadores no han ganado realmente ninguna habilidad particular. Ellos ciertamente no están mas saludables. *Todo el trabajo fue hecho por el equipo*. Alguien dijo una vez, que un juego del fútbol es 30,000 personas, en desesperada necesidad de ejercicio, mirando a 11 personas, en desesperada necesidad de descanso, hacer un éxito de sus vidas. El plan del Señor para el servicio en la iglesia es muy diferente a esta idea.

En el modelo bíblico de la iglesia local, los miembros no están en los banquillos; *están en el campo de juego*. Son los jugadores. El pastor de la iglesia es como el primer entrenador. Los ancianos, diáconos, y líderes de iglesia son como entrenadores —ofensivos y defensivos— y también hay los equipos especiales, los coordinadores y los entrenadores. Las gradas estan llenas de los del mundo que buscan y estan extraviados. Cuando una persona es "reclutado" al reino, ellos se unen al equipo. Es el trabajo de los entrenadores preparar el equipo para jugar según sus talentos extraordinarios, según las capacidades, y según las habilidades. El problema hoy es que la mayoría de los creyentes están contentos con sentarse en el banquillo. ¡Ellos nunca descubrirán su propósito y cumplirán su destino hasta que se bajen del banquillo y sean *parte del juego*!

> "De quien todo el cuerpo, bien concertado y unido entre sí por *todas las coyunturas que se ayudan mutuamente*, según la actividad propia de cada miembro, recibe su crecimiento para ir edificándose en amor" (Efesios 4:16).

Gran parte del tiempo descubrimos nuestros dones y encontramos nuestro propósito mientras tomamos medidas para servir dondequiera que seamos necesitados.

La iglesia crece cuando el cuerpo sirve

Es solamente *cuando cada coyuntura suple* lo que fue diseñado para suplir y *cada parte hace su parte* que la iglesia local puede crecer. En la Escritura, la ilustración favorita que Pablo usa para la iglesia local es la de un cuerpo humano compuesta de varias partes. Cada parte es diseñada para hacer algo. En nuestros cuerpos, si una parte no funciona como fue diseñado para funcionar, típicamente terminamos en la oficina del doctor. Desequilibrio o la ausencia de alimentación en el cuerpo físico es la definición de la enfermedad, herida, o de impedimentos físicos. La clave es que cada parte tiene un puesto. Cada parte tiene una función particular. Si cada parte no suministra y hace su parte, el cuerpo no crecerá de una manera sana. Note este mismo pasaje en la Nueva Traducción Viviente,

> "Él hace que todo el cuerpo encaje perfectamente. Y cada parte, al cumplir con su función específica, ayuda a que las demás se desarrollen, y entonces todo el cuerpo crece y está sano y lleno de amor" (Efesios 4:16 NTV).

Sus dones le ayudan a encontrar su puesto

Revisemos por un momento. Hay buenas obras que Dios ha planeado para que usted realice (Efesios 2:10). Usted ha sido diseñado por Dios para realizar estos trabajos. Dios le ha equipado con dones naturales y espirituales para indicarle su puesto y cumplir su propósito. Todas estas cosas son realizadas mientras nos servimos el uno al otro dentro del cuerpo visible de Cristo, que es la iglesia local. Entonces, la pregunta que la mayoría de nosotros tiene que responder es, "¿cómo puedo descubrir mis dones y encontrar mis lugares de servicio en la iglesia local?

Los dones son descubiertos por la acción, no en oración y el estudio solamente

Estudiar la Escritura y orar son componentes importantes en nuestro desarrollo espiritual. El estudio nos ayuda aprender acerca de dones, del propósito, y acerca de la importancia de servir. La oración abre el corazón al Señor y nos hace espiritualmente sensible a la dirección del Espíritu Santo. Pero gran parte del tiempo, nosotros descubrimos nuestros dones y encontramos nuestro propósito mientras tomamos medidas para servir dondequiera que somos necesitados. La mayoría de los creyentes harán una variedad de cosas en la iglesia local antes de encontrar su "punto o puesto dulce".

Cuando empecé por primera vez a servir al Señor como adolescente, yo no tenia la menor idea de lo que eran dones espirituales —y mucho menos, qué dones el Señor me había dado a *mi*. Pero amaba a Jesús y adoraba Su iglesia. Cuando el pastor anunció un día de labor, para limpiar el edificio de la iglesia, yo me aparecí. Cuando había una necesidad en el ministerio de los niños para un ayudante que podría evitar que los niños se salieran por las ventanas (figuradamente), pude suplir la necesidad. No había un proceso formal para hacerse miembro en nuestra iglesia en aquel momento, mucho menos un programa para desarrollar los voluntarios de la iglesia. Yo simplemente tenia un amor por Jesús y un deseo para hacer lo que fuera necesario. Unos años después, el líder de jóvenes de nuestra iglesia local me pidió que dirigiera un equipo de jóvenes para "evangelizar en las calles," que es el equivalente de confrontar a las personas con su necesidad de Jesús, mientras intentan salir y entrar de las tiendas o visitar la biblioteca y correo locales.

Yo no sentí ningun *talento* particular en lo que me habian pedido hacer, y solamente era moderadamente útil en algunas de las áreas en las que serví. La labor manual y el repartir galletas a niños preescolares no eran mi fuerte. Pero mientras sevía, dondequiera que era necesitado, comenzaba a notar ciertas cosas acerca de mi. Cuando salía evangelizar en la calle, por ejemplo, yo nunca era exitoso en dirigir ni una persona a Cristo. Pero cada vez que yo trataba de compartir acerca de Jesús con alguien que ya era salvo, acabábamos en una conversación acerca de la Biblia. Yo dediqué más tiempo a enseñarle a mis compañeros acerca de la Palabra de Dios, que con personas no salvas acerca de la salvación. A veces cuando yo era asignado solamente a distribuir galletas y supervisar el baño de los niños en la iglesia, yo terminaba al frente de la clase compartiendo una enseñanza o dirigiendo el teatro de títeres. En casi cada caso, yo me encontré naturalmente enseñando —aun cuando no era mi intención hacerlo. Después en el colegio biblico, yo estudié los dones del Espíritu y me di cuenta de que tenia el don de la enseñanza.

Jesús siempre le requerirá a hacer cosas fuera de su "zona de dones"

Cada uno de los dones espirituales que el Señor ha colocado en mi vida los descubrí por accidente —mientras estaba sirviendo a Dios haciendo lo que era necesario. Por eso es más importante tomar medidas para servir ahora que esperar hasta que resuelva cuales son todos sus dones y esperar "oportunidades" para empezar a utilizarlos. Mi trabajo como un pastor todavía tiene muchos requisitos de lo cual tengo muy pocos, dones naturales o espirituales para realizar. ¡Le doy gracias a Dios cada día por el increíble equipo de hombres y mujeres dedicados que trabajan conmigo para ayudarme y cubrir mi debilidades! Siempre habrán cosas que debo hacer que están fuera de mi zona de dones, pero que son todavía importante para mí hacerlos en algún nivel. ¡Hago algunas de las cosas que *tengo* que hacer para poder hacer todas las cosas que yo *nací* para hacer!

DIA 3 EJERCICIOS

1. ¿Si la cristiandad fuese un estadio de fútbol, en qué parte del estadio debemos nosotros estar?

_____

2. ¿Si usted no está seguro qué hacer en la iglesia o cuales son sus dones, qué debe hacer usted?

_____

_____

_____

_____

3. Los dones son descubiertos mientras nosotros _____.

4. Escriba 1 Pedro 4:8-11 abajo.

_____

_____

_____

_____

_____

_____

_____

_____

_____

_____

DIA 4: LAS VERDADES ACERCA DEL SERVICIO

DIEZ VERDADES IMPORTANTES ACERCA DE SERVIR EL CUERPO DE CRISTO

1. Servir es más que servicio voluntario

El término *voluntario* es una palabra muy buena. Lo utilizamos para describir vigilantes de pasillos en escuelas públicas, trabajadores del Día de la Tierra, y donantes de sangre. Nuestro mundo necesita voluntarios buenos. Es probable que alguien le solicitó a usted una docena de veces para que ofrezca tiempo de su vida, con varios grados de satisfacción. Me gusta la palabra *voluntario*, pero no pienso que es la palabra correcta para usar en la iglesia. Un voluntario es conocido como alguien que ofrece trabajar para una organización sin recibir pago. Esto acentúa la idea de hacer algo gratis. Los voluntarios vienen cuando pueden, trabajan el tiempo que desean, y paran cuando quieren. Esto es comprensible, ya que están haciendo algo por nada.

La iglesia de Jesucristo no necesita voluntarios. Cuando nosotros como creyentes utilizamos nuestro tiempo, talentos, y tesoros para realizar buenas obras para el cuerpo de Cristo, nosotros no simplemente damos tiempo como voluntarios. Nosotros estamos *sirviendo*.

> *Un sirviente le debe su vida a su amo. Trabajamos en el mundo para recibir ingreso. Servimos en la iglesia por amor.*

En la noche antes de ser crucificado, Jesús se reunió con Sus discípulos por ultima vez. Después de entrar en la habitación donde su última comida sería compartida juntos, era obvio que alguien habia llegando tarde. Era la costumbre del tiempo tener a un *sirviente de menor rango* para lavar los pies de los invitados *mientras entraban* al comedor. En esta ocasión, todos habían tomado sus asientos sin que el sirviente realizara esta tarea acostumbrada. Jesús, notando la ausencia del sirviente, calladamente se paro de la mesa, llenó un tazón con agua, y de repente comenzó a lavar y secar los pies de Sus discípulos. Este era un trabajo que quedaba *muy debajo* del que había creado los pies que lavaba. Tan impactante era esto que Pedro resistió la experiencia al principio.

Después de que Jesús terminó, dijo, "¿Saben lo que he hecho con ustedes? Ustedes me llaman Maestro, y Señor; y dicen bien, porque lo soy. Pues si yo, el Señor y el Maestro, les *he lavado los pies*, también ustedes deben lavarse los pies unos a otros. Porque les he puesto el ejemplo, para que lo mismo que yo he hecho con ustedes, también ustedes lo hagan….Si saben estas cosas, y las hacen, serán bienaventurados" (Juan 13:12-15, 17).

Cuando trabajamos en la iglesia, nosotros no hacemos algo por nada. Actuamos como sirvientes de nuestro Señor Jesucristo. Nuestra paga ya ha sido recibida. Hemos sido escogidos por Dios, nacidos de nuevo, lavados de nuestros pecados, y dados vida eterna. Nosotros no hacemos un favor a nuestra iglesia. Nuestra iglesia nos hace un gran honor, permitiéndonos tomar un lugar en servir el cuerpo de Cristo. Jesús lavó su vida completa con Su sangre preciosa. ¿Cómo le paga usted? Lavando Sus pies. La iglesia local es el cuerpo de Cristo. Cuando sirve al prójimo en la iglesia local lava los pies de Jesús.

Un sirviente le debe su vida a su amo. Trabajamos en el mundo para recibir ingreso. Servimos en la iglesia por amor. Jamás sea voluntario en su iglesia. Llegue a ser un siervo de Jesucristo, entonces haga cualquier tarea que Su cuerpo le pida o necesite hacer.

2. Tome la iniciativa para comenzar a servir

No espere a ser reclutado por alguien. Si no tiene un líder a cargo del desarrollo y ubicación de voluntarios, acérquese a varios líderes, ancianos y pastores y pregunte cómo usted los puede ayudar. Averigüe lo que necesita ser hecho en la iglesia. Hágase disponible a su líder de grupos pequeño, director de instalaciones, departamento de música, o al grupo de ujieres. Haga lo que ellos le pidan que haga. Nada es indigno de usted —por mucho tiempo que haya conocido a Cristo o cuánta experiencia usted ha tenido en el pasado.

3. Practique servicio formal e informal

La mayoría de las iglesias tienen sistemas formales para entrenar y llenar posiciones. Si hay clases que puede tomar o requisitos de membresia para completar antes de que pueda servir formalmente en su iglesia, entonces empiece tan pronto sea posible. Una iglesia bien organizada a menudo querrá entrenar sus miembros para prepararlos para el servicio espiritual. No se queje de estos requisitos. Si hay maneras en que usted puede comenzar a ayudar que están inmediatamente disponible, pero no son muy visibles, apresurese a ayudar inmediatamente.

"Todo lo que te venga a la mano hacer, hazlo según tus fuerzas.
En el sepulcro, que es adonde vas, no hay obras ni proyectos, ni
conocimiento ni sabiduría" (Eclesiastés 9:10).

414 | LA VIDA TRANSFORMADA

¡El servicio informal es hacer lo que su mano encuentra para hacer, y hacerlo bien! Usted no tiene que terminar una clase ni esperar para una posición formal de servicio en su iglesia para empezar. ¡Si ve basura en el suelo, debe recogerla! Si nota que alguien esta sufriendo y necesita oración, usted le puede dar una llamada o invitelo para un café. Si ve un nuevo visitante salúdelos y hágalo sentirse querido. Ofrezca llevar a una madre soltera a la iglesia. Averigüe sobre un adolescente que usted no ha visto en la iglesia hace un tiempo. Regale su vida en el servicio para los miembros del cuerpo de Cristo. Todos los creyentes deben buscar ambas formas formales e informales para servir a la iglesia local. Servir es un estilo de vida. ¡Empiece hoy!

4. Los sirvientes no exponen las debilidades de otros

"El odio despierta rencillas; pero el amor cubre todas las faltas" (Proverbios 10:12).

El servir con otros puede ser difícil, especialmente cuando ellos no están tan organizados como a usted le gustaría, o el líder no parece estar preparado. Muy a menudo Dios le colocará en posiciones de servicio junto a alguien que le incomoda a usted. Dios no es malo. ¡Él usa estas experiencias para madurarlos a los dos! La Biblia dice que "El hierro se aguza con el hierro, y el hombre se aguza en el trato con su prójimo" (Proverbios 27:17). Una de las mejores cosas en el mundo para su crecimiento personal es servir bajo o junto a alguien que le irrita. ¡Esto es a veces la única manera de "sacar" la impaciencia, intolerancia, la critica, y orgullo fuera de su carne!

A veces el Señor le permitirá ver las debilidades expuestas (o la desnudez) de otros. Estar desnudo es estar expuesto a la vergüenza o la herida. Cuando esto ocurre, Dios espera que cubra la desnudez de su hermano o hermana, no que lo exponga. Esto no significa que somos deshonestos u ocultamos conductas ilegales o inmorales que ponen en peligro a otros, pero significa que a veces nuestros compañeros de servicio tienen puntos débiles que necesitan que otros los "cubran".

El profeta Noé era un gran hombre. Era tan honorable ante el señor que Dios lo escogió a él para salvar a la raza humana de la inundación del juicio de Dios. Él era un líder asombroso. Pero los registros de la Biblia indican que él no era perfecto. Una vez, cuando Noé tomó demasiado vino, estando desnudo y embriagado, quedó expuesto en su tienda. Cuando el hijo de Noé entró a la tienda y vio el pecado de su padre, él se rió burlonamente, dejó la tienda, y se lo dijo a sus hermanos. Sus otros dos hijos, en un espíritu de honor, tomaron ropa y entraron en la tienda caminando lentamente hacia atrás, y cubrieron a su padre. Este acto fue grandemente bendecido por Dios, mientras el acto de deshonra por el primer hijo trajo una maldición sobre su vida (Génesis 9:22-25).

5. Sea excelente en su servicio

"Cuando veas alguien que hace bien su trabajo, no lo verás entre gente de baja condición sino que estará en presencia de reyes" (Proverbios 22:29).

Cuando acepte un rol de servicio en su iglesia, dé a Dios sus mejores esfuerzos. Lea cualquier material que le pidan leer. Sea puntual y dé lo mejor de si. Si va a estar de vacaciones, o tiene una enfermedad, llame su a líder o miembro del equipo designado por adelantado así ellos pueden buscar a alguien para ocupar su lugar. No prometa que hará algo y entonces dejarlo sin terminar. Si le dice a alguien que usted lo llamará, hágalo en tiempo moderado. Retírese cuando el trabajo este completo. Busque constantemente, maneras de mejorar sus dones y capacidades de servir. Lea libros buenos acerca de "servicio de atención al cliente". Hable con otros que usted admire en ministerios de servicios. Haga su objetivo ser lo mejor que usted pueda ser.

"¡Sirvan al Señor con alegría! ¡Vengan a su presencia con regocijo!" (Salmos 100:2).

La iglesia de Dios merece lo mejor que usted pueda dar. A veces nos cansamos de las presiones de la vida. A menudo el enemigo revolverá conflictos familiares o problemas justo antes de venir a la iglesia para servir. Pero no importa lo que le pueda estar pasando personalmente, cuando va a servir, tome la decisión de dejarlo todo en el estacionamiento. Al salir, toque el marco de la puerta de su carro y diga, "Señor, lo dejo todo aquí. Lanzo todas mis angustias sobre Ti (1 Pedro 5:7). Pido que tome mis cargas, mis pecados, mis errores, y todas mis emociones negativas. Hoy estoy sirviendo a Tu cuerpo. Cuida de mis problemas mientras yo cuido de Tu iglesia. Ayúdame honrarte mientras te sirvo hoy". Verá como el Señor obrara para su beneficio mientras usted le ofrece su servicio a Él.

6. Aprenda a recibir corrección

La mayoría de nosotros no nos gusta ser corregidos. Nos gusta pensar que lo tenemos todo bajo control. Pero la única manera de crecer es recibir corrección. La Biblia dice,

"El que aborrece la reprensión *es ignorante*" (Proverbios 12:1b).

"Quien desdeña el consejo acaba *pobre y avergonzado*; quien acepta la *corrección* es objeto de *honra*" (Proverbios 13:18).

"El necio desprecia la corrección de su padre; el que la acata, alcanza la prudencia" (Proverbios 15:5b).

Aquellos que le dirigen a veces tendran que corregirle. Es una parte de la manera que Dios nos ayuda a crecer. A veces podemos sentirnos ofendidos por la forma en que otros nos corrigen. Ocasionalmente, podemos ser injustamente corregidos. Cuando esto ocurre, es una prueba para usted. Evite entrar en la carne. Tome tiempo para procesar lo que ha sucedido. Piense en lo que podría haber sido correcto sobre la corrección —aun si la manera que usted fue corregido era ofensiva. La Biblia dice, "Un necio se enoja enseguida, pero una persona sabia mantiene la calma cuando es insultado" (Proverbios 12:16 NTV).

7. Dirija conflictos de forma privada, sincera, honorable y con amor

Sé que eso es mucho para tragar, pero cada palabra de la declaración anterior es muy importante. Cuando surgen conflictos con otros en el cuerpo de Cristo, Dios espera que lidiemos con ellos —no que los enterremos. Hay ejemplos en la Escritura que debemos seguir para apropiadamente manejar conflictos.

> *Cuando alimentamos conflictos no resueltos y permitimos que ellos se ulceren, causan una pérdida de alegría, minan nuestra confianza el uno hacia el otro, y finalmente resurgen en formas malsanas y destructivas.*

En primer lugar, cuando surgen conflictos, necesitamos mantener la boca cerrada. La mayoría de las veces, lo que decimos en un momento de fuerte emoción es dicho insensatamente. Ore antes de hacer algo. Pida al Señor que le dé sabiduría. En segundo lugar, vaya a la persona apropiada en privado. Nadie quiere ser confrontado o corregido delante de otros. Jesús dijo que ofensas deben tratarse primero en una reunión privada.

En tercer lugar, debemos equilibrar los dos valores importantes de verdad y amor. Efesios 4:15 nos dice que practiquemos "hablando la verdad en amor" uno al otro mientras servimos en la iglesia. Eso significa que no podemos ser tan centrados en ser amorosos que oscurecemos los hechos. Ni debemos ser tan agresivos que la persona con quien tratamos se sienta sin apoyo y atacado. Finalmente necesitamos hacer todas las cosas de una manera honorable. Debemos honrar a Dios, a los demás, nosotros mismos, y el cuerpo de la iglesia en total. Pablo nos da una buena receta para confrontar los problemas.

"Hermanos, si alguno es sorprendido en alguna falta, vosotros que sois espirituales, restauradlo con espíritu de mansedumbre, considerándote a ti mismo, no sea que tú también seas tentado. Sobrellevad los unos las cargas de los otros, y cumplid así la ley de Cristo" (Gálatas 6:1-2 RVR1995).

8. Salir con integridad y honor

Si usted se siente que Dios le está llevando a otra área de servicio, o necesita tiempo fuera de servicio para asuntos personales, de bastante tiempo de aviso y ayude a entrenar su reemplazo. Dé a Dios su mejor y usted será muy bendecido. La manera que usted deja una cosa determinará cómo entrara a la próxima cosa. Nunca se "desvanezca" de su lugar en la iglesia local. Una persona de integridad será considerada y amable en su transición, siempre procurando honrar ésos a quien él o ella sirve.

9. No espere para empezar a servir

Casi nunca habrá un tiempo conveniente en su vida para comenzar a servir en la iglesia local. La vida procurará que las responsabilidades naturales llenen su horario. Usted y yo debemos procurar tiempo para servir al Señor. Ahora, puede ser que lo que diga suene intenso, pero permanezca conmigo en esto.

Hay muy poco en la vida que es más importante que amar a Jesús, amar a su familia, y amar su iglesia. ¿Si Dios le ha dado dones espirituales por lo cual tendrá algún día que rendir cuenta, entonces qué clases de cosas en la vida podrían ser más importantes que procurar tiempo en su horario para utilizarlos? Nunca habrá un tiempo conveniente para comenzar a asistir a la iglesia fielmente. Nunca hay un tiempo conveniente para comenzar a obedecer a Dios con sus diezmos. La oración y el estudio de la Biblia son cosas que casi nunca usted tiene tiempo para hacer *antes de que comience a practicarlos*. Mas todas estas cosas son absolutamente esenciales a su crecimiento personal y el desarrollo espiritual.

10. Hacer conexiones a través de servir

Cuando servimos el cuerpo, nosotros debemos abrir nuestros corazones el uno al otro. No aparezca sólo para realizar las tareas. Llegue a conocer a aquellos con quien usted sirve. Tome algún tiempo uno con el otro fuera de iglesia. Compartan comidas juntos. Oren juntos. Aprendan y crezcan juntos. Recuerde que la iglesia local es su familia espiritual. Cuando sirve con otros, el Señor le hará sensible a sus necesidades y vice versa. Apoyense el uno al otro. Esto honra a Dios y refuerza la familia de la iglesia.

DIA 4: EJERCICIOS

1. Esta sección explora diez verdades acerca del servicio. Enumerelas aquí y note lo que usted siente que es más importante acerca de cada uno.

1. _____

2. _____

3. _____

4. _____

5. _____

6. _____

7. _____

8. _____

9. _____

10. _____

2. ¿Cual es la diferencia entre ser voluntario y servir?

_____

_____

3. ¿Por qué escoge Dios ponernos en posiciones de servicio con personas que nos pueden incomodar?

_____

_____

4. La única manera de crecer es _____.

5. ¿Qué es la primera cosa que debemos hacer cuándo los conflictos surgen?

_____

_____

CONCLUSIÓN

DESCUBRIENDO SU PROPÓSITO: SIRVIENDO NUESTRO MUNDO

Fue una bendición descubrir mi propósito temprano en la vida. Cuando tenía dieciséis años, yo tuve un encuentro con Dios que cambió la dirección de mi vida. Criado en la iglesia, yo estaba profundamente consciente de la importancia de servir. Mis padres trabajaron diligentemente para proveer para nuestra familia. Nosotros siempre asistimos a los servicios semanales y servimos en la iglesia haciendo lo que el pastor y los líderes necesitaban hacer. Aunque yo era nacido de nuevo desde los nueve años, yo estuve en un estado de rebelión adolescente —aguardando mi tiempo hasta graduarme de la escuela secundaria y perseguir una carrera como actor. Resentí todo el tiempo que nosotros habíamos pasado en la iglesia. Estaba cansado de la manera generosa que nuestro hogar estuvo siempre abierto a otros y cómo mis padres habían estructurado nuestras vidas alrededor de servir al cuerpo y compartir a Jesús con todos aquellos que conocían. En mi corazón, yo sinceramente amaba a Jesús, pero estaba siendo alejado por el mundo, por la carne, y por las mentiras del Diablo.

En el dia de las brujas (Halloween) en el 1980, estaba saliendo de mi casa para una noche cuidadosamente premeditada de "descuido inolvidable" en mi barrio con algunos amigos de la escuela. Al atardecer, mientras salía por la puerta, mi mamá me agarró saliendo y me dio una de dos opciones: o podría quedarme en casa y ayudar a pasar dulces y panfletos biblicos (folletos pequeños acerca de Jesús), o podría ir a la "fiesta de la cosecha" que nuestro grupo de juventud en la iglesia había planeado. Después de unos minutos de gruñir inútilmente, yo entré de malas ganas al carro con mi padre para ir a la fiesta de la iglesia. Yo no estaba para nada entusiasmado. El evento sucedió en un granero grande en el campo. La tarde entera, yo estuve desafiante y resistente a lo que pensé era una actividad cristiana aburrida y sin sentido.

Después de mas o menos una hora de juegos, todos fuimos acorralados para el gran evento de la noche —una hora de predica por un evangelista invitado. Sentado lo mas cerca posible a la salida, determiné escapar tan pronto como la oportunidad se presentara. El hombre que se paró para hablar esa noche inmediatamente capturó mi atención. Habló con una autoridad y pasión que conmovió algo profundo en mí. Anunció que Dios había hablado con él ese mismo día, y le encargó a predicar acerca del llamado de Dios al ministerio. "Este mensaje es solamente para unos cuantos que están aquí esta noche. Has tenido otros planes para tu vida. Has estado contando los días hasta que pueda escapar de tu casa y vivir por tu propia cuenta. Pero Dios me dijo que te comunicara esta noche que Él te ha llamado a dar tu vida para servirle a Él". Durante la siguiente hora yo me senté y escuché mientras el predicador habló del precio que Jesús requiere de aquellos que entran al ministerio de tiempo completo. Él dijo que si Dios le llama al ministerio, tiene que estar dispuesto a dar tu vida al servicio de Su iglesia. Él dijo que la mayoría de los creyentes son llamados a ser miembros fieles de iglesia, trabajando en el mundo para mantener a sus familias. Pero algunos son llamados a dar más. "Y," continuó, "el Señor me dijo que algunos de ustedes están aquí esta noche".

En ese momento, algo sucedió dentro de mi espíritu. Sentí un cambio masivo ocurrir profundamente en mi pecho. De repente, era como si el techo del granero había desaparecido. Mientras las lágrimas de lucha, resistencia, y rendición corrían por mi cara, yo vi en mi espíritu una mano masiva descender desde el techo de ese granero y un dedo chocar contra mi pecho. Y oí estas palabras resonar en mi alma, "¡Yo TE he llamado a Mi ministerio!" En ese momento, todo cambió. En ese momento, mis cortos dieciséis años de vida se destellaron antes de mi mente y de repente todo lo que yo había sentido desde que era un niño tuvo sentido. Yo siempre me había visto *sobre una plataforma comunicando e influyendo a personas*. Aun cuando era un chico pequeño, yo saltaba sobre una piedra y empezaba a hablar como si el mundo entero escuchaba. Yo siempre había pensado que estaba supuesto ser *un actor*. Pero al instante sabía que mi propósito en la vida era estar delante de las personas y predicar la Palabra de Dios.

Antes que pudiera resistir mentalmente la experiencia, yo me encontré de pie y caminando hacia el predicador. La gracia de Dios me tiró hacia adelante. Era como si yo no tuviera otra alternativa en el asunto. O yo me rendiría al propósito de Dios para mi vida, o viviría el resto de mi vida en rebelión total a Él. Esa noche Él cambió mi corazón mostrándome mi propósito. Más de treinta años han pasado desde que yo descubrí mi propósito. Seguirlo ha requerido todo lo que he tenido. Le he dado mi juventud, mi voz, mi mente, y el trabajo de mi vida a seguir esa Voz y el desarrollo de Su iglesia. He cometido mil errores. Le he fallado mas veces de lo que puedo contar. Ha sido increíblemente duro. Ha sido absorbente, y a veces me he sentido *completamente agotado*. Pero yo no lo hubiese cambiado por cualquier otra cosa. Ha sido un honor maravilloso y gran aventura ser un sirviente de la iglesia de Jesucristo. Seguir los propósitos de Jesús para mí, han transformado mi vida. Ellos todavía me están transformando.

David Livingstone, el famoso misionero y explorador africano, una vez dijo, "¿Si una comisión por un rey terrenal es considerada un honor, cómo puede ser considerada una comisión por un Rey celestial, un sacrificio?"[24] Hay un Rey en el cielo. Es el Creador de todas las cosas y el que lo puso en este planeta. Le ha diseñado con un propósito. Usted no encontrará la paz en su vida hasta que se rinda a este Rey. Él le ama. Él le llama a Su propósito. Envió a Su Hijo para encontrarle, redimirle, y transformar su vida. No se conforme con nada menos.

> *Usted no es un accidente. Fue diseñado a propósito, con un propósito, y para un propósito.*

---

24. Cite por David Livingstone, Dominio Público.

ENCONTRANDO MI PROPOSITO

1. Escriba una "Frase describiendo su Vida". ¿Si podría indicar el objetivo que conduce su vida en una sola frase, cual sería? A menudo la frase empieza con "Mi propósito es..." Tome un cuaderno y empiece a completar esa frase. Escriba tantas frases como pueda y lo mas rapido que usted pueda sin tomar tiempo para pensar demasiado acerca de sus respuestas. Siga escribiendo hasta que escriba algo que resuene como una "campana" emocional dentro de usted. Puede llorar o puede experimentar algún tipo de reconocimiento emocional cuando usted por último escriba algo que este cerca a sus propósitos mayores definidos de su vida. Una vez que usted lo identifique, escriba su propósito mayor aquí.

_____

_____

_____

2. Máquina de transporte a través del tiempo. Imagínese que está en su lecho de muerte y usted sabe que que fallecerá (sin dolor) dentro de doce horas. Mientras reflexiona sobre la vida que usted vivió, ¿qué debe haber hecho para sentir paz acerca de la vida que deja atrás? ¿Qué quiere haber logrado y alcanzado — académicamente, vocacionalmente, personalmente, atléticamente, etc...?

_____

_____

_____

• Esta todavía en su futuro, ¿qué cosas querría haber hecho para otros? Esto incluiría cosas que usted hubiese gustado regalar y haber ofrecido; así como maneras en que usted hubiese querido ayudar o haber bendecido a su familia, amigos, el pueblo de Dios y Su iglesia?

_____

_____

_____

- ¿Qué lugares o situaciones hubiera querido haber visto o haber visitado en su vida? Sea específico.

_____

_____

_____

_____

- ¿Qué quisiera haber ganado, guardado, o puesto aparte para sus niños, para la iglesia, o para otros, sustancialmente?

_____

_____

_____

_____

- ¿Qué quisiera haber aprendido o haber estudiado en su vida?

_____

_____

_____

_____

- ¿Qué habilidades, hábitos, talentos, o disciplinas quisiera haber dominado?

_____

_____

_____

_____

- ¿Qué quisiera haber logrado personalmente? Relacione esto con sus luchas en su desarrollo de carácter, sus relaciones con otros, y con su desarrollo espiritual.

_____

_____

_____

_____

- Pregúntese a sí mismo, "¿Qué debo sinceramente haber hecho, experimentado, o llegado a ser para estar listo para morir feliz?"

_____

_____

_____

_____

3. Prepararse para la Gran Reunión. Lea a Romanos 14:12 y 2 Corintios 5:10. En este ejercicio, imagínese que por fin ha dejado la tierra; usted esta de pie, cara a cara con Jesucristo para su reunión grande. En esta reunión, usted y Jesús van a hablar de su vida, incluso, las debilidades que descuidó, las oportunidades que perdió, así como los logros que cumplio para Su gloria. ¿Acerca de qué quiere hablar usted con Jesús? ¿Qué quiere poder decir que hizo con su cuerpo mientras estuvo en la tierra? ¿Qué cree usted que Él querrá hablar con usted? Haga una lista de los temas que usted cree serán más importante a Jesús en esa reunión. ¿Qué piensa usted que no será muy importante? Haga una lista de cada uno. Después de que haya hecho esto, vuelva y mire sus listas.

_____

_____

_____

- Hágase esta pregunta, "¿Cuánto doy de mi vida y/o tiempo estoy pasando tiempo en las cosas que estarán en la 'agenda' de esta gran cita?"

- Por último vuelva y revise todos los ejercicios en esta sección. Las listas, los párrafos, y las declaraciones que usted ha creado son un mapa para la transformación de su vida, debe trabajar cada día para hacer su vida reflejar las cosas de lo cual usted acaba de escribir. Mientras la vida pasa, puede añadir a esta lista; usted también puede editar o calificar algunos de los puntos que usted ha escrito. Hacer ésto está bien. La vida es fluida y puede ser desviada en cualquier momento en cualquier dirección en el plan recién revelado de Dios para su vida.

ACERCA DEL AUTOR

John R. Carter está dedicado a ayudar a personas a alcanzar su potencial en su vida a través de la transformación espiritual. Conocido por su estilo simpático y práctico de enseñanza, él es el pastor principal de Centro Cristiano Vida Abundante (Abundant Life Christian Center), una iglesia culturalmente diversa ubicada en Syracuse, NY. Él es el fundador y presidente de Obras de Misericordia (Mercy Works), una organización caritativa que creativamente responde a las necesidades prácticas de comunidades urbanas afligidas. John y su esposa, Lisa, tienen tres hijos —Jordan, Joshua, y Caleb.

Averigüe más en www.transformedlifenow.com

PRODUCTOS ADICIONALES POR JOHN R. CARTER

**TOMANDO RESPONSABILIDAD EMOCIONAL
(TAKING EMOTIONAL RESPONSIBILITY)**

¿Emociones-qué haces con ellos? ¿Los sigue o los niega? ¿Las expresas o los reprimes? Una cosa es clara. Las emociones forman parte de quien somos. Son un regalo de Dios. En esta serie de seis-partes. *Tomando Responsabilidad Emocional* (*Taking Emotional Responsibility*), el Pastor John Carter revela cómo nuestras emociones fueron diseñadas para motivarnos hacia lo mejor que Dios tiene para nuestras vidas. Aprenda cómo manejar y procesar sus emociones responsablemente y de una manera que le cause andar en victoria y dirijir una vida productiva, en vez de una vida destructiva. ¡Hagase cargo de sus emociones hoy para que no se hagan cargo de usted!

**VELOCIDAD CON VISIÓN
(VISION VELOCITY)**

¡Nuestro Dios es un Dios de Visión! Él nunca crea a nadie ni nada, sin primero tener en cuenta el resultado final. Si es un hijo de Dios, usted también debe tener una visión. Para adelantarse en crear su visión, debe primero considerar cuál es el mejor camino a seguir. En esta serie de ocho-partes, *Velocidad con Visión* (*Vision Velocity*), el Pastor John Carter le encamina por los pasos que debe tomar para definir y desarrollar su visión para alcanzar su potencial más alto en la vida. ¡Si está listo para subir a un lugar más alto, entonces consiga esta serie y prepárase para ponerse en curso para crear un resultado que le traerá éxito sin duda!

**Encuentre estos y otros productos por John R. Carter en
www.alcclife.org/store**

Made in the USA
Middletown, DE
16 June 2020